美利坚文明论

美国文明与历史研究

何顺果　著

北京大学出版社
PEKING UNIVERSITY PRESS

图书在版编目(CIP)数据

美利坚文明论:美国文明与历史研究/何顺果著. —北京:北京大学出版社,2008.8

ISBN 978-7-301-14105-2

Ⅰ. 美…　Ⅱ. 何…　Ⅲ. ①社会发展史-美国②文化史-美国
Ⅳ. K712

中国版本图书馆 CIP 数据核字(2008)第 113723 号

书　　　名: 美利坚文明论
——美国文明与历史研究
著作责任者: 何顺果　著
责 任 编 辑: 刘　方
封 面 设 计: 奇文云海
标 准 书 号: ISBN 978-7-301-14105-2/K·0536
出 版 发 行: 北京大学出版社
地　　　址: 北京市海淀区成府路 205 号　　邮编:100871
网　　　址: http://www.pup.cn　　电子邮箱:pkuwsz@yahoo.com.cn
电　　　话: 邮购部 62752015　发行部 62750672　出版部 62754962
编辑部 62752025
印　刷　者: 三河市新世纪印务有限公司
经　销　者: 新华书店
650mm×980mm　16 开本　22.75 印张　340 千字
2008 年 8 月第 1 版　2008 年 8 月第 1 次印刷
定　　　价: 40.00 元

目　　录

上篇　美利坚文明的起源

中篇　西部开发模式及其规定性

下篇　西部开发与美国的崛起

读史札记：

附录：

上篇　美利坚文明的起源

美国历史*

——主要内容和基本线索

美国全称美利坚合众国。国土主要部分位于北美洲中央，包括本土和阿拉斯加、夏威夷共50个州及一个哥伦比亚特区，面积937.2万平方公里，居世界第四位。2000年全国人口281421906，以白人为主。1999年黑人约3.5千万（占13%），讲西班牙语的人约3.1千万（占12%），亚洲和太平洋地区的人约1.1千万（占4%），印第安人约220万（占1%）。大部分美国人信仰基督教，以新教各派为主。1999年天主教徒约6.1千万，犹太教徒占2.5%，穆斯林占1%—2%。英语为通用语。首都华盛顿。

史前—殖民地时期

美洲最早的居民是印第安人，他们是冰川时代（40000—45000年以前）穿过白令海峡到来的移民及其后裔。他们远离史前文明中心，物质文明较为原始，因狩猎、采集而散居，文化分裂。他们对人类的主要贡献是发明了甘薯、南瓜、豆类、玉米等农作物的栽培技术。

1492年哥伦布发现新大陆后，欧洲探险家开始进入北美。西班牙人占据了佛罗里达、德克萨斯和北美西南部。法国人则先后控制渥太华河、五大湖区和密西西比河沿岸。英国人到北美殖民，晚于西班牙人但早于法国人，1607年弗吉尼亚公司所建詹姆士顿是其第一个永久据点。此后，一批又一批英国移民涌入北美大西洋沿岸，由商业殖民转入农业兼商业殖民，比西班牙和法国人都有成效。其中，最著名的是

---

* 本文是关于美国历史的概论，原是应约为《中国大百科全书》第二版“美国历史”词条准备的释文，陈继静博士参与了这一工作。

1620年在普利茅斯上岸的一批清教徒，他们以“五月花号公约”为契，决心创建一民主与法制之公民社会。英国人先后建立过16个殖民地，按起源方式可分为三种模式：(1)公司式，如弗吉尼亚、马萨诸塞；(2)业主式，如马里兰、南北卡罗来纳、纽约、新泽西、宾夕法尼亚、缅因、新罕布什尔、特拉华和佐治亚；(3)契约式，如普利茅斯、罗德岛、纽黑文及康涅狄格，后经调整，合并而成13个。17世纪上半叶，欧洲各国在北美洲进行了长期的殖民争夺。英国通过三次英荷战争(1652—1674)夺回内战时被荷兰夺走的殖民地贸易，于1764年取得新阿姆斯特丹并更名为纽约。1689—1763年，英法进行了4次战争。根据巴黎条约，英国获得加拿大和密西西比河以东地区。

英属北美殖民地的移民主体是欧洲贫苦人民，他们往往典身为契约奴以换取船票，合同期满后获得份地和自由，很快形成了以盎格鲁·撒克逊人为主的多元社会。当时英国实行重商主义，以殖民地为原料产地和市场，故实行贸易垄断(1651年和1660年《航海条令》、1663年《贸易法》、1733年《糖蜜税法》)，扶植母国制造业而限制殖民地生产(1699年《羊毛法》、1732年《呢帽制造限制法》、1750年《制铁法》)。这些政策严重损害了殖民地利益，随着自治的发展，殖民地议会已经成为真正的权力中心。议会与代表英王的总督经常发生冲突，以拒绝提供兵源和金钱相要挟，要求更多的自治权。为此，英王把许多自治、业主殖民地转变为皇家殖民地。到革命前夕，13个殖民地大多变为皇家殖民地，只剩下3个业主殖民地(马里兰、宾夕法尼亚、特拉华)和2个自治殖民地(康涅狄格、罗德岛)。

独立战争和建国

七年战争(1756—1765)后，英国加强对殖民地的控制：1763年王家公告禁止向阿巴拉契亚山脉以西移殖；1764年纸币法禁止发行纸币；同年又派英国海关特使团执行《糖税法》；1765年《印花税法》导致殖民地召开反印花税大会，与会者宣告“无代表不纳税”，达成不进口英货协议；1767年英国为执行《汤森法》而派驻军队；1770年3月波士顿人与英军冲突，数人遭枪杀，酿成“波士顿惨案”。1773年茶税法让东印度公司在殖民地低价倾销茶叶。12月16日，波士顿茶社成员伪装成印第安人，把运抵的茶叶倒入港口，酿成“倾茶事件”。英国立即颁布四个“不可容忍的法令”(1774)：关闭波士顿港；削减马萨诸塞自治权；允许殖民地案件移交英国审理；英军可进驻民宅。同时颁布《魁北克法》，将俄亥俄地区划归魁北克管辖。

殖民地纷纷建立“自由之子”和通讯委员会，并在费城召集大陆会议(1774)，决定断绝与英国的贸易关系。1775 年 4 月 19 日，英军抢夺康科德的武器库，在莱克星顿与民兵发生战斗，由此打响独立战争第一枪。5 月，第二届大陆会议召开，成为殖民地的指挥中心，成立以华盛顿为总司令的大陆军。殖民地人装备落后，又面临保皇派和印第安人威胁，但争取自由的情绪高涨。T. 潘恩的《常识》响亮喊出“独立”口号；1776 年《独立宣言》宣告殖民地脱离英国，成为自由独立之邦，军民士气大振。1777 年 H. 盖茨将军赢得萨拉托加大捷，再加 B. 富兰克林的成功外交，秘密提供军火的法国公开承认美国独立，并作为盟军参战(1778)。1781 年英军总司令康华利在约克镇投降。英国在《巴黎和约》(1783)中承认美国独立。

1781 年生效的《邦联条例》将美国正式定名为“美利坚合众国”，赋予中央以外交和军事等权力，但将主权保留给各州，使之成为一松散联盟。邦联政府最大的成就在西部：自 1780 年，国会决定西部土地国有化，原依据特许状将疆界延伸到密西西比河的各州放弃西部土地权益。1784 年、1785 年、1787 年的 3 个土地法令规定西部土地向移民公开标卖，并实行领地制，人口满额后可作为州加入联邦，这不仅奠定了美国作为一个大国的版图及其重心，也确定了西部土地的美国化。但邦联政府无权征税，故无法偿还外债、协调州际关税，更难对付印第安人、谢斯起义(1786)这类挑战。

1787 年制宪会议通过确立联邦制的《合众国宪法》，将主权收归中央，授予中央政府征税、管理贸易的权力。立法、行政、司法权分属国会、总统和最高法院。经大小州妥协，国会中参议员每州两名，众议员名额以州人口为基础，奴隶算 3/5 人。麦迪逊等“联邦党人”发文宣传新宪法，后形成《联邦党人文集》。反对派主张由各州保障人民权利，要求在宪法中补充“权利法案”，获允后宪法方被各州批准。

1789 年联邦政府成立，G. 华盛顿被选为首任总统。国务卿 T. 杰斐逊主张农业立国、自由贸易，认为应严格解释宪法，宪法未规定的权力保留给各州。财政部长 A. 汉密尔顿则主张工商立国、足额偿付公债，建立国家金融和税收体系，保护关税，主张宽泛解释宪法，以增强国会权力。他领导建立造币厂和第一联邦银行，偿付州债，征收威士忌酒税，并亲自镇压了“威士忌起义”(1794)。联邦财政体制遂逐步建立。此间，美国从西班牙获得密西西比河的航行权和在新奥尔良的仓储权(1794)；又从印第安人手中夺取俄亥俄地区。1791—1803 年，佛蒙特等 4 州加入联邦。

1789—1801 年是联邦派执政时期。反联邦派则以“共和主义势力”的名义活动，逐渐形成了以麦迪逊为中心的民主共和党，所提总统候选人杰斐逊在 1800 年选举中获胜，联邦派从此一蹶不振，史称“1800 年革命”。因选举中出现党内候选人杰斐逊和伯尔票数相等的争端，宪法第 12 条修正案(1804)乃规定此后总统和副总统分开投票选举。杰斐逊主张“节俭政府”，大幅削减财政支出和政府机构，废除《外侨叛乱法》、威士忌酒税等法令。他坚持以农立国，只以关税为联邦的主要收入，拒绝续签联邦银行特许状(1811)。他从法国手中购买了路易斯安那(1803)，使美国版图增加一倍，并派刘易斯和克拉克探险队直达太平洋沿岸。拿破仑战争(1799—1815)时，美国实行《禁运法》(1807)，影响了航海业和捕鱼业，却推动了制造业，这促使杰斐逊重返“工业立国”方针。但民主共和党未控制联邦最高法院，首席大法官马歇尔通过“马伯里诉麦迪逊案”判决确立司法复审原则(1803)，从此联邦最高法院成为解释宪法的最高权威，有权宣布国会法令是否“违宪”。

1793 年起，英法交战，美国保持中立。《杰伊条约》(1794)以美国在中立贸易上的让步换取英国在五大湖区的皮货贸易站。法国公使在美装备私掠船，美法互相召回公使，不久又传出法国官员索贿的“XYZ 事件”，反法情绪促使亚当斯政府成立海军部，并通过侵害人权的《外侨和叛乱法》(1798)。1800 年美法和约取消 1778 年的同盟关系。1809 年《断绝贸易条例》取代《禁运法》。由于“鹰派”的施压，1812 年，美国对英宣战，由此开始第二次英美战争。英军一度侵入美国本土，攻陷首都，焚烧白宫和国会(1814)。得利于中立贸易的新英格兰反对禁运和参战；其银行拒绝向政府提供贷款，有的州还拒不提供民兵。哈特福德会议(1814)甚至要求修改宪法扩大州权，威胁退出联邦。但 A. 杰克逊在南部和西南部的胜利扭转战局。1814 年《根特条约》恢复战前状况。战争肃清了五大湖区印第安人联盟,又使西班牙割让东佛罗里达(1819)。1817年《卢一巴协定》确定美加边界。

区域对峙和内战

战后到门罗时期(1817—1825),是民主共和党执政的"和睦时期",但实际上1824年竞选使党内分为H.克莱和A.杰克逊两派,后者被杰克逊总统改组为民主党。曾一蹶不振的联邦党在19世纪30年代被辉格党取代。1840年废奴主义的自由党建立,1848年转变成自由土壤党,主张在西部建立自由州,但力量尚弱。内战之前,民主党和辉格党一直轮流执政。

1812—1820年,6个新州加入联邦。波尔克政府积极夺取俄勒冈,并通过美墨战争(1846—1848)获得德克萨斯、新墨西哥和加利福尼亚。为阻止法国远征中南美洲、遏制俄国向俄勒冈扩张,1823年总统J.门罗提出咨文宣布:欧洲国家不得在美洲开拓殖民地;对美洲的任何干涉都是对美国的威胁;美国不会干涉欧洲殖民地,也不参与欧洲战争。"门罗主义"成为美国外交的重要原则。

杰克逊上台后进行了一些带有"直接民主"性质的改革:更多官员直选,确立男子普选权;加强州政府权力,削减州议会权力;在他任期内否决的法案超过前几任总统的总和。工会和地方劳工联盟也纷纷建立,社会主义、女权、禁酒、和平运动广为传播,史称"杰克逊民主"。

19世纪30—50年代,北部、南部和西部成三足鼎立之势。在新英格兰地区,工业革命在第二次英美战争以后从纺织业扩展到采矿、钢铁和交通业,新兴的工业资产阶级形成。在南部,工业革命使棉花取代烟草成为最重要的经济作物,奴隶制种植园迅速繁荣,形成"棉花王国",种植园主阶级占据中心地位。在西部,土地投机者、农场主和奴隶主从联邦购得土地,由于免除了绝对地租,形成了大量个体农民。1825年伊利运河通航,标志着连接三大区域的国内"三角贸易"体系形成。

三大区域在关税、银行和铁路建设上都存在不同程度的分歧。为保护东北部制造业发展,1816年《关税法》第一次确立20%的保护关税率,此后税率数次提高。南方棉花种植园主依赖国际市场,主张自由贸易,反对关税保护。南卡罗来纳甚至成立"州权党",威胁退出联邦

(1832)，杰克逊被迫降低关税率，到内战前已接近自由贸易水平。1817年，第二联邦银行及其分行建立，导致各州特许银行纷纷倒闭。针对州与中央在金融管制上的矛盾，马歇尔以“麦卡洛克诉马里兰州”(1819)一案判决肯定“国家主权”，抑制“州权”，将建立联邦银行归为宪法授予联邦政府的“默许权力”。但西部人反对联邦银行，不满它抵押没收西部土地。杰克逊上台后支持州银行，1836年，第二联邦银行破产，各地方银行迅速发展，“野猫银行”在西部泛滥，造成1837年、1857年经济恐慌。但自40年代起，铁路网在全国大发展，又受到1848年“淘金热”的刺激，铺设太平洋铁路势在必行。纽约“联合太平洋铁路公司”和萨克拉门托“中央太平洋铁路公司”，于是联手承建第一条横贯大陆的铁路。南部企图以新奥尔良而非芝加哥作为铁路起点。1853年，为获得横跨大陆的南方铁路筑路权，美驻墨公使J. 加兹登从墨西哥高价购入亚利桑那南部和新墨西哥南部的小块土地，却因此确立了美墨边界，史称“加兹登购买”。

区域分歧的焦点是奴隶制。1820年之前，自由州和蓄奴州数目相等，因而在政治上相对平衡。1820年“密苏里妥协案”取消了划分奴隶州与自由州的梅森—狄克逊线(1804)，密苏里成为蓄奴州，不得不从马萨诸塞划出缅因组成新自由州，以维持平衡。1846年《威尔莫但书》禁止从墨西哥获得的土地实行奴隶制。1850年，加利福尼亚成为自由州，但允许犹他和新墨西哥领地自主决定奴隶制存废，从而破坏了《威尔莫但书》。1854年，道格拉斯提出《堪萨斯—内布拉斯加法》，以“居住者主权”为据，允许两地人民决定奴隶制存废，实际上废除了《密苏里妥协案》。次年，堪萨斯发生暴乱，亲奴隶制政府和“自由土壤党”政府并立。1857年，联邦最高法院在“德雷德·斯科特案”中宣布国会无权禁止在领地实行奴隶制。奴隶制在堪萨斯和内布拉斯加领地合法化。少数民主党人因此退党，并与部分“自由土壤党”和原辉格党人于1854年组成共和党。

第二次英美战争后，《解放者》等报纸出现，废奴运动兴起。斯托夫人的《汤姆叔叔的小屋》反响巨大。1833年，W. L. 加里森组织全国性反奴隶制协会，废奴运动走向激进。1859年，布朗起义一度占领哈帕斯渡口军火库。1858年，发生了著名的“林肯—道格拉斯辩论”，林肯的激进态度为他在北方赢得了威望，却触怒了南方奴隶主。

1860 年，由于民主党分裂，主张废奴的林肯当选总统。12 个南方州于是先后脱离联邦，组成独立的南部同盟。1861 年 4 月 21 日，南部同盟总统戴维斯以武力进攻萨姆特要塞，开始了长达 4 年的南北战争。北方有人口和经济优势，但南方有英国的援助。前两年，李将军指挥的南部同盟军多次获胜。1862 年，林肯发布《解放黑奴宣言》，赋予内战以正义性质；同年又颁布争论了 10 年的《宅地法》，争取到西部农民的支持。1863 年 7 月，联邦军队在葛底斯堡和维克斯堡取胜，战局发生转折。英国转向中立，不再援助南方。1864 年 7 月，谢尔曼将军在亚特兰大战役中给南部军队以决定性打击。1864 年 4 月 9 日，南部军队投降。翌年 4 月 14 日，林肯遇刺身亡。1865 年通过的宪法第 13 条修正案，在法律上完成了摧毁奴隶制的任务。

重建和工业化的深入

约翰逊总统主张温和重建南方，但激进派很快占据国会，于 1866 年颁布《民权法》和宪法第 14 条修正案，禁止各州剥夺黑人民权。1867 年，激进派通过新的重建法令，撤销已建立的南方文人政府，分 5 个军区对南方实行军管，其代表只有保障黑人选举权，才可进入国会。共和党因此控制了南部，北方实业家、退伍军人和南方投机者占据要职。1865 年建立的“自由民局”安置解放后的奴隶，形成一批黑人自耕农；另有许多黑人奴隶变成分成农，租佃制取代奴隶制。由于政府贪污频繁，负债严重，三 K 党等组织出现，对黑人和支持黑人的白人实施私刑。1872 年，联邦大赦，许多南方白人重获政治权力。1876 年，海斯总统撤走联邦军队，重建时期结束。共和党从南部退却，民主党逐渐摆脱黑人，重新控制各州议会。1883 年，最高法院在民权案例中支持公共场所的种族隔离，使 1875 年《民权法案》无效。19 世纪 90 年代又认可铁路、公立学校实行“隔离但平等”的原则。黑人回到二等公民的位置。

内战期间，政府重新提高关税，达到战后 47％的税率，许多工业品国产税被豁免。1863 年，《国民银行法》通过，旨在管理市场，稳定金融体系。国会贷款或拨出土地资助铁路修建，1869 年，第一条横贯大陆的铁路即“联合太平洋铁路”建成，到 1890 年，全国性铁路网基本形成。重建后美国工业空前发展：1890 年，制造业生产总值第一次超过农业，

1894年，工业产值跃居世界首位。制造业内部也发生变化，优势产业从60年代的面粉和粮食加工、棉织品、木材、皮革等，变为1919年的屠宰加工、钢铁、汽车、机械制造、棉织品、面粉等。资本主义也在农业中扩展，耕地面积和经营规模迅速扩大，大型独自经营农场形成，耕作日益科学化、机械化、集约化。工业化还推动了城市发展，1920年，人口都市化比例超过50%，但都市化也导致贫民窟的增加和市政管理的困难。

技术进步使这一时期发明层出不穷，专利数量逐年激增。1893年，汽油内燃机的应用为汽车制造业的发展奠定基础。1903年，莱特兄弟驾驶飞机试飞，预告了航空时代的到来。1880年，爱迪生发明电灯，开启电气时代。电话(1876)和无线电(1890)的发明导致了通信方式的巨大革新。

移民为工业化提供了充足的劳动力：1865—1917年，2500多万移民到达美国，1910年，移民工人已占工人总数的4/5。工会和种族主义者对此不满。1882年起，阻止移民的立法增加，亚洲移民尤其受歧视，乃有1902年的《排华法案》和1907年的《排日法案》。这类法案直到1943年才被废止。

工业化的深入改变了自由竞争环境，经济组织开始从独资向集资发展。洛克菲勒、卡内基、摩根等垄断企业纷纷产生，它们合并生产、垄断原料和市场，甚至支配政府。1882年，美孚石油公司建立托拉斯，1901年，美国钢铁公司产量占全国总产量的70%。为反对垄断，1890年“谢尔曼反托拉斯法”出台，宣布限制贸易的契约为非法。19世纪末，美国从自由资本主义演变为垄断资本主义。

19世纪末20世纪初，社会改革运动兴起。农民反对高利贷、高关税和政治上的无权，掀起许多抗议运动：如60年代的互济会“格兰奇”运动，70年代反对通货紧缩的“绿背纸币党”，80年代的“农民联盟”和90年代的“人民党”。随着产业工人的形成，以工会为基础的工人运动规模扩大。1866年，全国劳工同盟成立，1869年，劳动骑士团建立，1886年，龚伯斯领导的美国产业工会联合会成立。1877年7月，西弗吉尼亚和宾夕法尼亚铁路工人罢工，不久波及全国铁路，成为第一次全国性罢工。1886年5月1日，35万工人为争取八小时工作制游行，3日晚发生芝加哥“秣市惨案”，后第二国际将5月1日定为“国际劳动节”。1869年，在美国成立第一国际北美支部，弗·左尔格任书记，活动近10年。1876年，成立美国工人党，由左尔格、魏德迈领导，翌年改名为“社会主义劳工党”，推动了工人运动。该党内部分裂后，一派于1901年成立美国社会党。

19世纪末，西进运动到达“最后的边疆”（堪萨斯中部和内华达山之间），为把印第安人安置在保留地，美国进行了最后的印第安战争（70—80年代）。1890年，俄克拉荷马领地向移民开放，印第安人最终失去了永久性领地。1887年《道斯法》废除印第安土地公有制，将保留地分配给各部落个人，印第安人自此开始融入美国社会。1889—1912年，剩余的西部土地先后建立了10个州。

T. 罗斯福时期到一战期间是美国的“进步主义时代”。T. 罗斯福大力反对垄断组织，如1904年根据“谢尔曼反托拉斯法”，解散大托拉斯北方证券公司。他还扩大政府调控权，曾作为第三方干涉劳资谈判，在1902年对无烟煤矿工人罢工进行强制性调解。政府权力的延伸还表现为立法检验食品、药物和肉类，创造国有森林，加强水土保持。威尔逊政府以“新自由”为号召，将进步主义推至高潮，1913年新税法降低10%的税率。为弥补低关税带来的财政损失，宪法第16条修正案规定：实行累进所得税。宪法第17条修正案实行参议员直选。《联邦储备法案》设立储备银行，稳定了金融体系。1914年《联邦贸易委员会法》和《克莱顿法》加强政府监制，打击不正当竞争，并使罢工、游行合法化。1916年《联邦农业贷款法》增加农业贷款。进步主义还从政府改革扩大为社会运动，揭露企业和政府黑幕的杂志和文学作品兴起，形成影响很大的“黑幕揭发运动”，由于《丛林》描绘了肉类加工场的悲惨状况，立即导致《肉类检查法》通过（1906）。在E. C. 斯坦顿等领导的女权主义运动推动下，宪法第19条修正案（1920）决定给予妇女选举权。

两次大战之间的美国

1890年，海军上将马汉“海权论”的提出是美国的扩张由大陆转向海外的舆论准备。1898年，美国兼并夏威夷群岛，又发动美西战争，获得了古巴、波多黎各、关岛和菲律宾，海外殖民体系基本形成。以此为基础，美国展开了对中国和拉丁美洲的扩张：为加入列强对中国的争夺,国务卿约翰·海提出"门户开放"(1899)。1900年派兵参加八国联军,侵略中国。义和团被镇压后,美国劝说欧洲接受赔款而不占领中国,以保证其平等贸易利益。1917年美日《兰辛—石井协定》承认日本在华利益,条件是日本同意"利益均沾"。在拉美事务上,罗斯福和塔夫脱交替使用"大棒政策"和"金元外交"。1903年,美国煽动巴拿马政变,获得巴拿马运河的管制权,1915—1917年又干涉委内瑞拉、多米尼加共和国、海地和尼加拉瓜。

1914年,第一次世界大战爆发。美国宣布中立,向交战双方提供军火,并贷款给协约国。1917年,德国无限制潜艇战促使美国对德宣战,战争使美国海军跃居世界第一,首次从债务国变成债权国,黄金储备占世界40%,成为世界经济大国。1918年,一战结束,协约国胜利。是年初,威尔逊提出"十四点和平计划",要求取消秘密条约、主张民族自决、倡导建立国联,企图建立美国霸权。但在次年巴黎和会上,列强仍通过《凡尔赛和约》瓜分战果,而国会则阻止美国加入国联。这表明美国尚无法打破现有欧洲列强主导的国际格局。

1921年,哈定打出"恢复常态"的保守主义口号,此后几届政府都实行"自由放任"政策,企业合并出现第二次高潮,控股公司遍及银行业、水电煤气业和零售业。哈定降低财产税和所得税、调高关税,偏袒了富人、损害了对外贸易;其政府贪污事件众多,工会衰落,大量工人失业,童工法和妇女最低工资限额被最高法院宣判无效;农民备受农产品价格过低、生产过剩的困扰。但20年代的繁荣掩盖了矛盾。1913年出现福特制流水线后,汽车业带动橡胶、石油等各行业迅速发展;收音机等家电的普及也促进了繁荣。分期付款诱使盲目消费,爵士乐和性解放构成了"爵士时代"的标志。

垄断的发展和所得税的削减使大量资金投资于股市,联邦的宽松信用政策更鼓励了股价飙升,与此同时,工人、农民却因贫困而缺乏购买力。1929年,纽约股市崩溃,银行倒闭,企业面临巨额负债,工人失业,农产品价格骤跌,个人被抵押和分期付款击垮。经济大萧条迅速扩展到全球,美国的海外投资枯竭。但此时的胡佛政府仍奉行自由放任政策,不愿直接干预商业、帮助个人。30年代初危机向纵深发展,社会激烈动荡。1919年成立的美国共产党在30年代积极推动工人、青年、妇女和黑人运动,组织反法西斯统一战线。至二战前夕,党员达到10

万人。

1933 年,F. 罗斯福上台,首次设置非政府官员组成的“智囊团”,推出“新政”。他通过《紧急银行救济法》,迫使银行停业整顿以恢复信用。《国家工业复兴法》和此后 500 多条法规处理了工时、工资、价格等问题。1933 年和 1938 年《农业调整法》决定成立农业调整局,给予农民现金补贴,以减少耕作面积和产量。《联邦农业贷款法》为农业抵押提供了大量资金。公共工程署和公共资源保护队安排了 300 万人就业,并完成大量公共建设。联邦紧急救济署拨款 40 亿美元用于直接救济。《证券法》保证了对证券发行的监督。为刺激消费,宪法第 21 条修正案对第 18 条修正案进行再修正,废除禁酒令。1934 年《白银购买法》确立以白银为通货发行基础,废除金本位制,物价上涨随之而来。1935 年《瓦格纳—康奈利法》授权劳资委员会处理劳资纠纷,提高了劳工地位,工会复兴。1935 年后,F. 罗斯福又进行了一系列社会经济改革:《社会安全法》为失业和老年保险提供法律支持;财产税法打击富人和大企业;银行法确立国家对货币和信贷的管理;公用事业控股公司法取消了凌驾于营业公司两层以上的控股公司;1938 年公平劳动标准法确定工时和工资水平,禁止童工。F. 罗斯福更注意水土和自然环境的保护,建立了著名的田纳西河流域管理局。“新政”摆脱了大萧条,也扩大了政府权力,国家资本主义成分大为增加。

1932 年,日本占领中国东北,美国从“门户开放”政策出发,不承认日本的占领。二战全面爆发后,美国通过《中立法案》,但更倾向于同盟国,1940 年《租借法案》允许与同盟国贸易。不久美国销售军火给英国,并以 50 艘驱逐舰交换西半球的英国军事基地。8 月,英美首脑发表《大西洋宪章》,F. 罗斯福提出建立“普遍安全体制”,加快了美国夺取世界霸权的步伐。日本的侵略活动使美日关系逐步瓦解。1941 年,日本特遣队突袭珍珠港美军基地,美国对日宣战。英美联军以及苏联部队进行了成功的军事合作,1944 年 6 月,艾森豪威尔将军率领联军登陆诺曼底,开辟“第二战场”。1945 年 5 月 7 日,德国投降。8 月 6 日和 9 日,美国在日本广岛和长崎各投下一枚原子弹。8 月 15 日,日本投降,二战结束。

战时美国海陆空军已称霸世界,还在许多战略据点建立军事基地。军备生产使其成为“民主国家的兵工厂”,农业机械化程度也大为提高,战后出现“大萧条”后首次繁荣。在1943年德黑兰会议上，美国支持其盟友中国作为四强之一参加联合国，同年，“联合国救济总署”总部在华盛顿建立，表明美国开始发挥一个大国的作用。1944年，“联合国货币金融会议”在新罕布什尔的布雷顿森林召开，确立了以美元为中心的国际货币体系，即“布雷顿森林体系”，会后建立的“国际货币基金组织”和世界银行亦被美国控制。1945年，联合国在旧金山成立，美国以其拥有大国否决权，终于登上世界霸主的地位。

冷战与当代美国

1947年，杜鲁门发表咨文，将遏制共产主义苏联作为外交的首要目标，标志着“冷战”的开始，并决定了国内外形势的走向。“马歇尔计划”利用美国经济刺激欧洲的复兴。1949年，作为冷战工具的“北大西洋公约组织”建立。1950年，以美国为首的联合国军介入朝鲜战争，同时派出第七舰队封锁台湾海峡。与此同时，美国本土出现反共浪潮，好莱坞明星、国务院官员和高校学者都受到怀疑和迫害，1954年电视听证会揭露了“麦卡锡主义”的阴谋，但国会仍宣告美国共产党非法。1965年，约翰逊将越战“美国化”：轰炸北越，向南越增扩地面部队。但反战运动和越共的抵抗，迫使3年后，约翰逊宣布减少轰炸，退出竞选连任。尼克松政府不得不承认国际现实而达成停战协议(1973)，并开始与中国接触，于1972年访问中国。

二战以来，黑人运动、反文化运动和女性主义运动此起彼伏。40—50年代“全国有色人种协会”在法律方面取得许多成果：如“布朗诉教育委员会案”(1954)判定公立学校种族隔离违法。1955年，马丁·路德·金博士倡导抵制公车运动，此后，种族平等委员会、南方基督教领袖会议和学生非暴力联合委员会等领导了一系列非暴力行动，最终迫使公共场所废除种族隔离。1968年，金博士遇刺身亡后，激进派控制运动。自50年代末起，以大学生为主的青年知识分子开始反对越战、反主流文化、批评种族歧视、性别歧视和分配不公，形成“新左派”。一些人赞美直觉和本能，组成实行财产和性爱公有的群居村，最后变成“垮掉的一代”。60年代末，女性主义运动兴起，要求工作中的性别平等、合法堕胎和成立育幼中心。1964年《民权法案》全面禁止种族歧视，标志着美国社会改革的新进展。

与此同时，政府也进行了改革。杜鲁门延续“新政”精神，实行所谓“公平施政”，1949年《住宅法》为低收入家庭提供公共住房。艾森豪威尔上台后经济复苏，自由放任复兴，许多企业私有化；为与苏联争霸，国民经济被军事化，政府取消原子能垄断，将其用于工业。从此，重视和发展高科技逐渐成为二战后美国的基本国策。1959年，阿拉斯加和夏威夷作为新州加入美国，美国版图越出了大陆。1962年的“古巴导弹危机”和重新出现的经济停滞，促使肯尼迪提出以征服太空为目标的“新边疆”计划，同时推动全面减税、区域发展、改造住宅。1963年，肯尼迪遇刺后，新上台的L.约翰逊面临越战和国内社会运动，提出消除贫困、特权和歧视的“伟大社会”计划，资助教育、补贴住房、改善对老人的医疗照顾，并通过新的民权法案。1974年“水门事件”迫使尼克松辞职，领导危机使继任的福特、卡特政府面临困难。1973年，阿以战争爆发，受石油输出国组织控制，美国出现能源危机、通货膨胀和高失业率。1980年，美国解救因伊朗革命被扣押的人质失败，凸显了政府的软弱。

里根上台后，实行新保守主义，提出供应经济学，用减税来刺激生产和投资，增加政府收入。为平衡预算，他减税25%，并大幅削减社会改革的经费，对银行、航空等部门减少管制。在劳资纠纷中他采取极端反工会的态度：为对付1981年空中交通管制员罢工，他使1.3万工人被解雇。但在他任期内美国经济复兴，年失业率回落，美元重新坚挺。里根政府一反尼克松的“缓和”政策，把苏联称为“邪恶的帝国”。他致力于扩大核武器计划，提出建立“天基防御”的“星球大战计划”。1981年，美国制裁波兰军政府，又力图颠覆受墨西哥支持的尼加拉瓜政府。1983年，为报复恐怖分子袭击，美国对叙利亚驻黎巴嫩的军队进行轰炸。同年又侵入加勒比海小岛格林纳达，解散其亲古巴的政府。1986年，为报复利比亚支持的恐怖活动，下令对利比亚实施空中打击。同时，美国暗中与扣押其人质的伊朗秘密交易军火，并将收入用于支持尼加拉瓜反政府武装，造成“伊朗门事件”。但里根在离任前与戈尔巴乔夫关于武器裁减的对话为其挽回名声。老布什继承里根之外交政策，1989年派美军入侵巴拿马，并罢黜、流放其总统。1990年，借伊拉克攻占科威特之机，美国为首的盟军对巴格达实行空中打击。

1989 年发生的东欧剧变和随之而来的苏联解体，标志着“冷战”的结束，美国也因此成为唯一的超级大国。新上台的克林顿总统面临十分有利的国内环境，他对内增加税收、节约开支、发展高科技，经济开始逐渐恢复，出现了连续 100 多个月的增长，财政由赤字变盈余，对外则提出“冷战结束后，国家之间的竞争，已从军事转向了经济”，加强了与日本和欧盟的竞争。以航天技术、信息技术和生物技术为代表的高科技革命，使知识产业上升到国民经济的首位，社会开始进入“新经济”时代。为了与日本和欧盟竞争，1992 年与墨西哥和加拿大签署《北美自由贸易协定》，加速了本地区的一体化。但这时国内问题也不少：总统与共和党控制的国会在联邦预算方面长期矛盾，在僵持 7 个月以后方才和解（1996）；1995 年，俄克拉荷马市发生恐怖主义爆炸，169 人死亡；1998 年，克林顿卷入性丑闻，由于经济繁荣使美国民众对总统宽容，1999 年弹劾案才以宣告总统无罪告终。2000 年，G. W. 布什刚刚当选总统，下半年一度飞涨的 IT 业纳斯达克指数就迅速跌落。次年 3 月，经济萧条终于出现，失业率增加，联邦储备银行不得不再一次下调利率，同时推行小布什的减税计划，以缓解危机。

世纪之交，美国在国际事务中既发挥着前所未有的影响，也面临着空前复杂的挑战：它主导中东和北爱尔兰和平进程，发动科索沃战争并派维和部队进入巴尔干地区。但美国由于不愿支付联合国经费，几乎失去联合国大会的表决权（1999）；拒签对付全球变暖的《京都议定书》和《反弹道导弹条约》，使美国在国际上失去同盟。2001 年，美军侦察机与中国战机在中国南海空域相撞，中美关系一度恶化。2001 年，发生恐怖分子劫机撞击纽约世界贸易中心大楼和五角大楼的“9·11 事件”，3000 多人死亡。不久炭疽热病毒又通过邮件等传递，造成新恐慌。10 月，美国组织多国部队攻打阿富汗，推翻塔利班统治。2003 年，小布什又发动第二次海湾战争，推翻萨达姆政权。但其面临的麻烦反增不减。

参考书：

Howard Zinn, *A People's History of the United States*, Harper Perennial, New York, 1995.

杨生茂，刘绪贻主编：《美国通史》六卷本，人民出版社，2002 年。

埃里克·方纳：《美国自由的故事》，商务印书馆，2002 年。

美利坚文明的历史起源

这里所谈的是美利坚文明的历史起源，即美利坚文明在历史上的实际起点，而不是导致这个文明兴起的一般背景，也不是有关这个文明兴起的全部过程。因为决定一个文明能否兴起的，往往只是一些有着巨大和深远影响的事件，而以后整个文明的发展都不能不以这些事件为出发点，或者说都可以找到它们与这些事件之间的联系。我们把这样的事件，称之为该文明的“历史起源”。

我以为，美利坚文明的历史起源，就是发生于1614年至1624年的弗吉尼亚公司的土地分割，以及一系列与此类似或相关的事件。所谓“类似的事件”，就是普利茅斯和马萨诸塞公司土地的私有化；而“相关的事件”，则是指与这两个事件有关的横向和纵向的发展。但在这个历史起源发生之前，还有一个重要的文件不能避而不谈，它就是1606年英王詹姆士一世颁发给弗吉尼亚公司的“特许状”。因为这个文件，不仅是英属北美第一个永久殖民地赖以建立的根据，而且在一般意义上决定了英属北美殖民地初期土地制度的性质，并为以后各殖民地土地关系的改变提供了可能，应是美利坚文明的历史起源之源，其重要性不言而喻。

1606年，一批以理查德·哈克吕特爵士为首的伦敦商人和一批以雷利·吉尔伯特为首的普利茅斯商人，[①]分别组成弗吉尼亚公司和普利茅斯公司，向英王申请到北美洲进行商业殖民，4月10日获英王詹姆士一世特许，此特许状的实际起草人为约翰·波帕姆(John Po-

---

① 这些公司的股东实际包括三种人：商人、皇室政治人物和其他投资者。弗吉尼亚公司的股东达一百几十人，每股为12英镑10先令。

pham)爵士。① 由于此特许状是建立英属北美第一个永久殖民地的法律依据和操作规程，有必要对它的内容做一概括性介绍：第一，这个特许状虽然通常称"弗吉尼亚特许状"，但它实际上是颁给伦敦公司和普利茅斯公司的。这可以从该特许状所列名单包括上述两公司的主要发起人得到证明，只不过两个公司的名称未在特许状中正式出现，但有"第一殖民地"与"第二殖民地"之别。第二，该特许状明确阐述了颁发它的目的，是批准两公司在"既非专属于朕，亦未被任何基督教的王侯、平民所占据的，在美洲通常被称为弗吉尼亚，以及美洲的其他地方建立定居地，开拓殖民地，从而建立一个由朕的各类属民组成的殖民地"。其具体目标是：(1)给上帝"带来荣耀"；(2)给野蛮"带来文明"。第三，它严格地划分了两公司的殖民范围：前者只能在北纬34°—41°之间殖民，后者只能在北纬38°—45°之间殖民，在二者交错重叠的地带(38°—41°)双方不得在对方领地的100英里范围内设定居点，以免互相干扰。第四，它规定，在美洲发现和建立的殖民地和其他领地均属英王所有，但殖民地政府对本殖民地的"一切事务和过程拥有治理和管理之权"(govern and order all matters)，这个殖民地政府由13人组成的参事会(council)负责，其成员由英王"任命、认可并同意"，但可随时调换。第五，在各殖民地定居的所有移民及其后裔，将如他们在英王统治下的英格兰和其他任何领地出生的人一样"享有全部的自由权、豁免权和免税权"，并可按英格兰肯特郡东格林威治采邑的传统，对其占有和使用的土地享有"自由永佃权"(free and common soccage)，并且"只能"(only)实行这种自由永佃权。第六，在各殖民地的任何区域内，在同一殖民地内的大陆地区，殖民者可以开采各种各样的金矿、银矿和铜矿，为了该殖民地的利益而加以享用，但殖民地参事会要无条件地向英王及其继承者和继任者上交所得到的金、银的1/5和铜的1/15。第七，为了减轻殖民地的负担，移民从英国和其他英属领地进口货物，10年内不必交纳进口税、津贴和其他关税，但对违反规定的其他殖民地的商人和外国人，每100磅货物要处以2.5英镑或5英镑的罚款，这些款项在21年内用于各殖民地的商业往来，21年后上交英王。值得注意的是，"Virginia"这一命名，在22年前由沃尔特·雷利作出时，本是指当

① Marcus W. Jernegan, *The American Colonies, 1492-1750*, N. Y., 1964, p. 126.

时已发现的佛罗里达以北的整个北美地域，但在1606年英王特许状中却一再将“Virginia”和“America”相提并用，在这样相提并用时，其连词时而用“and”，时而又用“or”，暗含着二者可以互换之意。[①] 可见，詹姆士一世在1606年弗吉尼亚特许状中所阐述的殖民原则和精神，具有某种普遍指导的意义，不限于弗吉尼亚这一具体案例。

这个特许状的主要内容，是在根本上确立了英国在美洲殖民的制度，而这种殖民制度的特点集中到一点，就是对殖民地的管理相对放手，其主要体现为“自由永佃权”，因为土地问题是当时全部殖民制度的核心问题。关于这个自由永佃权，迄今不为我们所看到的国内甚至美国学者的有关著述所注意，笔者和王荣军第一次在《论美国农场主阶级的形成》[②]一文中提及这一制度，但缺点是未能点题，直到2001年在笔者出版的《美国史通论》中才明确指出：“‘自由永佃权’可视为英属北美殖民地土地制度之源。”[③]这一论断是笔者对英属北美殖民地土地制度认识的一大突破，因为由此我才找到了英属北美殖民地土地制度和英国本土土地制度的真正联系及其性质。最近，我在查阅《大不列颠百科全书》时才为这一认识最终找到了证据，因为它认为“自由永佃权”不仅是“封建时代英国财产法中的一种土地租佣形式”，而且“在美国早期英国殖民地的土地都采用了这种形式”。[④] 那么，什么是“自由永佃权”？这一土地制度的本质和特点是什么？查《牛津法律大辞典》，其中对“永佃权”词条的释文是：“永佃权是罗马法上为农业目的而长期或永久租用土地的权利。其中包括大部分所有权权能，但必须每年向所有人定期缴纳租金。永佃权最初出现于罗马帝国早期，最初只能由国家授予，但很快也可以由私人土地所有权给予。永佃权可以继承、转让，得到法律上的确认和保护。”[⑤]又据《韦氏第三版英语国际辞典》，“永佃权”也

---

① Henry S. Commager, ed., *Documents of American History*, Volume Ⅰ., New York, 1963, pp. 8-10.

② 南开大学历史所美国史研究室：《美国历史问题新探》，中国社会科学出版社1996年版，第60页。

③ 何顺果：《美国史通论》，学林出版社2001年版，第11—12页。

④ 《大不列颠百科全书》（国际中文版）第15卷，中国大百科全书出版社1999年版，第448页。

⑤ 戴维·M. 沃克：《牛津法律大辞典》，光明日报出版社1988年版，第287页。

可以称为"*free and common socage(or soccage)*"①,而1606年弗吉尼亚特许状中提到的那种"永佃权",正是韦氏辞典所说的"free and common soccage"。可见,自由永佃权的实质,在于租佃人对土地的实际的占有权和使用权以及"大部分所有权之权能",以致租佃人"可以继承、转让"其土地。1606年特许状赋予殖民公司及其移民以"自由永佃权",一方面表明英王对殖民的土地所有权是"名义上的",另一方面也为以后殖民地土地制度的改变埋下了伏笔。

从殖民公司的角度来看,当时公司的殖民活动,带有明显的两重性:一方面,公司与英王的关系带有封建依附的性质,因殖民地是英王给公司的"封地"(Manor),公司只拥有对这些土地的"自由永佃权",公司及其移民都被特许状称为英王的"臣民"(subjects);另一方面,移民与公司的关系,又带有近代契约的色彩,因他们与殖民公司正式或非正式订有具有约束力的合同,称为"indentured servants",他们将为公司劳动3至7年。不仅如此,在殖民公司内部,雇员与公司的关系也带有明显的两重性:一方面,雇员与公司订有正式或非正式的合同,其中一些人还可从公司领取一定的劳动报酬即工资,从而维持着某种表面上的"平等",所以其雇员被称为"indentured servants";另一方面,公司对其雇员的管理又带有某种强制性,契约奴在合同期间实际上丧失了人身自由,甚至有被"出卖"或"转让"的危险。② 如果公司内部不存在这种二重性,"契约奴"在合同期满后所获得的"自由费"(free dues)又从何谈起?除此而外,殖民公司在劳动和产品分配上也带有两重性:一方面,正如西格蒙德·戴蒙德所指出的,由弗吉尼亚公司在詹姆士顿建立的殖民地是一种私人产业(a private estate),因为"这种殖民活动被理解成一种私人的商业冒险,最初征收的财产税都是股东投资的利得"③;另一方面,公司作为一种企业,其内部经营采取的是所谓"共耕

---

① Philip B. Gove, ed., *Webster's Third New International Dictionary of the English Language Unabriged*, Massachusetts, 1981, pp. 907, 216.

② S. Dqiamand, "From Qrganization to Society: Virginia in the Seventeenth Century", in Stanley N. Katz, ed., *Colonial America: Essays in Polities and Siocial Development*, Boston, 1976, p. 21.

③ Stanley N. Katz, ed., *Colonial America: Essays in Politics and Social Development*, *op. cit.*, pp. 6-7.

制”(joint land system),根据托马斯·盖茨所作《弗吉尼亚公司纪录》(1609 年 5 月),其具体做法是:(1)劳动按一定的数目为单位分成劳队;(2)公司将为各队指定若干名监工;(3)监工的任务是监督劳动和逐日统计劳动;(4)劳工在吃饭时要集中进餐。[①] 总之,从公司的目标、组织和劳动方式看,这种两重性和矛盾性几乎无处不在。正如 H. 奥斯古德所指出的:“1606 年体制是一种混合型,一方面,它是私人性质的或所有人性质的;另一方面,它又是公共的或皇家性质的。”[②]

这种矛盾的体制,既不符合北美地广人稀的环境,也难以适应殖民地被移民迅速占领的形势,移民的劳动积极性难以发挥。1610 年底发行的一本小册子说,当时公司“所安排的劳动时间是:早晨 6 点至 10 点,下午 2 点至 4 点,不要求更多的了”[③]。威廉·斯特雷奇在谈到 1610 年时的安排也说:“这样的劳动并不那么吃力,总是在 10 点钟就轻易地做完上午的工;那时给他们准备好定量食物,到 3 点钟时他们又自由娱乐。”[④]1612 年约翰·史密斯也记载说,当时“公司分成 10 人一组,15 人一组,或按工作需要进行分组,每天 4 小时劳动,其余时间为消遣和游乐之用”[⑤]。一般认为,詹姆士顿殖民地的劳动,由于是采用由公司主导的“半军事”性的“共耕制”,劳动时间夏季在每天 5 至 8 小时左右,冬季则缩短到 3 至 6 小时左右,以致在当时殖民地“存在着大量的失业或大量的不充分就业现象”。“在这些移民中有太多的游手好闲无所事事的人”和太多的“从来不知道一天该干些什么活的绅士”。[⑥] 结果,弗吉尼亚公司虽在北美殖民投资达几万英镑,但几年下来不仅没有赚下什么利润,反而亏损约 20 万英镑之巨,不得不在 1624 年宣布解散公司。与此类似,在新英格兰,支持清教徒的金融家投资的 7000 英镑,只收回约 1800 英镑。在这样的情况下,对 1606 年特许状所制定的

---

① Susan M. Kingsbury, ed., *Records of the Virginia Company*, Vol. 3, Washington, 1906-1935, p. 21.

② Herbert L. Osgood, *The American Colonies in the Seventeenth Century*, Columbia Univ. Press, 1957, p. 29.

③ Edmund S. Morgan, “The Labor Problem at Jamestown, 1607-1618”, *American Historical Review*, 1971, No. 3, p. 596.

④ Edmund S. Morgan, *ibid.*, p. 596.

⑤ Edmund S. Morgan, *ibid.*, p. 596.

⑥ Edmund S. Morgan, *ibid.*, p. 597.

规则，以及殖民地的相关措施进行改革，看来已势在必行。约翰·史密斯爵士于1608年、托马斯·盖茨爵士于1610年、托马斯·戴尔于1611年，先后抵达该殖民地并履行总督职责。这些人都是在发现殖民地出现了"危机"后，才从英国到美洲走马上任的，对问题的解决都有一定思想准备。正是这些人的到来，使改革得以实现。

早在1610年，在发现原来的管理体制造成的弊病后，托马斯·盖茨总督就制定了一套新的法律，企图以一种"绝对的统治形式"促使每人劳动。1611年，新抵达殖民地的托马斯·戴尔，发现移民"经常干的事情就是在街上闲逛"之后，扩充和加强了《神圣、道德和军事管理法》。但由于这些法典和改革，主要是以集中管制和强调纪律为目标，并未从根本上调动移民的积极性，可以说只能治标而不能治本。1614年开始的托马斯·戴尔的改革则令人耳目一新，它以两种土地授予形式的出台取得了突破性进展：一是"自由租佃制"(free tenancy)的引入，其办法是允许移民以租用者身份从公司所辖领地内租用土地3英亩自行耕种；二是所谓"私人种植园"(private plantation)的开发，即允许个人(或团体)以私人身份用自己的经费，在詹姆士顿周边地区开发新的种植园。这后一种土地授予形式，是由几名贵族于1618年主动提出而由殖民当局特别批准的，故在历史上称"particular plantaion"(特殊种植园)，亦称"independent adventurer"(独立冒险者)。[①] 第一份这类土地授予建立于南安普顿(South Ampton)，它位于奇卡霍米尼河(Chickahominy)河口，该种植园最初接纳了300名租地人。[②] 自由租地者虽只获得了3英亩土地，但只要经营得当，足以供应一年之需。这两种土地授予形式的实行，在由商业殖民制度向农业殖民制度的转变过程中具有重要的地位和作用，因为它们是由"共耕制"转向个体经营的标志。

但正如赫伯特L.奥斯古德指出的："大的私人种植园专利的颁发，还只是从合股制向私人所有制转型的第一步，另一个更重要的步骤是未占领的土地在移民和管理者中间分割。"[③]他所说的"另一个更重要的步骤"，即从1619年开始的以实行"人头权"(head rights)为标志

---

① Herbert L. Osgood, *op. cit.*, pp. 83, 84.

② Herbert L. Osgood, *ibid.*, p. 84.

③ Herbert L. Osgood, *ibid.*, p. 86.

的改革，这次改革是由弗吉尼亚公司总部本身决定的。其主要内容包括：(1)凡 1616 年之前自费移居弗吉尼亚的“老移民”(ancient planters)可获得每份 100 英亩的土地，并永远免除其代役租(rent)；(2)这类“老移民”若花的是公司的经费，在 7 年服役期满后也可获土地 100 英亩，但每年要缴纳 2 先令代役租；(3)所有 1616 年以后自费移居弗吉尼亚的移民，每个人获得份地 50 英亩，但每年只缴纳代役租 1 先令；(4) 1616 年以后由公司移居来的移民，在公司土地上完成 7 年服役之后也可获得土地 50 英亩，但其间所有产品要在他和公司之间对半分；(5)所有商人，只要他们继续从事商业贸易活动，可获得一幢房屋及 4 英亩土地；(6)所有支付了运输费用的移民，每人可获得土地 50 英亩；(7)公司官员不仅可按规定领取授予他的土地，而且还将得到租佃者的劳力支援，其土地是由公司专门为其保留的；(8)那些由公司或私人投资团体支付移置费用的契约奴，以及那些后来被卖给种植园主的契约奴，将领取一定的“自由费”(freedom dues)。[①]

普利茅斯殖民地比弗吉尼亚建立得晚，但这个“香客”(pilgrms)殖民地发现的时间并不晚(1610)，在 1614 年就正式划入当年约翰·史密斯绘制的“新英格兰”地图之中，最初的土地制度也与弗吉尼亚类似，实行典型的土地共耕制(joint land system)，即实行集体劳动和产品交公的办法，因而遇到的问题和困难，也与弗吉尼亚相似。据 1623 年 W. 布雷福德总督记载：“有时两三个月，他们既没有面包也没有玉米……他们(不得不)分成几伙，即由 6 人或 7 人组成一个团体，外出采集和打鱼。”[②]结果，这种共同劳动的模式和土地耕作制度到 1623 年夏便走向破产。1624 年，W. 布雷福德总督不得不部分改变原先的操作办法，分给每位男子土地 1 英亩供其永久私人耕作。[③] 很快，原来不愿参加劳动的人都变得勤劳了，玉米的种植也越来越多，甚至妇女也走进田间种起玉米来。至 1627 年，普利茅斯的移民更与英国投资者达成协议，干脆购买了对方与殖民地有关的财产和权益，随后移民们又自己组建了新的殖民公司，并让所有男子都拥有该公司的股权。按规定，单身男子

---

① Stanley N. Katz, *op. cit.*, p. 21.

② Marcus W. Jernegan, *op. cit.*, p. 121.

③ Stanley N. Katz, *op. cit.*, p. 21.

每人一股，家长则可拥有与家庭人数相等的股份，众人共同承担原公司遗留下来的债务。① 同年，普利茅斯移民大会还进一步做出两项决定：(1)1624 年的上述首次土地划分继续有效，移民及其后裔当永远拥有其已获得的土地；(2)立即以抽签方式进行第二次土地分配，每位移民的份地由 1 英亩增加到 20 英亩。② 由此，普利茅斯紧随弗吉尼亚之后，放弃共耕制，亦开始了土地私有化的进程，但它并没有与弗吉尼亚一样引入“代役租”这类封建制残余，而是采取了“无偿分配”的方式，仍带有清教理想主义的某种色彩。

与普利茅斯有关的马萨诸塞殖民地，最初发源于 1623 年建立在安角(Cape Ann)的渔站，此站由英国多切斯特的几位商人所建，其中一个叫雷弗·约翰·怀特。1628 年 3 月，这些“多切斯特冒险者”从“新英格兰理事会”手中获一专利，被允许在位于梅里马克河以北 3 英里至查尔斯河(Charles)之间的地带建一殖民地，第一位总督叫约翰·恩迪科特(John Endicott)。与此同时，当时在英国组建了一个叫“The Company of Adventurers for New England in America”的公司，来指导和控制该殖民地的事宜，1628—1629 年 3 月以“新英格兰马萨诸塞公司”名义获英王特许，从此公司由一家私人公司改为股份公司，成员也由 6 人扩大到 26 人。③ 1630 年，由于部分清教徒股东将特许状的马萨诸塞公司的管理机构迁往殖民地，公司利益和殖民地利益从此得以合为一体。出于安全和信仰方面的考虑，这个主要由清教徒组成的殖民地，继承并发展了普利茅斯的土地分配方式，实行所谓“市镇授地制度”(township system)，即两级土地授予制度。其做法是：人数达 20 人以上的移民团体，就可以“市镇”(towhship)名义向公司申请建立一个新的市镇(town)的土地，一旦获准，土地即可转交给该镇，申请人即成为该镇的业主；然后，视财产及家庭人口多少在“业主”中分配，同时另留出部分土地作公用地和公有地。④ 之所以说这种土地授予方式与安全和宗教信仰有关，是因为该公司的特许状规定：所有股东都是自由

---

① Herbert L. Osgood, *op. cit.*, pp. 117-118.

② William Bradford, *History of Plymouth Plantation*, Vol. 2, N. Y., 1963, pp. 10-11.

③ Marcus W. Jernegan, *op. cit.*, p. 126.

④ J. I. 施莱贝克尔：《美国农业史 1607—1972》，农业出版社 1981 年版，第 10 页。

民(freeman),非清教徒不得参与政府事务,但他们只要不反对殖民地当局,不反对清教及其布道,即可在殖民地居住。而在土地继承和转让方面,马萨诸塞采取的则是英国肯特郡的特殊做法,在1641年马萨诸塞《权利法案》中宣布,"我们所有的土地和继承的遗产,应永远免除转让时的所有罚金和登记费","长子在划分全部动产和不动产时应获双份"①。

从1614年在弗吉尼亚,以及10年后在普利茅斯开始的土地私有化进程,在英属北美殖民地历史发展中意义重大,被C. 内特尔斯称为"转向新经济的第一步"②,其实质是"在公司范围内创建一个新的其地位区别于以往的集团"。③ 由于它反映了殖民地社会经济发展的客观要求,有很强的示范作用。不久,除罗得岛外,康涅狄格(1636)、纽黑文(1636)、马里兰(1638)、卡罗来纳(1630),均先后效法弗吉尼亚和普利茅斯直接采用了类似"人头权"的制度,只不过具体作法南北之间略有差别而已:在南部,像马里兰、特拉华、卡罗来纳和宾夕法尼亚等原都是英王给业主的封地,按当时的特许状这些殖民地的业主们均有建立封建庄园、收取代役租和实行长子继承制的特权。而弗吉尼亚虽不是业主殖民地,但在土地私有化过程中一开始就采取了比较保守的做法,正好适应了南部普遍存在的较浓厚的贵族色彩。以宾夕法尼亚为例,按1681年威廉·宾的规定,其土地售价每5000英亩虽仅收100英镑,但从1684年起每100英亩要交1先令代役租。④ 在北方的新英格兰,一方面在土地分割时一开始就未引进代役租之类的封建制残余,但另一方面农民对土地的自由处置权也不完全,两级土地授予制下的市镇授地制度,导致宗教色彩很深的集团式移民和授地,土地经营仍带有某种共有性质,个人对土地的处置受到非经济因素限制。例如,1638年沃特镇规定:土地不准卖给非卫理公会教徒,纽黑文不准陌生人在当地定

① W. Kavenagh, ed., *Foundation of Colonial America: Documentary History*, N. Y., 1973, p. 640.

② Curtis P. Nettels, *The Roots of American Civilization*, N. Y., 1981, pp. 223-229.

③ Stanley N. Katz, *op. cit.*, p. 21.

④ Jack P. Greene, ed., *From Settlement to Society, 1607-1763: Documentary History of Colonial America*, N. Y., 1975, p. 166.

居，普罗维登斯规定售给外地人土地要经市镇当局允许。[①]

那么，究竟什么是"新经济"呢？从表面上看，上述改变即各殖民地土地制度的私有化，并没有改变原1606年英国在给弗吉尼亚公司的特许状中的规定，对以后整个英属北美殖民地都具有普遍指导意义的"自由永佃权"，甚至直到1614—1629年后，由于引入"代役租"这种"自由永佃权"才真正得到落实。所改变的，与其说是土地所有权，不如说是公司在殖民地实行的土地经营方式，即当初普遍实行的公司土地"共耕制"，因为即使在实行"人头权"之后，殖民地"在名义上"仍属英王所有。但是，第一，由于土地划分不仅改变了土地经营方式也改变了经营主体，经营"主体"已由移民个人取代了原来的公司；第二，土地租用过去是殖民公司向英王租用，而现在则是移民个人向殖民当局或其他业主租用；第三，过去的土地经营主要是为了保证公司的商业利益，而现在考虑的则主要是殖民地和移民本身的生存；第四，随着土地的分割和经营方式的改变，移民所关心的主要不再是公司和集体的利益，而是他们切身的利益，这使移民个人积极性的发挥有了可能。弗吉尼亚著名种植园主，后来曾充当该殖民地第一届代议制会议发言人的约翰·波赖(John Pory)，在1619年9月30日给某人的一封信件中谈到了这种改变带来的好处。他说："我们所有财富都是由烟草构成的，在这里一个人靠自己的劳动，一年可为自己增加200英镑；此外，由于6个契约奴的劳动，还生产了粮食1000磅。"[②]这和10年前詹姆士顿的情况相比，真可谓"天壤之别"。总之，1614—1624年以前英国在北美实行的商业殖民地制度，已经或正在被一种新的殖民制度所取代，这个新的殖民制度可称之为"农业殖民制度"(agricultural system)，或"农业兼商业殖民制度"，其影响是深远的。这种影响涉及方方面面，可主要从以下三个方面来观察。

其一，是印、白关系的急剧恶化。当白人冒险者和殖民者初次来到新大陆，并与土著印第安人接触的时候，土著人给他们留下的印象并不太差，因此对其评价也总是好坏参半。据乔纳森·卡弗观察，印第安人

---

① W. Bweeden, *Economic and Social History of New England, 1620-1789*, Boston, 1981, pp. 56-57.

② Jack P. Greene, *op. cit.*, p. 45.

有一种“凶残和温顺的性格”，对敌人毫不留情，但对朋友则“友善和人道”，[①]他们并非完全处于野蛮状态。因此，一般地说，当白人刚刚踏上北美大陆的时候，土著印第安人对远道而来的这些陌生人是十分友好的。1607年秋，当詹姆士顿食品供应短缺之时，是波哈坦族人(Powhatan)送来充足的食品拯救了殖民地，直至白人的救援船到达和危机过去为止。在殖民者与土著印第安人的冲突中，约翰·史密斯不幸被土著人俘获后，是酋长的女儿波卡荷斯特亲自搭救了他，甚至与之联姻。当殖民地面临根本性生存危机时，是印第安人教白人学会种植玉米以自食其力，后来，又教会他们种植烟草以赚取现金。但随着土地制度的改变，印白关系不可避免地发生了分化：首先，由于殖民土地私有化，已定居于殖民地的白人获得生存的机会，人口自然增长与殖民地的扩张互为因果，相互促进，以致殖民地家庭的平均人口数与欧洲家庭的比例达到8∶4；其次，当殖民地成功的消息传到欧洲后，“新大陆”被旧大陆普遍视为人类的“避难所”，从而把成千上万移民吸引到北美，这使英属北美殖民地人口急剧增长：1630年时5000人，30年后增加到89000人，再过30年就达到209000人。结果，农业定居地由大西洋沿岸的潮水带，逐渐沿各河流流域向内地推进，直至阿巴拉契亚山脉的东山麓，即所谓“彼特蒙特”地区。由于土地占有是实施农业殖民制度的关键，随着白人定居地的不断向内陆推进，土地问题必然成为印白关系的核心问题，因为印第安人是这些土地的主人。最初殖民者以怀柔和武力两手对付印第安人，1608年，约翰·史密斯曾以英王名义封波哈坦酋长为王，但旋即将100平方公里的猎场占为耕地。从1622年起，印白冲突不断，1664年，波哈坦族酋长(Opechanckeno)被害，詹姆士河和约克河之间的土地被迫割让。在马萨诸塞，对土著人的进攻在1633年也已开始，1675年至1678年新英格兰人联合进攻由菲利普王组成的印第安人联盟，几百殖民地民兵和几千印第安人被杀，20多个新英格兰城镇被烧毁，菲利普王战死。此后100多年间，大西洋沿岸12个部落，在白人的挤压和进攻下，地盘和人口急剧萎缩和减少，几千人的部落到

---

① Norman Gelb, ed., *Jonathan Carvers's Travels Through America, 1766-1768*, N. Y., 1993, pp. 209-210.

1770年还不足200人。[①] 正如S. 李和P. 帕赛尔所指出的:“当大量人口在新英格兰中部和南部沿岸低地和流域内地作为农场主劳动,当农场主的数量增长时,他们便侵入印第安人的领地,最后导致了流血冲突。”[②]从殖民地发展的角度看,印白冲突的扩大产生了哪些后果呢?首先是民兵(militia)作为一种地方的武装的诞生,其次是导致了殖民地联合如新英格兰联盟(1643)的形成,再就是“保留地”制度即种族隔离制度的产生。第一和第三种后果直接与印、白关系有关比较清楚。殖民地的联合是否也是如此呢?查《新英格兰联盟条例》,其中第二条在谈到组成联盟的目的时,就载明是为了殖民地的“安全和幸福”[③]。总之,它使这个正在形成的新的社会成为一个完全排斥了土著的纯粹的移民社会。

其二,是对劳动力的巨大需求。由于公司土地的私有化和农业殖民制度的实施,以及对土著印第安人的不断掠夺,尤其是南部烟草种植园经济的发展,对劳动力的巨大需求出现了。就殖民地地广人稀的情况看,这种对劳动力的巨大需求是不言而喻的。问题在于,这种对劳动力的巨大需求,并不仅仅在于数量还在于劳动力的成分,因为“最新的劳动力来源主要有两大特点:(1)是乡绅的比例很高;(2)是缺乏建立一个已定居的农业社区所需要的各类职业劳动力”[④]。据统计,在1608年抵达詹姆士顿的120名移民中,有73人可确定其真实身份,其中乡绅与劳动者比为28∶21。[⑤] 换言之,殖民地真正缺乏的,不是各种自由雇佣者,因为当时大多数移民都是“乡绅”,而是大量能够从事拓殖活动的粗工和技工。为了解决殖民地拓殖所需要的劳动力问题,英国殖民者曾企图强迫土著印第安人为奴,令其为白人服役。但由于印第安人反抗意识极强,加之他们大都还处于原始部落阶段,过的是半农半牧甚

---

① 如,康涅狄格的莫西干族,1600年大概有2000到2500人,到独立战争时仅剩下约200人。罗德岛德纳拉干西特人,从1600年到19世纪由4000人减至不足150人。约9000人分布于200个村落的波哈坦族,到1770年已全部被赶出弗吉尼亚。

② S. Lee and P. Passell, *A New Economic View of American History*, N. Y., 1979, p. 18.

③ Henry Steele Commager, *op. cit.*, p. 18.

④ Stanley N. Katz, *op. cit.*, p. 11.

⑤ Stanley N. Katz, *ibid.*, p. 11.

至全牧的生活方式，并不能适应白人已近代化的农耕生活，终致失败。取而代之的除了自由劳动制度外，是两种普遍采用的劳动制度：一是契约奴制度。“契约奴”，英文写作“indentured servants”，直译为“契约仆”或“合同工”。契约奴主要来自英国和欧陆，一般与主人订有正式或非正式的合同，主人答应承担其往美洲的旅费和生活费。而契约奴则答应承担为主人劳动3—7年的义务。这些人在服役期间所受待遇具有两重性：一方面，作为契约工，在合同期满后将“享受自由人的全部权利和自由”，并领到50英亩左右的土地作“自由费”；另一方面，在服役期间在人身上并不自由，有时甚至还可能被主人“转卖”。据估计，在独立之前，契约奴在殖民地人口中约占60%—77%，在弗吉尼亚、马里兰、宾夕法尼亚这类老殖民地，则几乎占了3/4。二是黑人奴隶制。首批进入北美殖民地的黑人只有20名，是1619年由荷兰人从几内亚输入詹姆士顿的。此后，1628年在康涅狄格，1634年在马里兰，1636年后在特拉华等殖民地，也相继采用黑人劳动。黑人在英属北美殖民地地位的演变，可划分为三个明显不同的阶段：1619—1640年为第一阶段，在此阶段，这些黑人不论来自何处，当他们被主人从市场上购买时，就是连同自己的劳动力一起，一次而永远卖给主人的，但他们在1640年之前在当地受到的待遇却类似于“契约奴”，这可从一些黑人在几年后获释变成“自由人”得到证明；1640—1660年为第二阶段，在此阶段黑人的地位开始下降，开始是延长其服役期限，接着是被迫变成终生服役，这种演变以1640年弗吉尼亚普通法院对两个白人和一个黑人逃跑事件的判决为标志：在这个判决中，两个白人仅因逃跑被延长了服役年份，而那位叫约翰·庞奇(John Punch)的黑人却被要求“终生服役”(Serving for life)；1660—1700年为第三阶段，在此阶段各殖民地议会开始制定自己的“奴隶法典”，把前一阶段还是按个案处理的判例加以制度化，使早已存在的“终身奴仆”定位为名副其实的“奴隶”，而第一个制定这种“奴隶法典”的便是弗吉尼亚，时间是在1622年。[①] 黑人地位发生这种转变的根本原因，在于种植园经济在17世纪中叶有了根本性的变化，烟草成为南部殖民地主要的现金作物，对劳动力的需求急剧增

① 各殖民地使奴隶制合法化的时间是：弗吉尼亚1662年、卡罗来纳1650年、新泽西1675年、纽约1706年、康涅狄格1708年、佐治亚1749年。

长，并把大批黑人由家庭奴仆驱赶到田间。这种趋势也同样发生在新英格兰，只是工种和程度不同而已。总之，是土地和经营制度的“转型产生了南部的劳动制度”①。

其三，是管理问题的日益突出。公司土地的私有化，使原来作为公司雇员的移民，逐渐上升为拥有一定不动产的，具有独立地位和人格的私有者。这种转变，虽然在弗吉尼亚和普利茅斯其途径有所不同，前者是通过特许和租借方式，而后者则是通过“无偿分配”方式，但其结果可以说是相似的，都提高了移民的独立和权利意识。特别是在弗吉尼亚，在实行特许证制度的同时，1617 年公司又作出新的规定：“任何支付 250 人移民费用的个人或团体，均可在公司管辖区范围内且无人定居的地区另获一片 250 英亩的土地”②，一些原公司的成员获得在定居地的边缘地带拓殖的权利，从而建立起一批所谓“特殊种植园”，其中不少是种植烟草的。当这些种植园主富裕起来后，便要求获得与其经济实力相应的一些政治权力，参与对殖民地的管理。1619 年 6 月 30 日在弗吉尼亚召开的代议制会议，就是为了解决和满足公司土地私有化和独立的个体所有者形成，以及随之而来的市镇和特殊种植园发展所出现的问题和要求，所谓“市民代表”就是由 4 个“市镇”和 7 个“特殊种植园”各选 2 名代表组成的。尽管召开这次会议的决定是由公司股东大会本身作出的，不一定是殖民地居民斗争的结果，也不一定是公司内部两派斗争的结果，但被称为《大特许状》的决议中关于为把殖民地建成“繁荣之邦”，必须使居民获得“有益的引导和管理”条文，③以及后来新任总督乔治·耶德利为召开代议制会议所发文告，称殖民地居民本“应在自行管理中享有一份管理权”④的诉求，均体现了土地私有化后管理问题日益突出，并在殖民当局政治事务中直接反映出来。与此类似，在新英格兰，在普利茅斯废止“共耕制”，马萨诸塞推行“市镇授地制度”以后，随着十几个定居点和 8 个市镇的正式形成建制，各市镇“自治”的政

---

① Oscar and Mary F. Handlin, "Origins of the Southern Labor System", in Stanley N. Katz, *op. cit.*, p. 216.

② John C. Miller, *This New Man, the Americans: The Beginnings of The American People*, N. Y., 1974, p. 41.

③ Jack P. Green, *op. cit.*, p. 44.

④ Alexander Brown, *The First Republic in America*, Boston, 1898, p. 312.

府形式便与殖民当局的集权管理形式发生了矛盾，以致在1632年爆发了因为坎布里奇修建围栏而向各镇征税60英镑引发的抗议。为解决这些矛盾，不得不先在1632年5月9日，由公司股东大会通过一个恢复总督由股东大会选举，并组建由各镇代表组成的咨询委员会的决议，后又在1634年5月14日的股东大会上决议："各镇应合法地在每届议会之前选出两名或三名代表，集于一处商讨和准备认为应在下次大议会上商议之公共事务。此等由各镇自由民选派之代表，理应享有自由民全体所拥有之一切权力。"①可见，由直接民主制向代议制的转变，也是由管理问题引起的。上述弗吉尼亚和马萨诸塞代议制的建立的意义是那样大，以至由于它们从根本上反映了英属北美社会经济内容和结构的变化而变成了各殖民地仿效的榜样，不论这个殖民地是公司式的、业主式的还是自治式的，也不论它在管辖方式上发生了怎样的变化。其他一些殖民地采用代议制的时间分别是：马里兰，1637年；康涅狄克，1639年；罗得岛，1640年；纽黑文，1643年；宾夕法尼亚，1682年；纽约，1683年；等等。

那么，由于公司土地的私有化和农业殖民制度的确立，以及由此引发的上述三个问题的产生和它们分别引起的变迁，从美利坚文明的历史起源的角度来看，这意味着什么呢？首先，我们从公司到社会转变的这一史实，可推断美利坚文明的商业起源。一切变化都发源于一个东西、一个母体，这就是1606年组建的伦敦弗吉尼亚公司，1607年建立的詹姆士顿是它的直接产儿，而普利茅斯的建立则是它的一个专利，是它的间接的产儿。西格蒙德·戴蒙德指出，"当时他们所建立的是一种商业组织，虽然这种组织形式在公司历史上的不同时期有所改变，这种改变完全视赚取商业利润而定"②，用公司的伟大领导人之一E.桑兹爵士的话来说，商业利润是"所有人的目光集中之所在"③。加里·纳什讲得更为清楚："英国人在新世界的第一个永久定居地（Settlement），1607年建立于弗吉尼亚的詹姆士顿，但公正地说，它根本不是

---

① Charles Andrews, *The Colonial Period of American History*, New Heaven, 1934, p. 44.

② Stanley N. Katz, *op. cit.*, p. 8.

③ Stanley N. Katz, *ibid.*, p. 8.

一个殖民地(colony),至少在作为一个政治单位这个意义上是受母国统治的;毋宁说它是一个商业企业(a business enterprise),是伦敦弗吉尼亚公司的财产。而该公司是由股东们组建,并由直接听命于詹姆士一世的董事会治理的。它在其创立者眼中的最初目标,是向它的股东——商人、皇室政治人物以及其他投资者提供回报,英国人希望通过它来加倍复制西班牙人和葡萄牙人在墨西哥、秘鲁和巴西的显著成功。”[①]它之所以成为美利坚文明之源,是因为通过公司土地的私有化和耕作制度的改变,实现了对美利坚文明具有奠基意义的三重转变:

首先,一种崭新的社会逐步产生和形成。在此过程中发生多重变化:一是从商业组织中孵化出一种“定居地”;二是由“定居地”演变成“殖民地”;三是将公司的董事会改变成殖民地政府;四是将专制之殖民政府改变为代议制政权;五是在这些演变过程中将公司的雇员改变成为一个殖民地社会的公民;六是通过不同的劳动制度把这些社会成员组织在一个具有不同等级和职业划分的结构中;七是通过制定不同的法律和法令对这个社会的等级划分和结构加以规范。从这些具体的演变过程中,读者不难发现一个新的社会产生和形成的轨迹,由共耕制向土地私有化的转变确立了这个新社会的基本性质和发展方向,三种劳动制度铸造了这个新社会的具体的经济结构,而“代议制”的确立则为这个新社会提供了政治框架和保证。这个新的社会产生和形成的轨迹可以图示如下:

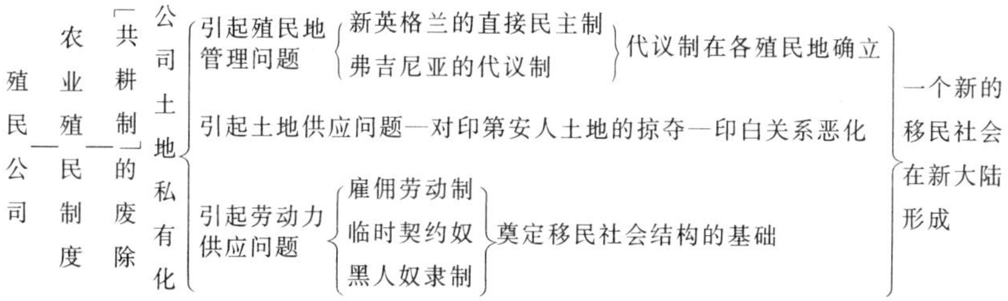

其次,作为一个“移民社会”,前往英属北美的移民,在种族上可划分为白种人和黑种人。白种人又划分为英国人、爱尔兰人、苏爱人和欧

① Gary B. Nash, *Red, White, and Black: The Peoples of Early America*, New Jersey, 1982, p.45.

陆人。欧陆人又可分为荷兰人、法兰西人、德意志人、瑞典人等等。在社会分层上可划分为教士、贵族、平民、总督、官吏和职员。若从职业上看，移民的成分就更为复杂，但当时没有完整的记载和统计，很难说得十分确切，这里查到的，是一份从布里斯托尔和伦敦移往切萨皮克的男性契约奴的职业状况及其比例，大致可以说明当时移民的职业背景，而时限正好是美利坚文明的起源时期。现列表如下：

布里斯托尔和伦敦移至切萨比克的男性契约奴的职业状况和比例(1654—1686)

职业类别	布里斯托尔的契约奴 1654—1696				伦敦的契约奴 1683—1684			
	切萨比克		所有殖民地		切萨比克		所有殖民地	
	人数	%	人数	%	人数	%	人数	%
农业	252	46.9	910	48.0	31	23.7	59	23.2
食品饮料和供应	15	2.8	55	2.9	3	2.3	10	3.9
制衣/纺织和相关的贸易	78	14.5	282	14.9	19	14.5	36	14.2
皮革贸易	26	4.8	101	5.3	10	7.6	14	5.5
建筑/木工	29	5.4	125	6.6	10	7.6	22	8.7
金工	14	2.6	62	3.3	2	7.5	17	6.7
绅士和专业的	9	1.7	44	2.3	16	12.2	28	11.0
半熟练和非熟练的	112	20.9	310	16.4	37	28.2	59	23.2
混杂的	2	0.4	6	0.3	3	2.3	9	3.5
总计	537	100.0	1895	100.0	131	99.9	254	99.9

资料来源：撒特·W. 塔特和戴维·安默曼编：《17世纪的切萨皮克》(Thad W. Tate and David Ammerman ed., *The Chesapeake in the Seventeenth Century*)，北卡罗来纳大学出版社1979年版，第58页。

从上表统计可知，正如罗伯特·E. 布朗所指出的，"从欧洲来到新世界的移民，并没有简单地把故国的阶级结构转移到新世界"①。因为

① James K. Martin, ed., *Interpreting Colonial America*, Harper and Row Publishers, 1978, p. 246.

既然有那么多的人，那么多不同职业的人，到殖民地后都成了一种人，即“契约奴”，那么就还会有别的职业和身份的移民在殖民地改变其身份和职业。事实上，不论移民原来是什么身份、地位和职业，到了殖民地后都要根据当地的环境和条件进行重新选择、站队、改组，而分别被组织和定位于一定的生产方式中去。温斯罗普·乔丹认为，“在美洲社会和经济制度的相互作用中有三种主要劳动制度”①：(1)雇佣劳动制；(2)动产奴隶制；(3)临时契约奴。换言之，移民及其后裔，主要就是通过这三种劳动制度，被重新安排、定位和整合进一个新的社会结构中去的。

再次，再来看殖民地的社会分层与组合。英属北美殖民地，以商业殖民为主转为以农业殖民为主，在很长一个时期内仍不脱离传统农业社会的基本模式，因为其基本的社会成分与划分仍与旧世界类似：士、农、工、商。但这里的“农”则大有讲究，与当时的英国和欧陆有很大的不同：首先，在英国，随着资本主义向农村的深入，农奴制早在 14 和 15 世纪之交就基本废除了，最后一个处理维兰的案例的时间是 1618 年，但英属北美殖民地的建立由于都必须获准英王的特许才合法，而君主制即使在英国革命后仍属英国社会最保守的部分，因而英王的特许制度中不免包括了即使在当时的英国看来也属保守的内容，其中最明显的是它引入“永佃权”，这成了后来各殖民地引入“代役租”的法律依据。其次，如前所述，当时的殖民活动从一开始就带有两重性：一方面，殖民公司与英王的关系保留了封建的依附性；另一方面，移民与公司的关系又带有近代契约色彩，这导致了“契约奴”制度的采用。“契约奴”制度，本来在法律上是一种平等的商业合同制度，但由于殖民地劳动力的缺乏和环境的恶劣，而迫使主人加强了对契约奴的监控，从而使“契约仆”的实际地位大大下降，以致在许多情况下竟类似于“奴”。再次，由于烟草种植业的明显的商业利益，种植园制度在殖民地获得了空前的发展，又在原来的契约奴制度下引入了黑人奴隶制，虽然黑人最初由于主人使用于家庭，其所受待遇类似于“契约奴”，但最终由于烟草种植业在南部的扩大，而被驱赶到田间，并被定位在奴隶的地位上，在社会关系中其地位与古代奴隶制无别。这样，英属北美殖民地社会，就可以划分成这样六种类别三大群体：(1)商人和作坊主；(2)农场主和种植园主；(3)

---

① Stanley N. Katz, *op. cit.*, p. 232.

契约奴与黑奴。

这六种类别中，最容易确定其社会地位的，是契约奴和黑奴这两类，二者处于整个殖民社会的底层，且契约奴的地位高于黑奴。商人和作坊主的地位也比较容易确定，因为他们的财富积累主要不是靠经营土地，可以在流通领域靠投机获得，其中商人的积累尤为迅速，如皮货在欧洲市场的利率为美洲的上百倍。比较难于确定的是作坊主、种植园主和农场主这三者的关系。在人们的印象中，种植园主是殖民地的富人，这一看法在殖民时代晚期可能是正确的，但在殖民时代的初期即这个新社会形成时期，却很难说。在初期，不少种植园主，通过烟草种植致富，是可以找到证据的。例如，如前所述，约翰·波赖在 1619 年曾谈到，他一年之内可靠自己的劳动为自己增加财富 200 英镑[①]。但现在查明，在奴隶制种植园经济形成时期，即使在当时奴隶制种植园经济的主要产区，即切萨皮克湾烟草中心种植区，农业劳动对财富的积累仍远远低于技工的积累。据对马里兰 4 个县的考察，这 4 个县是圣玛丽、卡尔沃特、查尔斯、王子乔治县，它们均位于当时切萨皮克湾烟草种植园最发达的地区，技工和农工的平均财富积累，在 1658—1680 年期间差别不大，但是在 1680 年以后，前者的财富积累明显高于后者，这可从下表看出：

技术工人和农业劳动者的平均财富积累(1658—1705) (单位:英镑)

时　间	技术工人		农业劳动者	
	人数	平均	人数	平均
1658—1670	3	9.36	12	14.83
1671—1680	11	19.82	31	21.34
1681—1687	10	20.48	16	13.78
1688—1696	5	14.99	15	14.93
1697—1705	10	24.99	20	13.18
总　计	39	19.89	94	16.29

资料来源：撒特·W. 塔特和戴维·安默曼编：《17 世纪的切萨皮克》，第 216 页。

① Jack P. Greene, *op. cit.*, p. 45.

当然，技术工人和农业劳动者都是被雇佣者，而雇主不是作坊主就是农场主，因此技术工人和农业劳动者的财富积累并不等于作坊主和农场主的积累。但由于这些财富都是来自他们的工资，而工资支付是作坊主和农场主从事经营的成本的重要组成部分，因而通过其工资支付状况可以间接了解作坊主、农场主的经济和财富积累状况。不过，工资支付一般都有记载，因而可以较方便地进行计量分析，而主人的财产及财富积累却不一定有详细记录，往往只能从其死后的遗产中得知一些信息。我们知道，殖民地时期最大的富翁中，一个是波士顿的托马斯·汉考克，另一个是查尔斯顿的加布里埃尔·马尼高尔特，前者临终时留下的遗产计达近 10 万英镑，而后者留下的遗产则高达 16.9 万英镑[①]，由此可见殖民地作坊主和商人之一斑。农场主的情况就差一些，南部农场主在变成种植园主之后财富积累方式已兼有农业和商业二重性，不能作为殖民时期纯粹农场主阶级的代表，我们可以将马萨诸塞的农场主作为殖民时期农场主的代表。据《马萨诸塞殖民史》作者托马斯·哈钦森记载，当地的"一笔大财产"是一位名叫阿普索普(Apthorp)的人的财产，大约也只有 2 万至 3 万英镑之间，而其余的财产都比他的少：安德鲁·奥利弗的约值 9121 英镑，托马斯·格里的约值 7919 英镑，而大多数农场主仅拥有 75 至 150 英亩土地，其价值在 300 至 1200 英镑不等[②]。一般农场主财富的积累不如奴隶种植园主，更不如城市中从事工商业的作坊主和商人，但他们在人数上是有产者乃至整个人口的最大多数："除了少数市镇居民而外，从新斯科舍到西佛罗里达，人们都是农场主"，他们占人口的 90%以上[③]。因此，17 世纪在英属北美殖民地正在形成的这个新的社会，实际上是一个两头小中间大的呈菱形的结构，与当时尚处于由传统农业社会向现代工业社会过渡中的欧洲有很大的不同，因为当时的欧洲乃至整个旧世界的社会结构是金字塔型的。这种差异可图示如下：

---

① 赫伯特·C. 菲特和吉姆 E. 里斯：《美国经济史》，辽宁人民出版社 1981 年版，第 132 页。

② James K. Martin, *op. cit.*, p. 253.

③ James K. Martin, *ibid.*, p. 246.

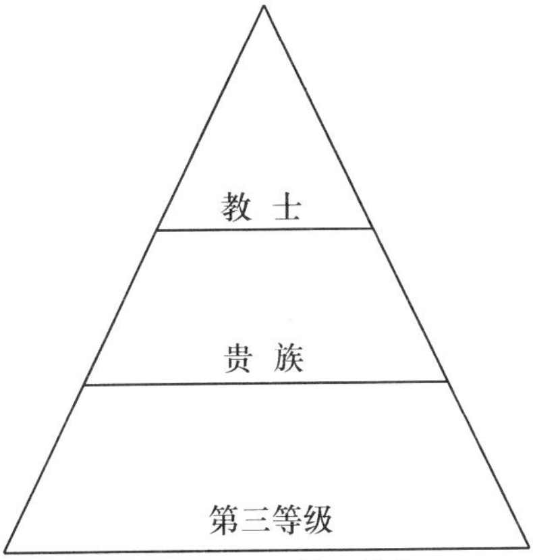

中世纪后期欧洲的社会结构

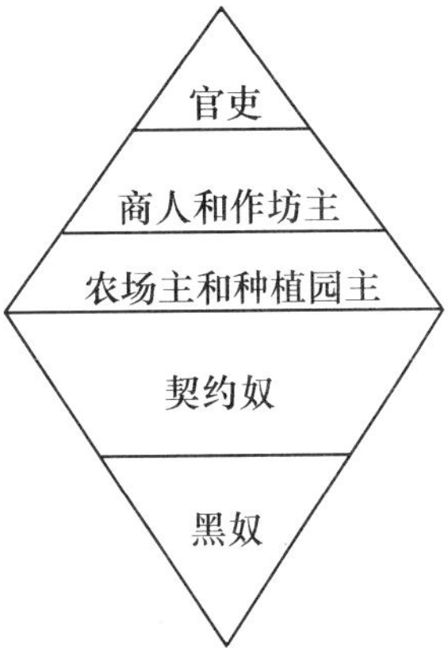

英属北美殖民地的社会结构

最后，“这些移居于殖民地的人也比他们原生活的地方发生了很多的变化”[①]。首先，和殖民初期，即商业公司主导的时代不一样，这个社会的构成不再纯粹是移民，而是逐步由本地即殖民地出身的人为主。这一转变过程，在新英格兰大约只花了 30 年时间，而在切萨皮克湾地区到 17—18 世纪之交也基本完成，这是因为南部殖民地死亡率高而寿命短，而新英格兰死亡率低而寿命高，但美洲化(Americanization)并不仅表现在人口本地化上，也表现在人的体格、思想过程、生活方式和生活目标等方面。因为美洲殖民地的环境与英国和欧陆有很大的不同，它虽然没有历史的沉重包袱，但却因变幻莫测，它要求移民及其后裔按新的方式思考和行动。总之，久而久之，这些“迁移来的英国人和欧洲人便逐渐地变成了美利坚人(Americans)”[②]。

(原载《世界历史》2002 年第 5 期)

---

① Lawrence H. Leder, *America: 1603-1789: Prelude To a Nation*, Burgess Publishers, 1972, p. 101.

② Lawrence H. Leder, *ibid.*, p. 101.

“自由殖民地”

——一种独特的资本主义起源和发展的历史模式

一个偶然机会，翻阅于1978年出版的，由简·O.M.布罗克和约翰·W.韦伯所著的《人类地理学》，在第294页发现在被列为当时除欧洲之外的“发达国家”的国家和地区中，除了日本和以色列这两个特殊国家而外，只有两个国家和地区：一个是北美的美国和加拿大，另一个就是澳大利亚及新西兰。[①] 这使我立即将现实与历史联系起来，想到并进一步提出这样一个问题：为什么除欧洲之外最早进入发达国家行列的国家和地区，恰恰就是这两个国家和地区？而我们知道它们又偏偏都是原英帝国的海外殖民地或“自由殖民地”。难道这些“自由殖民地”与它们以后的迅速发展有某种必然的联系吗？

通过研究，我们的答案是：这些以往的英属“自由殖民地”，作为一种独特的资本主义起源和发展的历史模式，由于种种政治、经济、社会和历史的独特原因，确曾在很大程度上为这些地区和国家以后的迅速崛起准备和创造了条件。这一历史课题，在我国史学界，虽然偶有提及和研究，但至今未见系统的论证。鉴于这一模式和课题在资本主义兴起和发展，以及整个世界近现代史上的重要地位，现将这些原因探讨和分析如下。

但在进行这一探讨和分析之前，我首先想到的一个问题是，究竟什么是“自由殖民地”？“自由殖民地”这个概念，是马克思正式提出来的。早在1861—1863年，在马克思所著《剩余价值理论》第二卷中，他就敏锐地注意到两种“殖民地”的区别：一种是所谓“本来意义上的殖民地”，它指的是北美和澳大利亚这样的殖民地，即主要由欧洲白种移民建立

---

① Jan O. M. Broek and John W. Webb, *A Geography of Mankind*, McGraw-Hill Book Company, New York, 1978. p. 294.

的殖民地；另一种是被称为“种植园”（Plantation）的殖民地，它指的是那些在新大陆边疆或荒野地带开拓的种植场，是专门为了赢利而从事的农业兼商业活动。[①] 这前一种“本来意义上的殖民地”，马克思在《资本论》第一卷第二十五章中，即把它正式称呼为“自由殖民地”。[②] 其实，这类殖民地在马克思之前和之后，都有人提及并不同程度地作过研究。在马克思之前有亚当·斯密，他在《国民财富的性质和原因的研究》下卷中就区分了古代和现代的“两种殖民地”：一种被他称为“移民垦殖殖民地”，以欧洲人在西印度建立的殖民地为代表；另一种被他称为“奴役土著殖民地”，以英国人在东印度建立的殖民地为代表。[③] 在马克思之后，许多经济史家和历史学家也都涉及过这一主题，如英国诺贝尔奖得主约翰·希克斯就在其名著《经济史理论》中，认真地研究了殖民地的种类并区分了“移民的殖民地”和“贸易的殖民地”，前者指的是历史上各种伴随着领土扩张建立的殖民地，而后者则是指那些“商业扩张”的产物：贸易站。[④] 有意思的是，他们对“殖民地”的界定和分类虽然不尽相同，但有一种殖民地即“移民殖民地”都是他们共同关注的对象，并均有过仔细地考察和评述。然而，对“移民殖民地”的认识，只要仔细读一读他们各具风格的著述，就会发现他们之中没有一个人超过马克思，因为马克思以一个定语“自由的”一词，不仅明确地划清了这类殖民地与其他各种殖民地的界限，也深刻地揭示了这类殖民地的性质及其内涵，真可谓“意味深长”。

为什么这样说呢？在有关的历史文献中，“自由”有两重含义：(1)是移民占领和定居的“自由”；[⑤](2)是土地在市场上转让的“自由”。[⑥] 占领和定居的“自由”，以当地土著落后和人烟稀少为前提；而土地在市场上转让的“自由”，则要以土地是否彻底摆脱封建制残余的束缚为条

---

① 马克思：《剩余价值理论》第2卷，人民出版社1975年版，第339—340页。

② 马克思：《资本论》第一卷，人民出版社1975年版，第837页。

③ 亚当·斯密：《国民财富的性质和原因的研究》下册，商务印书馆1972年版，第128—129页。

④ 约翰·希克斯：《经济史理论》，商务印书馆1987年版，第40—45页。

⑤ 马克思说：“这里说的是真正的殖民地，即自由移民所开拓的处女地。”马克思：《资本论》第一卷，第833页注253。

⑥ 列宁：《十九世纪末俄国的土地问题》，《列宁全集》第15卷，第114页。

件。就第一层含义而言，整个美洲和大洋洲甚至俄国的西伯利亚都可以称作“自由殖民地”，因为无论是美洲的印第安人还是大洋洲的矮黑人和西伯利亚的通古斯人，当时都还处于原始社会的不同阶段，其社会至多也只发展到部落联盟或酋邦阶段。只有玛雅人、阿兹特克人和印加人建立了自己的“帝国”，把人分成不同的等级从而跨入了奴隶制社会的门槛，但她们都在欧洲人入侵前后由于病毒的流行和暴力的征服而迅速瓦解以致灭亡，使入侵者得以畅行无阻，任意蹂躏。但马克思和F. 特纳对这种“自由”的理解并不一样：F. 特纳在其名文《边疆在美国历史上的意义》[1]中所说的“自由土地”，只是在第一层含义上说的“自由土地”即可以自由占领的土地，因为他在该文中把北美的土地分为相互联系的三大部分：自由土地——边疆——定居地，其中“定居地”是指已被白人填满的土地，“边疆”是指已开始被白人占领但尚未住满人的土地，而“自由土地”则是指尚未被白人染指而由印第安占据或根本无人居住的土地，因此 F. 特纳的“自由土地”概念，是以忽视、蔑视和否认土著主权为前提的。[2] 而马克思所说“自由殖民地”中的“自由”概念，或许并不排除“文明”在所有“新大陆”扩张的内容，因为他认为在那些渺无人烟的地方进行拓殖和开发，特别是以资本主义方式去进行拓殖和开发乃是一种社会的进步。但他的“自由”的主要含义还是土地转让的“自由”，并认为只有这种“自由”才能为殖民地的迅速发展提供必要的前提和条件，因为它使每个移民“都能够把一部分土地变为自己的私有财产和个人的生产资料，而又不妨碍后来的移民这样做。”[3]由此可见，马克思所说的“自由殖民地”，主要是指北美和大洋洲的英属殖民地，而不包括拉丁美洲和俄国的西伯利亚这些地方，皆因只有这些英属殖民地才具有上述双重意义的“自由”。

为了说明这一点，我们不妨对这两种殖民地建立的过程及其社会经济历史背景，作一简要的回顾。英国最早的殖民地是爱尔兰，而不是北美洲和澳大利亚、新西兰(New Zealand)，它对爱尔兰的入侵早在12世纪就开始了。但英国在海外的扩张来得并不比葡萄牙、西班牙更早，

---

① F. Turner, *The Frontier in American History*. New York, 1920. p. 3.

② 参见何顺果：《美国边疆史》，北京大学出版社 2000 年版，第 351—353 页。

③ 马克思：《资本论》第一卷，第 837 页。

因为英国在发生革命前，无论在军事上还是在经济上都还是一个小国，那时英国是无常备军的。葡萄牙人早在1415年就在北非占有了休达，然后沿非洲西海岸南下直到几内亚湾，并重新发现和占领了亚速尔、佛得角和马德拉三大群岛。自1492年哥伦布发现新大陆后，西班牙就以Espaniola为基地沿西、南、北三个方向向整个美洲大陆挺进，最终建立起以今日的墨西哥为中心的“新西班牙”。法国虽然在1608年才在五大湖区建立起第一个永久殖民地：魁北克，但它在北美的殖民活动以商业为动力，迅速地把它的“新法兰西”(New France)的领地经五大湖、密西西比河扩张到新奥尔良，其版图几乎囊括了整个北美大陆的心脏地区。然而，无论是葡萄牙、西班牙还是法兰西，当它们开始其殖民扩张的时候，均处于君主专制的巅峰时期而国内的社会经济改革都未提上日程，又是以贵金属或皮革的掠夺为主要目标，十分注意政治和军事的占领，却很少注意殖民地的实际拓殖与发展，因而带去了大量的封建制因素。如西班牙在新西班牙推行的专制统治，葡萄牙在巴西推行的大庄园制，法国人在魁北克推行的领主制，均是来自本国的地地道道的封建制。而英国在北美及澳洲的殖民，则是在另一种背景下进行的：第一，它的大部分殖民活动都是在1640年资产阶级革命开始之后发生的；第二，虽然北美殖民活动开始于革命前30多年，但这时英国的资本主义也早已深入农业；第三，当1788年英国开始把澳洲当做犯人流放地时，其本土已开始进入紧锣密鼓的工业革命阶段。所有这一切，使英国的殖民政策，少了不少西班牙、法国等老牌殖民国家那样的专制色彩，允许殖民地人享有对自己事务的实际“治理权”，而且在土地关系中基本没有移植什么大土地所有制及其他封建制。[1] 即使在英属北美殖民地进入稳定发展的18世纪，西班牙和法兰西也还未发生资产阶级革命。那么，作为一种资本主义起源和发展的历史模式，马克思所说的这些“自由殖民地”的独特性究竟体现在何处？这些特性又如何决定并规范了这些地区以后的发展及其路线呢？这里，试解读与分析如下，共四点。

其一，**在所有这些“自由殖民地”，无论是在美利坚还是在澳大利亚和加拿大，殖民模式的选择都很快由商业殖民转为农业殖民或农业兼商业殖民，只有在澳大利亚有点特殊**。在这一点上以美国最为典型。

---

① 参阅拙文：《美利坚文明的历史起源》，《世界历史》2002年第5期。

合众国的直接母体是1774年建立的“联合殖民地”(United Colonies),“联合殖民地”以13个殖民地的代表组成的“大陆会议”(Continental Congress)为其载体,而它们的先驱和前身是1607年建立的詹姆士顿。之所以说它最初是一种商业殖民模式,其理由有三:(1)这个殖民地的创立者弗吉尼亚公司原是一个地地道道的商业公司,它不仅主要由伦敦商人组成且其中许多人是著名的东印度公司(1600年成立)的成员,而且实行当时典型的股份集资与分红制度;(2)其雇员即随公司带到北美殖民地的移民,最初实行典型的“土地共耕制”(Joint land system),因为他们都是为公司利益而劳动,其产品也要交由公司处理;(3)在1606年英王给公司颁发的特许状中明文规定,在殖民地找到的金矿或其他贵金属,黄金收入的1/5必须上缴给英王,这是当时西欧各国重商主义在殖民政策上的典型表现。[①] 但由于在北美未能找到他们希望找到的贵金属,也由于“土地共耕制”不利于调动和发挥劳动者的积极性,还由于大量移民本身带来的严重的生存压力,以及公司在移民活动中耗费的大量成本而造成的亏本,弗吉尼亚公司不得不从1614年起,把部分土地分发给个体移民自行耕种,并进而于1618年在移民中实行“人头权”制度。这就不仅改变了经营方式,也改变了经营主体和经营目的,从而使原来的以赢利为目的的商业殖民模式演变为以生存为目的的农业殖民模式,虽然后来新建立的“特殊种植园”即烟草种植园带有明显的商业性质。这种模式后来在英属北美殖民地,被广泛模仿和采纳,成为一种基本的趋势。在加拿大,在正式开始殖民活动之前首先兴起的是捕鱼业,这是一种典型的商业活动,1578年时,各国在这里从事渔业的船只:英国30—50艘,西班牙200艘,比斯开(Biscay)20艘,但7年后这个数目增加到300艘,它们分别来自西班牙、法兰西、英吉利和尼德兰。[②] 1607年,法国人在魁北克建立第一个永久定居地,当时最活跃的商业公司是“新法兰西公司”,[③]在1763年之前曾将近209.6

---

① Henry S. Commager, *op. cit.*, New York, 1963. Vol. 1, pp. 8-10. 并参见拙文:《美利坚文明的历史起源》,《世界历史》2002年第5期。

② Gustavus Myers, *A History of Canadian Wealth*. Toronto, James lewts & Samuel, Pubishers, 1972. Vol. l. p. 17.

③ “新法兰西公司”(New France Campany),存在于1627年至1663年,是法国人在加拿大进行殖民活动时期最重要的商业殖民公司,但到1643年也只移植了4000来人。

万英亩的土地授予罗马天主教教会，此外还有大量土地被授给基督教教会及一些封建领主，但法国在这个殖民地的目标依然以商业和贵金属的追求为主，在实在在当地找不到黄金的情况下便以海狸作为其替代物而被当成了“金矿”(a mine of gold)。[①] 所以，法国人后来虽然在北美占领了庞大的地盘，并且把“新法兰西”(后改名为“路易斯安那”)的重心由魁北克移至新奥尔良，始终只控制着那里的一些要塞和据点，未见大规模的垦殖活动。加拿大由商业殖民向农业殖民的转变始于英法七年战争(1756—1763)，战争中英军于1759年攻占魁北克，1763年《巴黎和约》将整个新法兰西割让给英国，从此加拿大的殖民活动纳入整个英属北美殖民制度统筹范围。此时英属北美殖民地的农业殖民模式已达于成熟，所以新来的英国殖民者也是以垦殖为主的，甚至定居下来的英军人士也都分得了土地。至美国革命爆发，约4万—5万效忠派逃往加拿大各地，由于这些人大部分来自宾夕法尼亚至马萨诸塞等州，多半也领取土地从事农耕，从而带来了农业殖民制度。1763年英王发表“皇家公告”时，英国在加拿大的领地只有四个：魁北克、纽芬兰、鲁珀特、新斯科舍，1774年的《魁北克法案》把魁北克管辖的范围扩大至纽芬兰的部分领地以及俄亥俄河以北的地区，[②]1784年又把原由新斯科舍管辖但移民稀少的部分地区划出建立一个新省：新不伦瑞克，因这里新到了因革命从美国逃亡来的几万人士，其中军官和户主领得土地2000—3000英亩，子女200英亩。此后，随着大量移民从美国西部边疆和英国本土的到来，加拿大的拓殖运动便从魁北克向西推至尼亚加拉半岛、安大略湖地以及圣劳伦斯河上游，以致英议会通过的《1791年宪法法案》不得不新增加一个省份：上加拿大，到1867年7月1日组建“加拿大自治领”时，加拿大的农业垦殖已有了坚实的基础，已完全改变了法国人原有的以商业为主的殖民模式。[③] 至于澳大利亚，那里的情况更为特殊：此地最初既不是农业殖民地也不是商业殖民地，而是英国的罪犯流放地，其启用年代为1788年，这一政策一直持续到1868年。

---

① Gustavus Myers, *op. cit.*, pp. 23、13.

② Roger Duhamel, *British North America Acts and Selected Statutes: 1867-1962*, Ottawa, Roger Duhamel, Queen's Printer, 1962.

③ 参阅张红菊：《加拿大的开发与崛起》，见何顺果主编：《比较开发史》，世界图书出版公司2002年版，第193—211页。

但:第一,澳大利亚远离英伦三岛,为维持犯人生存所需之粮食、食品和其他生活必需品,不能像当初那样永远从遥远的英国用船队运去,必须在当地逐步解决,解决之道就是开荒种地。第二,从英国流放到澳大利亚的犯人数量很大,且日渐增多。据统计,从1788年至1830年,其数目总数不下3.2万人,以致这类人在当地已形成一种独特的被称为"犯民社会"的社会,而一个社会的存在是离不开基本的供求关系的。第三,我们注意到,在为英国犯人制定的流放政策中,英国政府似乎从一开始就不完全是为了惩戒,其中多少也包含着带有社会进步意义的"教化"内容。这一政策的建议者约瑟夫·班克斯(Joseph Banks),在其建议中就提出"犯民移送该地后,能否寻出肥沃可耕之地?令其努力生产,自给自足"[①]的问题。正是从这一目的出发,早在1789年就在流放地实行犯人"分配制度"(Assignment system),允许私人雇佣在押犯人为其做工,后又在1802年允许犯人以为政府服务换取"缓刑证"("ticket-of-Leave")。由于这种垦殖活动是由从前的犯人来进行的,在澳洲殖民史上称为"前罪犯农业殖民制度"(system of ex-convict agriculture)。[②] 第四,事实上,不可能单纯地把澳大利亚当做犯人的流放地,因为对犯人的管理需要大量官员、职员及军人,这些管理人还会带去大批家属和子女,而随着这些人的到达又会把大量当地的信息传递给他们的亲戚、朋友以及其他冒险者,从而不可避免地吸引大批非犯人移民前往。据统计,非犯人移民在整个澳洲人口中的比重是在不断增长:1790年为26%,1800年为68%,1810年为52%。[③] 第五,英犯人在澳的最初流放地一般在沿海狭小地带,然而1813年以G. 布拉克斯兰德为首的三人,为寻找水草而从新南威尔士翻越蓝山山脉,突然发现被海岸山脉包围的适合定居开发与放牧的澳洲内陆,从而为成千上万拓荒者的到来打开了一扇窗口。所有这一切,都为英人在澳洲的殖民政策的转变,即由犯人流放地向农业垦殖地的转变准备了条件。换言之,在英属澳大利亚,在大约一代人的时间内,就发生了由犯民流放地向农业殖民模式的演变。

---

① 骆介子:《澳洲建国史》,商务印书馆1944年版,第11—12页。

② Jan Kociumbas, *The Oxford History of Australia*. v. 2, Oxford Umiversity Press, 1992, pp. 21、40、104.

③ Gordon Green wood, *Australia: A Social and Political History*. Angus & Robertson Pubishers, Australia, 1977, p. 13.

其二,在所有这些“自由殖民地”,在其定居和拓殖活动之初,几乎都是按产生于英国的资本主义方式从事经营的,虽然不同程度地引入了来自母国的某些封建制残余,但都不很重。其中,比较重的是美国的前身英属北美13个殖民地,但最初也只是引进了英国肯特郡东格林威治庄园实行的“自由永佃权”(free and common Soccage),对国王只负象征性的义务(如两个箭头和几张海狸皮之类的地租)。[1] 后来,当“共耕制”无法继续维持下去,公司被迫将土地转包给移民个体经营之时,才在实践中引入了“代役租”之类的封建制残余,包括长子继承制和限定嗣续法,等等,这已是1618年之后的事情。这是因为,经过十多年的殖民实践,英王发现光靠政府和公司的投资是很难维持其殖民事业的,还必须想办法从日益增多的移民中获取回报。此外,殖民活动最初主要是大商人、冒险家、政府官吏乃至皇室的事业,对他们自然应当宽厚一些;而现在不同了,它几乎成了一个公众的事业,越来越多的中下层民众卷入其中,就不能像对待当初那些人一样优惠了。所以,此后的大多数特许状中,以及殖民当局和业主在对土地进行再分封或再转让过程中,就附加了“代役租”之类的封建义务。如1632年英王给马里兰卡尔弗特业主的特许状,就明确规定业主有权在出租土地时要收适当的“劳役、佣金和地租”[2]。而此后在给宾夕法尼亚、卡罗来纳、缅因和佐治亚的特许状中,也都附有同样的内容。不过,在英王颁发的特许状中,所定代役租一般都不高,在多数情况下都是象征性的。但在实行“人头权”制度之后,由于许多新老移民取得了业主的地位,“代役租”的数额就无法作统一的限制了,虽然这时一般每100英亩之地租大多在2—4先令之间,但也有少数业主把租金提到数英镑。美国革命前,在英属北美殖民地发生过“封建义务复活”的过程,一度出现大幅度地提高代役租征收的情况,但并不能因此否定殖民地封建制残余的基本趋势。在加拿大,由于第一个永久殖民地是由法国人建立的,又由于当时资本主义在法国发展的程度远远低于英国,法国殖民当局在魁北克等地引入了比较典型的封建制度:(1)在政治上,其主要表现就是法国政府对殖民地事务的专权。本来,在殖民地曾于1647年建立有“魁北克

---

① Henry S. Commager, ed., *op. cit.*, p. 10.

② *Ibid.*, p. 21.

参事会”(Council of Quebec),作为新法兰西最高权力机关,并有若干理事由民选产生,但参事会在1663年改为“主权参事会”(Sovereign Council)后,不仅主持殖民地事务之权逐渐集中于总督或省督或主教,民选参事乃至整个参事会渐渐形同虚设,实际上殖民地的一切法律法令的制定及一切重大事务的最后决定权,均由母国中央政府及国王操办,又于1665年起派出正规军长驻新法兰西,以强化对殖民地的统治和控制。(2)在经济上,其主要的表现就是在殖民地推行“土地占有领主制”(Seigriorial system of hoding land)。这一制度完全源于法国本土,其基本原则可概括为如下几点:领主从法王那里领取土地并承担多种封建义务,然后领主将土地划分为小块,再分封给下一级领主或佃农,并向他们征收相应的租税。其中,封建义务主要指劳役(corvee),一般年服役3—6天,亦可用货币代交。地租则分为两种形式:一是货币地租(或年贡),一是实物地租(亦可以货币折算)。[①] 有人认为,这种领主制是“半封建性”的,但从存在并实行劳役制来看,[②]更像欧洲(包括法兰西)十四五世纪农奴制废除前的制度,应该说完全是属于封建制的,至少在性质上是如此。1763年后英国人取代法兰西人统治加拿大,本可以较为宽松的方式来处理那里的事务,但鉴于当时13个殖民地与英帝国的矛盾日益严重,亦害怕原殖民地的法兰西人对新的统治者不满,不仅未能废除法国人建立的封建领主制,并保留与此有关的劳役租和什一税,而且对魁北克实行了4年的军事管制,即使在1774年《魁北克法案》中,依然保留了法国人原有的领主制。[③] 不过,在新的英国移民比较集中的新斯科舍和上加拿大,则采纳了英国的语言、立法及政治制度,并建立了类似英国众议院的代议制,在土地占有方面也以独立的个体小农为主。[④] 如前所述,澳大利亚最初是作为英国的“犯人流

---

① R. Douglas Francis and Donald B. Smith, *Readings in Canadian History*. Harcourt Brace & Company, Canada, 1994. p. 261.

② 除劳役(Corree)而外,在法属北美还授予领主贵族头衔,赋予领主和僧侣“高等法官”的权利,向移民收取什一税,等等。参见 Gustavus Mayers, *op. cit.*, pp. 16-23。

③ 见 The Quebee Act, 1774. Roger Duhamel, *op. cit.*, pp. 17-18。

④ 七年战争后,许多土地渴求者从新英格兰来到新斯科舍。1775年此地人口约2万居民,其中3/4是有强大经济与文化的新英格兰人。见 George A. Rawlyk, The American Revolution and Nova Scotia Reconsidered, *Dalhousie Review*, 43(Autumn 1963), pp. 379-394。

放地”而启用的。当时在主观上并无将它开发为一个“正式殖民地”的计划，因此，它在那里实行的政策是以军事管制为特征的：第一，它原是一种强制性移民运动，因为移民主体是罪犯而不是自由人，这些人不享有人身自由和公民权利；第二，这个移民运动是由政府而不是公司或私人出资运作的，因此它最初并不存在赢利与否的问题，成败系于英政府之决策；第三，这种移民运动的组织和管理采取军事方式，被任命为驻澳第一任总督的菲利普(Captain Phillip)原是一名海军上尉，随罪犯抵澳的海军官兵在登陆后立即被改编为“保安队”；第四，更为重要的是，对罪犯移民的管理充满了暴力色彩，“鞭笞”是对犯民最常采用的惩罚措施，并因此常常引发犯发的聚众暴动，这种暴动有时还得到管理人员的支持。所有这些，都谈不上是封建的还是非封建的问题。但当初，在任命菲利普舰长为驻澳首任总督时，曾对其职权有若干明确的规定，赋予他以“司法裁判权”和“偿赐人民土地权”，这显然带有封建特权的性质。据统计，1788 年至 1830 年期间，在澳英国自由人据此获得的土地授予，总计在 560 万英亩左右。[①]有时总督在授予这类土地时，只需在“便条”上写明：“某君得余核准，可以此居留，并由其自择适当之土地若干亩，以资生产而维生活。”[②]正因为如此，当时能获得此种“赐地”者，大多属于有权有势之辈。不过，比起英属北美殖民地(包括美国和加拿大地区)来，澳大利亚殖民地在土地问题上的封建制残余，无疑应是最少的一个。

其三，在所有这些“自由殖民地”，**最终都实行了类似于后来美国的“公共土地”(public lands)政策，并向普通移民开放，以便他们得以以私人身份购买其土地，从而建立了广泛的自耕农的所有制，只是各具特色及程度不同而已**。在英属北美 13 个殖民地，自 1618 年弗吉尼亚开始实行“人头权”后，所有新建立的殖民地几乎均先后仿效，“人头权”即按已有或新来的移民的人头数从殖民当局领取耕地，一般每人 100 英亩左右，可多可少。换言之，在美国革命前，英属北美 13 个殖民地居民的绝大多数已经是享有土地私有权的独立个体经营者，或称“农场主”(farmers)。进而，当反英独立战争正如火如荼进行之际，革命领导机

---

① 骆介子：前引书，第 24 页。

② 同上。

关大陆会议又在1780年10月10日，对有关西部的“公共土地”的所有权、控制权和管理权作出如下决议：(1)这些土地是指由各州割让或转让给合众国的土地；(2)对这些土地的处理今后要考虑到合众国的公共利益(common benefit)；(3)这些公地将由移民定居并组成若干“共和州”(republican states)；(4)这些州将加入并成为联邦的成员并享有与原有诸州一样的“主权、自由和独立”；(5)在正式加入联邦之前它们将组建成“领地”(territory)即准州；(6)这些土地的定居和授予要在9个或9个以上州参加的情况下由国会规范和同意。[①] 这就为此后“公共土地”的处理提供了基本的指导原则，从1784年土地条例的制定到1862年林肯《宅地法》的出台，无论其中在出售面积还是土地价格和优惠条件方面如何变动，均没有越出上述原则所确立的精神。这些具体土地条例所涉及的变动是：(1)在土地出售的单位面积方面，由最初的640英亩逐步减少到40英亩；(2)在所售土地的定价方面，由最高时的每英亩2美元降至后来的1.25美元或只交10美元手续费；(3)为了吸引贫困者和照顾占地者，国会还在土地条例中附加了贷款购地、分期付款和允许占地者“先购”的条款。[②] 由于“公共土地”涉及总面积达14亿英亩以上的土地，又分布于阿巴拉契亚山脉以西30多个州，这一政策的实施不仅彻底扫除了殖民时期从母国引入的“代役租”之类的封建制残余，而且使免除了绝对地租负担的成千上万的独立的自耕农得以形成，并最终成为美国农业的主体或“唯一代表”。在加拿大，最初法国殖民当局实行领主制，但实际耕作者多数还是佃耕农。在英国移民区情况则不一样，特别是1763年七年战争结束后，在新英格兰人大量涌入的新斯科舍，以及从五大湖以南涌入的上加拿大，移民一般采取自由占领、垦殖的方式，英国殖民当局当时并不收取费用。直到1827年对土地使用方采取出售加贷款的方式，这时移民既可从英国皇家土地局获取土地，亦可以从私人土地经纪人和投机商手中获取，其地价高者达每英亩4—8英镑，低者不过每英亩2—3先令。其间，于1823年成立的大土地投机公司加拿大公司，和1835年成立的英美土地公司，它们

---

① 见 Resolution of Congress on Public lands (October 10, 1780), Henry S. Commager, *op. cit.*, p. 120。

② 参阅拙著：《美国边疆史》，第112—118、335—350页。

分别从英国殖民当局手中购得大量公地，然后向新来的移民出售，不仅从中大获其利，也促进了独立农户的发展。1867 年，英属上、下加拿大与新斯科舍以及新不伦瑞克四省组成联邦式“加拿大自治领”，1870 年自治领又以 30 万英镑从英王手中取得加拿大西部和西北部，得以使联邦成员增加三省两区：马尼托巴省、萨斯喀彻温省、艾伯塔省及西北领土和育空领地，紧接着又于 1871 年建立了不列颠哥伦比亚省。随着加拿大“从海洋到海洋”之梦想的实现，约翰·麦克唐纳总理于 1872 年和 1878 年两度提出以铁路、移民和关税为支柱的雄心勃勃的“国家政策”，其中向西部大规模移民以开发大西部可视为这一“国家政策”或民族理想的核心。为此，联邦政府于 1872 年特制定了著名的自治领土地法案，这个法案明显地“吸收了合众国近一个世纪内的[开发西部]的经验”，[①]具有两个最为显著的特点：一是实行正规的土地勘测制度，二是按简便方式统一授予土地。其具体办法是：和美国一样，出售土地的基本单位是一个镇区，每个镇区由一平方英里土地构成，每个镇区又划分为 36 个分区，对移民实行“负责授予制度”，每个移民可以申请到 160 英亩，条件是在三年内必须在该土地上定居并进行垦殖，并交纳 10 美元的专利费（patent fee）。[②] 这一自由宅地制度运作，实际上比美国的“公共土地”政策来得还要快，因为在美国为达到这一目标整整花了 80 年时间（1780—1862），它在几十年内吸引到西部开发中的移民真可谓“成千上万”。据统计，仅 1901—1911 年的十年内，就有 100 余万移民定居加拿大西部，其中 82 万余人是定居在大草原地区。[③] 关键在于，这些人是以完全独立的自耕农身份出现在辽阔的大西部的，他们也是当时加拿大农民的主体。如果说，这一“公共土地”政策，在英属北美是在联邦政府建立以后才提出和实行的话，那么，在英属澳大利亚，在 1901 年建立联邦政府之前就已实行了。如前所述，在那里，由于最初实行犯民移民制度，对移民的土地分配问题当时并不占有重要地位，必要的土地分配采用的是“恩赐”制度。但这种情况势难持久：第一，土地“恩赐”制度并无效益，对殖民地的发展起的作用有限，并加剧了普遍的

---

① Edgar McInnis, *Canada: A Political & Social History*. ToronTo, 1982, p. 395.

② Edgar McInnis, *Ibid.*, p. 395.

③ 张红菊：《加拿大的开发与崛起》，何顺果主编：《比较开发史》，第 233 页。

移民与少数特权人物的矛盾；第二，随着时间的推移，自由移民的数量日益增多，他们要求在澳大利亚通过拓殖自食其力；第三，陆续被遣送来澳的罪犯，通过"分配制度"和"缓刑制度"，逐步由犯人变为自由人，他们的生存也要求以适当的制度来保证。所有这些都说明，改变原来的土地"恩赐"制，实行更具现实性的土地制度已刻不容缓，而转折就是1829年由爱德华·吉本·威克菲尔德提出的"系统殖民理论"(systematic Colonization)。威克菲尔德(E. G. Wakefield，1796—1862)，1796年出生于伦敦，年轻时曾攻读过法律，后供职于英驻意都灵公使馆，一度因骗婚入狱。他的"系统殖民理论"见于1829年伦敦《纪事晨报》刊登的《悉尼来信》，[①]也见于他的《关于澳大利亚殖民化建议草案》(1830)、[②]《英国和美国》(1833)[③]和《开拓殖民地的艺术》(1849)[④]等著作。其殖民理论的核心，是要为英国在澳大利亚的殖民事业提供充分的自由雇佣劳动力，并找到一种最佳的解决劳动力供应的方法，其基本思路和论点可归纳如下：(1)拥有货币、生活资料、机器及其他生产资料，而没有雇佣工人这个补充物，没有被迫自愿出卖自己的人，还不能使一个人成为资本家；(2)在英属北美，雇佣劳动的供应"不仅总是过少，而且没有保证"，因为从母国带去的雇佣工人"很快就变成了独立的农民"；(3)因此，澳洲殖民地的开发是否成功取决于能否提供足够数量的自由雇佣劳动力，这个数量应当与资本家所占土地的面积成正比；(4)为了给土地资本家提供充足的劳动力，除了采取方法(如降低运输成本)鼓励母国的贫苦劳动者大量移往澳洲外，还要考虑"殖民地的工资与生活成本的比率"问题，以确定劳动力的"适当的价格"；(5)为了防止雇佣工人过快成为北美那样的独立农民，并保证人口集中而避免散居于荒野从事拓殖，土地的售价应保持适当的价格(sufficient price)即适当的高价，以使资本家愿意购买，而普通移民则买不起；(6)为此，必须废除多年来实行的"土地恩赐制度"，土地不论好坏及所处什么位置，它们都应被视作"土地基金"由殖民当局按固定划一的价格公开出售，

---

① E. G. Wakefield: *A letter from Sydney*. (1829)

② Ev. Of E. G. Wakefield to select Committee on Disposal of lands in British Colonies. (1836)

③ E. G. Wakefield: *England and America*. (1833)

④ E. G. Wakefield: *A View of the Art of Colonization*. (1849)

但不得使用拍卖方式以防止地价高低不齐;(7)出售土地获得的全部收入,应完全用于资助从本土前往澳洲的移民的旅费及其他费用,以保持土地、工人和资本三者之间的平衡;(8)为了防止殖民地人口男女比例失调,选择移民的重点应"只限于青年人,特别是包括两性的年轻夫妇。"[①]威氏的殖民理论获英政府赞赏,乃着手对澳土地制度进行改革,由殖民大臣戈德里奇颁布首部《1831 年土地条例》,条例共 23 条,主要内容是:已被占用和准备出售的土地,以 640 英亩为最小单位进行出售,地价每英亩不少于 5 先令,购地者须一次交清地价的 10%,其余在一个月内交清即可,但要支付 6 英镑 2 先令手续费;皇家土地以"出租"方式处理,最小出租单位亦是 640 英亩,租金每年最低为 20 先令,一年过后可重租或出售;[②]这个条例和美国的 1785 年土地条例一样,确立了以低价位将公共土地私有化的方针,在澳洲自由土地开发史上有划时代意义。这一政策先在 1834 年设立的"南澳殖民地"进行实验,后又组成以威克菲尔德为首的"澳洲垦殖移民委员会",主持在澳洲内陆及其他殖民地推广的工作,尽管地价后来在 1840 年提升为每英亩 12 先令,1842 年又提升为每英亩 1 英镑,[③]但上述基本趋势却不可逆转。其结果,虽然防止了"雇佣工人过快成为北美那样的独立农民",但北美那样的独立农民的形成并没有放慢。

其四,在所有这些"自由殖民地",无论是在美国、加拿大还是在澳大利亚,最终都在互不相属的各殖民地的基础上建立了以"地方分权"为主要特点的联邦制,由于调动了中央和地方两个积极性,确保了这些国家以后的迅速发展。在英属北美,在殖民时期先后建立过 16 个殖民地,它们是弗吉尼亚(1607)、普利茅斯(1620)、马萨诸塞(1628)、马里兰(1634)、罗得岛(1636)、康涅狄格(1636)、纽黑文(1638)、缅因(1634)、南卡罗来纳(1663)、北卡罗来纳(1663)、纽约(1664)、新罕布什尔(1639)、新泽西(1664)、宾夕法尼亚(1681)、德拉瓦尔(1638)和乔治亚(1732),后缅因与马萨诸塞于 1677 年合并,普利茅斯与马萨诸塞于

---

① 马克思:《资本论》第一卷,第 24 章。C. M. H. Clark, *Select Documents in Australian History, 1788-1850*. Angus & Roertson Lid, Sydney, 1969. pp. 175-181. 参见聂义峰:《澳大利亚大陆的开发》,何顺果主编:《比较开发史》,第 285 页。

② C. M. H. Clark, *op. cit.*, p. 114.

③ 骆介子:前引书,第 25 页。

1691年合并，纽黑文与康涅狄格在于1662年合并，剩下13个殖民地。这些殖民地，由于建立之时均分别由英王特许，其权力的来源是垂直的，彼此之间互不相属而独立，由于它们的移民主体都是英国人并讲英语，又由于各殖民地随着交通运输的发展、经济文化联系的日益增多，特别是由于共同面对印第安人威胁的必要，遂滋生了联合起来并与英帝国分离的思想和行动，乃于1789年确立了实行联邦制的美利坚合众国。这一过程经历了四个阶段或步骤：(1)建立"联合殖民地"(1774)；(2)各殖民地分别宣布独立并建立政府(1780起)；(3)建立各州拥有"主权"的邦联(1781)；(4)建立将主权收归中央的联邦。根据1787年合众国宪法，这个联邦式国家在体制上有什么特点呢？第一，它确立了"共和"原则在整个国家在体制中的基础地位，因为它规定各级主要官吏包括总统、州长在内均由选举产生；第二，它同时又实行"州权平等"的原则，令各州在参议院均拥有两个席位和投票权，从而在共和原则之上建立了联邦制；第三，它赋予总统以极大的权力，令其集国家元首和内阁总理大权于一身，因它根本未设置总理这一职位，从而形成所谓"总统制"；第四，它将立法、行政和司法之权分别授予国会、总统和最高法院，又让这些部门同时承担除本身之外的其他部门的某些职能，并令其在宪法范围内各自独立行使其权力，从而达到互相"制衡"的目的；第五，它将"主权"收归中央，从而克服了"邦联"时期"尾大不掉"的局面，但又把凡未明确列举给中央的所有权力保留给地方和人民，从而形成"两级权力"结构，或"地方分权"制度。① 总之，在美国的政治、经济生活中，从某种意义上可以这样说，中央政府的权力是"有限的"，而地方和人民的权力则是"无限的"，这为群众性的创造性活动提供了广泛的可能性。当加拿大建立联邦制国家的时候，已经到了1867年，但仍是英国的一个"自治领"。这个联邦是由4个成员组成的：上加拿大、下加拿大、新斯科舍和新不伦瑞克，其中主要部分是原法国的殖民地——魁北克(下加拿大)，其他部分则主要由英美移民构成。1867年之前，加拿大各殖民地，都在当地移民要求下，经英国议会批准，从1840年起实行《加拿大地方自治法》，②在各殖民地设立地方代表议会和责任政府。

① John. A. Garraty, *The Amerieam Nation*, New York, 1998, pp. 102-159.

② *The Union Act*. (1840)

1867 年以后，加拿大自治领不断扩大，最终包括了 10 个省和 3 个领地，但这个国家的基本制度是由 1867 年宪法，即《1867 年英属北美法案》[1]确立的。这个法案为加拿大保留了君主制，也就是说它仍然是英王的领地，其立法也须经英国议会批准。加拿大的真正独立经过了一个漫长的过程：1926 年帝国会议决定，英国与各自治领之地位平等，不相隶属，内政、外交各自为政，但自治领之立法仍须英国会批准；1931 年英国会又通过《威斯敏斯特法》，再次提高加拿大及各自治领之立法权，不再受"殖民地法律效力法"之限制，使之完全独立自主，唯总督仍须在英王室亲属或贵族军人中提名；到 1952 年，总督人选也改由加拿大总理在加人士中提名，英王之任命权只剩形式而已。那么，1867 年的《英属北美法案》怎样奠定了加拿大联邦制国家的基础呢？此法除简短的序言外，第二章的标题就是"联邦"，然后才讲立法、行政、地方事务，可见联邦制确是该法的重心。按此法案，加拿大实行行政（归英王）、立法（归国会）和司法（归一般控诉法院）分立原则，但英王的行政权实由加拿大总督代为执行，总督"为女王并以女王名义执行加拿大政府之职权的人"，但还需在加政府内设一女王枢密院"以辅佐并奏请女王"。法案将立法权交给英王与国会，国会由参议院和众议院共同组成，其中众议院议员必须由民众直接选举产生，而名额或议席之分配则视人口变化而定。法案第 22 条涉及参议院之组织原则，明定由安大略、魁北克及沿海两省构成之，三者在参议院席位均为 24 名，其作法颇似美国参议院所采"州权平等"之原则，从而在法律上落实了联邦制。与美国 1787 年宪法类似，1867 年英属北美法案为国会列举了 29 种权力，同时也为各省议会设置了一系列"专属权"，其中包括地方工程企业、地方公司法人及一切地方性和私人性质的事项，特别是有关教育之法律的制定。[2] 加拿大联邦制之确立，与该地区历史背景有关，因为它最初的移民主要来自两个国家：一个是法兰西，一个是英格兰，其人数当时相差不大，而且各殖民地互不相属。据统计，直至 1951 年，英国人也仅 670 万，而法国人也达 430 万，形成匹敌之势。不过，在美、加、澳三者之中，在国家体制之建构上，最与合众国接近的，还应当是澳大利

---

① *The British North Ameriea Act*. (1867)

② 《世界各国宪法大全》，台北，中华大典编印会，1966 年，第 607—620 页。

亚。如前所述,英国在澳洲最早的殖民地新南威尔士建于1788年,以后先后又建立过5个独立的殖民地:范·迪门地区(1825)、西澳大利亚(1829)、南澳大利亚(1834)、维多利亚(1850)、昆士兰(1859)。值得注意的是,这6个英属澳洲殖民地中,除昆士兰一开始就获英政府批准建立自治政府外,其他殖民地都经历了由英王直辖殖民地到自治殖民地的演变过程,因而也都有过一个自治运动和实行地方自治的过程。澳大利亚的地方自治运动,受1840年加拿大地方自治运动之影响,因而也采用加拿大地方代表议会和责任政府之模式。但在1842年英国颁布的澳大利亚自治法大纲中,只提及地方议会而未提及责任政府,作为地方行政长官的总督有事只咨询英殖民部外派官员,使地方议会形同虚设,所以,成立责任政府反成了各殖民地重要诉求,并在艰苦奋斗之后均通过制宪加以解决。这一自治运动为以后联邦之建立有多方贡献:(1)是宣传了"自由"的精神;(2)是确立了"代议"的原则;(3)是建立了"责任"之政府;(4)是加强了各殖民地之间的联系。但1900年澳大利亚联邦制国家的建立,还得益于三个方面的发展:首先是澳洲羊毛对于英国工业革命的重要性之加强,和与此有关的各殖民地之间的贸易竞争和联系的加强;其次是1851年在澳洲发现新金矿后,不仅增强了澳洲殖民地在经济上的地位和影响,也吸引了成千上万自由移民的到来;第三是1846年新南威尔士总督菲茨若伊(Filgroy)上书引发的统一运动,在澳洲各殖民地得到了广泛的回应,1852年,丁·兰格博士提出了建立"澳大利亚合众国"的主张,1856年,E. 汤姆逊提出了召集"全澳联合会"的必要。所以,1891年全澳联合会之在悉尼举行,1897年国民大会之在阿德莱德和悉尼召开,以及联邦宪法草案之通过,均是水到渠成的事情。① 那么,由英国政府在1900年正式批准的澳大利亚联邦制有什么特点呢?首先,其联邦议会亦采两院制,即由参议院和众议院组成,且两院议员均由各州"人民直接选举之",这一点美国和加拿大最初都未做到;其次,与美国类似,澳洲联邦宪法,特别强调"维持各原始州之平等代表权,并不得使各原始州之参议员名额少于六人",以落实联邦制原则;再次,与美国类似,澳大利亚联邦宪法也赋予地方各

① 参阅郑寅达、费佩君:《澳大利亚史》,华东师范大学出版社1991年版,第148—160页。骆介子:前引书,第56—140页。

州以相当之权力，规定它们在“加入联邦或建立州之时，未经[联邦宪法]特别授予联邦议会或未撤销州议会该项权力者，仍为州议会所有”。最后，与美国类似，澳大利亚联邦宪法，亦附有专门的修宪之条款，只要“在半数州内有每州半数选民投票赞成修改案，及选民总数过半数投票赞成者，应将修改案移送总督申请女王批准”①。必须指出的是，无论是在加拿大还是在澳大利亚，在它们建立联邦制国家之前，各殖民地都只经历了“自治”过程，而未如美国那样各州曾享有“主权、独立、自由”之阶段，因此其地方分权皆不如合众国各州那么大。所以，在澳大利亚宪法中，出现了诸如“原始州”和非原始州这样的划分，就不奇怪了。

上述四点，系统地体现了马克思所说的“自由殖民地”之间的共性，也是这类“自由殖民地”区别于其他类型的殖民地的主要特征所在。但这种“自由殖民地”的最主要特点是什么呢？这个最主要特点又是由什么因素造成的呢？笔者以为，这类“自由殖民地”的最主要特征，就是成千上万自由和独立的自耕农(或自由牧民)的形成并发展壮大为当地农牧民中的主体，其动力主要来自于英国殖民当局实行的“公共土地”出售政策。从各方面来看，成千上万自由和独立的自耕农(或自由牧民)的形成意义重大：首先，在这类“自由殖民地”，由于实行类似于美国的“公共土地”政策，这就逐步地最终是彻底地清除了殖民时代初期引入的土地关系中的封建制残余，使这些地区和国家的社会经济结构得以建立在自由的基础之上，令这些地区和国家以后的起飞和发展少了许多束缚；第二，由于自耕农(或自由牧民)已成为农牧民中的主体，而农牧民也是这些农业拓殖区的主要社会成分，这就决定了在这些自由殖民地基础上发展起来的国家和社会性质的自由性；第三，由于这类国家公民中的主体原是来自自由移民和独立农民，这就为以后这些地区和国家的社会、经济和政治改革提供了强大的动力，因为他们的自由殖民经历为他们塑造了良好的自由传统和意识；第四，尽管这类独立的自耕农还是前资本主义的，因为这些土地所有者是“靠自己的劳动使自己变富，而不是使资本家变富”，但由于他们的农场(或牧场)是通过土地购买而建立起来，从一开始就引入了商品和市场机制，这就为以后资本主义的发展提供了直接或间接的前提和条件。换言之，成千上万独立的

---

① 《世界各国宪法大全》，第1116—1120页。

自由农民(或牧民)的形成,并逐成发展壮大成为当地农牧民中的主体,不仅对"自由殖民地"本身,而且对在这类殖民地上建立起来的各个国家,均有广泛而深远的影响,这种影响是整体性的。

马克思在谈到这类殖民地的时候,以敏锐和深邃的语言精粹地指出:"自由殖民地的本质在于,大量土地仍然是人民的财产,因此每个移民都能够把一部分土地变为自己的私有财产和个人的生产资料,而又不妨碍后来的移民这样做。这就是殖民地繁荣的秘密。"①应该说,根据我们在上面的分析和论证,它也在很大程度上是在这类殖民地基础上发展起来的各个国家,即合众国、加拿大和澳大利亚在建国之后迅速崛起为发达国家的秘密,而其中最典型的代表就是美国。这是因为,由于"自由土地"政策的实施和成千上万独立的自由农民的形成,并逐步地发展壮大成为该社会的主体,这类在"自由殖民地"基础上发育起来的国家,便可以绕过旧世界欧洲大多数国家曾经经历过的由农奴制到资本主义转变的那样一个漫长的过渡时期,而直接把自己的发展建立在一种以"自由土地"为核心的社会的基础之上,或者说把它作为自己发展的直接出发点,从而赋予它以既不同于其他殖民地也不同于母国的能力。

日本国立弘前大学教授黄孝春指出:"小经营生产方式产生于原始公社内部,奴隶式小经营和农奴式小经营是它的未发达、非典型形态,自由小土地所有是它的最发达、最典型的形态。从生产关系的侧面来看,小经营的土地所有可分为单纯的占有(土地占有奴隶)→事实上的所有(农奴)→自由所有这三个发展阶段或基本形态。因此可以说,小经营生产方式及其发展阶段、基本形态决定从原始社会到奴隶制、农奴制等前近代社会的形成和发展。"②换言之,以美国为代表的,包括了加拿大、澳大利亚的,那些从原"自由殖民地"成长起来的国家,之所以能够形成为"一种独特的资本主义起源和发展的历史模式"并迅速地崛起为世界上的"发达国家",在很大程度上是因为它们一开始就是建立在最发达的小生产形态,即自由土地所有制基础上的。这是这类历史模

---

① 马克思:《现代殖民理论》,《资本论》第一卷,第837页。

② 引自〔日〕中村哲著:《奴隶制与农奴制的理论——马克思、恩格斯历史理论的重构》,武汉大学出版社1994年版,第4页。

式的特点之一,也是这类历史模式的优势之一。

最后,我还想对“自由殖民地”这一概念中的“自由”一词的含义作一点补充。我以为,根据上面的分析和讨论,此处“自由”一词的含义,除了前面已经提到的移民占领和定居的“自由”和土地在市场上转让的“自由”这两层外,还应加上这样一层含义:这类殖民地居民的主体最终是由自由和独立的自耕农构成的。

(1992 年初稿,1994 年改定)

关于早期美国黑人的地位及其演变

黑奴制在美国存在了 200 多年，17 世纪可算是它的早期发展阶段。但早期美国黑人的社会地位究竟如何？应当怎样认识早期美国黑人地位中某些矛盾现象？其地位后来又发生了什么样的演变？在美国奴隶制起源研究中，这是经常碰到但又并未完全弄清的问题，这些问题在美国虽然已有许多研究，但在我国迄今尚无专文论及。因此，在这里特做一些简略的探讨和说明，以求得对此问题研究的深入。

其实，还在 17 世纪中叶，黑人已几乎遍及当时的整个英属北美殖民地。早在 1619 年 8 月，"第一批黑人"就由荷兰人从几内亚运抵弗吉尼亚。[①] 大约在 1628 年，在康涅狄格住宅和城堡建设中，也已有了使用黑人的事实。据历史记载，首批黑人来到马里兰的时间，不迟于 1634 年。在德拉瓦尔河右岸，1636 年左右就开始采用黑人劳动。虽然到 1638 年马萨诸塞才首次输入黑人，而在新尼德兰（即纽约）拥有大批黑人劳工的已不乏其人。总之，17 世纪上半叶结束之时，从南卡罗来纳到新英格兰的大西洋沿岸，已到处可见到黑人的踪迹。

不过，从黑人在各殖民地人口中的比重看，这一时期较之 18 和 19 世纪来说，还是微不足道的。第一批由荷兰人运抵詹姆士顿的黑人只有 20 名。弗吉尼亚黑人的数目，在英属北美各殖民地是增长最快的，但到 1625 年才达到 23 名，到 1649 年也只有 300 名，而当时该殖民地的白人有 15000 人。据估计，整个英属北美殖民地的黑人，1663 年时不超过 1500 名。造成北美殖民地黑人人数增长缓慢的原因何在？一个主要的原因就是，当时对这些殖民地的黑人贸易，还操控在荷兰人和

---

① E. Arber and A. Bradley, ed., *Travels and Works of Captain John Smith*, Edinburgh. 1910, Vol. 2, p. 541.

西班牙人的手里，由于这些老牌殖民帝国的垄断和排斥，英国的黑人贸易实际上尚未形成规模。此外，当时奴隶价格昂贵，一个白种契约奴的花费一年大约仅 2—4 美元(衣食除外)，而买一个黑人却要 18—30 美元，对许多人来说还难以负担，这也是一个重要的原因。

在 19 世纪，美国史学界一般都认为，第一批黑人是作为“奴隶”(slave)来到弗吉尼亚的。第一位研究早期美国奴隶制问题的专家菲利普·A. 布鲁斯，在 1896 年发表的两卷本著作《17 世纪弗吉尼亚经济史》中，也基本上采用了这一传统观点，尽管他同时又指出“白奴”和“黑人”之间的原始差别，在于黑人是“终生服役”的。[①] 但是，在布鲁斯的著作发表 6 年后，詹姆斯·C. 巴拉在《约翰·霍普金斯大学历史和政治学研究》杂志上，发表了一篇题为“弗吉尼亚奴隶制度史”的重要论文。在这篇文章中，作者指出，第一批黑人最初仅仅是作为“奴仆”(servants)从事劳动的，而且直到 1660 年他们也还未开始演变为奴隶。[②] 这可以说是对美国史学界传统观点的一个大胆的修正。

尽管詹姆斯·C. 巴拉的观点引起了长期的争论，但他的观点实际上得到了许多学者包括不少美国进步史家的普遍承认，例如，在塞缪尔·莫里森等所著《美利坚共和国的成长》中就认为：“第一批黑人都是契约佣工。”[③]美国著名马克思主义史学家威廉·福斯特也说：“黑奴最初得到像契约奴隶那样的待遇。”[④]关于这方面的史料，虽然我们掌握得还不多，但已有的证据可以说明，在 1623—1624 年弗吉尼亚户籍簿上，黑人和白奴一样的确是被当做“仆役”(servants)登记的。[⑤] 著名经济史学家 F. 香农，在《美国人民经济史》中写道：在 1656 年以前，“一些奴隶在期满后确实获得了解放，而少数黑人变成了土地所有者，至少有一个〔黑〕人自己拥有一个奴隶。”[⑥]此一论断自然也是以承认黑人契

---

① Philip A. Bruce, *Economic History of Virginia in the Seventeenth Century*, New York, 1896, Vol. 2, pp. 57-130.

② James C. Ballagh, *A History of Slavery in Virginia*, Baltimore, 1902, pp. 28-35.

③ S. 莫里森等：《美利坚共和国的成长》(上册)，天津人民出版社 1980 年版，第 61 页。

④ 威廉·福斯特：《美国历史中的黑人》，三联书店 1961 年版，第 28 页。

⑤ D. Mannix, Black Cargoes, *A History of the Atlantic Slave Trade, 1518-1865*, London, 1963, p. 58.

⑥ F. Shannon, *Economic History of the People of the United States*, New York, p. 82.

约奴仆的存在为前提的。据有的美国历史学家的考证，这个自己拥有奴隶的自由黑人，就是一个名叫安东尼·约翰逊(Anthony Johnson)的人。[①] 因此，早期美国黑人在习俗上享有类似"契约奴"的待遇，应该是可信的。

不过，白种"契约奴"本身的地位也相当复杂。一方面，契约奴的实际地位"类似于"奴隶，因为契约奴的服役期(一般2—7年)是有限的，贪婪的老板为了在有限的时间内榨取更多的利润，总是千方百计加重对他们的剥削，而"契约奴"又分为两类：一类是"自愿的"，另一类是"强迫的"。后一类的地位又较前一类低，因其中不少人原是罪犯，是从旧世界流放到殖民地的，这种身份使他们难以获得更好的待遇。尤其是在殖民时代初期，契约奴的服役期特别长，大约7—10年甚至10年以上，不少人就死于服役期。而且，契约奴常常也有被主人当做财产加以转卖，甚至被主人借故杀死的；但另一方面，契约奴又"不完全等于"奴隶，这是因为：第一，契约奴只是在"一定时期"内为主人服役，而不是"终生"为主人服役，期满后不仅可以获得自由，而且还可分得一份土地。据统计，在弗吉尼亚代表议会中，过去当过"契约奴"的代表，在1629年占代表总数的16%，在1662年这一比重提高到43%。[②] 这一事实说明，契约奴在获得自由后，与其他自由人完全平等。第二，比起黑人来，契约奴得到较多的法律保护，法律禁止主人残酷虐待其奴仆。例如，1657年，马里兰有一个主人，就因任意杀死奴仆被处以绞刑。正因为如此，在英语著作中谈到"契约奴"时，一般使用的是"servant"一词，而不是使用的"slave"一词。这说明，"奴仆"和"奴隶"这两类人的实际地位显然不同。

这就提出了一个问题：黑人在奴隶市场上被出卖时本是"连同自己的劳动一次而永远卖给自己的主人"的，为什么在殖民时代初期他们却可以像白种"契约奴"那样获得自由呢？马克思指出："黑人就是黑人。只有在一定的关系下，他才成为奴隶。"我们以为，这种似乎矛盾的现象，只能以当时殖民地的生产关系，即经济发展的状况和程度来解释，

---

① J. Russell, "Colored Freeman As Slave Owners in Virginia", *Journal of Negro History* (July, 1916), pp. 234-237.

② 赫·摩里斯：《为美国的自由而斗争》，三联书店1957年版，第23页。

因为任何社会关系都是建立在一定生产关系的基础上的。其时，英属北美殖民地刚刚建立，种植园经济尚未发展起来，唯一使用较多劳动力的烟草栽培，直到1675年还主要是白种契约奴承担的。而其他两项重要农作物开始种植的时间都很晚，水稻是在1694年，蓝靛是在1734年。如果我们把奴隶制看做后来美国社会结构的有机组成部分，早期黑人的地位及所受待遇说明这种社会经济结构还远未完全形成。而且，在16世纪末和17世纪初，英政府是反对在本土及殖民地发展烟草种植的。据记载，直到1614年，伦敦的烟草商店（shops），也只有大约7000个。在价格方面，1619年，每磅烟草只卖3先令，10年后才涨到3镑；但此后将近百年内，弗吉尼亚烟草的平均价格仅2镑而已。在烟草价格和销路均极不稳定的情况下，种植者往往不得不采用多种经营方式。在马里兰最初就有法令规定：每种一英亩烟草必须种两英亩粮食。而当时几乎所有殖民地的黑人，不仅被雇来从事农业生产，也被雇来从事伐木、捕鱼、狩猎，等等。尤其在北部各殖民地，大部分黑人都集中于城镇干粗活，当手艺人和家庭奴仆。总之，无论是北部还是南部，黑人最初主要用于家务，只部分用于生产劳动。正如马克思所指出的："当生产的目的主要还是直接满足本地需要时，黑人劳动还带有一种温和的家长制的性质。"①

再说，由于当时殖民地正处于初创阶段，这里的一切事情都可能具有试验的特点，究竟采用何种劳动制度有利，当时并无定论。有一个历史情况，很值得我们注意，就是：在美国黑奴制兴起过程中起过决定性作用的烟草种植园，也并不是从一开始就是采用黑人劳动的，其实白种契约奴曾是这类种植园所采用的最早的劳动制度，有的烟草种植园主甚至还试用过"自由劳动"制，只是在经营者遭到贫穷和破产之后才将其放弃。② 那么，又应当怎样来解释这种现象呢？只能这样来解释：由于当时北美大陆地广人稀，移民们可以很容易地找到定居之地，并非一定要受雇于人，因此某种强制性劳动就有了客观的必然性。但当时种植园经济不发达的状况，决定了奴隶主势力本身的相对薄弱，而在其势力还未强大到一定程度时，自然也无力把对黑人的压迫上升到法律的

---

① 马克思：《资本论》第一卷，第264页。

② F. Shannon, *op. cit.*, p. 80.

高度，用法律正式将它固定下来。所以，白种契约奴作为殖民地初期的主要劳动制度，就成了剥削黑人的一种暂时借用的形式。由于当时黑人在殖民地劳动队伍中数量不多，而黑人和白奴的劳动工种上又无多大差别，这种"暂时借用"也才有可能。这种状况的改变，只有在种植园经济多少有些发展的情况下，才会慢慢发生。

还应当指出，在黑人和他们的主人之间，其实从来就不存在什么真正的"契约"，二者之间也不可能订立什么正式的"契约"，因为种植园主在获得这些黑人商品时，与之打交道的是贩子而不是黑人本身。所以，尽管黑人和白奴都是主人的"奴仆"，但从根本上说黑人的地位要比白奴低得多，因黑人要受阶级和种族双重压迫。正如一位美国历史学家指出的："可以说，黑人早已被'Negroes'一词把他们与白人分开了。"[①] 例如，据研究，在最早的弗吉尼亚人口调查中，黑人和白人就是被明显地加以区别的，有的地方甚至根本不给黑人取名。正因如此，在英国的殖民地，也和在法国和西班牙的殖民地一样，"黑人"(negro)一词常常成为"奴隶"(slave)的同义词。在塞缪尔·罗彻斯和托马斯·霍布斯的著作中，"奴仆"(servant)一词则几乎属于完全意义上的"奴隶"。[②] 由此可以得出结论，在早期阶段的英属北美殖民地，黑人所受到的"契约奴"待遇，并不能从根本上改变其受主人奴役的地位，只是在实际待遇上较为温和一些罢了。

尽管英属北美殖民地经济最初发展缓慢，但是各殖民地对宗主国的明显益处，促使英政府采取措施以加快殖民地的发展，尤其是那些获利较大的经济部门。詹姆士一世曾撰写《清烟运动》一书，指责说"吸烟是一种不良的嗜好"，极力反对将烟草引入英格兰本土；但当他发现烟草能增加弗吉尼亚的财富时，便决定改变以往对烟草种植的僵硬态度，转而采取从殖民地烟草种植中牟利的政策，并为此亲自制定了烟草进口的垄断措施。1619—1653 年间，英政府颁布一系列法律，一面阻止在英格兰本土栽培烟草，另一面又鼓励按保护关税从弗吉尼亚进口烟草，这就为烟草种植在北美殖民地的扩大创造了条件。据统计，詹姆士

---

① Allen Weinsten and Frank Gatell, ed., *American Negro Slavery*, Cambridge, 1968, p. 17.

② Allen Weinsten and Frank Gatell, *Ibid.*, p. 26.

一世从烟草进口垄断中，每年至少可获利 16000 英镑。[①] 任何经济的发展，都必然因人们实际生活的需要，而不断为自己开辟道路，奴隶制种植园也不例外。当英格兰市场为烟草输入敞开之后，南部殖民地烟草种植便迅速发展成一种规模经济，烟草种植场成为当地第一个获利最大的奴隶种植场。据统计，英国的烟草进口，从 1615—1638 年增加了 124 倍，其中绝大部分来自北美。与此同时，黑人的输入和黑人劳动的采用也迅速增加，到 1712 年，弗吉尼亚已有 3 个县黑人数目超过白人，少数种植园主拥有的黑人已在 100 名以上。到 1690 年，北美殖民地的烟草出口，总计达 2000 万磅之多。烟草种植园经济的发展，将大批黑人从家庭驱赶到田间，不可避免地会引起黑人地位的变化。

17 世纪三四十年代之交，殖民地黑人的地位就开始有了明显的变化，而这种变化的总趋势是其地位下降。表明这种变化的第一批证据，出现于 1640 年的弗吉尼亚。据记载，当年弗吉尼亚有 3 个奴仆，逃到马里兰后又被主人抓回，并受到该殖民地初级法院的惩罚：其中两个白人（一个是荷兰人，另一个是苏格兰人）被判"为其原主人增加一年的服役，然后再为这个殖民地服役 3 年以上"；而第三个叫约翰·庞奇的黑人，则"将在任何地方为他的主人或他的转让人服役终生，直至生命自然停息为止"。[②] 这个判决是无先例的。此后不久，该殖民地又另有 7 个奴仆，受到了类似于上述的判决：其中 6 个白奴被判增加一个时期的转让，而另 1 个黑人则受到"终生服役"的处罚。这是我们所知通过法院干预殖民地"主仆关系"的最初的一批证据，其后果是使少数黑人开始由"契约奴"的地位降到"终生奴仆"的地位，从而使黑人和白奴的地位有了明显的差异。

至 17 世纪四五十年代，在英国的殖民地上，黑人的地位日益恶化，更多的黑人（包括妇女和儿童）沦为"终生奴仆"，这在当时许多法院的记录中"都以明白无误的语言予以记载"。例如，1646 年，一个黑人妇女和一个黑人小孩，被弗朗西斯·波特卖给史蒂芬·卡尔顿，并将"永远"归她们的主人使用。几年后，威尔杨·惠廷顿向约翰·波特出售了"一个大约 10 岁的名叫约万的黑人女孩以及她的（未来的）子女"；并规

---

① F. Shannon, *op. cit.*, p. 64.

② *Virginia Magazine of History and Biography*, (Jan., 1898), p. 236.

定不仅她们本人将终生为其主人服役，且其继承人也将永远为其主人服役。约克郡一财产遗嘱执行人，在1647年将8个黑人(4名男人、2名妇女、2个小孩)，转让给一位名叫约翰·奇思曼的人，同时也允许此人“永远占有”这些黑人。罗拉德·波哈姆在1657年遗嘱中，将相当大一批黑人和白奴作了分配，并明确表示那些黑人将“永远”为新主人服役。等等。① 这些事实说明，在17世纪四五十年代，黑人奴仆沦为“终生奴仆”在殖民地已不再是个别现象，而是普遍的事实。

一般认为，奴隶制的一个最突出的特征就是，奴隶是可以被买卖的，其奴隶地位是“终生的”和“世袭的”。上述大量黑人被卖为“终生奴仆”的事实证明：“在1640年和1660年间，奴隶制正在迅速地成为现实。”②正因为如此，在这20年内，各殖民政府相继通过法律，将黑人的奴隶身份及其所受待遇正式固定下来，使经济和社会生活中已成为既存事实的奴隶制逐步合法化。据记载，美国的“第一个奴隶法典”，1641年实行于马萨诸塞。接着，康涅狄格在1650年，罗得岛在1652年，弗吉尼亚在1661年，纽约在1665年，也先后通过了类似的法律，分别承认了该殖民地的奴隶制。而且，正是在这个奴隶制度合法化的过程中，在1656年弗吉尼亚法令中首次使用了“奴隶”(slave)这一概念，③正式把黑人的地位定位在“奴隶”的位置上，这应是黑奴制在英属北美殖民地形成的标志。根据有关法令的规定，奴隶的公民的、司法的和婚姻的权利均被剥夺，主人可以任意鞭打他的奴隶，逃亡者必须送回原主，造反者则要处以死刑。甚至，正如威·杜波依斯所指出的：“钉十字架、火焚和饿死都是惩罚奴隶的合法方式。”④

在各殖民地奴隶法典中，弗吉尼亚奴隶法典特别具有典型性，这不仅是因为该殖民地在英属北美各殖民地中使用黑奴劳动最早，而且还因为它的奴隶法典最系统。据文献记载，在17世纪60年代，弗吉尼亚至少颁布过5个法令，对奴隶的所谓“犯罪行为”的惩罚，作了一系列明确的规定。其中最重要的几条规定是：(1)“任何英籍仆人与任何到期

---

① Allen Weinsten and Frank Gatell. ed., *op. cit.*, p. 18.

② John Russell, *The Free Negro in Virginia*, Baltimore, 1913, p. 29.

③ F. Shannon, *op. cit.*, p. 82.

④ 引自威廉·福斯特：前引书，第29页。

不能偿还债务的黑人结伴逃亡”,“那么和黑人结伴逃亡的这个英籍仆人,在其按正式法律为自己的义务服役时,还将为补偿上述黑人逃亡造成的时间损失而服役”(1660 年法令);(2)“所有在这个国家出生的孩子是奴隶还是自由人,仅仅依据母亲的情况而定;如果任何一个基督徒与一个黑种男人或黑种妇女私通,那么犯罪的他或者她将支付按正式法律征收罚款的两倍”(1667 年法令);(3)“无论在什么地方,为惩罚不听话的、反对其主人、太太或监工的白奴的有效法律不适用于黑人”,“如果任何奴隶反对他们的主人,或按主人指令惩罚他的其他人,但由于惩罚过分而造成了意外死亡,那么打死他这件事不应被看做重罪,而且主人应被宣布免刑”(1669 年法令)。[①] 这些规定对各殖民地奴隶制的形成,无疑产生了很大的作用和影响,因为正如一位美国历史学家指出的:“1660 和 1669 年间通过的弗吉尼亚法典,清楚地表明了白奴(white servants)和黑奴(negro slaves)之间的区别。”[②]

但这并不是说,在 17 世纪四五十年代,所有英属北美殖民地的黑人,都一下子变成了“终生”奴隶,实际情况远非如此。在这些年代里,黑人实际上是处在一个不断分化的过程中,其中大多数人变成了“终生”奴隶,少部分则保留了原先“奴仆”的地位,也有一些黑人获得了人身自由。当然,黑奴获得自由并非按什么契约的规定,往往是由于他在主人的威逼和利诱下,告发了他的同胞的密谋和不满。据威廉·福斯特说:“到 1650 年,弗吉尼亚还只有 300 个黑人,而且他们并不全是奴隶。”[③]到 1715 年也只有 1/3 黑人处于“终生”奴隶的地位。从奴隶所受实际待遇看也不尽然,甚至在 17 世纪中叶还有法令规定,故意杀死奴隶是要犯法的,犯法者应被处以死刑。在一些殖民地法律中,奴隶还被允许向议会报告主人滥用处罚的情况,并禁止主人强迫奴隶为犯罪而去乞讨罚款,如此等等。当然,这些规定并不表明殖民当局“宽大”和“仁慈”,而是因为在当时劳动力极端缺乏,而奴隶的供应很不充足的情况下,他们需要采取适当的措施来“保护”珍贵的劳动力,以避免主人遭致不必要的财产损失。

---

① *The Annals of America*, 1968, Vol. 1, pp. 225-226.

② *Ibid.*, p. 225.

③ 威廉·福斯特:前引书,第 26 页。

事实上，奴隶制当时还处于发展过程中，至17世纪下半叶才最终成熟起来，并真正成为北美殖民社会的重要特征。这里有三方面的原因：其一，1635年以后，灾难性的烟草跌价使大批小农破产，只有那些有钱购进廉价而又可再生产劳动力的人才能获利。这促使一些种植园主扩大奴隶贸易，增加了购买奴隶的数量。其二，从1660年起，英政府采取了一项新的移民政策，禁止熟练工匠离开英格兰前往殖民地，因为有人认为"陛下的力量和光荣以及陛下的王国的财富全靠陛下臣民众多"。其三，1672年，由英国王室投资创立了"皇家非洲公司"，专门从事向美洲贩运黑奴的活动，并在1713年以后垄断这一贸易达30年之久。为了增加奴隶贸易的利润，该公司还注意改善贩运黑奴的业务，结果殖民地黑奴人数急剧增加。据统计，自17世纪70年代起，输入北美殖民地的黑奴人数，每年多达1000多人。

与此同时，北美殖民地奴隶的地位进一步恶化，首先是奴隶制所涉及的范围的扩大。如果说1667年弗吉尼亚的那个法令是把奴隶制由黑人扩大到混血儿的话，那么1692年马里兰的法令则把这个制度由混血儿扩大到少数自由白人。因为该法令规定，嫁给黑人的白人妇女也要做7年奴仆，而那个黑人则要终生为奴。制定此法的目的，本是要禁止自由白人和自由黑人通婚，但实际上它不仅不能禁止此类情况发生，反而使奴隶制的压迫更加深了。此外，黑奴的某些宗教权利也被取消了。例如，按照以往的一些法令，如1643年新英格兰联盟的法令，契约奴是受《旧约》保护的，但在1682年法令中黑人信仰基督教的自由却没有了。又如，在1692年以前奴隶被允许受陪审团审判，但此后则只能由受总督任命的人直接审理，而且黑人在刑事诉讼中不能充当白人的证人。还有，对黑奴的处罚也更加严厉了，按过去的法令，逃亡奴隶才处以死刑，现在任何5个或5个以上黑奴在一起活动，都将被处以死刑。这些情况表明，17世纪下半叶，黑奴制在美国最终确立起来了。

当然，黑奴制在北美各殖民地的发展并不是平衡的，黑奴在各殖民地所受待遇也并非完全一样。实际上，从一开始，北部和南部的奴隶制就有明显的差别。正如威・杜波依斯所指出的，在诸如新英格兰和纽约这样的殖民地，黑人所受的待遇大致相当于白人契约劳工；而在其他南部殖民地，"奴隶制的做法则有所变通，从宾夕法尼亚和新泽西的温和奴隶制度，到马里兰和弗吉尼亚的贵族等级制，各不相同"。这是因为，在北部各殖民地，由于土壤贫瘠和气候寒冷，没有条件进行供世界市场需要的单一作物种植，而黑奴劳动又尚未在工业部门中大量采用，因此那里不可能形成大规模生产的种植园经济；而在南部各殖民地，由于气候温暖、雨量充足、土壤肥沃，主要从事供世界市场需要的单一大宗商品作物种植，先是烟草、蓝靛、水稻，后是甘蔗等的生产，奴隶主为了赚取尽可能多的超额利润，对黑奴进行最残酷和野蛮的强制性剥削。不过，从总体上看，早期美国的黑人奴隶制还是比较温和的，因为正如威廉·福斯特所指出的，“在殖民地时期奴隶制基本上是家长制的”。只是在 18 世纪末，随着英国工业革命的展开，以及随之而来的世界市场对棉花需求的扩大，在南部逐渐成为美国的“棉花王国”之后，才“促使过去多带有家长制性质的奴隶制经济转变为商业性的剥削制度”。①

最后，我想引用 H. 阿普特克的话来结束本文。H. 阿普特克说：“在 1660 年以前，黑人在法律上还没有沦为奴隶，而在 1640 年以前，他们在习俗上还没有沦为奴隶。”②早期美国黑人的地位及其演变的历史情况，大致就是如此。它说明：在新大陆这片土地上，奴隶制度作为一个正在形成的新的社会经济制度的重要组成部分，是和整个生产关系的形成和发展相一致的，也有一个自然的历史过程。

（原载《北大史学》1993 年第 1 期）

① 马克思：《资本论》第一卷，第 828 页。

② H. 阿普特克：《美国黑奴的起义，1526—1860 年》，三联书店 1958 年版，第 14 页。

略论美国农场主阶级的形成

众所周知，资本主义在美国农业中的发展，所走的是一条独特的道路，而这条道路的首要特征，就是农场主(farmer，即拥有或经营一个农场的独立农民[①])在农业中逐渐上升到居统治的地位，以致成为农业中“独一无二”的代表。[②] 在北美这个移民社会里，由于自始就不存在根深蒂固的封建制度，只有代役租等封建制残余，农民从一开始就享有人身自由。从法制上看，美国农场主形成的真正关键在于封建制残余的废除，而这一历史任务是在独立革命期间完成的。为此，在本文中，我们在探讨美国农场主阶级形成的原因和过程时，将把土地问题作为美国革命的一个基本问题来考察，并联系独立前后土地制度的变化来进行。

一

农场主阶级在美国形成的过程，可以而且应该追溯到这个国家的殖民时代。因为，虽然英王将北美殖民地看成他的私产，殖民地土地的占有和使用状况，却早已在实际上对这种所有权形成挑战，并使它首先在新英格兰发生崩溃，从而催生了美国第一批独立农民。

其实，在1606年詹姆士一世给“弗吉尼亚公司”的第一个特许状中，已埋下了后来一系列变化的种子，因为它明确规定殖民公司是以

---

① 本定义包含三个要点：(1)他们已摆脱农奴制的束缚，人身是自由的；(2)他们对土地已拥有完全的所有权和经营权，因而可以任意处置自己的土地；(3)由于上述两项条件，他们因而不再有代役租之类的负担，与18世纪以后英语中“yeomanry”(自耕农)一词的含义相近。

② 参见《列宁全集》，人民出版社1988年版，第16卷，第206页。

“自由永佃权”(free and common socage)[①]的形式持有殖民地土地。这包括两方面的含义:一方面,它意味着北美殖民地土地在原则上仍属英王,而这些殖民地的“受托管理人”(trustees),不论是公司还是业主,都是英王的佃户;另一方面,这些“受托管理人”又对殖民地土地拥有大部分所有权能,可以继承、转让。而按特许状的规定,公司每年交给英王的只是印第安人箭头之类的象征性租税。可见,公司乃是殖民地土地的实际所有者,而英王的最高所有权只不过是“名义上的”。这一点,不仅决定着殖民地早期的土地占有状况,而且不可避免地会对殖民地土地制度以后的演变发生影响,因为它为殖民公司改变其土地制度提供了机会。由于同时获得此授权的有两家公司即伦敦公司和普利茅斯公司,而特许状中使用的“弗吉尼亚”(Virginia)这一概念与“美洲”(America)这一概念又可互换,[②]这就赋予该授权以某种普遍的意义。

作为北美两个最早的英属殖民地,弗吉尼亚是在伦敦公司主持下建立的,普利茅斯是一些曾获伦敦公司正式“许可证”的清教徒在伦敦商人的资助下建立的。[③] 由于股东大都是投资于莫斯科公司、利凡特公司和东印度公司的商人资本家,殖民公司的活动显然具有纯粹商业殖民的性质,其土地制度也就打上了商业资本主义的烙印:殖民地土地为公司所有,移民作为公司的“合同劳工”在公司官员监督下共同劳动;除维持移民生活必需的那部分产品而外,其余产品悉归公司,由公司处置;如果产品太少,甚至不足以维持移民衣食之需时,公司将提供救济;7 年合同期满后,殖民地财产(包括土地在内)将在持股者中按股分配。[④] 显然,公司的殖民活动带有明显的双重性:一方面,公司与英王

---

① Henry S. Commager, *op. cit.*, vol. 1, p. 10;关于“free socage”一词,还有“索克领”、“农役租佃制”、“非兵役租佃制”等译法,本文采杰拉尔德·豪厄特主编《世界历史词典》(商务印书馆 1988 年版)的译法。

② Henry S. Commager, *Ibid.*, p. 9.

③ 此殖民地的建立者,不是 1606 年组建的“普利茅斯公司”,而是 1620 年新组建的“新英格兰理事会”,其成员是原普利茅斯公司剩下的人员,他们在伦敦获得由 20 名商人提供的 7000 英镑资助。参见 M. Jernegan, *The American Colonies, 1492-1750*, New York, 1964, pp. 118-121。

④ Curtis P. Nettles, *The Roots of American Civilization: A History of American Colonial Life*, New York, 1981, pp. 222-223. 此时,凡男性成年移民均持有股份。

的关系带有封建依附的痕迹，因殖民地是英王给公司的“封地”，公司只拥有“自由永佃权”；另一方面，移民与公司的关系又带有现代契约色彩，因他们与公司订有具约束力的合同，并为公司的利益而劳动，二者是矛盾的。它既不适合北美地广人稀的环境，也难以适应殖民地被移民迅速拓殖的形势，移民的劳动积极性很有限，公司根本无法靠它赢利。

弗吉尼亚殖民地首先陷入这一困境。为了克服这种困难，弗吉尼亚公司决定利用土地这一丰富而廉价的资源来吸引资金和劳力，并刺激移民劳动积极性。从1614年起，公司采取了一系列措施，将土地所有权逐渐转给移民个人，从而引起殖民地土地关系的变化：(1)原来建立种植园的英国投资者或团体，可获大块土地，并发给特许证。[①] (2)1616年前自费来的移民，其所持公司股每股可获免税地100英亩；由公司资助来的移民，在为公司工作七年后也可领取100英亩土地，但每年应交代役租2先令。(3)1616年后自费来的移民，每人可获年租1先令的土地50英亩，由公司代付旅费者7年后也可获地50英亩，但这7年中其产品之一半应交公司。(4)凡资助移民旅费者，每资助一人可获地50英亩；契约奴服役期满后都有权获得包括土地在内的“自由费”(freedom dues)。(5)公司官员由公司保留地供养，这类土地由上述分成农耕种。[②] 随着这些措施的实行，到1624年，该殖民地的开垦地已基本私有化。

普利茅斯殖民地的建立比弗吉尼亚晚，最初的土地制度却与之类似，因而此后遇到的问题也相似。到1624年，因无利可图，原投资者拒绝继续资助公司的殖民活动。经讨论，W. 布雷德福总督宣布部分放弃最初的“土地共有制”(joint land system)，分给每位成年男子1英亩土地供私人永久耕种。[③] 1627年，移民又与英国投资者达成协议，购买了对方与殖民地有关的财产和权益。随后，移民自己组成了新的殖民公司，所有成年男子都拥有公司股权。按规定，单身男子每人一股，家

---

① Herbert L. Osgood, *op. cit.*, vol. 1, p. 84.

② Stanley N. Katz, ed., *op. cit.*, 1926, p. 21.

③ Herbert L. Osgood, *op. cit.*, p. 114.

长则可拥有与家庭人数相等的股份。众人共同承担公司债务。① 同年,移民大会决议:(1)1624 年首次土地划分继续有效,移民及其后裔当永远拥有所获土地;(2)立即以抽签方式进行第二次土地分配,每位移民可获地 20 英亩。② 这样,普利茅斯也开始了土地私有化进程。不过,普利茅斯在移民中间无偿分配土地的做法,却与弗吉尼亚殖民地明显不同。

上述两个殖民地土地的私有化,在美国历史发展中意义重大,被C. 内特尔斯称为“转向新经济的第一步”③。由于土地从公司转归于生产者、经营者个人之手,它在殖民地社会和经济生活中的作用便发生了根本性变化。作为摆脱旧殖民制度的重要步骤,一种新的发展模式正孕育其中:由当初纯粹的商业殖民制度,演变成一种农业殖民与商业殖民并重的制度,从而也为美国农场主的形成确立了基本方向和路线。不过,由于上述两家公司的股东成分不同、社会背景各异,在摆脱原有土地制度束缚时,两者的做法极不相同:在弗吉尼亚,由于移民中贵族势力影响较大,移植了较多的封建制残余;而在普利茅斯,由于移民以城乡平民为主,因而几乎不允许任何封建制残余的存在。必须指出,上述两个殖民地的不同做法,既不是来自英王的直接授权,也没有改变殖民公司与英王在土地上的关系,实际上只是公司和殖民地在经营方式上的改变,而这种改变又不是毫无根据的,因特许状已赋予公司以“治理”殖民地的全部权力。④ 但二者在土地私有化时采取的不同做法,此后便成了主导殖民地南、北两种土地制度的主要因素。

新英格兰以南的其他各殖民地,仿效的是弗吉尼亚的土地制度。其原因有二:(1)马里兰、特拉华、卡罗来纳、宾夕法尼亚等均是英王封赐的业主殖民地。根据特许状,业主有建立封建庄园、收取代役租之类的特权;(2)弗吉尼亚虽不是业主殖民地,但在土地私有化过程中采用了比较保守的做法,正好适应南部普遍存在的贵族色彩,既能有效地吸引移民和资本,又能为业主保留较多的特权,对业主们颇具

---

① Herbert L. Osgood, *op. cit.*, pp. 117-118.

② William Bradford, *op. cit.*, vol. 2, pp. 10-11.

③ Curtis P. Nettles, *op. cit.*, pp. 223-229。

④ Henry S. Commager, ed., *op. cit.*, vol. 1, p. 9.

吸引力。弗吉尼亚的土地特许证和"人头权"制度，成了南部土地制度的源头。在这一背景下，新英格兰以南各殖民地形成了大、小土地所有制并存的局面，而土地所有者无论大小原则上均须向业主或皇室交纳代役租。例如，1681年，威廉·佩恩规定，他的土地售价为每5000英亩100英镑，购者需从1684年起付代役租，每100英亩每年1先令。[①] 代役租的数额各地不同，同一地区不同时期也有差别，但其征收在南部是普遍的，而且数额相对稳定，通常是每100英亩2至4先令。数额虽不大，但却是领地所有权的象征。与此相联系，在土地继承和转让方面，南部各地普遍存在长子继承制和限嗣继承制，继承人必须承担原转让者承担的封建义务（如代役租等），领主有权对他们认为不合法的土地转让实行处罚，罚金有时相当于该地产一年的租金额。[②] 换言之，当时南部的大多数土地占有者和经营者，还不是真正的或完全的独立农民。

新英格兰各殖民地的土地制度，则奠基于普利茅斯的"无偿分配"制度。1629年，部分清教徒股东将马萨诸塞公司特许状迁至殖民地，公司利益和殖民地利益从此合为一体。出于安全以及宗教信仰等因素的考虑，马萨诸塞继承并发展了普利茅斯的土地分配方式，形成了"市镇授地制度"（Township System）。其做法是：20人以上的移民团体可申请建立新"市镇"，一旦获准，地契转给该镇，申请人即成为该镇"业主"；土地视财产及家庭人口多少在"业主"中分配；同时，另留出公用地和公有地。[③] 随着马萨诸塞殖民地的发展壮大，以及康涅狄格（1636）和罗得岛（1636）等清教殖民地的建立，它的这套做法和它的移民一起向四处扩散，很快在整个新英格兰占据了统治地位。在此种土地制度下，原"业主"移民通过无偿取得土地所有权而成为土地的主人，新来的移民只要能被"业主"们接受，也大都能从镇区公地中无偿获得份地。个人拥有的土地面积最初都不大，大多在50至200英亩之间，[④] 且实际上不存在代役租之类的负担。因作为新英格兰土地制度源头的普利

① Jack P. Greene, *op. cit.*, p. 166.

② James T. Adams, *Provincial Society, 1690-1763*, New York, 1941, pp. 12-13.

③ J. T. 施莱贝克尔：《美国农业史，1607—1972》，农业出版社1981年版，第10页。

④ Marcus W. Jernegan, *op. cit.*, p. 170.

茅斯和马萨诸塞殖民地，由于已和原殖民公司合为一体，从未认真进行过代役租的征收。[①] 此外，在土地继承和转让方面，马萨诸塞采用的是英国肯特郡的特殊做法，即“多子分割继承制”（长子取双份），且土地可以出售。1641 年马萨诸塞《权利法案》称：“我们所有的土地和继承的遗产，应永远免除转让时的所有罚金和登记费”，“长子在划分全部动产和不动产时应获双份”。[②] 和它的土地分配制度一样，其继承法也被新英格兰其他殖民地接受，只有罗得岛是个例外。允许土地自由转让并承认年幼子女的权利，使长子继承和限嗣继承制难以立足，在某种程度上防止了土地的集中，有助于小土地所有制在新英格兰的巩固和发展。换言之，在新英格兰，在殖民时期已形成了美国历史上第一批独立农民。

然而，新英格兰农民对土地的自由处置权，最初并不完全。“市镇授地制度”导致宗教色彩很浓的集团式移民和授地，土地因而仍有某种共有性质，个人对土地的处理常受非经济因素限制。例如，1638 年，沃特镇规定：土地不得出售给非卫理公会教徒；纽黑文不准陌生人在取得法院批准之前购地；普罗维登斯则规定未经市镇当局允许，不得将土地出售给外地人。[③] 不过，随着人口增加和公地的减少，土地价格上涨和投机之风渐盛，原来的市镇授地方式渐渐难以维持。1725 年后，马萨诸塞、新罕布什尔和康涅狄格都不再以镇区形式授地，而是转而将土地置于市场公开出售，如 1737 年，康涅狄格拍卖了 6 个镇区；1762 年，马萨诸塞以 380 镑至 3200 镑的价格出售了 10 大块土地。[④] 土地的出售，消灭了市镇授地方式所带来的共有色彩，使土地完全成为一种可自由处置的商品，新英格兰农民的土地因而彻底私有化。对此，C. 罗西特写道：“由于占有和转让制度进一步放宽，到 1750 年，新英格兰农民成了他自己土地的主人。”[⑤]

---

① Beverly Bond, Jr., “Quitrent System of the American Colonies”, *American Historical Review*, XVII (1912), p. 498.

② W. Kavenagh, ed., *Foundations of Colonial America: Documentary History*, New York, 1973, p. 640.

③ W. B. Weeden, *Economic and Social History of New England, 1620-1789*, Boston, 1981, vol. 1, pp. 56-57.

④ Curtis P. Nettles, *op. cit.*, p. 529.

⑤ Clinton Rossiter, *The First American Revolution: American Colonies on the Eve of Independence*, New York, 1956, p. 49.

二

然而，农场主阶级在美国的形成和发展，还有待于封建制残余的废除。因为只要农民还背着代役租之类的负担，他就不能算是真正和完全的独立农民。推动废除封建制残余的基本力量，乃是商品和货币经济的扩展，而这种力量是在殖民时代准备好的。

随着欧洲市场对烟草需求的迅速扩大，南部的烟草种植业兴起并急剧发展，烟草出口飞速增长。1620 年到 1700 年，烟草出口量从 11.9 万磅增至近 3600 万磅，增加 302 倍。① 由于这一行业急剧发展，对资本、土地和劳动力的需求迅速扩大，种植园制开始在南部盛行起来。在这种情况下，总督和参事会常常通过滥发土地特许证来培植大地产，利用“人头权”建立大地产的现象也日益普遍，以致有的官员以每份 1 至 5 先令的价格出售“人头权”。② 这迫使某些殖民地，如马里兰在 1683 年、弗吉尼亚在 1705 年，不得不停止“人头权”制度的实行，转而采取公开出售土地的方式。至于支付地价的办法，最初常用实物，如马里兰出售的内陆土地价格当时是每 50 英亩 100 磅烟草，但进入 18 世纪后一般都改为货币。③ 这样，“购买”便成为移民在南部获得土地的主要方式，并最终成为对现存封建制残余的严重挑战。当然，要从根本上废除封建制残余，仅有上述经济上的变动是不够的，还须从政治上进行改革，因为这类封建制残余本属法律范畴，没有政治层面上的干预是难以解决的。

在废除封建残余的斗争中，小农是一支不可忽视的力量，其斗争最初主要是以“占地”和抗租形式表现出来的。从 1725 年左右开始，纽约以南的各皇家或业主殖民地，普遍经历了欧洲学者称之为“封建义务复兴”(Feudal Revival)的过程。当时，一些业主利用手中掌握的政治特权，以严厉的手段追讨佃农所欠的代役租。例如，卡特赖特勋爵对殖民

---

① Glenn S. Porter, ed., *Encyclopedia of American Economic History*, New York, 1980, vol. 1, p. 37.

② Anna Rochester, *American Copitalism*, New York, 1949, p. 20.

③ Herbert L. Osgood, *op. cit.*, vol Ⅱ, p. 35.

当局征收代役租的工作成效不满，于1745年向英王申请将其地权折合成一块大地产即格伦维尔地产，它包括了当时北卡罗来纳一半以上的土地和大约2/3的人口，仅1760年一年的固定地租，就给他带来5000镑的收入。又如，费尔法克斯勋爵的“北瓶颈地”，其面积遍及弗吉尼亚21县共520万英亩，到1768年仅代役租一项收入就达4000镑。[①] 面对“封建义务复活”，处于困境中的广大小农，原本把“到西部去”作为他们的出路。但在这个关键时刻，英王对殖民地的控制却变本加厉：一是把大多数业主殖民地和自治殖民地变为“皇家殖民地”；二是颁布“1763年宣告令”，禁止人们到西部去定居和购地。这就打破了广大小农的希望，迫使他们走上武装反抗的道路。

18世纪中期，较大的农民武装反抗就有三次：1763年宾夕法尼亚“帕克斯顿健儿”事件，1765年纽约“平等派”运动，1768年北卡罗来纳“自订约章者之战”。这些冲突爆发的原因都很相似，无非是土地贫瘠、生活困苦、租税繁重、官吏腐化、地权不保，而大土地所有者却完全漠视农民的要求。因而这些反抗的目标也几乎是一致的，这就是推行民主的纳税制度，废除反映封建特权的固定地租，农民有权获得土地。“自订约章者”在其请愿书中提出的要求，便是当时农民运动这一基本目标的集中反映。例如，其中第2条提出，征税方法应改革，各人应按地产获利的多少纳税；第12条谴责总督和参事会滥发土地特许证，使大量土地集中于少数人之手，破坏“人头权”制度；第14条则表示，在业主土地上进行的开垦和改良应得到承认，在其出售时“占地者”应享有优惠购买300英亩的权利，[②]等等。虽然这些要求当时很难被殖民当局接受，但农民们坚信：“是我们的父辈将这原本荒芜的土地变成了可爱的农场，作为回报我们获得了我们全部的权利；我们的社会地位、我们的自由、我们作为公民的权利，都是建立在这个基础上的。”[③]

封建义务的“复活”，英国殖民控制的加强，也引起了资产阶级民主

---

① Stephen G. Kurtz and James H. Huston, eds., *Essays on the American Revolution*, New York, 1973, pp. 266-269；另参见何顺果：《美国边疆史》，北京大学出版社1992年版，第21页。

② Samuel E. Morison, ed., *Sources and Documents Illustrating the American Revolution and the Formation of the Federal Constitution, 1763-1788*, Oxford, 1929, pp. 85-87.

③ Clinton Rossiter, *op. cit.*, p. 53.

派对农民问题的重视。这不仅因为他们在反对封建制残余方面与农民存在一致性，也由于他们已意识到农民可能成为他们反对英国殖民压迫的盟友。例如，托马斯·杰斐逊认为，共和秩序的基础是小而独立的广大农民，“小土地所有者是这个国家最宝贵的组成部分”。① 他在《美洲权利综观》中指出，移民们为开拓、征服北美付出了血汗和财富，才使北美的拓殖成为现实。因此，“他们为自己而战，为自己进行征服，也只有他们自己，才有权拥有(这些土地)。”移民从他们的萨克森祖先那里已继承了自由占有土地的权利，因此所谓“所有土地原属国王”的原则是“虚幻的”，国王“无权擅自授地”。② 独立革命爆发后，他在州议会和国会中都极力反对封建制残余，力图使土地制度民主化。在其草拟的“弗吉尼亚宪法”中，数稿均规定给予所有无地者以每人 50 英亩土地。又如，塞缪尔·亚当斯，和他领导下的波士顿“自由之子”，也向农民表示了同情和支持，认为苛重的土地税及失去地产的危险，是与英国的殖民统治相联系的。1772 年底，在为波士顿一群众集会撰写的决议中，亚当斯开列了当时英国侵犯殖民地权利的一份“清单”，在最末一项中声称：“我们蒙受的另一项苦难，是国王和议会经常变更殖民地的边界”，这就影响了移民“对土地的权利”，而这些土地是由于“现在的耕种者及其祖先的劳动才变得有价值的”。③

1774 年 2 月，英王颁布新的土地申请法，对在殖民地获取土地做出苛刻规定，强调购地者必须交代役租。紧接着，又传来了对波士顿实行封港的惩罚性决定。这两件事已极大地激怒了殖民地民众。而随即颁布的“魁北克条例”却干脆将俄亥俄河以北、宾夕法尼亚以西的土地划归魁北克，农民对英国政府绝望了。于是，农民争取土地的斗争与殖民地独立运动开始结合起来，与资产阶级民主派也有了新的共同点：双方都认识到，废除封建制残余、解决土地问题，与推翻英国统治是紧密相关的。独立革命的爆发，为双方提供了达到共同目标的机会，农民、资产阶级民主派和其他民主力量一起，向各种封建制残余发起了进攻。

---

① Herbert Aptheker, *The American Revolution, 1763-1783*, New York, 1960, p. 269.

② Julian P. Boyd, ed., *The Papers of Thomas Jefferson*, Princeton, 1950, vol. 1, pp. 122-132.

③ Samuel E. Morison, ed., *op. cit.*, p. 96.

战争一爆发，各地便停止了代役租的交纳，估计仅此一项年额即达10万英镑。[①] 随即各州又相继通过立法来废除代役租制度。杰斐逊领导民主派克服了以埃德蒙德·彭德尔顿为首的保守派议员的阻挠，使弗吉尼亚议会和宾夕法尼亚议会一起，率先于1779年废除了这一制度。其他各州纷纷效法，行动最迟的纽约州，也于1786年完成了这一任务。对限嗣继承制的攻击始于南卡罗来纳，1775年，它第一个废除这种制度；次年，弗吉尼亚议会也通过了杰斐逊起草的有关保护土地自由转让的法律。到1786年其余各州也都相继完成了这一程序。至于长子继承制的废除，佐治亚州在1777年最早完成，而在其余各州进展都不太顺利。以弗吉尼亚为例，早在1776年，杰斐逊就已在州宪草稿中提出了财产在合法继承人中平均分配的原则，但这一条款在宪法通过时却被议会删去。此后，有关议案多次被提出，但均导致了激烈的争论。彭德尔顿认为，对长子继承制应有所保留，主张在财产划分时让长子获得"双份"[②]。而杰斐逊则认为，废除长子继承制，平等地分配遗产，可改变原继承法中"使家庭中一人富而余人俱穷的封建的、不自然的特征"，应是最好的方法。[③]经过长期、反复的辩论之后，弗吉尼亚议会终于在1784年通过了废除长子继承制的议案，而南部其余各州也在1784—1790年间相继完成这一法律程序。除此而外，在革命浪潮冲击下被废除的封建制残余，还包括自荷兰统治以来就存在的哈得逊河谷的"巴特龙"们享有的领主特权，以及新英格兰继承法中有关"长子双份"的规定。

革命不仅仅是对封建制残余的摧毁，它也着手创造一种新制度。在土地制度方面，各州在农民和其他民主力量推动下采取的一些措施，就具有破与立的双重意义。这类措施主要有以下几项：

1. 没收并处理原王室、业主及效忠派大地产。1777年11月，"大陆会议"建议各州夺取并出售所有效忠派的地产，然后投资于"大陆债券"，其处理权均由各州立法机构掌握。新英格兰各州没收的土地面积都不大，因而从中获得的收入也不多，南部各州则由于没收地产数量

① Curtis P. Nettles, *op. cit.*, p. 680.

② Merrill Peterson, *Thomas Jefferson and the New Nation*, Oxford, 1978, p. 115.

③ Herbert Aptheker, *op. cit.*, p. 261.

多、面积大而所获甚丰。纽约没收的土地总值达 315 万西班牙银元，马里兰在没收地产方面所获也超过 45 万英镑；佐治亚州仅詹姆斯·赖特爵士被没收的地产就值 16 万西班牙银元。纽约在出售没收地产时，地块面积一般不超过 500 英亩，该州詹姆斯·德兰西的地产被分售给 275 人。① 北卡罗来纳的这类土地，出售时以 100 英亩为基准，效忠派亨利·麦柯洛克的大地产被分别售给约 80 户人家。② 各州对效忠派地产的处理，增加了小土地所有者的数量，在一定程度上促进了土地占有状况的民主化。

2. 在一定程度上承认"占地者"的权利。在这方面进展较大的，主要是占地者数量较多的中部和南部某些州。例如，1776 年，弗吉尼亚议会规定，给所有私营土地公司土地上的"占地者"以"先购权"；③1779 年，该州又规定，1778 年之前已占有土地但未获所有权的移民，每户可凭"先购权"购买 400 英亩土地，条件是此人在该地已居住一年以上，并须进行耕种；1781 年，它允许本州的"占地者"以每百英亩 20 先令的价格购地，并允许分两年半的时间付款。④ 另外一些中部和南部州，如宾夕法尼亚和南、北卡罗来纳，也对本州的"占地者"采取宽容政策。例如，当时北卡罗来纳曾规定，"占地者"可凭"先购权"购地 640 英亩。⑤

3. 以土地作为吸引和酬报军人的工具。这一政策本源于殖民时期的一些惯例，但各州和大陆会议在新形势下赋予它以新的内容，即用以激励民众和将士为独立而战。有关军功授地的具体规定，各州和大陆会议大同小异。仍以弗吉尼亚为例。1779 年它率先通过授地法案，规定上校每人 500 英亩，其他各级军官依次递减，士兵则每人 100 英亩。这类军功授地主要集中在肯塔基和俄亥俄。⑥ 以后，授地的数目又有所提高，到 1780 年弗吉尼亚已授出军功地近 500 万英亩。⑦ 军功授地

---

① J. F. Jameson, *The American Revolution Considered as a Social Movement*, Princeton, 1926, pp. 51-53.

② Herbert Aptheker, *op. cit.*, p. 264.

③ Jonathon Hughes, *American Economic History*, New York, 1983, p. 17.

④ Curtis P. Nettles, *op. cit.*, p. 684.

⑤ L. B. Schmidt and E. D. Ross, eds., *Readings in the Economic History of American Agriculture*, New York, 1925, p. 125.

⑥ 施莱贝克尔:《美国农业史》，第 20—21 页。

⑦ Jonathan Hughes, *op. cit.*, p. 48.

政策创造出一批小土地所有者,但同时也间接地为投机商和土地市场提供了一批廉价土地,因受地者常常无力去耕种而将地权转让和出售。不过,作为以后提出的免费宅地的先例,其意义不容忽视。

4. 廉价出售州有荒地。当时,各州对自己掌握的土地,主要是位于西部"边疆"的荒地,除部分用于军功授地而外,其余都抛向市场出售。当时各州所定地价均不高,西部荒地尤为便宜。如,1779 年 10 月,弗吉尼亚一项法令规定,每 100 英亩土地的价格仅为 40 镑。尽管如此,移民实际所付款项还比这一价格少,因为按规定,移民可用当时已大大贬值的纸币如"大陆券"支付。当时肯塔基地价尤为低廉,每 100 英亩售价仅 10 先令。[①] 同期纽约的地价是每英亩 20 美分至 1 美元并可延期付款,马萨诸塞则将缅因地区的土地以每英亩 50 美分的价格出售,而佐治亚和卡罗来纳在田纳西的土地价格更为低廉,近乎白送。[②] 各州争相廉价处理这些土地的做法,一方面为移民获取土地提供了重要来源,另一方面也为以后联邦政府"公共土地政策"的确立提供了参考。封建制残余的废除,以及在土地问题上所采取的措施,不仅在法制上打碎了以往束缚农民的枷锁,而且在经济上提高了他们的地位,从而培植并壮大了美国独立农民的队伍。据统计,在革命时期,美国的小私有者大约已发展到白人人口的 70%,而小农场主则是其中人数最多的群体,占当时白人人口的 40%,或总人口的 1/3;如果将虽非大地主但较富裕的农场主也计算在内的话,其比例将接近白人人口的一半或总人口的 2/5。这些农场主一般拥有 100 至 200 英亩土地。[③] 总之,独立革命开创了一种"慷慨"的土地分配制度,同时又推动了渴望土地的东部人和大批欧洲移民不断西进。正如一位美国学者所指出的:"即使不是完全免费、相对来说也十分廉价,并不断向西延伸的土地的存在,在美国历史上的意义是巨大的,而美国革命的基本成果之一,就是保证和鼓励了这种存在。"[④]

---

① 比林顿:《向西部扩张》(上),第 257 页。

② Roy M. Robins, *Our Londed Heritage: The Public Domain, 1776-1936*, Princeton, 1942, p. 9.

③ Jackson T. Maine, *The Social Structure of Revolutionary America*, Princeton, 1987, pp. 273-274.

④ Herbert Aptheker, *op. cit.*, p. 365.

三

从美国农场主阶级形成的角度来看，如果说废除封建制残余是独立革命的一大贡献，那么它的另一大贡献就是“公共土地政策”的确立。研究者常常忽视这两者之间的联系，以为它们只是分别针对东部和西部土地关系的。其实不然，废除封建制残余不仅解除了东部农民所受的束缚，也有利于西部自由农场主的形成。而“公共土地政策”的确立，不仅反映着东部各阶层在西部的利益和要求，也最终打消了在西部恢复封建制残余的任何企图。

关于西部土地的处置问题，自 1763 年英法七年战争前后起，就一直是北美 13 个殖民地各阶层民众关注的焦点之一。早在革命爆发前，一些拥有西部土地的殖民地政府已开始将其土地向移民和土地投机家开放。如宾夕法尼亚和弗吉尼亚，在 18 世纪 60 年代已开始出售俄亥俄河岔口的土地，前者还于 1769 年在匹兹堡设立了土地事务所。革命爆发后，英国的殖民控制被打破，移民和土地投机家纷纷涌向西部，而当时各州的优惠政策只不过起了推波助澜的作用。值得注意的是，虽然各州民主势力都努力把革命成果推向西部，但将殖民时代某些封建残余移植到西部的企图并没有完全打消，理查德·亨德森就是一例。此人通过与切罗基人交易，得到了肯塔基的大片土地，并在那里建成了一个名叫“特兰西瓦尼亚”的殖民地。为把自己变成该殖民地的业主，他在 1775 年 5 月为该殖民地制定“宪法”，规定移民购买该殖民地每 100 英亩土地，需另付代役租 2 先令；而他本人则有权否决民选议会的决定。这在移民中激起了强烈不满。亨德森本希望把他的领地变成美国第 14 州，并曾派人赴大陆会议游说，但在帕特里克·亨利和杰斐逊带头抵制下，大陆会议拒绝了他的要求并通过决议，以后永不确立私人领地。1778 年，弗吉尼亚将肯塔基变为本州的一县，在宣布亨德森法令无效的同时，承认移民们已获得的地权。[①] 对此事件的处理，不仅打击了在西部复活封建制残余的努力，也为政府出面管理西部土地提供了经验。

---

① 施莱贝克尔：前引书，第 19 页。

邦联成立后,在土地投机商、农民和其他民主力量的共同推动下,各州先后把自己对西部土地的权利转让给合众国,国会因而掌握了实际处理权。土地投机商主张转让,是因为他们希望摆脱地方政府辖制,利用自己在国会中的影响谋取更多的土地;而以杰斐逊为代表的一派人主张土地国有,则是要以此制止土地投机的蔓延,使农民有更多获得土地的机会。双方目标相左,却一致主张西部土地国有化。但土地转让一旦实现,如何处理的问题也随之产生,因不同利益集团对此各有打算:移民们希望有机会在西部建立自己的家园,前大陆军官兵要求国会兑现当初以西部土地作为军功奖励的许诺,土地投机商则希望政府为大规模土地买卖提供方便。而对于政府来说,利用西部土地来增加国库收入、缓解财政困难是当务之急,但在处理西部土地时,既不能损害各州利益,又要考虑如何稳住西部居民以防止分裂的出现。[①] 于是,出于不同目的考虑的各利益集团,在西部土地的处理上却有了一个共同要求:西部土地私有化。

1780 年,国会通过决议,规定:对各州转让地的处理,必须符合"公共利益";对其处理,应经 9 州以上同意后由国会进行;应在这些土地上建立新州,等等。[②] 正如 B. 希巴德教授指出的,这些规定"预示着一种土地政策的形成"。[③] 所谓"公共利益"的确切含义何在?究竟怎样处理才算符合"公共利益"?当时人们就众说纷纭,但有一点得到各方的认同:公共土地不能被随意授给某些"宠儿"。在具体处理方法上,有两大派意见:一派强调公共土地应成为国库的收入来源,另一派则更注重促进拓殖的必要。正是在这种背景下,杰斐逊奉国会之命于 1784 年草拟了有关西部土地的两个报告,即《关于西部领地临时政府的报告》和《关于建立土地局的法令》。它们成为国会讨论西部土地问题的基础,以后又分别成为 1787 年《西北法令》及《1785 年土地法》的前身。迫于各利益集团对开放西部土地的强烈要求,国会不得不优先考虑土地处理的具体方式问题,而这一问题也更直接地牵涉东部和西部各阶层的

---

① Benjamin A. Hibbard, *A History of the Public Land Policies*, New York, 1924, pp. 32-35.

② Henry S. Commager. ed., *op. cit.*, vol. I, p. 89.

③ Benjamin A. Hibbard, *op. cit.*, p. 37.

利益。于是,围绕后一报告,各利益集团在国会中发生了激烈争论。该报告的主要内容是:(1)由国会或"诸州委员会"任命土地登记员和测量员,以把该地区测量为方形的"百户地",单位面积为10"地理平方英里"(geographical mile square),并将其再划分为以1"地理平方英里"即850又4/10英亩为单位的地段,用1至100的数字编号;(2)测量后进行出售,购地者将获得产权证书。测量结果应绘成地图,出售的土地应精确标明地点;(3)土地出售所得收入必须用于偿还国债,不得用于其他目的;(4)前大陆军官兵按职衔高低可分别获得100至1100英亩土地,等等。[①] 这些规定,既包含了殖民时期新英格兰土地制度的特征,又容纳了南部制度的某些做法;既主张出售土地以充实国库和偿还国债,又通过对测量、发证、镇区划分等规定来保证真正的拓殖,从而折中了"收入来源派"和"促进拓殖派"的观点。不过,这并不意味着杰斐逊在报告中放弃了他的原则,这些原则在休斯教授看来就是:(1)西部土地可以作为政府一次性收入来源;(2)它的处理应利于建立共和制政府和民主制度的基础;(3)土地所有者的权利应得到保证。[②]

由于这一报告的现实精神符合大多数人的利益,因而其基本原则在杰斐逊离开之后仍得以保留,国会只是在一些具体问题上对它进行了修改和补充。1785年初,W. 格雷逊等人提出了修改后的新报告,对原报告中某些规定做了如下修改:(1)"百户地"改称"镇区",单位面积减为7平方英里,地段面积减为1平方英里(640英亩);(2)出售时以镇区为单位并采用公开拍卖方式,最低起价为每英亩1美元;(3)留出学校等公益用地,并将1/3的金、银、铅矿区保留给国会。[③] 国会就此报告进行了辩论,争论的焦点是土地出售基准单位的大小。以7平方英里的镇区为出售基准的规定在国会中招致不少反对者。他们认为,这种规定只能方便土地投机商而不是移民,因此出售基准必须再减小。经过激烈辩论,双方终于达成妥协:镇区面积减为6平方英里;出售时分两种:一种以整个镇区为单位出售,一种以640英亩为基准出售,两

---

① Julian P. Boyd, ed., *The Papers of Thomas Jefferson*, Princeton, 1953, vol. Ⅶ, pp. 140-147.

② Jonathan T. Hughes, *op. cit.*, p. 99.

③ 佩森·特瑞特:《邦联时期国家土地制度的起源》,见 Vernon Cartenson, ed., *The Public Lands: Studies in the History of the Public Domain*, Wisconsin, 1963, p. 11。

种方式交替进行；而且，只有在第一个镇区土地出售完之后，第二个镇区才能开放出售。[①] 这样，1785 年 5 月，西部土地法获得通过，它体现了杰斐逊报告中包含的“土地国有”和“向移民开放”两大精神，并在此基础上第一次规定了实现“公共土地私有化”的方式：公开拍卖。土地国有和私有化这两大原则，从此成为美国公共土地政策的基准，为以后历次国会土地法令所遵循。

不过，这一法令的颁布并非西部土地处理的结束。因为，如果西部领地的政治地位得不到确定，它就难以被视为保障私有产权的地区。于是在 1787 年，以 1784 年杰斐逊另一报告所提出的政治和组织原则为基础，国会又制定并颁布了一个新的法令即著名的《西北法令》。其主要目的，是确定西部领地未来的地位和政治制度，但它也涉及土地和财产制度，从而对 1785 年法令做了重要补充。它规定，西部各新州的宪法均需附有《人权法案》，其中自然包含保护私有财产权的内容。另外，它还禁止在该地区实行奴隶制或强迫劳役，禁止长子继承制和限嗣继承制。这些规定在诸多方面为西部拓殖提供了保证，从而鼓励了移民西迁和独立农民的发展。

上述两个法令并不是立法者凭空臆想的产物。公共土地政策史研究的先驱者 P. 特瑞特认为，1785 年法令是“一群目光敏锐的政治家在诸州经验的基础上形成的一种全国性制度”。[②] 这一评价当然也适用于 1787 年法令。

无论从两个法令形成的过程，还是从它们包含的内容看，它们都是殖民时期、特别是革命时期各州土地制度和政策的延续和发展。1785 年法令规定的土地测量和移民方式，是殖民时期以北方为主的南北两种做法的综合，而它所规定的由国会管理和出售土地的方法，显然又与革命时期各州处理西部土地的经验有关。1787 年法令关于禁止奴隶制和两种旧财产继承制的规定，更是美国革命成果在西部的体现。因此可以说，这两个法令都是独立革命的产物，具有毋庸置疑的历史进步性：第一，这两个法令确立了完善的资本主义土地私有制；第二，在它们规定的框架下产生出的农民以独立农民为主。换言之，从法制的角度

---

① Benjamin A. Hibbard, *op. cit.*, pp. 38-39.

② Vernon Cartenson, ed., *op. cit.*, p. 13.

看,美国农场主阶级的形成,由于上述土地法的通过和实施,其过程已告完成。

必须指出的是,奠基于上述两法令的联邦公共土地政策并非完美无缺。由于最初规定的出售基准地段仍然太大,以此为基础形成的官方市场得利者显然是投机商而非小农。然而,投机的存在虽增加了农民获地的成本和费用,却并不以阻碍他们获地为目的。投机商从政府手中获取土地时所付价格极低,他们所定地价因而并非农民完全不能承受。例如,在1790年代,投机商手中大约持有1000万英亩土地,而售价仅为每英亩10美分至2/3美元,[①]这远低于当时的官价,农民从非官方市场购买小块土地仍是可能的。可见,投机的存在,除了加重农民负担而外,主要是改变了他们获得土地的途径,[②]并不能阻止他们拥有土地。况且,向土地投机公司大量售地,并非公共土地政策的主要组成部分,而是政府为缓解财政窘困而采取的一种临时措施。至于"占地者",本是一个不稳定的分化中的阶层,除一部分上升为独立农民外,其余的将被迫再向西迁移,重复拓荒过程以待机会降临,他们虽非合法的所有者但也非依附农,其存在并不能改变以独立农民为主的格局。此外,还应指出的是,独立农民的形成和发展并不以土地是否"免费"为先决条件,因为阻碍农民向政府直接购地的主要原因,在于基准地段面积太大而非地价太高。正如C. 丹霍夫教授指出的,当时购地费在建立农场的费用中只占小部分,并不构成农场主获得所有权的障碍。[③] 即使在《宅地法》颁布之后,购买也依然是农民获地最普遍的方式。[④]

正因为如此,早期土地政策中弊病的存在,并不能阻碍独立农民队伍的壮大。据统计,1815年前出售的公共土地,大部分集中于俄亥俄地区,其售出的土地总面积已达4 824 375英亩,其中大部分是被"真正的移民"购买的。[⑤] 而且,随着政府将土地出售的最小单位减至80英

① Benjamin A. Hibbard, *op. cit.*, p. 210.

② 关于公共土地政策执行的不同时期农民获地的主要方式及来源的变化,可参见何顺果:《美国西部拓荒农场主的形成和演变》,《世界历史》1986年第10期。

③ Susan Lee and Peter Passel, eds., *A New Economic View of American History*, New York, 1979, p. 138.

④ G. C. Fite, *The Farmer's Frontier, 1865-1890*, Albuquerque, 1974, p. 17.

⑤ Paul W. Gates, *The Farmer's Age, 1815-1860*, New York, 1960, p. 57.

亩(1820)或 40 英亩(1832),小土地所有者已发展成一个庞大的阶层。[①] 中西部是早期公共土地政策的主要推行地区,1860 年时该地区大多数农场的面积为 100 至 499 英亩,而同年全国农场的平均面积是 203 英亩。[②] 这说明,中小农场主已成为美国"自我雇佣"的独立农民的主体。

总之,早在殖民时代,已有大批独立农民存在;而如果说革命期间代役租之类的封建制残余的废除,使农民成为完全自由和独立的私有者的话,那么革命后"公共土地政策"的确立,则巩固了农民的这种地位并使之迅速发展壮大,二者最终都促成了美国农场主阶级的形成。这就是我们的结论。

(原载南开历史研究所美国史研究室编:《美国历史问题新探》,中国社会科学出版社 1996 年版,第 59—80 页,文章署名何顺果、王荣军)

---

① E. L. Bogart and D. L. Kemerer, *Economic History of American People*, Longman, 1942, p. 261.

② Jonathan T. Hughes, *op. cit.*, p. 197.

略论美国的“立国精神”

一般认为，所谓美国的“立国精神”，就是《独立宣言》所表达的精神。这在很大程度上说是不错的。但该宣言虽然宣布了美国的独立，却并没有完成“立国”的历史任务。从宣言发表到国家建成，中间还有一段漫长而艰难的道路，其中包括了几个不同的发展阶段，经历了一系列政治和思想的激烈斗争。其间，虽然激进和保守、革命和反动、前进和倒退交织在一起，但主流还是进步的，《权利法案》[①]的通过就是明证。从总体看，这些斗争不仅继承了宣言的精神，也丰富了宣言所提出和阐述的原则，给它增添了新的内容。因此，笔者以为，美国的“立国精神”，应包括美国整个建国过程中赖以立国的各项主要原则以及贯穿于这些原则中的哲学思想，而不应将此局限于宣言的范围之内。这些原则和哲学，在约翰·亚当斯的《何谓美国革命》一文中，被称为“原则和情感”[②]。

一

要了解美国的“立国精神”，须先了解美国立国的背景。因为与西方大多数资产阶级国家不一样，美国不是从封建专制国家演变而来的，而是在殖民地的基础上成长起来的。这一背景为美利坚人的立国活动构成了多方面的影响：其一，直到合众国诞生之前，在北美大陆上不曾存在过任何形式的国家，美利坚人的任务是从无到有缔造一个全新的国家；其二，从旧世界来的以新教徒为主体的移民，在摆脱了传统的封

---

① 《权利法案》，即宪法头十条修正案。

② 赵一凡编：《美国的历史文献》，三联书店 1989 年版，第 106 页。

建社会经济关系后，大都建立了以小土地私有制为基础的自由经济，即使在南部奴隶制种植园区也是以自由小农居多，因此美利坚人建国之时已有了一个新的经济和社会基础，小农乃是其立国之本[①]；其三，无论是以团体还是以个人名义到达北美的移民，为了追求宗教及政治自由，都利用英王的“特许状”所赋予的权利，在各殖民地建立了不同形式的自治制度，因此，美利坚人又积累了相当丰富的“自治”的经验，以作为立国时的借鉴；其四，处于英王统治下的13个殖民地，虽然在法理上互不相属，但在和宗主国的斗争中为着某些共同的利益又不得不谋求一定程度的联合，以协调它们之间的利益和关系以及斗争的目标，这就在各殖民地之间形成了一种既彼此独立又相互依存的历史格局。正是这几方面的情况合在一起，决定了美国立国经验的独特性。

合众国形成的过程极为复杂，大致可分为四个阶段或步骤：第一步，是把互不相属[②]的各殖民地变为“联合殖民地”，其标志是1774年9月“大陆会议”的召开。虽然这一步并不意味着殖民地地位的改变，但它为各殖民地之间的联系提供了舞台。随着《权利和决心宣言》的发表，以华盛顿为总司令的大陆军的创建，“大陆会议”成为美利坚人实现民族团结和凝聚力的象征。“联合殖民地”以“大陆会议”为实体，所以在英文文件中采用了专名：The United Colonies[③]。对于形成中的“合众国”来说，“大陆会议”具有双重意义：(1)作为民意代表机构，它是未来国家立法机构的雏形；(2)作为“联合殖民地”的载体，它又为“合众国”提供了组织形式。第二步，是把“联合殖民地”变为“自由独立之邦”，实现这一转变的动力来自1776年5月10日大陆会议的决议。在这个决议推动下，各殖民地先后制定了“宪法”并建立了“主权、自由和

① 柯蒂斯·P. 内特尔斯认为，“土地私有的采用是美国历史上的一个主要界标，因为它决定了美国经济发展的过程”，而“转向新经济的第一步是把土地从各〔殖民〕公司转到各个移民之手”，这一过程在弗吉尼亚和普利茅斯分别于1624年和1629年完成，1629年以后建立的各殖民地，如马萨诸塞、马里兰、宾夕法尼亚等，“都直接引用了私人土地所有制”。见Curtis P. Nettels, *The Roots of American Civilization*, N. Y., 1981, pp. 223-229。

② 因各殖民地是根据“特许状”分别建立的，其权力是直接来自英王的特许，所以它们之间在法律上没有横向的联系。

③ 见《独立宣言》原文。

独立”的新政府。[①] 在《宣言》草稿中，杰斐逊将“自由独立之邦”写成“Free and Independent States”，说明这次转变无疑带有真正实质性的内容。正因为如此，出席大陆会议的各邦的代表，才敢于在《独立宣言》中庄严地宣布：“这些联合殖民地从此成为，而且理应成为自由独立之邦；它们解除对于英王的一切隶属关系。”[②]只是由于客观条件的限制，各殖民地当时还不能单独赢得真正的独立，这些自称享有“主权”的邦至多只具有“半国家”的性质。第三步，是把“自由独立之邦”变为“邦联”，实现这一转变的标志是1777年大陆会议通过的《邦联条例》。如果说《独立宣言》还“基本上是一种道义和法律上对革命的辩护和脱离大不列颠统治的政治行动”[③]，那么《邦联条例》的实施则意味着各“自由独立之邦”已上升为一个国家，而《邦联条例》便是这个国家“头一部不成熟的宪法”[④]。虽然邦联由于各州保留了“主权、自由和独立”而有些松散，但条例中“永久联合”的规定已为国家的组成和稳定提供了法律上的依据。它不仅第一次被正式命名为“美利坚合众国”，而且建立了自己的立法机构（邦联国会）和行政机构（诸州委员会），以及相当于国家元首的职位（国务主席）。自然，由于各州保留了“主权”，致使“国会缺乏影响政府的三个基本手段：征收个人税、调节州际关系和对外贸易、强迫服从其决策与要求”[⑤]。第四步，便是把松散的“邦联”变为统一的“联邦”，它是通过制定和批准1787年《合众国宪法》来实现的。从形式上看，这只是一种国家形式即国家的组织和结构的改变：第一，既然制宪工作是在“合众国中”进行的，说明全部活动是以已有的“合众国”为基础的；第二，既然制宪的目标是“建立一坚强之全国政府”，[⑥]说明这一步骤主要在于“完善”国家机器。但由于中央收回了由各州保留的“主权”，并在中央政府内建立了完整的“三权分立”的权力结构，使美

---

① 在此之前马萨诸塞已于1774年10月宣告独立，而其他各殖民地的独立直到1784年6月才先后完成。

② Frank Monaghan, *Heritage of Freedom*, Princeton University Press, 1948, p. 20.

③ A. Beitzinger, *A History of American Political Thought*, N. Y., 1972, p. 61.

④ J. R. Pole, *Foundation of American Independence, 1763-1815*, Indianapolis, 1972, p. 178.

⑤ J. R. Pole, *ibid.*, p. 178.

⑥ 见1787年2月21日国会关于召开联邦制宪会议的决议。

国成为马克思所说的“最完善的”[①]现代国家，从而最终完成了缔造“美利坚合众国”的任务。

从“合众国”形成的背景和过程看，美国的立国经验具有以下独特性：其一，与西方大多数国家不一样，“合众国”的建立不是自上而下，而是自下而上完成的，国家体系的形成是先有州府后有国家，这就使国家在做出某些重大决策时不得不把“地方利益”作为优先考虑的因素；其二，州的地位的演变一直是这个国家形成过程中的关键，州先由殖民地上升为独立邦后又降格为从属于联邦的成员，不管其地位如何演变但始终都保持着相当大的独立性，因此“州权”的处理成为美国立国过程中的一大难题；其三，这个国家的形成过程是以各殖民地的联合开始的，因此这种联合的程度和方式作为一种标志，不仅划分了这个国家形成过程中的不同阶段，也在一定程度上决定了这个国家组织和结构的形式，因为合众国乃是直接脱胎于“联合殖民地”的。事实上，在世界历史上，美国是少数几个在自己的国名中，保留了“联合”字样的国家之一。显然，不了解美国形成过程中的上述背景和特点，就不能真正了解美国“立国精神”的真谛，因为它的精神深埋在处理与此有关的各类问题的原则中。

以笔者之见，合众国的缔造者们，在为这个正在形成中的国家确立其原则时，至少必须面对以下三个相互关联的问题：(1)关于殖民地与母国的关系问题，即要不要进行反英革命并建立独立国家的问题；(2)在独立后建立一个什么样的国家的问题，即如何使这个国家的“权力结构”配置合理和运转正常的问题；(3)如何对待民间私营经济活动的问题，即准备怎样发展其经济的问题。上述诸问题中居于中心地位的，应是关于国家“权力结构”的配置和运转问题。这个中心问题又包括三个层次：第一个层次是国家与国民的关系，其实质是关于国家权力的来源问题，它在国家权力结构中涉及的层面最广，因而对立国问题带有根本性；第二个层次是中央与地方的关系，其实质是如何处理“州权”问题，它在国家权力结构中涉及的层面比前一个小，但却是立国问题中的关键；第三个层次是中央内部行政、司法和立法部门的关系，由于它有关

---

① 马克思说：“现代国家的最完善的例子就是北美。”见《马克思恩格斯选集》第1卷，人民出版社1966年版，第69页。

国家最高权力的配置与运作，应该说是整个立国问题的核心。为了解决这些关系，合众国的缔造者们在《合众国宪法》中做了精心设计和安排，从而为美国的建立定下了一些最重要的原则，成为美国立国经验中最富创造性的部分。下面就以这些原则为重点，分别讨论一下美国赖以立国的各项主要原则，然后再谈与之有关的哲学思想。

二

为了解决殖民地与母国即英国的关系问题，合众国的缔造者们首创了"民族独立"原则。此原则见诸于《宣言》："当一个政府恶贯满盈、倒行逆施、一贯奉行着那样一个目标，显然是企图把人民压在绝对专制主义的淫威之下时，人民就有这样的权利，人民就有这样的义务，来推翻那样的政府，而为他们未来的安全设立新的保障。"[①]在此处，表面上谈的是"人民"在什么情况下可以推翻一个"政府"的条件，实际上谈的是"一个民族"在什么情况下可以摆脱"另一个民族"的统治而独立的原则，因为美利坚人当时还被视作英王陛下的"臣民"。不过，英王陛下的这些"臣民"认为，他们已由过去的"臣民"成长为新大陆上的"自由民族"[②]，并且已有了一个由派出代表出席大陆会议的13个"自由独立之邦"组成的实体。这个新兴的民族已强烈地意识到实行"自决"的必要，正如它的代言人托马斯·潘恩在著名小册子《常识》中所论证的：第一，英国的君主立宪制不尽符合"人民主权"原则，因为在这个政体中国王体现了"暴政的残余"，上议院体现了"贵族政治的残余"，下议院对国王没有牵制作用；第二，大不列颠远离北美大陆，殖民地为了一件事情或一项申请，经常要奔波三四千英里，为了得到批复还得等四五个月，英王很难对殖民地实行有效治理；第三，13个英属北美殖民地并非单纯由英国移民组成的共同体，而是一个几乎包括了所有欧洲民族成分的大家庭，且已由"大陆会议"维持着本大陆的秩序。在此情况下，一个大陆怎能永远忍受一个岛国的统治？正是在这本小册子中，潘恩科学地揭示了美利坚民族由"自治"经"分离"到"独立"的过程，并在理论和实

---

① 谢德风等：《1765—1917年的美国》，商务印书馆1962年版，第4—5页。

② "自由民族"(free people)，见《独立宣言》原文。

践结合的意义上给“独立”下了一个明确的定义:“独立即联合殖民地的政权形式。”①在《独立宣言》中,杰斐逊用“one people”②(一个民族)这一概念,不仅对北美大陆正在发生的事变做了及时的概括,而且对这个新的“自由民族”的要求做了准确的表述,从而完成了民族意识的升华。尽管它缺乏19世纪使用的关于民族的标准概念“Nation”所具有的涵盖性③,但已包括了《宣言》所暗含的民族“自决”的意义④。因为这个概念既反映了那些把美利坚人结合成“联合殖民地”的利益、经验和目标的共同性和一致性,也为他们在新的以“美利坚合众国”命名的政治实体中的活动做了辩护。

在美国各项立国原则中,第二项重要原则是“共和”原则。它所涉及的是国家与公民的关系,也就是要不要大多数人参与和以什么方式参与国家管理的问题。当时在美国存在两种倾向:一些人企图在这个国家确立英国式君主立宪制,也想把王冠戴到一位美国领导者头上;另一些人则力主各州保持绝对“主权”,使业已出现的“自行其是”的状况继续下去,二者都与体制问题有关。如何才能防止这两种偏向而又能弥补邦联之不足呢?参与缔造合众国的大多数代表认为,“共和”应是其唯一选择。因为,“根据共和理论,权利和权力都是属于大多数人的”⑤,而唯其权力操于大多数人之手,方可防止个别人的独裁和少数人的侵害,使民众享受自由而又不流于“过度民主”。为此,合众国的缔造者们将这一选择以“根本大法”的形式确定下来,并在宪法中对“代议制”这一体现共和原则的主要措施作了仔细安排,以便“让人民通过代

---

① 托马斯·潘恩:《常识》,商务印书馆1961年版,第50页。

② 见《独立宣言》原文。Frank Monaghan, *op. cit.*, p.20.

③ 在俄文中,与“people”俄文对应的是“народность”,而与“Nation”对应的是“нация”,前者所具有的“民族”含义是由“部族”这一概念演化来的,后者才是近代民族的概括,二者是有区别的。

④ 关于宣言所暗含的民族“自决”的含义,实际上已包括在宣言第一段文字中:第一,它认为,在世界各国中,各民族按“自然法”理应是“平等的”;第二,它认为,既然各民族是平等的,就应该解除“一个民族”受“另一个民族”统治的“政治联系”;第三,它认为,在解除这种政治联系后,这个民族应享有“独立的地位”。在这里,宣言在表达其“独立”思想时,一次使用了“separate”一词,另一次使用了“separation”一词,其基本含义都是“分离”的意思。“自决”的含义已经很充分。

⑤ Marvin Meyers, ed., *The Mind of the Founder: Sources of the Political Thought of James Madison*, New England University Press, 1981, p.76.

表或代理人组织和管理政府”。在近代西方，最早确立“代议制”的是英国而不是美国，但英国是“世袭贵族政治与民主政体的结合体”，根本不是共和国，代议制残缺不全。在美国，“代议制”的实施要全面得多：第一，除了众院议员及国家主要官员由民选外，宪法还根据共和原则和标准对他们的任期作了明确限制，并赋予议会以弹劾包括总统在内的一切文官的权力；第二，除了中央联邦政府外，作为中层政权的各州政府，以及最基层的市和乡镇政权，绝大多数也都是由民选代表或代理人组成的。因此，“美国的全部国家制度，实际上都是共和的”[①]，这就为“共和”原则的实施，提供了当时看来较为全面的保障。美国革命以后，不少西方国家在政治上确立了君主立宪制，其民主程度比起美国来反倒不如了。

第三项重要原则是“联邦主义”。它所涉及的是中央与地方的关系，关键是如何处理美国史上占有特殊地位的“州权”问题。这不仅是由于“州”在整个国家体系中是承上启下的“中间环节”，而且还由于它在此以前曾拥有一个独立邦的“主权”。为此，宪法规定，不仅参议院由各州选派两名代表组成，以体现州权平等的原则，而且联邦宪法本身也需经法定数目的州批准方能生效，也就是承认州在批准宪法时是一个主权实体。与邦联时期相比，中央和地方的关系在联邦制下发生了重大变化：(1)在邦联制下，各邦为独立主权之国家，邦联只是各自由独立之邦的联盟；而在联邦制下，联邦才是真正的主权国家，主权属于中央而不属于各州。(2)在邦联制下，各邦的权力直接来自本邦人民，中央权力却是由各邦授予的；而在联邦制下，中央及各州的权力均直接来自人民，因此中央可对各州人民直接行使权力。(3)在邦联制下，中央与各邦间权力的范围和变更，均需经各邦议会一致同意；而在联邦制下，中央与各州的权力范围是由宪法规定的，它们的变更也是通过修宪而不是通过各州。总之，在宪法范围内，中央和地方均可独立行使其权力而不受另一方的侵犯。麦迪逊曾指出，单纯的联邦制有一个重要特点，即“联邦政府不是直接由人民而是由各州任命的”[②]。但在美国的联邦制中，只有部分权力(参院)是直接来自各州，而主要权力(众院)却是来

---

① 托克维尔：《论美国的民主》上卷，商务印书馆 1988 年版，第 462 页。

② Marvin Meyers, *op. cit.*, pp. 72-73.

自全体公民，且联邦可越过各州直接对该州人民行使权力。可见，美国的联邦制并不是单纯的联邦制，就像这个共和国不是单一共和国而是“复合共和国”一样，它是以共和制为基础的联邦制，即联邦共和制。[1]由于联邦制的确立，一方面扩大了中央的权力，联邦宪法及中央制定的法律和法令为全国“最高法律”，各州既受联邦的限制又受其保护；另一方面也为地方首先是各州保留了相当大一部分权力，使各州在失去了昔日的“主权”后仍拥有一定的自主权。这样，在美国就形成了“两极权力结构”或曰“地方分权制度”，从而照顾了各州因历史原因自然形成的特殊地位。这种权力结构虽然可能使地方权力过大，常常形成所谓“尾大不掉”的局面，但正如托克维尔所说：“一个中央政府，不管它如何精明强干，也不能明察秋毫，不能依靠自己去了解一个大国生活的一切细节。”[2]可见，容许“地方分权”，实属明智之举。

第四项重要原则是“制衡”原则。据说，这条原则最初是由主张中央集权的 A. 汉密尔顿提出来的，其初衷与防止众院的所谓“多数的暴政”有关。但既然“制衡”被确立为一项立国原则，其作用和意义就不会仅限于此。所谓“制衡”，即中央各权力部门之间的平衡与制约，是通过“三权分立”来实现的。为此，宪法将立法、司法和行政权分别交由国会、最高法院和总统三个独立部门去执掌，令其在行使职能时由于相互关系而各守本分又相互牵制。例如，国会虽掌握着立法大权，行政部门不得向议会提出议案，各部的部长也不能出席议会，但法案须由两院分别通过才能成立，不仅总统对已通过的法案有否决权，最高法院也可判其“违宪”。又如，掌握司法权的最高法院，拥有裁决中央和各州及政府部门之间纠纷的权能，并有权裁决联邦宪法之下所发生的“一切案件”，它的法官“如无行为不当”即可终身任职，但其法官要由总统任命并经参院同意，国会则有权规定法院的管辖权。再如，总统在美国拥有很大权力，他既是国家元首又是行政首脑，被认为类似于君主立宪制下的“君主”，但他的行政权受到限制也最多，其作出的否决还可由国会以 2/3 多数票再否决，甚至行政经费的使用也须遵守国会有关的法案。

---

① B. Boinville, ed., *Origins and Development of Congress*, Library of Congress, 1982, p. 45.

② 托克维尔：前引书，第 100 页。

结果，联邦各部门分别行使的权力通过给它规定的范围在实际上被限制，而分掌某一权力的该部门同时又混合了不同的职能。正如塞缪尔·P. 亨廷顿所指出的："欧洲发展的是职能的区分和权力的集中，而美国使之永久化的却是职能的融合和权力的分立。"①然而，在笔者看来，与其说美国宪法强调的是分权，不如说它强调的是权力间的制衡，因为分权只是手段而制衡才是目的。实行分权和制衡原则，有可能出现两种情况：或者是"政出多门"，或者是互相掣肘。但正如麦迪逊所指出的，宪法关于分权的精心安排，无非是为了保证"在我们的政府中，真正的权力〔掌握〕在这个集体的大多数人手中"②。此处所说的"大多数人"，即中央政府的大多数，也就是最高统治者中的大多数。可见，在"分权"的幌子下，确又隐藏着集权的本质。由此我们便可明白：分权并不排斥集权，而集权也并不等于专制。

此外，在美国各项立国原则中，还有一项十分重要但又往往不为人们所重视的原则，这就是"自由放任"原则。它之所以不为人们所重视，主要是因为在联邦宪法中并无明文规定。其实不然，它不仅是美国赖以立国的一项重要原则，而且与这个新兴国家的性质及以后经济的发展有关。在独立战争爆发前，在包括工业、矿业、渔业及贸易的一切经济领域里，"自由的"私营企业实际都有了相当发展，但都不同程度地受着母国贸易垄断政策的限制，因为母国害怕殖民地经济的强大给它造成可怕的竞争局面，因此把"自由放任"作为美国立国的原则是很自然的。笔者以为，"自由放任"原则包含两个不可分割的方面：(1)它是以对私有产权的承认为前提的；(2)它主张对民间的私营经济活动尽量不予干预。关于第一点，虽然宪法甚至未曾采用"财产权"一词，但对私有财产权的承认和保护，却是合众国的缔造者们一贯的思想和政策。《独立宣言》中所列"追求幸福的权利"，实际上已暗含着对"财产权"的承认，因为它是生命、自由和幸福的必要前提。到1791年，在第5条宪法修正案中更是明文规定："未经正当法律程序，不得剥夺任何人的生命、自由或财产。"③那么，对民间私营经济尽量"不予干预"的原则又体现

① 塞缪尔·亨廷顿：《变动社会的政治秩序》，上海译文出版社1989年版，第121页。

② Marvin Meyers, *op. cit.*, p. 157.

③ 汉密尔顿等：《联邦党人文集》，商务印书馆1982年版，第466页。

在何处呢？第十条宪法修正案有一项重要规定：“宪法未授予合众国，也未禁止各州行使的各项权利，分别由各州或人民予以保留。”[①]仔细进行推敲，此乃美国立国时就确立的一项“大政策”，它给美国公民的个人权利，包括民间一切合法经济活动留下了很大余地，从而奠定了“自由放任”原则的基础。正如麦迪逊在《联邦党人文集》第45篇中指出的：“保留给各州的权力，将按一般的办事程序，扩充到同人民的生命、自由和财产，以及州的治安、改良和繁荣等方面有关的一切对象上。”[②]实际上，《独立宣言》在抗议英王的贸易垄断政策，《邦联条例》在保护州际之间的财产自由转移之权，以及联邦宪法在确立整个美国为自由贸易区时，都直接或间接地涉及了这种“不干预”政策。总之，“自由放任”原则，不仅是当时反抗英国和欧陆贸易垄断的有力武器，也是保护美国私营企业及整个资本主义的重要政策，“自由放任”乃是早期美国经济发展的基本特点。由此可知，经济学家和历史学家，把1776年美国《独立宣言》的发表与英国亚当·斯密的名著《国富论》一起，作为“自由资本主义时代”的起点和标志，绝不是偶然的。

三

那么，美国赖以立国的上述原则，是建立在什么样的哲学基础之上的呢？1840年，在《论美国的民主》一书中，托克维尔曾做过一个重要的论断：“美国人没有自己的哲学学派。”[③]换言之，当时美国还尚未形成自己独立的哲学体系。这是不是说美国赖以立国的那些原则是没有哲学基础的呢？当然不是。恰恰相反，美国赖以立国的各项原则，贯穿着一种明确的哲学思想，这就是当时流行于大洋两岸的“自然法”哲学，并以十分清晰的语言写在杰斐逊执笔的《独立宣言》中。正如美国政治思想史研究专家卡尔·贝克尔指出的，“自然权利哲学”是独立“宣言的

---

① 汉密尔顿等：前引书，第467页。除第五条宪法修正案外，《权利法案》还有四条“直接或间接涉及财产私有的保护问题”，它们是修正案第二条、第三条、第四条、第八条。参见Philip N. Truluck, *Private Rights & Public Lands*, Washington, 1983, p. 13。

② 汉密尔顿等：前引书，第238页。

③ 托克维尔：《论美国的民主》下卷，第518页。亨利·范戴克说：“独立宣言的语言是承认的语言。”见H. Van Dyke, *The Spirit of America*, N. Y., 1910, p. 18。

历史前提”。[①] 而杰斐逊在1825年致亨利·李的信中说得更加明确而具体：宣言“既没有发现新的原则，也没有发现新的观点”，只是企图表达“辉格党”的思想。[②]

《宣言》开宗明义写道：“在有关人类事务的发展过程中，当一个民族必须解除其与另一个民族之间的政治联系，并在世界各国之间接受‘自然法则’和‘自然神明’赋予他们的独立和平等的地位时，就有一种真诚的尊重人类公意的心理，要求他们把那些迫使他们独立的原因宣布出来。”[③]这里所说的“自然法则”，乃是一种时代精神，包括人类性质和社会关系的自然过程和原则，以及有关人类权利和正义的表达，是自文艺复兴以来激荡于整个西方的启蒙运动的思想武装，是人类摆脱封建桎梏转向理性时代的桥梁，也是《独立宣言》及整个美国革命借以发微的哲学依据。正是根据这一哲学，杰斐逊才敢于在《宣言》中宣布：“我们认为下面这些真理是不言而喻的：人人生而平等，造物主赋予他们若干不可转让的权利，其中包括生命权、自由权和追求幸福的权利。”[④]

这段简略的文字，具有丰富的内涵。“不言而喻的真理”，即人人平等、自然权利，确保自然权利作为政府之目的，确保被统治者的同意作为政治合理的原则，以及当自然权利被剥夺时进行反叛的道义权。“人人生而平等”，尽管人们中间事实上的不平等是不可否认的，但在拥有某些共同的人性和辨别道德法的原则方面，所有人都有道义上的平等；人们平等地拥有自然权利，平等地在法制下表达意志，平等地参与决定政府和法律形式，以及享受劳动成果的平等。[⑤] “不可转让的权利”，即按人的本性是合理的道义上的权利；在形成和控制政治社会时，这些权利在法律上不得被否认或取消；这种人性被认为是处于自然法下的人们任何时候都具有的。“生命、自由和追求幸福的权利”，是宣言中特别

---

① Carl L. Becker, *The Declaration of Independence: A Study in the History of Political Ideas*, N. Y., 1942, p. 84.

② Carl L. Becker, *ibid.*, p. 25.

③ Frank Monaghan, *op. cit.*, p. 19.

④ Frank Monaghan, *op. cit.*, p. 19.

⑤ Bernard Bailyn, *The Ideological Origins of the American Revolution*, Harvard University Press, 1971, p. 307.

提到的自然权利，它对约翰·洛克讲的“生命、自由和财产权”作了一个重要改动，但这一改动并不意味着否认“财产权”属于人的自然权利，因为财产权通常被视为实现上述三项权利的必要手段。一般地说，追求幸福以自由和生命为前提，而自由又以生命为前提，生命又以其他条件为前提。“追求幸福”，又有个人的和公共的幸福之别，因宣言同时谈到了“人们”(all men)和“民族”(one people)，就是说，个人的自然权利是与独立和安全中存在的“民族”权利平行的或一致的；在公共事务方面，它意味着建立人民信任的政府，这个政府应为个人的自然权利提供保障和条件。按约定俗成的解释，“追求”(pursuit)一词包含着“寻求”、“要求”的含义。此外，正如阿瑟·施莱辛格所指出的，这个词还含有“实践”和“实行”之意。根据这层含义，人们既有“追求”幸福之权，也有“实践”幸福之权。最后，宣言认为，这些真理都是“不言而喻的”，按杰斐逊对这一概念的解释，是因为它们都是“常识性原则”，因而使用这些原则是无需证明的。[①] 然而，这些有关“人的自然权利”的常识，以往只写在宣传和政论小册子中，而美利坚人却在世界历史上第一次把它写在正式文件上，被确定为美国立国的哲学基础。正是在这个意义上，马克思把《独立宣言》称为人类历史上“第一个人权宣言”，尽管其内容远远超出了“人权”的范围。

但是，仅凭这些尚不能直接把“自然法”哲学与美国赖以立国的那些政治原则联系起来，因为这中间还有一道理论上的桥梁，这就是“主权在民”论。它的倡导者是英国的利尔本(1618—1657)，而完成者是法国的卢梭(1712—1778)，其理论在17—18世纪为各国民主派所赞同并加以利用，它直接导源于“自然法”哲学。这一理论认为，一个国家和政府的产生应当取得人民的同意，并以维护被统治者的自然权利为目的；如果一个国家和政府违背了成立时的初衷，它就失去了继续存在和行使政权的基础；而要使一个国家和政权永不违背它创立时所确定的目标，就必须按“主权在民”理论来管理国家；“主权在民”，即国家之最高权力在于每一公民之手，每个公民应享有相等的权力，排斥特权之存在。它具有强烈的反对君主专制的时代特点。所以，《宣言》在宣布了“生命、自由和追求幸福”等自然权利后，按逻辑紧接着便把它引向“主

---

① 参阅 A. Beitzinger, *op. cit.*, pp. 161-165。

权在民”论，以杰斐逊那有力的笔触简明地阐述了这一理论，并把它视为美国立国的依据。《宣言》写道：“为了保障这些权利，才在人民中间建立政府，而政府之正当权力，系得自被统治者的同意。当任何形式的政府变成有损于这些目的时，人民便有权改变它或废除它，以致建立新的政府。这新的政府，其赖以奠基的原则，其组织权力的形式，对人民来说应是最能促进其安全和幸福的。”①这是对“主权在民”论的高度概括和巧妙运用，其要点有三：一曰“被统治者的同意”，讲的是国家权力的来源；二曰“促进其安全和幸福”，讲的是组织政府的目的；三曰“改变、废除以致建立新政府之权”，讲的是人民的革命权。其中，关键是“被统治者的同意”，因为它把自然法哲学与美国立国的政治原则联系了起来；一方面，之所以必须取得“被统治者的同意”，是因为统治者的权力是由被统治者“转让”的，它们原本是人民的自然权利；另一方面，为要取得“被统治者的同意”，统治者就必须使政府成为“促进其安全和幸福”的权力机关，否则就失去了存在的理由。正因为如此，我们说“主权在民”是二者之间的桥梁，换言之，为判断上述美国赖以立国的那些原则是否符合“自然法”，只需看其是否遵循了“主权在民”就行了。

联邦宪法宣布“合众国的人民”是立法的主体，把“保障国内安宁”和“增进全民福利”载入宪法的序言，②并在宪法中按“共和”原则精心安排了“代议制”，在那些合众国的缔造者看来，这个国家正是按“主权在民”原理来构建的，因为它和《宣言》所阐述的政治原理是一致的。关于这个国家的权力结构，谙熟美国立国过程，又了解宪法真谛的麦迪逊，在《联邦党人文集》第 51 篇中，写过这样一段言简意赅的话：“在一个单一的共和国里，人民交出的一切权力是交给一个政府执行的，而且把政权划分为不同的部门以防篡夺。在美国的复合共和国里，人民交出的权力首先分给两种不同的政府，然后把政府分得的权力再分给几个分立的部门。因此，人民的权力就有了双重的保障。这两种政府将互相控制，同时各政府又自己控制自己。”③在这里，麦迪逊用一个“复

---

① Frank Monaghan, *op. cit.*, p. 19.

② 见《合众国宪法》序言。

③ 汉密尔顿等：前引书，第 265—266 页。

合共和国”的概念，不仅概括了美国国家权力结构和体系的特点，也说明了这些权力与其国民的关系。此处所说的“两种不同的政府”，指的是中央联邦政府和地方各州政府，而“几个分立的部门”则是指两级政府中的立法、司法和行政部门。在麦迪逊及其同事们看来，无论是中央政府，还是地方各州政府，由于均实行分权都是“自己控制自己”，而中央政府和地方政府之间的关系，则是按联邦制实行“互相控制”，由于各级政府都是建立在“共和”制基础上的，因而又“都是依靠合众国全体公民的”。① 这就揭示了美国国家权力结构中的三个层次，即中央政府各部门、中央政府与地方政府以及国家与它的全体公民之间的内在联系。

事实上，这个国家的缔造者们，在设计和构建美国国家权力结构时，虽以“三权分立”的理论为指南，以英国的模式为借鉴，但显然并未拘泥于这些理论和模式而是有所创新，从而在其权力结构中注入了较多的“民主”因素。例如，英国虽实行“立宪”但保留了君主，而美国却以民选的总统取代了君主，确立了“共和”体制。在英国名曰“三权分立”，实际上是“议会主权”，行政机关产生于立法机关，且上议院与民主选举制无缘。而在美国，除了众议院是选举产生外，参议院成员也由各州立法机关选派，这里三权由“分立”而发展为“鼎立”。在英国没有“州权”一说，但在美国不仅存在“两极权力”结构，且容许各州在宪法范围内独立行使其权力。总之，美国在完善资产阶级民主与法制方面做了许多工作，给西方现代化的进程以极大推动，而所有这一切都是在“主权在民”的口号下进行的，因而也就是以“自然法”为哲学依据的。

四

如果说“自然法”是美国立国的理论依据，那么其历史依据则是它的“民治”传统。正是这种“民治”传统，在一步一步把英属北美殖民地引向独立的同时，在民主方面铸造了独具特色的美利坚模式。美国的“民治”传统既深且厚，是在新大陆这个独特的环境中形成的，有必要做

① 汉密尔顿等：前引书，第240页。

点简略的探源工作。

首先是成文宪法。如前所述，在美国是先有州而后有国，州在独立战争期间曾享有"独立邦"的地位，并分别制定了相当于一个国家的最高法令的"宪法"。"在仅仅几年内，一些州甚至经历过一系列'修宪'过程"[①]。一般地说，这些"宪法"源于英王颁布给各殖民地的特许状，对有关人权的保障，立法、司法和行政部门的权责，邦属地方政府的权限与地位，邦宪法修改的程序和方法，都有较明确的规定。例如，佐治亚宪法就明文规定："立法、行政和司法部门应该分立，使任何部门不得行使适当地属于另一部门的权力。"[②]一位美国历史学家指出："革命时期宪法的特点有两个发展，一是它们主张人民是主权的来源，二是政治生活有了更具体的关系。"[③]实际上，这些宪法的内容已涉及了美国立国的核心问题，因而成为《合众国宪法》的直接起源。值得注意的是，各邦在成为联邦之一员后，不仅"宪法"这种形式继续保存下来，而且其基本内容和精神也没有大的变动。处于地方政权地位而又拥有类似于国家根本大法的州"宪法"，这在世界各国中是罕见的，如果不与美国独特的立国经验联系起来，就很难对它的意义作出正确的估计。所以，可以说，成文宪法应是美国民治传统的首要内容。

其次是代议制度。由于成文宪法是产生于独立战争时期，而"代议制度"早在17世纪初就形成了，因此在逻辑上它应是形成"成文宪法"之因。1619年第一届弗吉尼亚议会的召开，通常被视作美国代议制的起源，但当时民选的代表是和总督的参事会一起开会的，并未能摆脱英国模式的影响，又带有烟草贵族民主制的色彩。到1630年，马萨诸塞殖民地将它的公司从英伦三岛转移到新英格兰，从而在实际上造成了独立于英国的局面，并逐渐形成了一种既不同于英国也不同于弗吉尼亚的"代议制"：不仅总督、立法议会和司法官员都是民选的，而且行政、司法和立法机构是分立的，它是美洲的各种制度与英国分道扬镳的标志。1774年第一届"大陆会议"的召开，把殖民地的代议制推进到一个新阶段，其特点是"代议制"由单个殖民地的权力机构发展成跨殖民地

---

① Geoge Dargo, *Law in the New Republic*, N. Y., 1983, p. 10.

② 汉密尔顿等：前引书，第251页。

③ J. R. Pole, *op. cit.*, pp. 88-89.

的机构。更重要的是，从总体上看，各殖民地在代表名额的分配，选民在总人口中所占的比例等方面，都比当时英国广泛、民主，从而奠定了美国民治传统的基础。

然而，美国民治传统的更深厚基础，则是来自所谓“乡镇精神”。因为“乡镇”是殖民地最基层的地方机构，是自然界中只要有人集聚就能自行组织起来的唯一联合体，因而成为培养美利坚人民治精神的摇篮。“乡镇精神”最早的发祥地本是新英格兰，1620 年 11 月，弗吉尼亚的一批清教徒移民，意外地来到该公司属地之外的科德角海岸，伦敦授予的特许状因此无效。移民们于是在登陆前特制定《五月花号公约》，一致约定成立公民组织，共同制定法律并表示愿意自觉遵守法律；登岸后，为实施他们事前的宗教誓约，于是成立了“市镇大会”，并由全体居民选出总督及助理，来管理全镇的公共事务，形成以“自治”为核心的“乡镇精神”。此后，新英格兰的这种“乡镇精神”，先是传到相邻各殖民地，接着又扩散到更远的殖民地，最后席卷了整个英属北美地区，从而成为美国民治传统最广泛而深厚的基础。正是在这个意义上，丹尼尔·布尔斯廷认为：“现代美国的民主起源于新英格兰的乡镇会议，而不是弗吉尼亚的烟草贵族制。”①而梁启超在《新大陆游记》中则说得更具体：“村落思想者，实美国人建国之渊源。”②

自然，美国的立国原则和精神，作为当时的时代精神和美国民治传统汇合的产物，是不可能没有局限性的，其局限性就集中反映在对“民”这一概念的理解和运用上。“主权在民”论本来源于“自然法”，而“自然法”崇尚的是初民的权利，“民”这一概念具有最大的涵盖性，所谓“人人生而平等”的主张，就是以此为根据提出来的。然而，在近代美国及整个西方的“代议制”下，由于人民的意志是通过民选的代表来表达的，无形之中“人民”这个概念便由“公民”概念取代，而“公民”的身份通常是有条件限制的。以美国而论，即使在其立国时期，对“公民”的限制也是极严的：(1)作为美洲大陆主人的印第安人，被完全排斥于美国社会之外，由于他们“未被课税”而根本不计入美国人口；(2)在合众国宪法中，

---

① Daniel Boorstin, *The Americans: The Colonial Experience*, N. Y., 1958, p. 140.

② 梁启超：《新大陆游记》，湖南人民出版社 1981 年版，第 158 页。

由于容忍了黑奴制的存在，黑人虽被称为“某种人”(Such persons)，[①]但在计算人口时只按 3/5 的比例计算，更谈不上享受什么“公民权”，他们实际上被看做“兼有人和财产的特性”；[②](3)白人也不是都享有选举权，在立国时期及以后相当长一个时期内，选举权实际上只给白人成年男性，不给白人妇女；(4)按宪法规定，选举资格是由地方立法机构决定的，一般来说各地选举权都附加了财产资格的限制，因此也不是所有白人成年男子都能获得选举权的。据统计，到 1840 年，实际参加总统选举的人数，还不足美国总人口的 16%，[③]由此可见“公民权”实施之一斑。它说明，还在美国立国之际，“主权在民”的原则和精神，就由于“代议制”或通过“代议制”，一方面在某种程度上被变成现实，另一方面也已开始发生“嬗变”：具有广泛意义的“民”这一概念，偷偷地被以资产阶级为主体的“公民”这一概念所取代。

尽管如此，这并不意味着可以否定美国赖以立国的那些原则及其哲学的历史进步性，也不意味着可以抹杀它们在美国历史上起过的巨大作用。因为一个社会未能有效地实行某种原则或理想，并不等于这种原则或理想本身无效。清末维新派大将梁启超当年在对新大陆实地考察后，在一首诗中写道：“成功自是人权贵，创业终由道力强”[④]，乃是对其立国精神与立国事业的关系的精辟说明。不仅如此，只要社会上还存在着压迫和不平等，其立国精神中所包含的进步思想和原则，就会在历史上一再表现出来，转化成推动社会和历史前进的强大动力。“人人生而平等”这一口号在美国历史上三次严重斗争中被提出和运用，就是明证：第一次是在 18 世纪末的独立革命中，由托马斯·杰斐逊在《独立宣言》中提出，成为反抗英国统治、争取民族独立的武器；第二次是在 19 世纪中的南北战争中，由亚伯拉罕·林肯在一次辩论中提出，[⑤]成为废除奴隶制、争取黑人解放的武器；第三次是在 20 世纪 60 年代民权运

---

① 见《合众国宪法》原文。

② 汉密尔顿等：前引书，第 278 页。

③ 塞缪尔·P. 亨廷顿：《变动社会的政治秩序》，第 102 页。

④ 梁启超：前引书，第 99 页。

⑤ 卡尔·桑德堡：《林肯传》，三联书店 1978 年版，第 82—83 页。

动中，由马丁·路德·金在林肯纪念堂的讲演中提出[1]，成为反对种族歧视、争取种族平等的武器。

总之，美国赖以立国的那些原则和精神，已作为这个民族传统和精神的核心部分，写在美利坚文明的历史上。

（原载《历史研究》1993年第2期）

① 见1963年8月28日马丁·路德·金在林肯纪念堂群众集会上所作的题为《我有一个梦》的讲演。

中篇　西部开发模式及其规定性

一个具有重大意义的主题*

——重读F. 特纳《边疆在美国历史上的意义》一文

如果从“西进运动”入手，探索西部得以迅速开发的原因，及其在美国历史上的意义，我们可以得出这样一个结论：农民愈自由，受农权制残余的压迫愈少，他们的土地整个说来就愈有保障，而农民的分化就愈厉害，农场企业主阶级的形成就愈迅速，资本主义发展的速度也就愈快。因为美国的西部边疆作为辽阔的处女地，在那里没有任何封建残余的压迫和束缚，移民们得以按纯粹资本主义的方式去开发和利用其土地，从而建立起一种独具特色的经济模式，或曰“西部开发模式”。

一

此处为何要从“西进运动”入手，而不是从别的例如特纳所说的“边疆”入手，来开始我们的探索工作呢？这是基于这样一种认识：“边疆”(frontier)主要是一个地理(包括自然地理、经济地理和人文地理)概念；而“西进运动”(Westward Movement)作为一个大规模的人口迁徙运动，既涉及西部也涉及东部、既涉及地理也涉及人文、既涉及经济也涉及政治，远远超出了地理的范围。因此，从“西进运动”入手，便于我们从不同角度对西部进行透视，唯物地和辩证地考察“边疆”在美国历史上的意义，避免陷入形而上学的“地理决定论”泥潭。为此，这就要从特纳的“边疆假说”谈起，当然也就不能不提及特纳其人。

弗雷德里克·J. 特纳(Frederick. J. Turner，1861—1932)，生于美国威斯康星的波特奇(Portage)。该村庄位于福克斯河和威斯康星河

---

* 本文为作者所著《美国边疆史》一书的导论，现略经修改后发表。该书由北京大学出版社1992年12月出版。

之间，曾是古老的皮货贸易商道的必经之地。威斯康星的真正开发始于19世纪30年代，1840年时，该领地也只有三万来人，到1860年恰好走过一个世代。事实上，连“威斯康星”（Wisconsin）这一名称的拼法，也是在1845年才由该领地立法机关加以统一的，在此之前它曾有过好几种拼法：Meskousing、Miskonsing、Quisconsin、Wisconsan，等等。[①] 由此可知，特纳出世之时，这个地方只不过刚刚走出了“拓荒时代”，甚至还没有完全走出这个时代。正如一位历史学家所描述的，此时的波特奇“宛如一个边疆村庄，照管着一片拓荒者仍然与印第安人群杂居的地区”[②]。这种背景和环境，对特纳以后的学术生涯，无疑产生了深远的影响。

特纳的大学生活，是在威斯康星大学度过的。1887年，他在这所大学获硕士学位。之后，他转到著名的约翰·霍普金斯大学读博士学位，受教于赫伯特·B. 亚当斯。1890年，当他拿到博士学位后仍返回他的母校威斯康星大学，在那里从事边疆史学的教学和研究，直至1910年。其后，在很长一个时期内（1910—1924），他应聘执教于哈佛。特纳的研究工作，不仅受到他的生活环境的影响，还受到他的历史观的支配。1891年，特纳在他的第一篇公开发表的文章《历史的意义》中声称：“每个时代都要根据当时最主要的条件重新撰写过去的历史。”[③] 1893年他写出了著名的《边疆在美国历史上的意义》一文，并于同年7月12日在芝加哥举行的美国历史协会会议上宣读。

在文章中，特纳提出了著名的“边疆假说”。这一假说认为：“直到现在为止，一部美国史在很大程度上可说是对于大西部的拓殖史。一个自由土地区域的存在，及其不断的收缩，以及美国定居的向西推进，可以说明美国的发展。”[④]在特纳一生之中，发表的著作和文章不下47种，还不包括大量的书评和报刊文章，以及数以万计的信函、笔记和未发表的讲稿。在已发表的著作中，最重要的有如下四部：《新西部的兴起》（1906）、《美国历史上的边疆》（1920）、《地域在美国历史上的意义》

---

① R. Current, Wisconsin: *A Bicentenniat History*, N. Y., 1977, p. 5.

② 杨生茂：《美国历史学家特纳及其学派》，商务印书馆1983年版，第232页。

③ 同上书，第234页。

④ F. Turner, *The Frontier in American History*, N. Y., 1920, p. 1.

(1932)以及《1830—1850 年的美国:这个国家及其地域》(1935)。[①] 尽管如此,所有这些著作和文章,其重要性都超不过他的那篇著名论文,因为这些著作和文章都是围绕着"边疆假说"展开的。正因为如此,查尔斯·A. 比尔德认为,特纳提出"边疆假说"的那篇论文,"比关于这一题目所写过的任何其他文章或书都有更深远意义的影响"[②]。

在威斯康星大学和哈佛大学执教期间,特纳一直讲授有关《西部历史》的专题课,由此培养出一代又一代弟子和再传弟子。这些人后来散布于美国各地,在许多大学和机构从事教学或研究,热心传播特纳关于"边疆假说"的观点,形成所谓"边疆学派"。这里,除了特纳本人而外,还有两位学者值得一提:一位是弗雷德里克·默克(Frederick Merk,1887—1977),他早年著有一本关于"天定命运"的书,晚年又写出了大部头的《西进运动史》(1978 年发表),是特纳的助手和弟子;另一位是雷·A. 毕林顿(Ray A. Billington,1903—1972),他先后著有《向西部扩张:美国边疆史》(1949)、《远西部边疆:1830—1860》等书,是默克的弟子(他的《向西部扩张》一书就是"献给 F. 默克"的),也就是特纳的再传弟子。这三位学者是一脉相承,但又各有千秋。

特纳以"边疆"问题为主要研究对象。虽然"地域"问题在他的著作中几乎是与前者同时提出来的,但直到 30 年后才着手将其"地域"理论系统化。毕林顿对所有关于边疆史的重大主题都极为重视,但在他的早期研究工作中似乎更强调"地域"问题在美国历史中的作用,其名著《向西部扩张:美国边疆史》的头几版既探讨了"区域主义的出现"问题,也研究了"地方主义的经济学"。[③] 而且,他在写作大主题的时候很注意照顾细节上的严谨,这使他的讨论和阐述显得更为深入精到,在风格上也与特纳的描述性笔法颇为不同。默克虽然是毕林顿的老师,但他的《西进运动史》的出版晚于毕林顿的《向西部扩张》差不多 30 年,因而有可能并吸收战后美国学者有关边疆史研究的丰富成果,其书具有较强的综合性,并给予制度史以应有的重视。

---

① 该书是在他逝世后,由他的学生整理出版的。

② 杨生茂:前引书,商务印书馆 1983 年版,第 225 页。

③ 参见 R. Billington, *Westward Expansion: A History of the American Frontier*, N. Y., 1960。本书的第四版和第五版有较大修改,第一版出版于 1949 年,第二版出版于 1960 年,第三版出版于 1967 年,第四版出版于 1974 年,最后一版出版于 1982 年。

二

从美国史学发展的角度看，特纳"边疆假说"的提出，需要有很大的"反潮流"的勇气，因为当时在美国史坛上占统治地位的是"制度史学派"。这个学派以所谓欧洲"生源论"(germ theory)来解释美国制度和文化的起源，以为美国早期的历史只不过是这种"生源"在美洲环境中的发展而已，而对美国史中的美洲因素和特点表现出不屑一顾的态度。与之相反，特纳却认为，"只有把视线从大西洋沿岸转向大西部，才能真正理解美国的历史"，并郑重地提出了"把边疆作为经济学和历史学的一个领域来认真研究"的任务。他的《边疆在美国历史上的意义》一文，就是为实现这一任务而作出的重大努力。

特纳的"边疆假说"，在一些学者中间一直争论不休，常常被指责为从一个极端走到了另一个极端。这当然是不无根据的，美国的民主"来自美国的森林"①，就是这方面的一个重要的依据。但实际上特纳并不完全否认美国制度和文化中的欧洲根源，因为他说过"边疆"的不断地向西推进，只是"意味着逐渐离开欧洲的影响"②，而不是根本否认这种影响。他认为，以前研究美国制度史的学者们"过分注意"了寻找日耳曼根源的问题，而对美国本身的因素注意得"十分不够"。他说，虽然欧洲生活方式已经"打进这个大陆"，但美国也"改变和发展了"这种生活方式，并反过来给欧洲以影响。③ 与此同时，特纳也不认为美国的制度和文化完全是由西部产生的，因为他在提出"边疆假说"时就给自己的论点加了两个很重要的限定词：一是"直到现在为止"(up to our own day)，即在时间上是指 1893 年以前的美国史；二是说"在很大程度上"(in a large degree)，而不包括全部的美国史④，从而给自己留下回旋的余地。如果仔细读一下他的有关论述，特别是他的那篇《边疆在美国历史上的意义》，就不难发现他也曾企图避免从一个极端走到另一个极

---

① F. Turner, *op. cit.*, p. 293.

② F. Turner, *ibid.*, p. 5.

③ F. Turner, *ibid.*, p. 4.

④ F. Turner, *ibid.*, p. 1.

端，至少在主观上是如此。例如，在谈及“各类不同的边疆及其推进的方式”对东部和旧世界的影响时，他列举了如下几点他认为“比较重大”的影响：(1)“促进了美国人民的一种混合民族性的形成”；(2)“减少了我们对英国的依赖”；(3)“民族主义的兴起和美国政治制度的演变”；(4)“从边疆生活的条件中出现了极其重要的思想”①。特纳在这里先后使用了“促进了”和“减少了”两词，显然都是为了避免把这些影响绝对化，特纳的“边疆假说”中的这种矛盾现象，反映了这一“假说”的不成熟性。

应该说，不管对特纳的“边疆假说”的看法如何分歧，但在这个假说中却包含了一个具有重大意义的主题，这就是西部的拓殖在美国历史发展中的作用问题。关于这一主题，特纳曾用“西部问题只不过是美国发展的问题”②一语给予高度概括，并在提出“边疆假说”的那篇著名论文中，就及时予以点明，开宗明义地提出这一假说就是为了“说明美国的发展”③。

笔者认为，无论从哪个方面来看，这一主题都是可以成立的：首先，从时间的延续上看，移民向西部的推进前后持续了 100 多年，这个时期从 18 世纪末开始到 19 世纪末为止，正是美国历史上的所谓“成年时期”，是美国近代史中最重要的时期。从这个意义上可以说，19 世纪的美国史大半都是在“西进”的影响下度过的。第二，从空间的扩张上看，向西部的推进涉及从阿利根尼山脉到太平洋沿岸的整个地域，其面积相当于美国最初 13 个州的 7.5 倍；即使以密西西比河为界计，密西西比河以西的全部领土，也超过了 1783 年建国时美国领土的 2.6 倍。美国人在这样广阔的领土上展开的历史性活动，对任何一个对美国史感兴趣的人来说，当然是绝对不应当被忽视的。第三，从行政区划上看，在美国向西推进的过程中，先后创建了 31 个新州(不包括佛罗里达)，如果加上佛罗里达则是 32 个新州。由于在原 13 个州的版图内后来又分化出 3 个新州(缅因、佛蒙特和西弗吉尼亚)，西部新建的州数正好等于东部州数的两倍。因此，可以说，不了解这些新州的形成的过程，就

① F. Turner, *op. cit.*, pp. 22-26.

② F. Turner, *ibid.*, p. 205.

③ F. Turner, *ibid.*, p. 1.

不能了解今日美国及其发展的历史。第四,从经济发展上来看,由于移民以其罕见的规模和速度在西部展开的开发活动,迅速地带动了与之相关的各行各业的发展,成为美国在经济上由商业资本主义向工业资本主义转变,并最终实现工业化的强大动力。甚至在美国政府宣布"边疆"结束之后多少年内,这种作用在美国历史的发展中仍然依稀可见。在上述诸端之中,最基本的当然还是那个大规模的移民运动,领土的扩张可看做是这个运动在地理方面的结果,新州的组建则可看做是这个运动在社会方面的结果,而经济上的发展便是它们的综合体现。总之,西部的拓殖在美国的历史上产生了无可估量的作用,我想它也是"边疆问题"在美国史研究中长盛不衰的主要原因,尽管特纳"边疆学派"衰落了,确定这一主题应是特纳假说中合理的内核。

关于这一主题,在特纳之前或同时代的不少人,如德国的黑格尔和英国的亚当·斯密,意大利的 A. 罗利亚和法国的 A. 托克维尔,都从不同的角度不同程度地涉及过,但他们的议论常常是从非科学的立场出发的。例如,A. 罗利亚就认为,美国从东部到西部的历史,每一页都能找到社会进化的记载,进而断言:"欧洲枉费了好几个世纪的功夫去寻找一把揭开历史之谜的钥匙,原来这把钥匙在美国,这个没有历史的国家却光辉地揭示了世界史的进程。"[①]与此相反,马克思主义的创始人卡尔·马克思和弗里德利希·恩格斯,不仅不只一次地在他们的著作、文章和书信中提及美国的西部及其"自由土地"问题,而且科学地揭示了西部的拓殖在美国历史发展中的作用这一主题。恩格斯在 1878 年 11 月 25 日致尼·弗·丹尼尔逊的信中,在谈到当时令"经济学研究者最感兴趣的对象"美国时,首先写道:"在英国需要数百年才能实现的那些变化,在这里只有几年就发生了。"接下来他就向学者们提出:"但是研究者的注意力不应当放在比较老的、大西洋沿岸的各州上,而应当放在比较新的(俄亥俄是最显著的例子)和最新的(例如加利福尼亚)各州上。"[②]这就不仅提出了美国经济和历史发展的速度问题,也提出了西部的拓殖与美国经济发展的关系问题。由此可见,特纳在"边疆假说"中所提出的主题,并不是毫无根据、毫无意义的,其结论应该是

---

① 杨生茂:前引书,商务印书馆 1983 年版,第 13 页。

② 《马克思恩格斯全集》第 34 卷,第 333—334 页。

相反。

不过，特纳所提出的这一主题还有另一层意义。从近代经济发展的规律来看，各国经济发展的一个重要趋势和特点就是，在不少国家（尤其是一些大国）中都有一个从沿海到内地的发展过程，这个过程一般来说是与商业资本主义到工业资本主义的转变联系在一起的。之所以会产生这种历史现象，是因为近代资本主义是从商业资本主义逐步成长起来的，而商业资本主义一般来说又首先兴起于沿海及河口地带。导致这种情况的原因又主要有两个：第一，在商业资本主义时代，以及在此之前的一切时代，社会的分工主要是建立在自然分工的基础上的，因此，民族之间的分工往往比国内的分工更为发达，对外贸易（特别是海上贸易）在经济中占据着重要地位；第二，由于“水道开拓了比陆路开拓的广大得多的市场，所以，从来各种产业的分工、改良都自然而然地开始于沿海沿河口一带。这种改良往往经过许久以后才慢慢普及到内地。”[①]所有这些情况和趋势，我们都可以从意大利、西班牙、荷兰、英国等国的历史中找到，美国只不过是又一个更突出的例子而已。因此，特纳所提出的主题，从世界史研究的角度看，也是值得重视的。

三

在“边疆假说”中，特纳虽然提出了一个具有重大意义的主题，但却未能找到一种正确回答这一问题的方法，以致他提出的主题最终被他的方法所扭曲和掩盖，这是因为他自觉或不自觉地陷入了“地理决定论”的泥潭，尽管他一再否认自己是一个“极端环境论者”，声称“决定的因素不是一个”。[②] 这就提出了一个问题：特纳究竟是怎样陷入“地理决定论”的泥潭的呢？这就有必要简单考察一下他提出的基本范畴。为了“说明美国的发展”，特纳给自己提出了两个范畴：一个是所谓“边疆”（frontier）概念，另一个就是所谓“地域”（section）概念，并把它们看成是“美国历史中两个最基本因素”。特纳正是在使用这两个范畴来说

① 亚当·斯密：《国民财富的性质和原因的研究》（上卷），商务印书馆 1981 年版，第 17 页。

② 杨生茂：前引书，第 181 页。

明美国的发展时，自觉或不自觉地陷入“地理决定论”的泥潭的[①]。

问题不在于可不可以使用“边疆”这一概念，而在于在什么样的意义上使用这个概念。关于“边疆”这一概念，在1890年的美国人口调查报告中，被定义为每平方英里两人或两人以上、六人以下这样一个人口密度的定居地。很明显，“边疆”在这里是一个人文地理学的概念，而不仅是一个纯粹的经济地理学的概念，更不是一个纯粹的自然地理学的概念。然而，特纳却认为在使用“边疆”这一概念之前“并不需要明确的界定”，这就为他在使用这一概念时的混乱创造了条件。正因为如此，特纳在论证“边疆”在美国历史上的意义时，有时把它看做小于“西部”的区域，也就是把“边疆”当做一个自然地理学的概念在使用；有时又把它划分为“农业边疆”、“商业边疆”或“矿业边疆”，也就是把“边疆”当做一个经济地理学的概念在使用；有时还把它称作是“野蛮与文明的交汇处”，也就是把“边疆”当做一个人文地理学的概念在使用。当他把“边疆”当做一个自然地理或经济地理概念来使用，并企图用它来解释复杂的社会、文化和政治现象时，就不可避免地使自己陷入“地理决定论”的泥潭。

与“边疆”这一概念不一样，特纳没有赋予他的“地域”概念以多方面的含义，便径直用它来解释各种各样复杂的历史和社会现象。他用他的“地域”理论来解释美国人向西移殖的原因，便把它看做是人们为了“摆脱一些已经确立的阶级的统治”，而西部也就仅仅被看做是“一个避难所”；他用他的“地域”理论来解释美国的两党制及其矛盾，则宣称：“无论是党派代表大会，还是国会审议的结果都酷似地域间的条约”，并预言“地域利益的冲突很可能伴随着人口的定居而更加剧烈”；他用他的“地域”理论来解释联邦与州权之间的矛盾，便以为这种矛盾也是“由规模各不相同的地域而产生的”，因为美国就好比是一个与欧洲差不多的“一些潜在的国家联邦”；他用他的“地域”理论来解释美国的“内战”史，便认定美国“内战只不过是地域的最激烈的、最悲剧性的表现形

---

① 关于特纳的“边疆学说”和“地域理论”，丁则民教授有准确而详细的分析，见丁则民：《美国“自由土地”与特纳的边疆学说》、《吉林师大学报(哲学社会科学)》1978年第3期，第13—24页。《特纳的“地域理论”评介》，《吉林师大学报(哲学社会科学)》，1979年，第53—64页；《“边疆学说”与美国对外政策》，《世界历史》1980年第3期。

式”,它在很大程度上是由南北两个竞争的社会一道向西部未被占用的土地推进这一实际情况决定的。最后,他声称:“地域在美国历史上的意义在于:它是一个欧洲国家的模糊形象。”[①]换言之,一部美国史乃是各地域斗争的历史。

从形式上看,在特纳的“边疆假说”中,“边疆”和“地域”是用来解释美国发展的不同范畴,但在二者之间实际上却贯串着一种“地理决定论”的哲学。这种哲学可以在他为我们提供的如下的逻辑中看到:第一,他认为,“边疆”和“地域”是美国历史中“两个最基本的因素”;第二,他认为,边疆与地域密不可分,“边疆是活动的地域”;第三,他认为,各地域的特点“在奠定地理基础的时代就部分地确定了”。[②] 在这里,关键在于“边疆是活动的地域”这一公式,通过这个公式,他把美国历史发展的动力与地域直接联系起来,最终导致了“地理环境决定论”。特纳曾极力否认自己是一个“极端环境论者”,但他在“地理决定论”的泥潭里陷得是那样深,以致他的一只脚还没从“地理决定论”的泥潭里拔出来,另一只脚又自觉或不自觉地踏进了另一个泥潭。这是因为,他的否认或辩解,并不是从辩证唯物论出发,而是从形而上学的多元论出发的。关于这一点,只要读一读他关于这个问题的声明的上下文就清楚了。他说:“决定的因素不是一个。人们不是完全受气候、地理、土壤或经济利益的支配。他们出生的血统的影响,遗传下来的理想以及精神因素,往往胜于物质利益。还有个性的影响。”[③]在他看来,气候、地理、经济和精神,这些因素在历史上本是并列存在和发生作用的,它们并不具有本源与从属的关系。所以当他在否认自己是“地理环境决定论”者的时候,恰恰又露出了自己“多元论”的破绽,这正是他的悲剧所在。

四

特纳的悲剧说明,为了正确地说明边疆在美国历史发展中的作

---

① F. Turner, *The Significance of Section in American History*, Massachusetts, 1959, p. 51.

② F. Turner, *ibid.*, pp. 183, 316.

③ 杨生茂:前引书,第 181 页。

用和意义，必须从根本上抛弃特纳所提供的方法论而采用科学的方法论，这就必须借助于马克思主义方法论。我们在研究美国边疆史时，之所以要从“西进运动”入手，就是因为它便于我们借助这种科学的方法论。

我们从“西进运动”入手，并不仅仅因为它是一个可以从多角度进行透视的综合体，还在于它涉及历史唯物论的一个根本原理。马克思主义认为，社会的发展归根到底是由生产力和生产关系的发展决定的。当美国劳动力的分布随着“西进运动”的兴起和扩大而不断发生变化的时候，也就意味着有越来越多的“潜在的”生产力变为“现实的”生产力，意味着生产和经济的新发展，所以伴随着“西进运动”而来的，必然是一个大规模的经济开发运动。仅此一点，就可以说明西进运动在边疆历史上的意义。当然还需要补充和说明。

因此，“边疆”不仅仅是一个自然地理概念或经济地理概念，而且同时也是一个人文地理概念。它将以人地关系的理论为基础，讨论有关的各种人文现象的分布、变化和扩散，以及移民活动的空间结构。并在此基础上，讨论东部和西部、政治和经济，以及各种产业结构之间的关系，以全面阐述边疆和西部在美国历史上的意义。我们之所以依然采用“边疆”这一概念，是因为我们认为美国人口调查局关于“边疆”的官方定义本身已属历史，并基本上反映了美国人向西推进和拓殖的过程，仍然有其历史的合理性。而我们所研究的范围，虽然对不同的地域而言，其历史的进程也有所不同，但对西部的大部分地方来说都还未摆脱“拓荒时代”的痕迹，或者只是刚刚走出“拓荒时代”，即大体属于“边疆史”的范围。这时的西部边境，主要还是作为一个已经或正在开发的农业区，而与工业的北部和奴隶制的南部相对立而存在的。

然而，把“边疆”和“西部”作为一个单独的对象来加以研究，在时间和空间上又能不受到限制。因为，当交通运输尚不发达或不很发达的情况下，特别是在铁路网还未建立起来之前，人们的各种经济活动和交往形式在很大程度上还受着地理条件的制约，而“西部”和“边疆”也就有了较大的独特性和个性，区域关系也就有了较大的历史意义。而当交通运输业已经相当发达，特别在全国性的铁路网建立起来后，随着统一市场在美国的最后形成，以往不平衡的区域关系便被打破了，过去那种具有独特性的区域问题也便开始失去它的历史意义。在这种情况下,再把西部或边疆作为一个典型的地域来研究,就失去了历史的依据,这一点决定了本书的研究范围的有限性。当然,这并不是说以后的区域问题不再存在了,但那是新条件下的区域问题,其含义是不同的。

（原载《美国研究》1993 年第 1 期）

不能简单地把“西进运动”归结为“领土扩张”

——美国“西进运动”初探

一 西进运动与领土扩张

众所周知，独立时美国只据有大西洋沿岸的一个狭长地带。按1783年英美《巴黎和约》的规定，已划归美国所有的阿巴拉契亚山脉和密西西比河之间的地区，也还不在它的有效管辖之下，而是在印第安人甚至英国人掌握之中。

但是，在独立后几十年时间内，随着“西进运动”的迅速兴起和广泛展开，美国不仅把密西西比河以东的土地从印第安人及英国人手中夺了过来，而且把它的疆界从密西西比河往西推进了1500英里，直抵太平洋沿岸。据统计，从1783年到1860年美国领土扩大了两倍半，由原来的83万平方英里增加到300万平方英里。[①] 这一事实表明：“西进运动”具有很强的扩张性。

美国在西部的领土扩张活动，以1803年从法国购买“路易斯安那”开始。在拉丁美洲革命爆发后，美国又趁机夺取了西班牙的殖民地佛罗里达。之后，美国的领土扩张主要沿两个方向继续推进：在它的西南方面，1836年美国首先策动了德克萨斯名为“独立”、实为分裂的运动，然后又于1845年公然将它兼并，到1848年共割去墨西哥领土的一半；在它的西北方面，美国以外交和武力相威胁，提出了“北纬54度40分，否则就是战争”的口号，迫使英国不得不放弃它对俄勒冈的领土要求。最后，这两条扩张路线在加利福尼亚会合，从而完成了对整个大西部的

---

① D. S. Muzzey, *A History of Our Country*, Boston, 1945, p. 338.

占领。

在西部的一系列领土扩张中，“路易斯安那”购买占有特别重要的地位，其代价最小而意义最大。首先，这块新领地辽阔而肥沃，其面积达 215 万平方公里，又地处北美大陆的心脏地带，因此，它的获得必将对美国的地理发生“革命性”影响。从某种意义上可以说，只是由于它的获得美国才真正找到了作为一个大国的重心；其次，这块领地位于密西西比河的西侧，是密西西比河流域不可分割的重要组成部分。在未获得这块领地之前，为了取得该河的航行权及其他权益，美国不得不先与西班牙、后与法国发生数不清的纠葛。现在由于这块领地的购买，密西西比河变成了美国的内河，许多矛盾便迎刃而解。诚如美国边疆学派历史学家特纳所说：“路易斯安那的购入，使密西西比河流域获得了政治上的完整，其后果是意味深长的。”[①]最后，该领地在历史上数易其主、边界极不确定，这给美国“随意解释”其边界提供了方便，从而使进一步的扩张几乎不可避免。还在就该领地的购买进行谈判的过程中，在回答美国代表问及是否可作“随意解释”时，法国外长塔列朗就说过：“你为你的国家做了一桩伟大的买卖，我想你是会充分利用它的。”[②]这等于默许了美国新的领土要求。美国在兼并德克萨斯和西佛罗里达时，都曾以其属于“路易斯安那购买地”为借口。

为什么美国在独立后会迅速走上领土扩张的道路？过去人们谈得比较多的是奴隶主的作用，有人甚至把美国向西部的扩张概括为“奴隶制扩张”。其实，最早给美国的领土扩张以重要推动的，并不是奴隶主而是土地投机家。土地投机家是 18 世纪逐步形成的一个特殊的商人集团，它以土地为买卖对象并靠这种买卖发财致富，因而对向西部的扩张最为积极。早在英法七年战争之前，已表现出土地投机家对西部土地的极大兴趣。以 1748 年成立的“俄亥俄公司”为首的第一批土地公司，掀起了一股抢夺西部土地的狂潮，但这股狂潮在七年战争后由于英王的“宣告令”而暂时被打断。然而，大西洋沿岸的土地经过两个世纪

---

① F. J. Turner, *op. cit.*, p. 189.

② J. M. Blum et al., The National Experience: A History of the United States to 1877, N. Y., 1977, p. 160. 参阅 J. H. 莱丹著，王造时译：《美国外交政策史》，商务印书馆 1936 年版，第 169 页。

的殖民，到 18 世纪下半叶已基本被占用完毕，此后，任何较大的土地要求都只能在阿巴拉契亚山脉以西才能得到满足。于是，不少土地投机家因此走上反抗英国殖民统治的道路，其中包括著名的革命领导人乔治·华盛顿。独立战争后，土地投机家面临着好形势：一方面，由于英国殖民统治的崩溃，不得不把阿巴拉契亚山脉和密西西比河之间的土地划归美国所有，这使美国一下子获得了比原 13 州还大的“空地”，这无疑是土地投机家的“福音”；另一方面，当时由于美国负债累累，邦联政府决定按大块出售（每块 640 英亩）的办法处理西部新获得的公地，以解决国家的财政困难，这正好符合了土地投机家的“胃口”。由此，在美国便形成了一股又一股抢夺西部土地的新狂潮，19 世纪上半叶这样的高潮就有三次：1816—1819；1835—1837；1854—1857。[①] 和殖民时代相比较，独立后的土地投机活动具有了许多新的特点：第一，土地投机活动与官方的机构更加紧密相结合，许多土地公司控制了政府所设的“土地局”，因为“土地局的工作在很多年里大半是由私营的土地公司经办的”，这使土地投机本身变得更加“无法控制”；第二，土地投机的规模比以前空前扩大了。独立前土地投机的规模一般在几十、至多几百万英亩左右，而独立后土地公司从政府获得的“授地”已多到千万英亩以上。例如，1795 年，4 家土地公司一次从乔治亚政府手中，就获得了密西西比一带 3500 万英亩的土地；[②]第三，土地投机家的野心越来越大，他们不再以俄亥俄和密西西比河为限，而是以整个大西部为目标。当密西西比河以东的土地被占用完毕后，他们就把目光逐渐转向更远的西部。这就必然会提出夺取新领土的要求。正因为如此，土地投机家成为美国领土扩张的重要推动者。

在 19 世纪 20 年代前，奴隶主在领土扩张的作用远没有人们想象的那么大。因为这种种植园奴隶制在 18 世纪末已出现衰落的迹象，并且在国际上受到越来越多的人的谴责。当时很多人包括许多奴隶主在内，“都相信奴隶制度在它的范围和远景方面都是有限度的”[③]。然而，

---

① J. T. Adams, ed., *Dictionary of American History*, Vol. 3, N. Y., 1940, p. 240.

② F. Merk, *History of the Westward Movement*, N. Y., 1980, p. 115.

③ 威廉·福斯特：《美国历史中的黑人》，三联书店，1960 年版，第 76 页。

两方面的情况变化使种植园奴隶制经济“起死回生”：一方面，是英国的工业革命迅速兴起，整个国际市场对棉花的需求增加；另一方面，是1786年“海岛棉”传入美国，1793年惠特尼发明“轧棉机”。结果，南部的奴隶制种植园经济不仅没有消灭，反而恶性发展起来，出现了棉花种植区迅速向西扩张的趋势：1795年扩展到亚苏三角洲，1796年进入田纳西中部，1802年进入路易斯安那。在这种情况下，种植园奴隶主的领土扩张欲望被刺激起来。从19世纪20年代起，奴隶制问题开始成为影响全局的大问题。到四五十年代，奴隶主的利益便成为美国对外政策的“指路的星辰”。由兼并德克萨斯开始的对墨西哥的一系列领土扩张，便在这样的背景下发生了。据美国历史学家研究，在1836年“孤星国”所发表的“独立宣言”上签名的56人中，只有3个墨西哥人和5个自由州去的美国人，其余48个都是从南部奴隶州去的。[①] 美国的奴隶主一手策划了这一分裂运动，然后又主动提出与美国“合并”，它充分地说明了奴隶主在美国领土扩张中的作用。奴隶制在美国领土扩张中的这种作用，从根本上来说是这种生产方式的反动性和落后性决定的。由于对土地采取掠夺性的经营方式，几年之内把最好的土地的地力也消耗殆尽，只得靠扩大和占领新领土来维持和发展。这样，正如马克思所说，不断扩张新领土就成了奴隶制“生存的法则”[②]。

除了土地投机家和奴隶主而外，推动美国走上领土扩张道路的还有人数众多的农场主。这是一个就其成分来说十分复杂的队伍，有的人在到西部以前就是农场主，也有的是到西部后才成为农场主的。不过，不论是前者还是后者，其中绝大多数都是中下层劳动者。福斯特指出，这些人一般都是“比较贫苦的老百姓”，他们由于缺少土地才决定到西部去。[③] 据美国历史学家C. 古德里治和S. 戴维逊的研究，在“新英格兰公司”指导下移往堪萨斯的3000个家庭和个人中，有727人留下了他们在老家的职业的记录。其中：239人为农场主，占总数的32.9%；71人为商人，占总数的9.8%；61人为专职人员，占总数的

① 查尔斯·比尔德、巴格力：《美国史》，商务印书馆1929年版，第200页。

② 《马克思恩格斯全集》第15卷，第353页。

③ 福斯特：《美洲政治史纲》，人民出版社，1956年版，第262页。

8.4%；还有356人是独立工人和挣工资者，占总数的48.9%。[①] 此外，这两位历史学家还根据1850年人口调查的资料，对在“新英格兰援助公司”赞助下派往堪萨斯211个社区进行了分析，结果发现：在570名移民中，农场主为165人，技工和挣工资者为293人，职员为50人，商人为62人。[②] 在上述两个材料中，从表面上看工人移民比农民移民还多，但由于这些工人许多是来自1000—5000人的乡村，而不是来自较大的工业中心，所以实际上真正的工人并没有那么多，农场主移民的比例还应当相应地提高。应该指出，农场主及其他劳动者和土地投机商和奴隶主在其利益上并不相同，因而他们在领土扩张中的作用也不一样。小农和其他劳动者虽然人数最多，从而构成“西进运动”的基本动力，并且常常走在“西进”队伍的前列，但他们并不是领土扩张中的决定性因素，因为他们并不是任何一次领土扩张的决策者。然而，有一点却是共同的，这就是他们和土地投机家和奴隶主一样，都渴望在西部获得一份“自由土地”，而不论是用什么方法获得它，我们还必须记住：“美国的农民乃是一个土地投机家兼农业家。”[③]所以，美国在独立后迅速走上领土扩张的道路，是这三种与土地有关的社会势力共同推动的结果。

18世纪末和19世纪初的美国，毕竟还是一个弱小的大陆国家。它只拥有一支不大的陆军，而没有一个近代强国通常所必不可少的强大海军。因此，不要说进行海外扩张，就是进行大陆扩张它也是力不从心的。那么，为什么美国在领土扩张中会取得如此巨大的成功？显然不能仅仅从美国方面的原因来解释，还有许多外在因素在起作用。从欧洲方面看：当时，英国刚刚在上一次的北美独立战争中被打败，这场战争使它失去了最重要的殖民地，它还未从这次损失中恢复过来。而曾经不可一世的拿破仑帝国，在“反法同盟”的围攻和各国民族运动的打击下，也已渐渐丧失帝国早期的破竹之势。整个19世纪上半叶，欧洲革命运动迭起、起义和战争频繁，所有大国都忙于自己的事务而无暇西顾。加之，西部只不过是未进入文明世界的荒原，只有少数印第安人

---

① C. C. Goodrich and S. Davison, “The Wage-earner in the Western Movement”, *Political Science Quarterly*, 1936, No. 1, p. 103.

② C. C. Goodrich and S. Davison, *ibid.*, p. 105.

③ 福克纳：《美国经济史》(上卷)中译本，商务印书馆，1964年版，第6页。

居住，社会发展水平还很低，因此并不能形成强大的抵抗。至于南部邻国墨西哥，则处于国内重重矛盾的困扰之中，经济和军事都十分落后，亦无法与美国一争短长。这就给美国造成了一个机会：它可以大大扩张自己的领土，而无需花费太高的代价。正因为如此，在向西扩张的整个过程中虽然冲突不少，但并没有发生很大的战争。

必须指出，尽管“西进运动”是以领土的“暴发式”扩张为重要特征的，但并不能因此就把这个运动归结为“领土扩张运动”。因为：第一，“西进运动”首先并不是从领土扩张开始的，而是以越过阿巴拉契亚山脉向肯塔基、田纳西移民开始的。当时，美国的边界在密西西比河一线，向该地区移民是这个新兴国家内部发展的需要。第二，“西进运动”在本质上是美国资本主义“向广度”发展的运动，它至少应包括三个方面的内容：自由移民、领土扩张和经济开发，这三个方面既有联系又有区别，不能用一个方面取代另外两个方面。第三，美国在西部大陆的领土扩张集中于19世纪上半叶，而向西部的移民和开发运动此后还在继续扩大，至于远西部的真正拓殖则是在南北战争之后。很明显，“西进运动”比“领土扩张”包含着广泛得多的内容，不可用“领土扩张”简单地加以概括。

此外，对密西西比河以西（包括佛罗里达）的领土扩张，也应当进行具体的历史的分析。这里存在着三类矛盾：侵略与反侵略的矛盾、殖民国家之间的矛盾、先进与落后生产方式的矛盾。实际上，在西部进行领土扩张所涉及的全部国家和地区中，只有墨西哥才是与美国毗邻的一个主权国家。在美国势力进入德克萨斯和新墨西哥等地区之前，这些地区一直在墨西哥管辖之下。因此，对这个国家领土的任何分裂和蚕食运动，都具有明显的侵略性质。但是，美国对路易斯安那、佛罗里达和俄勒冈的扩张，则不可与之相提并论。路易斯安那和佛罗里达是法国和西班牙的殖民地，俄勒冈一直是英美各国有争议的地区。美国和这些欧洲殖民国家在这些地区的争夺，一方面暴露了美国本身的殖民主义野心，另一方面也排斥着欧洲的殖民势力，有利于整个美洲的“非殖民地化”和新兴美国的发展。否则，美国的历史就将是另一个样子。至于印第安人，在“除了死的印第安人，没有好的印第安人”的口号下，美国统治者对他们发动了上千次疯狂的军事围剿，不是把他们无辜地杀害，就是把他们赶进“保留地”。十分清楚，印第安人才是美国领土扩张的最大受害者。

即使如此，从社会历史发展的观点来看，“西进”在美国历史上仍占有极重要的地位。马克思主义认为，资本主义的产生是一个进步的历史现象。作为美洲大陆上第一个独立的资本主义国家，美国的诞生标志着美洲历史上的巨大飞跃。新兴的美国向西部的扩张，一方面给这些地区的落后民族带来了痛苦和灾难，另一方面也在这块大陆上扩大了资本主义文明。随着西部印第安人被大批大批地驱逐或消灭，印第安人的原始社会也逐渐走向解体，在印第安人的废墟上建立起一个新的社会。正因为如此，我们在谴责对印第安人屠杀的时候，不应当忽视西部开发的巨大意义。马克思在谈到墨西哥战争时写道：由于加利福尼亚的占领，“第一次使太平洋真正接触现代文明”，并“在历史上第三次为世界贸易开辟新方向”。① 这一评论对我们整个“西进运动”的研究都有启发。

二　西进运动与边疆移民

在近代历史上，伴随着欧洲殖民强国的海外扩张，产生了许多大大小小的殖民运动。如葡萄牙在西非沿岸各群岛上的殖民，西班牙在拉丁美洲的殖民，以及英国在北美和澳大利亚的殖民等等。但任何一个欧洲国家的海外殖民运动，也不能与美国的“西进运动”相比。欧洲国家的海外殖民运动由于种种条件的限制其规模总是有限的，而美国向边疆的移民却是群众性的。

“西进运动”作为一个群众性移民运动，兴起于1783年美国独立之后，在19世纪中叶进入高潮。一批又一批来自东部和欧洲的移民，迅速而有效地占领广阔的大西部，成为19世纪美国社会和经济发展中最令人瞩目的现象。那么，这个群众性的移民运动是怎样兴起的呢？这是我们在研究“西进运动”的时候需要进一步探讨的问题。

在独立之前，各殖民地内部各种矛盾就十分尖锐。独立后，东部各州的经济发生了普遍的不景气，许多工人失业、农民破产。由于战争期间滥发纸币造成货币贬值，使许多债务人因此而苦恼。有一些人因革

① 《马克思恩格斯全集》第6卷，第326页。

命和其他原因丧失了土地和财产，一时在东部难以为生。对于从军革命的官兵发给的土地券，需要在革命胜利后兑现，等等。所有这些，使许许多多的人渴望在战争结束后到西部去谋生，从而使一个群众性移民运动的兴起不可避免。但是，一个真正的群众性移民运动的形成，并在最后有效地占领大西部，却还有许多实际问题需要解决，并非那么容易。其中，除了交通运输方面的问题外，最主要的是如下两个方面的问题。

其一，是欧洲殖民势力在西部的继续存在。因为美国是美洲殖民地第一个赢得了独立的国家，独立后美国实际上仍处于欧洲殖民势力的包围之中：北有英属殖民地加拿大，南有西属殖民地佛罗里达，西有法属（1800 年以前是西属）殖民地路易斯安那。由于西班牙盘踞佛罗里达，美国人无法接近墨西哥湾。在东西交通还不发达的时候，美国内地的运输主要靠密西西比河，河口重镇新奥尔良为西班牙和法国人控制，则必将影响美国内地农产品的出口。如果说西班牙的美洲殖民地已走向衰落的话，那么法国在美洲的殖民地一度却有了扩大的趋势，其突出的表现就是拿破仑建立“大美洲帝国”的计划，这个计划以重建“路易斯安那”为重点。更值得注意的是，英国虽然在《巴黎和约》上承认了美国的独立，并把密西西比河和阿巴拉契亚山之间的土地划归美国所有，但它却继续控制“西北地区”的皮毛贸易，拒绝撤出奥斯威戈、尼亚加拉、底特律等军事据点，甚至暗中支持 1806 年柏尔策划的将“路易斯安那”从美国分裂出去的阴谋活动，可见英国并不甘心自己的失败。在这种情况下，美国“西进”的道路不会是平坦的。

其二，是邦联政府在土地政策上的明显弊病。美国关于西部的政策，从一开始就是很矛盾的，这种矛盾性在 1784 年至 1787 年的三个法令中已有表现。一方面，这几个法令宣布将已有的国有土地由政府分块向移民出售，禁止在西北特区存在强迫劳动和奴隶制度，各新的领地在条件成熟后均可以“平等的地位”加入邦联，等等。这些规定对于把西部变为自由劳动的巨大领地，对于在西部确立自由农民土地私有制，对于整个西部朝民主的方向发展，都起了巨大的作用。另一方面，又把解决政府的财政困难作为处理这些土地的重要指导思想，规定出售土地的最小单位不得少于 640 英亩（每亩售价最低为 1 美元），而且买者必须在 1 个月内将款交清，这就剥夺了许多贫苦移民购地的机会。结果，到西部去的大都是一些有钱的土地投机家，或东部比较富裕的农场主，真正贫苦的移民并不多，例如，在印第安纳的早期移民区，1787 年时“几乎所有的美国人都是农场主”，这就不能不影响向西部移民的进程。按 1803 年杰斐逊的计算，如果以当时的速度进行移民，密西西比河以东住满人得 1000 年。可见，“西进运动”的真正兴起，还有待于西部土地政策的进一步民主化。

在上述两个方面的问题中，第一方面的问题看来是不难解决的。1803 年，法国由于 35000 大军入侵海地失败，拿破仑重建美洲殖民帝国的计划受挫，于是不得不把刚从西班牙手中夺回的“路易斯安那”，以每英亩三分的价格转让给美国。接着，由于英国人劫掠美国海员和船只的事件，触发了 1812—1814 年的第二次英美战争，这给美国造成了清除英国在西部的势力的机会。结果，这场名义上是为了“海员的权利”进行的战争，实际上就成了“一场西部的战争”，即争夺西部控制权的战争。美国在几经失败后，终于把英国的势力稳稳地推到了五大湖以北。至于南部的西属佛罗里达，自“路易斯安那”转让美国以后，其地位就从根本上发生了动摇。所以，拉丁美洲革命刚一爆发，西班牙就决定及早退出佛罗里达，匆匆签订了把它卖给美国的条约。至此，美国西进的道路就基本被扫清了。

然而，解决第二方面的问题却要困难得多。这是因为政府一直把公共土地出售，作为国家财政收入的主要来源，而这种政策又得到大金融家、土地投机家和奴隶主的支持，以致 1796 年制定的新的土地法，不仅没有减少出售土地的单位面积，反而把每英亩的最低售价从 1 美元提高到 2 美元。正因为如此，西部土地政策进一步民主化的过程，从 1800 年开始到 1862 年《宅地法》公布，整整经历了半个世纪的时间。推动这个民主化进程的主要动力是什么呢？第一，是西北地区的拓荒者。他们在 19 世纪上半叶进行了一系列有组织的斗争，早在 1812 年就成立拓荒者的第一个组织“真正的美国人协会”。20 年代，又从他们中间产生了著名的代言人托马斯·本顿，正是他带头提出了无代价分配国有土地的要求。他们的斗争是后来“土地改革”运动的先声。其次，是东部的无产阶级，其突出的代表就是乔治·亨利·伊凡斯。他领导的“土地改革”运动在 40 年代成为推动美国土地政策向进一步民主化转变的强大动力。他提出的“为你的宅地而投票吧！”的口号，有力地支持了西部农民关于免费分配国有土地的要求,并吸引了大批工人和城市小资产阶级分子。这个运动为以后的“自由土壤党”提供了基础和力量。第三,是资产阶级的民主派。他们的大多数是随着“西进运动”的最初进展从西部新成长起来的,包括一些律师、商人和从这些人中产生的州和国会的议员,亚伯拉罕·林肯是他们的一位杰出代表。这些人认识到,他们的政治地位的巩固有赖于西部的开发,而西部的开发又取决于在多大程度上满足拓荒者的土地要求,因而对农民和工人的呼声抱同情的态度。林肯说:“我赞成把荒地分成小块,使每一个穷苦的人都能获得一个家园。”正因为如此,这些人在改革土地立法的工作中发挥了重要的作用。例如,被认为是“成功地改变了政府的土地政策”的 1800 年土地法,就是由西北准州的国会议员威廉·亨利·哈里森提出的,“宅地法”也主要是由于这些人的支持才得以通过。

19 世纪上半叶美国土地政策的改革主要表现在两点上:一是降低出售土地的面积,把开始时规定的 640 英亩降到 40 英亩;二是降低公共土地的价格,最后干脆就把出售政策改为免费分配的政策。这样,广大移民关于获得廉价土地的要求就基本实现了。且不说 1862 年《宅地法》关于无偿分配土地的办法,就是 1820 年土地法关于用 100 美元买 80 英亩的规定,条件稍好一些的移民都是欢迎的。据统计,从 1820 年到 1841 年即 1820 年土地法执行期间,按该法出售的土地就达 8753 万多英亩,而 1796—1820 年出售的总共还不过 1364 万多英亩。[①] 美国一位农业史家指出:“不论这项法律有何缺点,它使许多人成为土地所有者,并帮助把生产资料分配给土地耕作者手中。这样大规模分配土地,在世界历史上是独一无二的。”[②]由于土地政策的不断放宽和改进,从 19 世纪开始、特别是 20 年代以后,“西进运动”在美国逐渐演变成真正群众性的运动,仅 1820 年以后,30 年内就有至少 400 万人从东部移往西部。据美国历史学家研究,19 世纪 50 年代,每四个美国人中就有一个从一州移往另一州,而东北一些老州人口移出的比例高达三分之一。[③] 由于这种群众性移民,阿巴拉契亚山以西的人口迅速增长,1790

① 施莱贝克尔:前引书,第 64 页。

② 同上。

③ R. N. Current, *Wisconsin*, N. Y., 1977, p. 35.

年时还只占全国人口的6%,到1860年已上升到49%。其中一些地区的人口增长达到了惊人的速度,例如,19世纪头10年俄亥俄的人口增加了408%,印第安纳增加了334%;从1840—1850年,威斯康星人口增加了887%。[①] 1854年,《纽约论坛报》记者在报道衣阿华的情况时,写道:"这个州一年之内仿佛增大了一倍,农场、铁路和城市,都几乎像是一夜之间建立起来的,整个西部就像蘑菇一样地成长着。"[②]

当然,之所以说"西进运动"是一个群众性移民运动,不仅是因为有千千万万人卷入其中,而且还在于广大移民向西部的迁徙"完全是由个人或家庭主动进行的"。据美国历史学家研究,到西部去的移民在生活上是很困难的:在19世纪30年代,一个欧洲移民要花12美元才能渡过大西洋,然后再花7美元才能到达克利夫兰,花8美元到达底特律,花14.5美元到达芝加哥。[③] 至于在西部建立一个农场的费用就更大了。据估计,1850—1860年间,西部各州要建立一个农场的费用最少的衣阿华州在440—3000美元之间,最高的伊利诺斯州则在550—12200美元之间,这些费用都得靠移民们自己去筹集,政府并不给他们任何帮助。正因为如此,从东部到西部的移民运动是一种自发的运动,这些移民一般被称为"自由移民"。由于这些人大多是一些破产的农民、失业的工人和其他下层群众,他们到西部后的第一个目标就是获得一块宅地,从而在西部形成普遍的"占地"运动。它是"西进运动"的自发性的突出表现。据记载,19世纪上半叶"非法占地"之风甚行,衣阿华有些地区到1838年几乎为"占地者"住满。在30年代,阿拉巴马居民中的2/3,密苏里居民中的65%都是"占地者"。1840年"先买权"法令、特别是1862年"宅地法"公布后,群众自发的"占地"活动虽然减少了,但在整个19世纪并没有停止。

这个群众性移民运动是逐步兴起的。走在这个运动最前面的是商人和猎人,他们到边疆去主要是为了和印第安人进行毛皮贸易,其人数自然不会很多。当一批又一批的"拓荒者"加入西进的行列,并且以西

---

① *Historical Statistics of the United States*: *Colonial times to 1957*, pp. 12-13.

② 叶菲莫夫:《美国史纲》,三联书店,1972年版,第328页。

③ W. Havighurst, *The Heartland*: *Ohio*, *Indiana*, *Illinois. 1673-1860*, N. Y., 1920, p. 166.

部作为他们谋生的归宿而定居下来时，移民运动才真正形成大规模的运动，而这些“拓荒者”便形成西部早期移民的主体。19世纪开始以后，“西进运动”逐渐发展，到中叶便汇集成股股巨流。在通往西部的道路上移民的车队络绎不绝，有时甚至彻夜不眠。移民的车队少则几辆、十几辆，多则几十辆，甚至长达3英里。为了防避印第安人的袭击，他们往往同时出发、同时留宿，宛如组织严密的“军队”，堪称世界移民史上的奇观。据宾夕法尼亚西部某村庄的观察者记载，在1811年的某个月内就有236辆移民的马车和600只“美利奴”羊通过他的村庄涌向西部。“坎伯兰大道”建成后，“路上有时多到24匹马拉的车子结队行走”，“马队，驴队，牛群，猪群和羊群，热闹得像大城市里的一条大街”。1858年10月期间，通过“南山口”越过落基山进入远西部的移民达59批，包括838名男人和9名妇女、儿童，他们携带有4851头牛和490辆车。

西部移民社会的基本单位“社区”(Community)，大约相当于我国农村的村庄，西部最早的一个社区是1768年建立于田纳西的瓦陶加。它实际上是一个自治的移民共同体，占地者们自己选举了具有立法权力的5人委员会，来管理他们内部的事务，并且成立了自卫性的民兵组织，这种组织形式和民主原则为后来建立移民村树立了榜样。总的来看，在西部建立起来的这个移民社会是相当复杂的。以伊利诺斯为例，1850年时，该州人口的4%来自新英格兰，13%来自中部各州，16%来自南部各州，13%来自西北部，13%来自欧洲，39%是本地人，[①]它可以说是美国这个“移民国家”的缩影。不过，在阶级关系上，这个移民社会最初的情况倒是较为简单的。除少数比较富裕的人而外，大多数都是来自下层人民，贫富差别并不大。仍以伊利诺斯为例，有人对1850年时该州3个县的3000个家庭进行研究后发现，其中只有136户的财产(包括土地在内)在2500美元以上，其中最富裕的农场主才1500美元，最富裕的律师为5000美元，也就是说96%的家庭的财产还不到2500美元。[②] 但是，这个社会本身也在急剧变动中：随着生产的发展，商业

---

① R. A. Billington, *Westward Expansion: A History of the American Frontier*, N. Y., 1960, p. 308.

② R. J. Janson, *Illinois*, N. Y., 1978, p. 52.

的活跃和资本的渗入，一些人迅速地破产了，另一些人大大地富裕起来，少数人爬上了统治者的地位，而那些濒于破产的人不得不再次辗转迁徙，有的甚至10次搬家10次落户，成为“职业性的拓荒者”。

与移民群众由东向西不断推进的过程交织在一起，大西部也经历了一个逐步“美国化”的过程。这个过程大致可以分为三个步骤：第一步是由自由移民占领土地；第二步是由政府设置“领地”(territory)；第三步才是正式建州。指导这个全过程的基本文件就是1787年制定的《西北条例》。美国著名“西进运动”史家F. 迈克指出：“美国今天是一个由50个平等的成员组成的共和国，在50个成员中有31个是按1787年《西北条例》的原则加入联邦的。”[①]按这个条例的规定，各领地加入联邦的原则主要有两条：一是当该领地有6万(有时也可以少于6万)自由居民时方可加入联邦；二是新加入联邦的州宪法和政府必须实行共和制。需要说明，这里所说的31个州包括了阿拉斯加和夏威夷，如果不算这两个州，则西部只有29个是经过先建立“领地”、然后才正式建州的。西部各州中，还有肯塔基、德克萨斯和加利福尼亚没有经过领地阶段，是直接被联邦接纳为州的。各领地以州的身份正式加入联邦，可以看做是这些领地由联邦政府有效控制的标志。

西部各领地的性质是一个需要说明的问题。马克思曾经把它称为美国的“殖民地”。[②] 我以为可以从三个方面来理解：第一，这些领地是美国新夺取的土地，以后它们成了美国殖民的对象；第二，在未正式建州以前，各领地必须由国会指派的一个总督和三名法官管理，它出席国会的代表不具备表决权；[③]第三，西部作为落后的农业的地区，是先进的、工业的东部剥削的对象。但是，它与我们平常所谓的“殖民地”是不同的：第一，它与欧洲国家的海外殖民地不同，西部是美国的“国内殖民地”，因为从美国占领这些地方开始，就把它看做美国领土的组成部分。第二，恩格斯认为有两类殖民地：一类是“那些只是被征服的、由土著人居住的土地”，如印度、阿尔及利亚那样的殖民地；另一类是“欧洲人占据的土地”，如加拿大和澳大利亚那样的殖民地，他认为后者才是“真正

---

① F. Merk, *op. cit.*, p. 106.

② 马克思：《资本论》第1卷，第833页。

③ 谢德风等选译：前引书，第27—33页。

的殖民地”。[①] 马克思在谈到西部时把它划入了后一类，认为它也是“自由移民开拓的处女地”。[②] 因此，我们不应当把它和印度那样的殖民地混为一谈。第三，欧洲老牌殖民帝国始终把殖民地看做母国的附属部分，而美国却规定西部各领地在加入联邦后“在一切方面均与原有诸州平等”。[③] 因此，西部不是越来越“殖民地化”，而是越来越“非殖民地化”即美国化。应该说，当西部由自由移民占领完毕，各领地“以平等的地位”加入联邦后，西部作为“殖民地”的特征就消失了。正因为如此，美国史学家把西部的“领地”制度看成是“一种新的殖民地制度”。[④]

最后，应当指出，美国之所以在西部实行这样一种新的殖民制度，是因为美国是在反抗英国殖民统治的斗争中诞生的，有着反殖民主义的传统，独立后由各州建立的邦联实际上是一种平等的联盟，已经享有了这些平等权利的美国人在移居西部后，自然不会允许把自己降到“二等公民”的地位。所以，美国向西扩张的过程只能是逐步美国化的过程。

三 西进运动与西部开发

在美国人进入大西部之前，虽然印第安人千百年来在那里生活和劳动，并创造过值得称赞的“古代文明”，但由于地广人稀、生产落后，那里几乎还一直保持着原始的状态。有一首诗这样描述美国移民刚到西部时的观感：“除了他自己急促的脚步，听不见任何声响。”

然而，自“西进运动”兴起之后，仅二三代人或几代人的努力，这块无际的荒原已完全改变了面貌，变成了资本主义文明的“宝地”。这里，首先兴起的是资本主义农业，然后就是畜牧业、商业、矿业和工业等，最后形成为农业和畜牧业并驾齐驱、工业和农业相互促进、交通运输和商业贸易全面发展的局面。据统计，阿巴拉契亚山脉以西的农场在全国农场总数中所占比例分别是：1850 年为 49.1%，1860 年为 57.6%，

① 《马克思恩格斯全集》第 35 卷，第 353 页。

② 马克思：《资本论》第 1 卷，第 833 页。

③ 谢德风等选译：前引书，第 27—33 页。

④ 莫里森等：前引书，第 294 页。

1870 年为 63.3%，1880 年为 66.5%，1890 年为 69.2%，1900 年为 71.4%。[①] 1900 年时，西部的农场总数为 409 万个，其面积为全国农场总面积的 79%，它们的资产占全国农场资产总值的 78%。[②] 这些数字充分地说明了西部开发的速度。此外，在工业方面，1860 年时，西部已有企业 54000 个，工人 30 万，产值达 51600 万美元。[③] 尤其是旧西北部 5 州的发展更为显著，1850 年时，这些州还主要经营农业，但到 1904 年，它们的工业产值已占全国工业总产值的 1/4。[④] 在贸易方面，1820 年时，五大湖地区的交易额不过一二万美元，到 1860 年，竟增加到 3 亿美元。而自新奥尔良输出的内地货物，1815 年只有 8779000 美元，到 1860 年，已增至 18520 多万美元。总之，西部的经济开发是很有成效的。它说明，"西进运动"不仅是一个领土扩张运动，而且是一个群众性移民运动，更重要的还是一个大规模经济开发运动。

过去有一种观点认为，根本不能谈论殖民运动中的开发问题，似乎谁要谈论这个问题就"美化"了殖民主义。其实，这不过是一种误解，且不说"西进运动"这样一个群众性的拓殖运动，就是欧洲国家早期的殖民运动也是要进行具体分析的。马克思说："历史的活动是群众的事业。"[⑤]如果用这个观点来考察美国西部发展的历史，那么我们就应该得出这样一个结论：正是当年的那些"拓荒者"即广大移民群众，谱写了开发西部的壮丽篇章。其实，马克思和恩格斯本人已经直接指出了这一点，他们在《共产党宣言》俄文第二版序言中就谈道："正是欧洲移民，使北美能够进行大规模的农业生产。"[⑥]因此，要正确估价"西进运动"的意义，就必须充分说明移民群众在开发西部中的作用。为了说明这一点，我们不妨来回顾一下西部的开发史。

在美国大西部的开发中，俄亥俄河流域的开发占有特殊的地位，它可说是西部首先开发而又取得了成就的地区。在 19 世纪二三十年代，"俄亥俄"几乎成了西部的代名词。1803 年俄亥俄州建立时，这里 9/10

---

① 根据 Twelfth Census：1900，Vol. 5，有关统计资料计算。

② 同上。

③ 菲特、里斯：《美国经济史》，辽宁人民出版社，1956 年版，第 253 页。

④ 同上书，第 452 页。

⑤ 《马克思恩格斯全集》第 2 卷，第 104 页。

⑥ 《马克思恩格斯全集》第 1 卷，第 230 页。

的地方还是森林，但由于拓荒者年复一年的辛勤劳动，到1839年，它已成了小麦生产的“王国”，收获量达1657万蒲式耳，约占全国小麦产量的20%。随着移民潮流的向西推进和垦荒区的逐年扩大，小麦生产的中心也不断西移，而且垦荒区越是往西伸展，小麦生产的发展也越快，因为西部的草原带比东部的森林带更肥沃。50年代末，这个中心已移到伊利诺斯，1859年，该州小麦产量为2383万蒲式耳。60年代，它又移到威斯康星和明尼苏达，70年代末就通过了红河流域。这样，整个中西部就成了小麦的集中产区，成了美国的“面包篮”。这个“小麦王国”是怎样建立起来的呢？它正是由成千上万的拓荒者亲手开发出来的。当年的那些拓荒者，在生活和劳动上都十分艰苦。横在他们面前的，除了茂密的森林和无际的草原，就是印第安人走过的羊肠小道。移民一切都必须从头做起：首先得搭起一个供定居的小屋，然后得赶紧着手清除森林，以便季节到来时好及时下种。艰苦的拓荒生活无情地夺走了许多年轻的生命。在拓荒时代的伊利诺斯，一年内出生100个婴儿中，20到30个不满5岁就死亡，成年人的寿命平均也只在四五十岁左右。在东部，儿童的启蒙教科书第一课讲的是“亚当”，而在西部第一课讲的却是“斧子”，[①]那是拓荒时代的象征。其实，那也是每一个拓荒者来到西部后的“第一课”。不管后来人对“拓荒精神”作何解释，“拓荒精神”本身始终是属于劳动人民的。

当俄亥俄河和密苏里河以北发展成美国的“小麦王国”的时候，密西西比河下游地区正在形成另一个“王国”：棉花生产的“王国”。19世纪初，这一带还谈不上棉花生产，只在田纳西和路易斯安那州境内有一点点。但到1835年，墨西哥湾各州的棉花产量已超过了大西洋沿岸各州，到1860年，这里已成为世界的“棉花王国”。这一年，仅密西西比一州生产的棉花就达120万包。不错，这个“棉花王国”是建立在大种植园奴隶制基础上的。据统计，1840—1860年间，该地区各州的奴隶增长率是：密西西比州为62%，亚拉巴马州为71%，路易斯安那州为94%。黑人奴隶制在这一地区的扩展给美国历史增添了最黑暗的一页。但是，同样不能忘记的是，这个“棉花王国”实际上也是由拓荒者一手开拓出来的。最初进入这个地区的美国移民，就是来自旧南部的自

---

① W. Havighurst, *Ohio*, N. Y., 1976, p. 53.

耕农和小生产者，然后才是那些大腹便便的奴隶主，而且，即使在奴隶制"鼎盛"时期，小农在该地区农户中仍然占多数。这样，这个"棉花王国"的历史就明显地划分为两个不同的阶段：第一个阶段是拓荒者拓荒的阶段；第二个阶段才是奴隶主和种植园发展的阶段。旅行家欧姆斯台说过：这里"所有大块的土地，最初都是由那些勤劳的移民们所开辟的，他们只有很少的工具，但却有坚强的毅力。只是一当他们把土地清除了并稍微安居的时候，大种植场主带同自己的黑帮便从东部来到了"[①]。而那些原来的拓荒者却被迫转移到山区，变成所谓"贫穷白人"，或者迁徙到更远的西部去。这正是当年那些拓荒者的不幸。但它说明了这样一个真理：这个"棉花王国"不仅是奠基在黑奴劳动的基础上的，而且首先是奠基在白人劳动的基础上的。

在"小麦王国"和"棉花王国"以西的大草原上，还兴起了美国的第三个"王国"，美国历史学家把它称为"畜牧王国"。辽阔的西部大草原，水草丰富，气候温和，是世界上最好的天然牧场之一。据统计，1880 年时，该畜牧区各州畜养牛的头数：堪萨斯为 153 万多头，内布拉斯加为 113 万多头，科罗拉多为 79 万多头，怀俄明为 52 万多头，蒙大拿为 43 万多头，达科他为 14 万多头。[②] 这个"畜牧王国"的最大中心在德克萨斯，还在 1860 年，全州畜养的牛就达 500 万头。据 1880 年的统计资料，1867—1871 年从该州赶往阿比林和考德威尔的牛达 146 万头，1872—1875 年从该州赶往维契塔和埃尔兹沃思的牛达 107 万头，1876—1879 年从该州赶往道奇和艾利斯的牛达 104 万头。那里的牧场在 5—10 万英亩的不少，最大的理查德·金的牧场占地 84000 英亩，放牧着 65000 头牛、10000 匹马、15000 只羊。那么，这个"畜牧王国"又是怎样发展起来的呢？对这个"王国"所进行的历史考察告诉我们：它直接起源于移民照料牲口的活动，或者是为过往的行人照料牲口，或者是将别的移民所遗弃的牲口畜养起来。总之，它是伴随移民队伍向西部推进的过程发展起来的。正因为如此，当这里的定居人数还不多的时候，牧牛一般是采取"敞放"的形式；当定居的人数越来越多、农业的边疆推进到这里以后，它的主人们便逐步把他们的牧区用带倒刺的铁

① 马克思：《资本论》第 1 卷，第 193 页，注 17。

② R. A. Billington, *op. cit.*, p. 682.

丝圈起来，形成一个一个的“牧场”。这种演变大约发生在 19 世纪 70 年代中期。美国一位历史学家在谈到大草原畜牧业的起源时，写道：由于移民所经过的“大道附近的牧草逐渐减少，尤其在每一移民季节的最后几个星期，牧草更少。有创业精神的人们看到了这种情况，便在道路沿途各个地方居住下来，为过往的车队供应当地出产的干草或经过人工照料的牧场。这种早年的路旁牧场相当于现代的加油站，这种牧场的经营者也不厌烦用其他方式经营，例如买卖牲畜和修理车辆等。这是大草原的畜牧业的开端”①。当时，人们把早年畜养的牛称为“移民牛”，因为它是由移民从东部带到西部去的，也从一个侧面说明了西部畜牧业的起源。

这三大“王国”的产生标志着美国农业帝国的兴起，而这个农业帝国还是现代美国赖以形成和发展的基础。美国是这样一个国家：它首先是一个农业大国，然后才是一个工业大国，并且在成为工业大国后农业始终没有衰落，这是资本主义各国中独一无二的。它之所以能做到这一点，主要是由于密西西比河流域得到了开发和利用。需要说明的是，在上述任何一个农业“王国”中并不存在绝对单一的经济形式。每一个区域都有一种主要经济，但同时又有许多其他经济作为它的补充。例如，在中西部小麦集中产区有大量玉米生产，无论是在早期还是在往后，它都历久不衰。据统计，1860 年，伊利诺斯的玉米产量在 1 亿蒲式耳以上，比小麦产量还多。由于玉米是牲口的最好饲料，这里又是生猪的重要产地，甚至南方的牛也赶到这里来用玉米养肥。同时，在密西西比河下游的棉花集中产区，也栽培有大量甘蔗、水稻和小麦。1849 年，路易斯安那州有 1500 多个甘蔗种植园，50 年代平均每年产糖 15 万吨。在西部大草原上，除了迅速发展的牧牛业外，与之同时发展的还有养羊业，例如，德克萨斯 1880 年有羊 600 万只以上。由此可见，美国既是一个专业化高度发展的国家，又是一个多种经营、全面发展的国家。这种经济发展特点在西部开发过程中就形成了。

在这个农业帝国的基础上，并伴随着这个农业帝国的发展，在西部又逐渐兴起了食品加工业和农机制造业，以及其他一系列与农业发展直接有关的工业。大约在 19 世纪 20 年代，罐头业和面粉业就开始成

---

① 拉尔夫·布朗：《美国历史地理》，商务印书馆，1973 年版，第 321—322 页。

为西部的一项重要工业。1860 年以前，辛辛那提在西部的罐头业中一直保持着领先的地位。之后，它的领先地位先由芝加哥、后又由圣路易所取代。在面粉加工业方面，19 世纪中叶密尔沃基、芝加哥和圣路易都很有名，1860 年，密尔沃基已有 14 家面粉加工厂。至于西部的农机制造业，则完全是适应西部大规模开发的需要才发展起来的。大平原上的农场是那样大，即使一个普通的农场也在几十甚至几百英亩以上，全靠手工劳动就没有出路，必须借助于机械的力量。这样，从 19 世纪中叶开始，农机的制造和推广就成为西部极为重要的事情，而芝加哥、辛辛那提的农机制造便兴旺起来。由于农机制造的发展，又推动了采矿业和其他一些行业的发展。

19 世纪初，工业革命在东部兴起，不仅需要来自西部的粮食和原料，而且把西部作为它的产品销售市场。西部粮食、肉类和其他农产品的增长，同时也产生了严重的市场问题。这两方面的需要结合在一起，使西部交通运输业出现了比其他任何行业更引人注目的变化，在短时间内便跨过了 3 个时代：税道时代、汽船时代、铁道时代。在这个发展过程中，1807 年，富尔顿航行和 1825 年伊利运河通航，对西部的运输业起着革命性的作用。1811 年，“新奥尔良”号完成了从匹兹堡出发，经路易斯维尔到新奥尔良的“处女航”，被称为西部航运史上的“拓荒者”。3 年之后，另一艘汽船从新奥尔良出发逆流而上，最后到达路易斯维尔。到 1860 年，来往于密西西比河和俄亥俄河的汽船已达 740 艘，与此同时，其他重要的支流也都有了汽船通航。密西西比河水系作为美国的大动脉，第一次真正发挥出它的重要作用。阿巴拉契亚山脉以西的铁路是在 40 年代发展起来的，到 1890 年，已有 122500 多英里。交通运输业的发展，不仅把西部和东部联系起来，而且使工业和农业相互促进，大大加速了国内市场的形成和发展，加快了农业的区域化、专业化和商品化。

这里，需要特别指出，铁路的发展不仅对交通运输业来说，是巨大变革，而且对完成大平原和远西部的开发起着决定性作用。远西部路途遥远、道路艰险，移民不易到达。内战前，移民线只推进到堪萨斯一带，而且移民定居点大都分布在大河各支流的沿岸。至于落基山以西的地方，除加利福尼亚因发现金矿建立了一些移民点和摩门教徒为逃避宗教迫害在犹他建立了一个“湖城”以外，大部分地方还是杳无人烟的荒野。但随着北太平洋铁路的修建，大平原和远西部的定居和开发便神速地展开。像达科他和蒙大拿这样偏远的地方，也由于铁路公司带来的大量移民（包括许多斯堪的纳维亚人）而开始发生变化。因为修筑铁路需要大量劳动力，公司又企图通过出卖政府授予它们的公地从中渔利，还希望在铁路两旁建立移民区和发展经济来保证铁路运输的货源，所以铁路公司就成为向大平原和远西部移民的积极推动者。许多铁路公司都在纽约等地设有办事处，以提供借款和指导为诱饵搜罗移民。北太平洋铁路公司为了吸引欧洲移民，它在欧洲各国的代理人达 800 人，专门向欧洲人散发宣传品。[①] 铁路公司对大平原和远西部开发的作用是那样大，以致有人把这些地区的拓殖称为“铁路的殖民运动”。

总之，在“西进运动”中，既充满了美国统治者屠杀印第安人的血腥事实，也留下了移民们艰苦奋斗、开发大西部的业绩。独立后，一方面，千千万万移民一步一步地从东部走向西部，另一方面，整个美国一步一步地从农业国演变为工业国，这两个似乎“毫不相干”的运动紧密配合，构成了 19 世纪美国历史发展的主旋律，并最终促成了一个现代美国的诞生。

（原载中国美国史研究会编：《美国史论文集》，
三联书店，1983 年）

① F. Merk, *op. cit.*, p. 472.

解读美国"暴发式"发展之谜

——西进在美国经济发展中的作用

一

19 世纪美国的经济革命带有全面爆发的性质，它以东北部兴起的工业革命为起点，迅速扩及其他各个经济领域，显示了巨大的威力和速度。

为什么美国在 19 世纪能够在经济上实现以工业革命为中心的全面变革？我以为，其主要原因就是，美国在进行工业革命及全面经济改造的过程中，同时掀起了一个大规模的持久的"西进运动"(Westward Movement)①。这个大规模的群众性的拓殖运动，兴起于北美独立战争之后，19 世纪中叶进入高潮，19 世纪末和 20 世纪初基本结束，几乎贯串美国近代化的全部进程。成千上万的美国人(包括大批新从欧洲到来的移民)从东部涌向西部，投入开发大西部处女地的行列，即进入"蛮荒之境"，从表面上看似乎是一种历史的"倒退"，其实却为 19 世纪美国经济的全面变革和发展准备了条件，并最终导致了一个现代美国的诞生。正是这个西进的运动，给美国近代化的内容和形式、广度和深度，以巨大和强烈的影响并赋予它以力量和特色，以致可以说整个 19 世纪的美国史，都是在"西进"的标志下度过的。因此，要研究美国近代化的历史和现代美国成长的过程，就不能不研究西进在其中的作用。这应当是美国边疆史以及整个美国史研究中的重大课题之一。

不过，这一课题并不是现在才提出来的。自 19 世纪开始以来，一些资产阶级学者，从德国的黑格尔到英国的亚当·斯密，从意大利的

① 本文所使用的"西部"这一概念，系指美国阿巴拉契亚山脉以西的整个地域。

A. 罗利亚到法国的 A. 维克托尔，都对西进运动和边疆开拓在美国历史发展中的作用，发表过许多重要的意见。应当指出，对西进运动和边疆历史感兴趣的，并非只是那些资产阶级学者，还有马克思主义经典作家。马克思和恩格斯不止一次地谈到过这一主题，特别是“自由土地”在美国历史中的作用。1878 年 11 月 25 日，恩格斯在给尼·弗·丹尼尔逊的信中写道：“现在，经济学研究者最感兴趣的对象当然是美国，特别是从 1873（从 9 月恐慌）到 1878 年这一时期，即持续危机的时期。在英国需要整整数百年才能实现的那些变化，在这里只有几年就发生了。”①接着，他用比任何资产阶级学者都更明确的语言提出：“但是，研究者的注意力不应当放在比较老的大西洋沿岸的各州上，而应当放在比较新的（俄亥俄是最显著的例子）和最新的（例如加利福尼亚）各州上。”他在这里提出了一个重要问题：边疆与迅速发展的美国经济究竟是什么关系？这就点出了边疆史研究的重点所在。毋宁说，从科学的意义上研究边疆史的任务，倒是由马克思和恩格斯提出来的。

其后不久，即 1893 年，美国历史学家特纳发表了重要论文《边疆在美国历史上的重要性》，开始了对西进运动和边疆历史的系统探讨。他由于强调边疆在美国历史发展中的决定性作用，强调边疆生活在美利坚民族性格形成中的影响，从而开创了美国民族史学发展的新阶段。该文发表以后，有关西进和边疆这一主题的论著和文章在美国“车载斗量”，整个美国史研究取得了长足的进展。然而，美国的边疆史研究也带有明显的缺点和不足，学者们较多地注意了边疆对美国社会和民主的影响，而对它在美国经济发展中的作用却重视不够。正如美国研究边疆史的著名学者毕林顿所说：“关于边疆对美国和世界经济的刺激作用，无论是历史学家还是经济学家，都未做出适当的研究。”②这种状况只是近十几年才有所改变。作为马克思主义的世界史工作者，有必要认真地研究这一重要课题，以阐明现代美国成长的道路和特点。

其实，经典作家不仅提出了科学地研究美国边疆史的任务，还对正确估价西进在美国经济发展中的作用发表过许多有益的见解。在

---

① 《马克思恩格斯全集》第 34 卷，第 333—334 页。

② Ray Allen Billington, *America's Frontier Heritage*, Albuquerque: University of New Uexico Press, 1974, p. 300.

1882 年《共产党宣言》俄文版序言中，马克思和恩格斯写过一段很重要的话："正是欧洲移民，使北美能够进行大规模的农业生产，这种农业生产的竞争震撼着欧洲大小土地所有制的根基。此外，这种移民还使美国能够以巨大的力量和规模开发其丰富的工业资源，以至于很快就会摧毁西欧特别是英国迄今为止的工业垄断地位。这两种情况，对美国本身也起着革命作用。作为整个政治制度基础的农场主的中小型地产，正逐渐被大农场的竞争所征服；同时，在各工业区，人数众多的无产阶级和神话般的资本积聚开始发展起来。"[①]有意思的是，如果我们把"欧洲移民"换成"西进运动"来读，马克思和恩格斯的上述论断同样是正确的。因为如果没有欧洲移民的卷入，西进就不可能有那样大的群众性，西部大草原上"大规模的农业生产"也就无从谈起。正如恩格斯在《美国的食品和土地问题》一文中所说："美国西部大草原的处女地——目前正在开垦，不是一小片、一小片，而是几千、几千平方英里地开垦"，"而开垦所需要的农业工人的大军，是我们自己从欧洲送去的移民"。[②] 这就把欧洲移民和西进运动联系起来了。因此，两位导师对欧洲移民的作用所作的评价，也适用于对西进运动的评价。

当然，经典作家的理论只能成为我们研究的指南，而不能代替我们的具体研究。为了正确阐述西进在美国经济发展中的作用，还有许多艰苦细致的工作要做。

二

西进首要和直接的后果是美国领土的猛烈扩张。1776 年，当 13 州宣布脱离英国而独立时，它的面积只不过 369000 平方英里，而到 1853 年，已扩大到 3026798 平方英里。美国由一个偏居大西洋沿岸的小国，变成为一个横跨整个北美大陆的大国，美国历史学家把这一巨大变化称之为"地理革命"。虽然这种说法有掩盖美国向西侵略和掠夺的一面，但仅从地理上的变化来看，却也并非言过其实。在 80 年内，美国把领土增加了 7 倍半，连续跨越了阿巴拉契亚山脉、密西西比河和落基

① 《马克思恩格斯选集》第 1 卷，人民出版社 1972 年版，第 230 页。

② 《马克思恩格斯全集》第 19 卷，第 296—297 页。

山脉三个“自然疆界”，并且占有了北美大陆的心脏地带密西西比河流域，还不足以称之为“地理革命”吗？

问题是，在美国经济发展史的研究中，能否避开这一“地理革命”？历史唯物论否认地理环境是一个国家历史发展的决定性因素，但承认它是社会和经济发展经常和必要的条件，而不同的地区、不同的国家，其地理条件（包括气候、土壤、资源等）是不一样甚至是很不一样的，因而它们对各国社会经济发展的作用和影响当然也不会一样。

19 世纪中叶以后，交通运输业的发展逐步地打破了过去那种区域之间的闭塞状态，从而也就在一定程度上改变了地理环境的某些局限。但气候条件、土质好坏和作物品种等方面的基本状况，人类却很难对之做出任何重大的改变。世界历史的经验表明，地理环境对社会经济发展的作用和影响，是随人类征服自然的能力的增加而逐渐缩小的。换句话说，时间越往前推移，其影响就越要大。因此，要研究美国历史，特别是美国经济史，就不能不注意上述地理条件的变化带来的影响。

“地理革命”在美国经济发展中的最大意义，在于它为美国的经济发展找到了取之不尽的天然资源：首先是肥沃的土地资源。据统计，美国有 40%的可耕地，①其中绝大部分集中在密西西比河流域，东起阿巴拉契亚山脉，西至落基山脉，绵亘着面积达 260 多万平方公里的农业区，不论从面积还是从质量来说，地球上任何地区都不能与之相比。因此，这个地区的耕地在土地面积中的比例一直是最高的。例如，1959 年，美国耕地占全国土地总面积的 19.7%，而密西西比河流域的耕地达 30%—40%，其上游和大湖平原某些地区甚至在 75%以上。② 其次，是丰富的矿产资源。美国最大的煤矿分布于阿巴拉契亚山脉，最大的铁矿分布于苏必利尔湖一带，它们都是发展近代工业最重要的资源。此外，在墨西哥湾、密西西比河流域、大平原区、落基山区和太平洋沿岸地区，也埋藏有大量煤、铁、金、银、铜、铝、锌和石油，等等，凡是工业生产所需要的原料，这里几乎应有尽有。总之，“美国拥有任何一个欧洲

---

① 福克纳：前引书，第 17 页。

② 广东哲学社会科学研究所编：《美国农业经济概况》，人民出版社 1975 年版，第 50 页。

国家所没有的大量资源和优越条件”[1]。再次，是丰富的水利资源。别的不谈，仅密西西比河就全长6020公里，是世界第四大河。它有40多条大大小小的支流，遍及从阿巴拉契亚山到落基山之间的21个州，整个流域面积约322万平方公里，占美国本土面积约2/5以上，可航水路总长达25000公里；[2]有人估计，其排水量3倍于圣劳伦斯河，25倍于莱茵河，380倍于泰晤士河。无论从灌溉还是从航运来看，密西西比河都是“举世无双”的。最后，还有极为重要的森林和草原资源。据研究，当欧洲人入侵美洲时，在现今美国大陆上，从大西洋到太平洋大部分覆盖着森林和灌木，原始森林面积共达8.2亿英亩，占全部土地面积40%以上，其中1/4在落基山脉和太平洋沿岸。到美国独立时，东部的原始森林已被砍伐得差不多，西部成了木材的主要供应地。而密西西比河以西的大草原，遍地生长着可供牛羊食用的高草和矮草，更是世界著名的天然牧场。所有这些，构成了美国经济发展的巨大潜力。

然而，更重要的是，美国获得这些领土的时机，以及为利用和开发其资源所采取的政策。西部辽阔和富饶的土地，是在美国独立之后不久、资本主义已经发展、工业革命正在兴起之际成为美国领土的。这就在很大程度上及时地满足了美国开展工业革命和发展民族经济所必备的各项条件，为这个年轻的资本主义国家提供了比欧洲国家的海外殖民地更为有利的“国内殖民地”。西部那样辽阔，土地那样肥沃，资源那样丰富，以致美国在占领这些领土之后，尚嫌自己的国力不足以适应大规模开发的需要，还要从欧洲（主要是英国）引进大量资本，更不愁美国资本无用武之地。而且，它建国伊始就采取了一个重大措施，宣布西部土地国有化并向移民开放，这就为按纯粹资本主义方式开发和利用西部资源提供了前提。因为在资本主义条件下，“国有化可以彻底消灭土地占有制方面的一切中世纪关系，可以消灭在土地上的一切人为的壁障，使土地变成真正自由的土地。”[3]事实上，后来美国为开发西部所采取许多政策和措施，如廉价或免费向移民提供西部土地，给铁路公司大量授地作为政府补助，拨出固定地段专供发展教育事业，等等，都只有

---

① 恩格斯：《保护关税制度和自由贸易》，《马克思恩格斯全集》第21卷，第418页。

② 参阅毛汉英等编：《世界地名词典》，上海辞书出版社1980年版，第1189页。

③ 列宁：《十九世纪末俄国的土地问题》，《列宁全集》第15卷，第113页。

在西部土地国有化的前提下才有可能。

结果，它很快就把千千万万移民和大量商业资本吸引到西部，在西部造成了一个自由迁徙和定居、土地投机空前活跃、探矿和开矿同时并进的繁忙局面。移民们首先占领和开拓了俄亥俄河流域和墨西哥湾平原，进一步开发了密西西比河流域，然后越过落基山开发了加利福尼亚，最后征服了西经 100 度和落基山之间的大草原，以及所有干旱和半干旱地带。美国人口的中心在 1860 年就越过了阿巴拉契亚山脉，1900 年便到了印第安纳州的哥伦布附近。[①] 随着人口中心的不断西移，美国经济发展的重心也必将发生相应的变化。

三

西进在美国经济发展中的另一个作用，突出地表现在交通运输业的变化上。这是因为向西部拓殖的运动客观上对交通运输业的发展提出了新的课题和新的要求。

在开拓西部初期，由于那里实际上只有一个行业即“拓荒业”，西部各种生活日用品和生产资料均十分缺乏。为了满足西部开发对劳力和资本的需要，要求尽快把东部的人员及物资运往西部；另一方面，当西部逐渐发展起来后，它的剩余农产品、粮食加工品和畜产品日渐增多，而这些东西又为东部发展工业所必不可少，需尽快地把它们运往东部。因此，迅速打通东部和西部之间的联系，就成为加速西部开发和发展整个经济的关键。美国经济史家福克纳写道：“虽然美国国内一般具有设备良好的全国性水道，只要一看地图便可以知道，这些河流一般是从北部流向南部的。相反的，人口通常是由东部移向西部，因此，运输方面的真正需要乃是要从东部到西部而不是从北部到南部的便利。”[②]可算说到了点子上。

美国的交通运输，过去一直主要靠水路和公路，在运输工具方面则主要靠马车和帆船。这种情况到 18 世纪末和 19 世纪初也没有多大改变，它给美国的经济发展和其他许多方面带来了困难。例如，在第二次

① R. Estall, *A Modern Geography of the United States*, N. Y., 1974, p. 14.

② 福克纳：前引书，第 340 页。

英美战争期间，大西洋沿岸每蒲式耳燕麦购价仅30—40美分，而运到西部边疆却要花60美元。直到1817年，从费城到匹兹堡的运费仍高达100磅7—10美元，从巴尔的摩到俄亥俄中部，运送商品的马车要走一个月。因此，美国交通运输革命的任务，不仅有个解决道路的问题，而且还有个解决交通工具的问题。正因为如此，1807年的“富尔顿航行”，由于成功地把蒸汽机运用于商业航行，成为了引起19世纪美国交通运输革命的第一件大事。富尔顿建造的“克莱尔蒙特号”汽船，只花了32小时就从纽约驶抵阿尔巴尼，从此结束了美国交通运输业史上的所谓“税道时代”，而进入了“汽船时代”。此后，汽船在东部各河流上便被迅速采用。

然而，汽船业只是在西部河流上才“真正兴盛起来”，因为西部有以密西西比河为主干的美国最大的内河航运体系，而且受着迅速扩大的移民运动的有力刺激。据记载，仅1811年后的10年中，俄亥俄河各造船厂就建造了近100条汽船，截至1827年已达233艘。[1] 1860年，西部水域中使用的汽船总共不下817艘，[2]甚至位于密苏里河上游的本顿要塞，1867年，抵达该港的汽船也达39艘。自从有了汽船，密西西比河上的航运业就大为改观。从路易斯维尔到新奥尔良，过去坐龙骨船要走30—40天，到1822年，汽船已将下水缩短为7天，上水16天。与此同时，运费也大幅度下降，上水1860年只是1815年的6%，而下水1860年只为1815年的1/4。[3] 19世纪三四十年代，密西西比河已“真正成为整个内陆平原的主动脉”。[4]

交通运输业的第二个革命性变化，是由伊利运河的开凿引起的。该运河挖掘于1818—1825年，是联结东部和西部的第一条人工河道。由于有了这条运河，布法罗到纽约的运费从每吨100美元降为15美元，时间从20天减到7天。伊利运河开放后的第一年收入75万美元，几年之内就收回全部投资，显示了巨大的经济效益。[5] 为了和纽约港

---

① 拉尔夫·布朗：《美国历史地理》前引书，206—207页。

② Glen Porter ed., *Encyclopedia of American Economic History*, Vol. 1, N. Y., 1980, p. 75. 另一说法是，至1860年使用于密西西比河流域的汽船为1200艘。

③ Glen Porter, *ibid.*, pp. 75-76.

④ 哈克：《美国资本主义之胜利》，商务印书馆1946年版，第179页。

⑤ 福克纳：前引书，第351页。

争夺西部贸易的控制权，宾夕法尼亚州开始抢修通往西部的运河；其他东部各州也从伊利运河的成功中看到了优越性，纷纷用运河将内地和沿海联结起来；中西部各州则赶修从内地到五大湖的运河，以便利用伊利运河给它们带来的机会。于是，1825年后，在全国形成了一个开凿运河的热潮，仅1816—1840年全国用于这方面的费用不下12500万美元，到1850年，全国已建成运河3700英里。在此期间挖掘的运河中最重要的一条，是1833年建成的“俄亥俄—伊利运河”，它提供了第一条从伊利湖到俄亥俄河的水上通道，这等于把伊利湖与密西西比河联结了起来。如果说汽船的发明并不与西进有什么直接关系的话，那么这次挖掘运河的热潮却是由西进直接推动的结果。正如美国历史学家所指出的：“由于国家在地理上的扩张，移民区往往建立在没有水上航道线或远程绕道才能得到水运的地区。在铁路发展之前，为了解决运输问题，显然要修筑运河网作为自然航道的补充。”[①]伊利运河的通航极大地改变了西部与东部和南部之间的经济关系，使西部和东部的联系越来越密切。据统计，自伊利运河通航后，新奥尔良掌握的密西西比河上游的商业，一下子由原来的80%下降到1860年时的23%，[②]大部分中西部的商品不再通过新奥尔良，而直接运往东部了。

然而，美国交通运输业的最大变革却是由铁路带来的。汽船的采用和运河的开凿，都要受到地理条件的很大限制，二者对远离河道的内陆运输影响都不太大。相比之下，铁路却具有更大的优越性：它可以穿山过岭直达内地，而且速度快、载重多。因而铁路的出现就有可能把内陆运输与水上运输结合起来，从而真正形成一个完整的交通运输体系，根本改变一个国家的交通运输状况。美国的铁路建设比英国来得晚，它的第一条近代意义上的铁路即用蒸汽作动力的铁路，一般认为是1830年建成的巴尔的摩到俄亥俄的铁路，但当时只有13英里可以通行。然而，美国铁路的发展大大超过了英国以及所有欧洲国家，到1880年，美国已建成铁路93262公里，而整个欧洲只建成了169000公里[③]。是什么原因推动美国的铁路建设以如此快的速度向前发展呢？

---

① 菲特、里斯：前引书，第277页。

② F. Merk, *ibid.*, p. 222.

③ 门德尔逊：《经济危机与理论的理论与历史》第2卷，三联书店1979年版，第631页。

主要就是开发西部的需要。为了加速西部的开发和改善通往太平洋的交通,美国政府决定建筑横贯大陆的铁路,并且从60年代开始把大批公地授予各铁路公司,从而刺激了美国铁路建设的飞速发展。结果,在西部相继建筑了六大干线:联合太平洋和中央太平洋铁路,大北铁路,芝加哥—密尔沃基—圣保罗铁路,南太平洋铁路,北太平洋铁路和圣菲铁路,这样,美国铁路发展的重点便由东部转到了西部。据统计,1840年,东部铁路长度为2934英里,西部只有394英里;到1880年,西部的铁路增加到63664英里,而东部却只有29598英里。[①]

这一事实再次说明:西进对美国交通运输业的发展起了巨大的推动作用。

四

在殖民时代,美国的商业贸易可以说是畸形发展的,它主要集中于沿海地区。这个时期美国的商业贸易,还带有商业资本主义时代的一切特征,甚至是早期商业资本主义时代的特征:对外贸易比国内更为重要。因为在商业资本主义时代,各民族间的分工比其内部分工更为发达,当时国内贸易虽然也在不断发展,但由于国内市场还未真正形成,远不如国外贸易来得快。据美国历史学家估计,殖民地的沿海商业大约只吸收了殖民地总产品的3%—3.5%,而输往国外的产品却占总产品的15%—20%。[②] 这种状况,只是在美国独立之后,随着西部的不断开发,以及继之而来的交通运输的发展,才逐渐发生了变化。

当美国西部刚刚被成千上万移民占领的时候,当西部的开发工作还处于"拓荒阶段"的时候,西部只不过是一个潜在的大市场。那里的农业还只能是"自给农业"(selfsufficing agriculture),农民既拿不出多少东西到市场上去出卖,也无法买回他们所需要的东西。然而,西部并不永远处于落后状态,它的经济地位在日新月异地发生变化,一个拓荒

---

① E. C. Kirkland, *A History of American Economic Life*, N. Y., 1969, pp. 155、260.

② Glen Porter, *op. cit.*, pp. 266-267.

农民大约三五年之后剩余农产品就会多起来，他们就会要求有适当地点去出售剩余产品，以便换回他们极端缺乏的工业品，并多少赚些钱来扩大再生产。正在这时，一个修筑运河和铁路的热潮在全国兴起，大大小小的商业运输线修到了广阔的大西部。于是，大湖地区首先商业化并进而开始工业化，被纳入以东北部为中心的资本主义市场，在此基础上形成了“东北部—五大湖”工商业带。另一方面，美国基础资源的范围，随着密西西比河以西交通运输业的不断改善，迅速扩大到太平洋地区，19 世纪 80 年代，当铁路网在全国逐渐建立起来时，不仅东部已经相当繁荣的城镇之间的联系更加密切，就是边远地区许多偏僻的定居点也变成了新的商业中心。这时候，一个统一的国内市场就最后形成了。这是美国商业贸易方面的一个革命性的变化。

不过，这个统一的国内市场，是伴随着区际贸易（intersectional trade）的发展逐步形成的。因为在美国经济的发展中，地区之间的差别在 19 世纪上半叶变得日益明显，随着西进运动的兴起，在工业的北部和奴隶制的南部以外，又增加了一个垦殖的西部，它们分别以生产工业品、棉花和粮食为主。这种随着各个地区内部的发展而逐步扩大的差异，对于国内市场的形成来说不仅不是坏事有时还是好事，因为为了满足地区本身的需要，各地区之间必须互通有无，这就推动了“区际贸易”的发展。1840 年是美国区际贸易发展中的转折点，在此之前，各地区之间实际上还处于半孤立的状态。据统计，1840 年，南部从西部进口的农产品，不到南部出口的同类产品的 5%；1839 年，南部所消费的北部的工业品，只占北部工业总产量的 6%—16%；而 1839 年，西部出口品的一半都是输往国外，不是输往国内其他区域的。1840 年以后，区际贸易有了显著的发展，以致完全打破了过去那种孤立或半孤立的状况。据统计，1839—1860 年，西部对北部的出口增加了 14 倍，对南部的出口增加了 5.6 倍。[①] 大约在同一时期（1839—1853），东北部对俄亥俄河流域的出口增加了 6.8 倍，南部对俄亥俄河流域的出口增加了2.75倍。[②] 在区际贸易发展的过程中形成了两大商品循环：一方面，

---

① Albert Fishlow, “Antebellum Interregional Trade Reconsidered”, in R. L. Andrean, ed., *New View on American Economic Development*, Cambridge, 1965, pp. 196, 199.

② R. A. Billington, *op. cit.*, p. 402.

俄亥俄河流域的粮食和食品通过密西西比河运往南部，在这里这些商品变换成棉花和蔗糖，棉花和蔗糖卖给新英格兰(或外国)，在新英格兰又转换成纺织品运往西部；另一方面，新英格兰的手工业品用船运往南部，在新奥尔良又被变换成蔗糖、咖啡等，然后再运往俄亥俄河和密西西比河上游。[①] 实际上，这种区际贸易和商品循环系统形成的过程，也就是统一的国内市场形成的过程。

然而，19 世纪美国国内贸易的发展并不限于上述区际贸易方面。随着西部的不断开发和各地区经济的发展，在西部还兴起了三大新的贸易区，这就是五大湖、密西西比河三角洲和西部大平原贸易区。密西西比河三角洲以新奥尔良为中心，在法国人占领时期这里的商业就有了一定规模。美国人接管新奥尔良后，这个河口重镇不仅成为新南部的商业中心，而且在很长时期还是内地各种商品的主要出口地，因此，新奥尔良的商业贸易在 19 世纪上半叶得以迅速发展。1815 年，该港出口总值仅 8779000 美元，到 1860 年已增至 185211000 美元，即增加了 20 倍。[②] 与此同时，随着俄亥俄和整个中西部被拓殖，五大湖地区的贸易也迅速活跃起来。特别是 1825 年伊利运河通航后，一批颇有生气的工商业中心，如克利夫兰、底特律、芝加哥和密尔沃基，雨后春笋般拔地而起，该地区的贸易由此进入繁荣时期。1820 年，该地区贸易总值不过二三十万美元，到 1860 年，便达到 3 亿美元，40 年内增加了 1000 倍。[③]早在 1846 年，大湖区的主要出口地布法罗所接运的小麦和面粉，就已超过新奥尔良。西部大平原的贸易，以圣路易为主要集散地。该城在拓荒时代是“通往远西部的门户”，因此在密西西比河以西的发展中占有特殊的地位。在历史上，有三条主要贸易路线由此通往远西部：一条通往圣菲(开辟于 1822 年)，另一条通往俄勒冈(开辟于 1806 年)，第三条通往南山口(开辟于 19 世纪 20 年代)。这样，圣路易的商人就可以把新墨西哥的银元和落基山的皮货都集中到自己手里；同时又把东部的工业品、南部的蔗糖和中西部生产的酒类运往远西部，从这种交易中牟取暴利。当时，皮货贸易获利相当丰厚，落基山皮货公

---

① F. Merk, *op. cit.*, p. 215.

②③ Lippincott and Tucker, *Economic and Social History of the United States*, 1927, pp. 288-291.

司的利润达到 2000％。[①] 商人们每年运往圣菲的货物在十几万美元以上，[②]纯利从 10％到 40％不等。这三大贸易区的兴起，突出地说明了西部开发在美国资本主义发展中的作用。

新的贸易区的兴起，区际贸易的发展和统一的国内市场的形成，构成了 19 世纪美国经济的另一场革命：商业革命。由于这个革命，国内贸易在整个美国商业贸易中比重的增长大约在 1839 年，美国产品在国内市场的销售额，便最终超过了国内产品出口额。据统计，在此后 21 年中，美国输往国外的商品只从 10200 万美元增加到 31600 万美元，而国内区际之间的商品交换从 10900 万美元增加到 48000 万美元。[③] 默克指出：“从 1812 年战争结束到内战开始时，内地与整个沿海地区之间贸易的价值，比美国的整个对外贸易还要大。”[④]到 19 世纪 80 年代，美国的民族市场已达到最大范围。1869—1900 年，美国国内市场已吸收了农民出卖的农产品的 82％。[⑤]

五

西进对美国经济影响最大的部门莫过于农业，它完全改变了美国农业的重心。谁都知道，在美国独立之前，美国农业的重心是在大西洋沿岸，主要集中于东北部和中部各殖民地。但在独立后，随着西进运动的兴起和大西部的不断开发，美国的农业生产重心便逐步西移，移到了密西西比河流域，特别是中西部一带。

据美国国情调查所提供的资料，早在 1860 年，阿巴拉契亚山脉以西的农场就占了全国农场总数的 57.6％，其面积占全国农场总面积的 59.8％，资产占全国农场资产总值的 54％；到 1900 年，西部农场的数目、面积和资产总值在全国所占的比重，又分别上升为 71％、79％和

---

① Glen Porter, *op. cit.*, p. 578.

② 布朗：前引书，第 310 页。

③ Glen Porter, *op. cit.*, p. 273.

④ F. Merk, *op. cit.*, pp. 216-217.

⑤ F. A. Shannon, *The Fermer's Last Frontier, Agriculture, 1860-1897*, N. Y.-Toronto, 1945, p. 355.

78%。[1] 从农作物的栽培和产量来看，也明显地反映出这种重心转移的趋势。例如，作为美国主要农作物之一的小麦，其主要产区就不再停留于过去的所谓"面包殖民地"地区，而是移到了美国的中西部即从俄亥俄州到达科他州的地带。美国的主要小麦生产州，1839 年为俄亥俄（1660 万蒲式耳），1859 年为伊利诺斯（2380 万蒲式耳），1869 年还是伊利诺斯（3000 万蒲式耳），到 1889 年，红河流域已成了"小麦王国"的中心。据统计，1859 年，仅俄亥俄、伊利诺斯、印第安纳和威斯康星等中西部 4 州的小麦产量，就占了全国小麦总产量的 40%。[2] 其他方面，如玉米和牲畜等，在 19 世纪中叶，西部实际上也都成了全国的主要产区。所有这些，都说明了美国农业重心的转移。

在农业的地区专业化方面，如果从主要农作物的种植来看，其趋向早在殖民时代就出现了，但美国农业专业化的最后形成也是在西部开发的过程之中，其突出的表现就是密西西比河流域三大农业专业区的建立。中西部地区，由于受大陆性气候的影响，既有炎热的夏天又有寒冷多雪的冬天，这种气候对小麦和玉米的生长极为有利，所以，这里就成了美国小麦和玉米的主要产区，成了美国的"小麦王国"。而墨西哥湾平原和整个东南部，由于不易受到北风的吹袭，形成一种温润的亚热带气候，夏天炎热而冬天温暖多雨，较适宜于烟草、棉花和水稻的生产，结果这里形成了以阿拉巴马为中心的"棉花王国"，并且和旧南部连成了一片。在密西西比河以西，特别是西经 100 度以西的平原地区，年降雨量不足 20 英寸，在未解决灌溉问题和发明旱地农业耕作法之前，这里很难发展粮食作物的生产，但大草原丰富的牧草却为畜牧业的发展准备了良好条件，这里本来是野牛成群出没的地方，而今变成了美国畜牧业的集中产区，成了著名的"牧牛王国"。这三个新的专业化程度很高的农业区的建立，奠定了现代美国农业帝国的坚实基础，是美国农业能够持续发展的重要原因。在密西西比河流域农业区形成的同时，全国的地区分工也进行了相应的调整，除了旧南部还以经济作物棉花生产为主外，东北部已经从农业区转变为工业区。

美国农业机械化过程的早日到来，与西部的开发和西部大农业的

---

① *Census Reports*: *Twelfth Census*, *1900*, Washington, 1902, Vol. 5, pp. 33, 37.

② Paulw. Gates, *The Farmer's Age*: *Agriculture*, *1815-1860*, N. Y., 1960, p. 160.

发展更有极密切的关系。首先，西部的家庭农场虽然被称为“小农庄”，它们的规模实际上都相当大，或者几十英亩，或者几百英亩，而且草原上农场的经营方式越来越与工厂无异；其次，西部辽阔无垠，随着移民运动的推进，大量荒地被开垦出来，但西部人口的密度相对来说极低，这就造成了劳动力的极端缺乏，而一般自由移民又不愿使自己降为被雇佣的地位；最后，西部许多地方，尤其是密西西比河左岸的草原地带，都非常适合大规模耕作和机器生产，而不适合于手工劳动。因此，美国的农业越是往西推进就越要借助于机械和技术的力量，否则就无法取得相应的进步。正如杰斐逊所说：“在欧洲，由于劳动力充足，就应该以尽量利用土地为目的；而在我国，由于土地充足，就应该以善于利用劳动力为目的。”[①]19 世纪上半叶，为节省劳动力所进行的努力在美国是相当成功的：在耕地方面，1837 年，约翰·迪尔发明了钢犁，它对于草原地带的耕作极为有用，到 1857 年，仅迪尔在伊利诺斯的工厂一年就生产 10000 张；在播种方面，19 世纪 40 年代就有了条播机的出售，1853 年，伊利诺斯的乔治·W. 布朗又发明了玉米播种机，这些机器都适宜于大面积播种的需要；在收割方面，1833 年和 1834 年，奥贝德·赫西和塞拉斯·麦考密克首先分别试制收割机取得成功，以后又出现了一系列重要的新发明，逐渐把收割和脱粒、收割和打捆结合起来。这样，从耕地到收割等各个生产环节都有了许多重要的改进和发明，从而大大提高了农业劳动生产率。据统计，从 1830—1896 年，生产一英亩小麦所花费的时间从 61 小时降到 3 小时，这就是明证。虽然当时使用的还是畜力而不是蒸汽机，但美国农业机械化的第一步毕竟是迈出了。内战以后，美国进入了全面实现农业机械化的阶段，开始用蒸汽机来武装农业，到 1880 年，全国农业中所拥有的蒸汽机已达 120 万马力。在整个农业机械化运动中，西部始终走在运动的前列。据统计，1860—1870 年 10 年中，全国农场工具和机器的价值只增加了 10.1%，而西部却增加了 102.9%；1870—1880 年 10 年中，全国农场工具和机器的价值只增加了 50.1%，而西部却增加了 92.2%。[②] 这说明，西部的开发确实是美国农业机械化运动的强大动力。

---

① 福克纳：前引书，第 279 页。

② Census Reports: Twelfth Century, *op. cit.*, pp. 29-30.

当西部逐渐变成美国农业发展的重点时，东部的农业却开始出现了“衰落”的迹象。本来，东部的农业，自19世纪初工业革命兴起之后，就开始发生变化。为了给日益增加的城市人口提供蔬菜和副食，郊区开始把粮食生产改为蔬菜生产，山区则大力发展养牛业。这一趋势随着西部的不断开拓而加强，因为在东部农场主面前站起了一个强大的竞争者。西部的拓荒业最初带有“粗放的”性质，但它决不是“原始的”。哈克指出，西部的农民实际上“都是商业农民，拥有相当资本，并且需要短期及长期信用贷款，从事商业生产”①。所以，他们虽然并不一开始就是资本主义农场主，都还有一个由“自给农民”转变为资本主义农场主的过程，但自给农民“在美国经济中只是短暂的过渡现象”②。当20年代伊利运河通航和50年代铁路迅速发展时，西部（尤其是中西部）的农业很快就商业化。西部的廉价的粮食像洪水一样流入东部市场，给东部的农业以巨大冲击。据统计，仅1860年，西部向东部出口的小麦就达2842万蒲式耳，玉米达1920万蒲式耳，面粉达434.5万桶。③ 在“西部巨人”的挑战面前，许多“新英格兰的农民放弃了谷物生产”，转到蔬菜和乳酪业方面去了。结果，到1839年，新英格兰的小麦种植几乎停止。1839—1859年新英格兰各州的小麦产量下降了一半。从1860—1910年，新英格兰的耕地减少了500万英亩或42%，这里出现了千万个荒芜的农庄。它从另一个侧面说明了西部的开拓对美国农业的巨大影响。

六

西进对美国工业革命的影响如何？历史学家历来多有争论。有人以两点理由来论证西部对东部工业发展的“不利作用”，就是：（一）西部的土地投机活动，使东部大量资本流失；（二）东部大批人口迁往西部，影响了东部劳动力的供应。于是他们得出结论说：西进妨碍了美国的工业革命。

不可否认，上述第一条理由是有道理的。西部之所以有无限的吸

①② 哈克：前引书，第172页。

③ R. A. Billington, *op. cit.*, p. 614.

引力，正是由于有似乎取之不尽的公地存在。政府为了使自己成为这些公地的最大受益者，于是便胡乱地加以处理，或者以大块为单位进行出售，或者大量授予铁路和商业公司，或者把公地奖给有功的将士，这就给大规模土地投机提供了机会。商人和银行家、军官和退役兵、农民和手工业者，都争先恐后地去做土地买卖。他们主要是商人，以个人或公司的名义，几百万、上千万英亩地从政府手中“购得”公地，然后高价转卖给渴望土地的移民，从中渔利。

自西部自由土地开放以后，西部各村镇的控制权多在投机团体和公司手中。个人所有地常达 5000—10000 英亩，公司所有地常在 50000—100000 英亩之间。建国初的那些著名资本家莫不与土地投机公司有关，如罗伯特·摩利斯所控制的土地就达 600 万英亩。1849—1857 年间，仅伊利诺斯州转入投机者手中的公地，就不下 1200 万英亩。土地投机成了相当时期内美国资本的主要活动领域。据统计，政府从出售公地所得的收入，1825 年为 121.6 万美元，1836 年为 2516.7 万美元，1837 年为 7 百万美元，1857 年为 8 亿美元以上。[①] 这充分说明了土地投机规模之大。大量资本流入西部，流入土地投机商以及其他“非生产性企业”，当然要影响到东部的工业革命的进程。如果按哈克关于美国工业革命在 1843 年才真正开始的观点，那么美国的工业革命整整推迟了 60 年。

然而，上述第二条理由却未必站得住脚。如果说由于西进影响了东部工业劳动力的供应，那么按理它将在东部城市人口增长的速度方面反映出来。事实上，据一些美国历史学家研究，当时从城市向农村每迁出一个人，则有 20 个人从农村迁入城市。据另一些美国历史学家研究，在 1860—1900 年间，美国农业人口只从 1900 万增加到 2800 万，而非农业居民却从 1200 万猛增到 4800 万。尽管这些数字还有待进一步考察，但西进并没有影响到工业劳动力的供应这一点，应是肯定的。实际上，当大批美国人迁往西部的时候，从欧洲涌入的移民潮流，以极大的速度补充了东部的劳动力市场。正如马克思指出的：“逐年涌向美洲的巨大的人流，在美国东部停滞并沉淀下来，因为从欧洲来的移民浪潮迅速地把人们抛到东部的劳动市场上，而向西部去的移民浪潮来不及

① 哈克：前引书，第 163—166 页。

把人们冲走。”①

应该说，从整个美国历史发展来看，西进对美国的工业革命及工业化起了巨大的促进作用。首先，由于西部的开拓，主要是密西西比河流域的开拓，为东部正在兴起的工业革命和迅速增加的人口，提供了充足的粮食和食品。当四五十年代东北部的工业革命进入决定性阶段时，这里及时地源源不断地得到了来自西部的粮食。例如，在 1853 年，西部出口的全部农产品中，99%的小麦、62%的面粉、63%的玉米，都是运往东北部工业区的。② 在 1860 年至 1900 年间，美国人口增加一倍多，工业化运动全面展开，但并未出现食品短缺的现象，就是因为在此期间小麦产量增加了近 3 倍，玉米增加了约 2.5 倍，这不能不说是西部开发的功劳。其次，西部各种重要矿藏的发现和开采，为正在兴起的工业革命提供了必要的原料来源。早在 19 世纪 20 年代，美国移民就开始在伊利诺斯和威斯康星开采铅矿，到 1845 年，密西西比河上游的铅矿产量已达 25000 吨。③ 自 1800 年以后，匹兹堡逐渐发展成美国重要钢铁中心，它所使用的煤和铁矿石便是来自附近矿区。由于 1846 年阿拉巴马发现铁矿石和石灰石，这就为新南部的钢都伯明翰的兴起准备了条件。克利夫兰的钢铁业大约开始于 1855 年，在此后一个世纪里，运抵该城的铁矿石达 2 亿吨，它们主要来自俄亥俄和大湖地区。④ 至于苏必利尔湖产的铜在全国更是首屈一指，1850 年它占全国总产量的 85%，1860 年占 74%，1870 年占 87%。⑤ 此外，加利福尼亚(1848)、科罗拉多(1852)和内华达(1859)三大金矿区，在 19 世纪中叶相继被发现和投入开采，成为美国资本积累的重要来源，产金量最多的 1852 年，年产值达 8100 万美元。第三，向西部的推进又为东部的工业品开辟了广阔的国内市场。在整个拓荒时期，西部主要是一个农业区，工业品十分缺乏。移民们从东部匆匆迁往西部，忙于为自己建立小屋和垦荒工作，但他们需要大量生活日用品和生产资料，他们不可能完全由自己生产，必须仰赖于东部的供应。这样，就为东部和东北部的工业品造成了市

① 《马克思恩格斯全集》第 23 卷，第 342 页。

② R. A. Billington, *op. cit.*, p. 401.

③ 布朗：前引书，第 247 页。

④ W. Havighurst, *Ohio: A Bicentennial History*, N. Y., 1976, pp. 111-113.

⑤ 布朗：前引书，第 240 页。

场。据统计,俄亥俄河流域从东部和东北部进口的商品,1839 年 11 万吨,1844 年为 12.9 万吨,1849 年为 23.5 万吨,1853 年为 56 万吨。[①]

然而,西部的作用,并不仅仅在于为东部提供粮食、原料和市场。西进也使美国的工业不断向西扩张,造成了制造业向西移动的趋势。由于阿巴拉契亚山脉和五大湖地区煤、铁和石灰石的发现,在西部兴建了美国几个重要的钢铁工业中心,前面已经提及,当中西部的小麦生产发展起来后,面粉厂便从沿海河流迁到伊利河上的罗彻斯特,然后又迁到芝加哥、明尼亚波利斯和堪萨斯,到内战时期,圣路易城已成为美国最大的面粉生产者。食品罐头业 1816 年兴起于辛辛那提,后来也发展到芝加哥和堪萨斯,不仅中西部的牲畜在这些工厂屠宰加工,而且大草原南部的牛也赶往北部去屠宰,然后东运。农机制造业是在东部兴起的,在西部垦荒业和大农业不断发展的情况下也开始西移,许多工厂从原来的纽约中部迁到伊利诺斯和威斯康星。此外,随着西部航运业的发展,在匹兹堡、惠灵和辛辛那提办起了许多造船厂,早已是西部的重要工业之一。从总的来看,制造业和其他工业西移不外乎三个原因,一是西部迅速增加的人口为工业发展提供了劳动力,二是为了使工业生产更接近于原料产地,三是可以直接为西部的开拓和发展服务。由此可以看出,制造业向西移动的趋势,是直接由西部的开拓造成的。

还应当指出,由于制造业和其他工业向西移动,各地区的工业在全国的比重也发生了显著的变化。新英格兰是美国工业革命的发源地,因此,这里多年来是美国的主要工业区,1850—1900 年它的工业产值翻了 5 番,但在全国工业生产总值中的比重却不断下降:1850 年为 27%,1900 年为 14.4%,1914 年为 12%。与此同时,纽约、宾夕法尼亚和新泽西等大西洋中部各州,却上升为美国最重要的工业区,到 1900 年,3 州工业产值已占全国工业总产值的 38%。而中部东北各州(即最初的西北部)则得到了最显著的发展,1850 年时,这些州还以农业为主,1904 年,其工业产值已占全国工业总产值的 1/4,到 1914 年,整个阿巴拉契亚山脉以西的工业产值,已上升为全国工业总产值的 47.9%。[②] 作为这种趋势的象征,美国工业的中心在 1890 年便越过了

① R. A. Billington, *op. cit.*, p. 402.

② 菲特、里斯:前引书,第 451—452 页。

阿巴拉契亚山脉，1900 年已到俄亥俄坎顿以西约 50 英里的地方。[①]

七

上面，我们从几个方面分别探讨了西进在美国经济发展中的作用，对一些感兴趣的问题进行了初步的分析和说明。从这些探讨和分析中，我们可以得出怎样的结论呢？

第一，西进对美国经济发展的影响是带全局性的。当工业革命刚刚在东北部兴起的时候，西部的土地投机、运河挖掘和铁路建设等"非生产性行业"的活跃把大批资本吸引到西部，这在一定时间内确实延缓了东北部工业革命的发展。但正是由于向西部的不断推进和大批商业资本流入西部，才带动并刺激了拓荒业、畜牧业、采矿业、加工业、制造业及交通、运输和商业等各行各业的迅速发展，从而在 19 世纪中叶形成了一个以工业革命为中心的全面变革的局面。这种全面变革的形势又在客观上向各个经济部门提出了采用和发展科学技术的要求，从而使东北部工业革命的成果得以在更大的范围内及时地发挥其作用，这就扩大了工业革命（特别是技术革命）在美国经济发展中的效果。所以，西部的开拓不仅为东北部的工业革命的深入发展准备了粮食、原料、资金和市场，而且也从各个方面为全国的工业化奠定了雄厚的基础，最终实现了由商业资本主义向工业资本主义的过渡。像 19 世纪中叶在美国出现的由西进造成的以工业革命为中心的全面发展的局面，在欧洲各资本主义国家中是很难找到的。因此，它产生了英法等老牌资本主义国家不曾有过的力量和速度，以致在 19 世纪末和 20 世纪初，即美国大陆边疆刚刚结束之际，美国就先后在农业和工业生产方面跃居世界首位，作为一个经济大国出现于世界的舞台，成为后来居上的典型。

第二，西进对美国经济发展的影响又是带战略性的。以英属北美 13 个殖民地为基础发展起来的美国，最初只占有大西洋沿岸不到 40 万平方英里的狭长地带，虽然它号称"美利坚合众国"，似乎是一个美洲大国，实际上实力有限。西部的面积比最初的美国大好几倍，而且又拥

① L. R. Wells, *Industrial History of the United States*, N. Y., 1922, p. 148.

有无比丰富的自然资源。美国对西部的占领、殖民和开发，必将引起美国经济发展重心的转移。建国以后，从华盛顿、杰斐逊到林肯等历届美国总统及其领导下的政府，虽然从未明确制定过一个关于发展西部经济的战略，但都不同程度地意识到这一点并采取过一些必要的政策和措施，来促进西部经济的发展，宣布西部土地国有化就是美国全部西部政策的基础。在19世纪后半叶，随着西部逐渐被占领和开发，美国在人口、农业和工业等方面的中心，都先后转移到阿巴拉契亚山脉以西，这对美国经济发展的远景来说，无疑是带战略性的转移，它意味着一个新西部的兴起。马克思主义认为，一个新的经济制度越是摆脱旧的生产关系的束缚，它的发展就越自由、越快，美国西部的迅速兴起证明了这个原理，因为它是在处女地上发展起来的，是按纯粹资本主义的方式发展起来的。美国的西进运动和边疆（新南部除外）历史，对资本主义发展问题的研究来说，确实是一个典型例子。

第三，西进对美国经济发展的影响还是长期性的。美国的“边疆”由东向西逐步推移，在美国历史上称之为“活动边疆”（moving frontier）。美国完全占领西部边疆的过程，整整持续了一百多年，到1890年才宣布“结束”。对边疆的拓殖，作为一个重要因素在一个国家的经济发展中长期起作用，并与这个国家社会经济发展的进程如此息息相关，这样的例子在世界近代历史上是罕见的，它无疑给美国的经济发展带来了刺激作用，因为“边疆”在资本的活动中意味着机会。显然，忽视和否认这种刺激作用，对美国经济发展中的许多问题，就很难作出令人满意的解释。但“边疆”这一因素是不是在1890年之后就完全消失了呢？按美国官方关于“边疆”的定义，是指每平方英里人口为2—6人的前沿地区。所以，这样的“边疆”虽然在19世纪末就宣布结束了，但西部实际上还有很大的吸收力，还可以继续大量地接收东部和外国的移民；至于“远西部”的真正开发，则是在20世纪最初二三十年才进行。这就是说，即使在19世纪末“边疆”宣布结束以后，它在美国的经济发展中仍然是长期起作用的重要因素。

需要说明的是，当我们在这里讨论西进在美国经济发展中的作用的时候，我们时刻也没有忘记这样一个事实：即西进运动本身是在资本主义和工业革命这样一个背景下发生的。如果说“西进”最终推动了美国经济发展的话，那么工业革命及导致这个革命的诸因素便是动力的动力。而且,工业革命和西进运动,以及国民经济的各个部门之间,总是相互影响、相互促进的。长期以来,史学界争论着一个问题:为什么美国这个新兴国家能够后来居上并迅速成长为一个世界大国?历史学家各持一端,或者把工业革命说成是决定性原因,或者把西部的开拓说成是决定性原因。看来,起促进作用的因素各种各样,而决定性的因素是两个而不是一个,正是工业革命和西进运动这两大运动的相互联系和作用,构成了美国实现近代化和向现代美国过渡的主要动力,并"确定了美国社会的节奏"①。

由沿海到内地是近代经济发展的规律之一。因为商业资本主义总是首先在沿海地区兴盛和发展起来的,而当商业资本主义向工业资本主义过渡并最后实现工业化的时候,对市场和原料的巨大需求迫使资产阶级一方面加强对外的扩张,另一方面则加强对尚未开发和利用的内地和边疆的开发。这样,开发内地和边疆就成为资本主义深入发展过程中的重要步骤,只不过这一步骤在有些国家(如美国、俄国、加拿大、澳大利亚等)比较突出,而在另一些国家不那么突出罢了。然而,不管怎样,在任何比较大一点的国家里,它内部各地区的发展总是不平衡的,总有比较先进的地区和比较落后的地区,已经开发和尚未开发或尚未完全开发的地区的差别。因此,对美国西进运动和边疆历史的研究,也多少带有一些普遍性的意义。

(原载《历史研究》1984 年第 3 期)

---

① 莫里森等:前引书,第 359 页。

略论美国西部开发模式

在世界开发史上，美国西部的开发，和加拿大、澳大利亚以及其他“自由殖民地”的开发一样，大体都是采取资本主义方式。然而，只有在美国西部的开发过程中，其所采取的资本主义方式才具有某种“纯粹”的形态，并由此造成一系列有别于其他地方的特点，以致形成一种独具特色的开发模式，因为它从一开始就是在真正“自由土地”的基础上进行的。换言之，“自由土地”是此模式形成的前提和条件。

不过，此处所说的“自由土地”，与 F. 特纳所说的“自由土地”，在概念上完全不同。因为他所说的“自由土地”，是可以“自由占领”的土地，即印第安人的土地。① 与此相反，经济学意义上的“自由土地”概念，是从土地与市场的关系来考虑问题的，因为判断土地是否“自由”，不在于它是否已经有“主”，也不在于它是否可由人们“自行”去占领；土地的真正自由在于，它彻底摆脱了封建制以及一切前资本主义所有制的束缚，从而可以作为商品自由地在市场上被出售、交换和转让，即在于它的商品化。正是在这个意义上列宁说：“所谓自由土地，就是它一方面摆脱了中世纪的一切羁绊，摆脱农奴制度和封建制度，另一方面又摆脱了土地私有制的羁绊。”②

其实，不仅在印第安人还拥有主权时，西部土地不是“自由”的，就是在赶走或消灭了印第安人之后，它也不一定是“自由”的：首先，这些昔日的土著人的土地一旦变成新兴的合众国的领土，就有一个对它们如何管理和使用的问题。自 1774 年以来，“大陆会议”曾就此反复研

① F. Turner，前引书，pp. 1，3。关于这个问题的分析，参阅何顺果：《美国边疆史》，北京大学出版社 1992 年版，第 60 页。

② 列宁：《十九世纪末俄国的土地问题》，《列宁全集》第 15 卷，第 114 页。

讨，并几次通过法令禁止移民到西部去“占地”。[①] 可见，和英王1763年“宣告令”一样，合众国政府也视“占地”为非法；其次，在美国移民向西拓殖过程中，从一开始就存在着新旧两种制度的斗争，资本主义制度在西部的确立也不是一帆风顺的。例如，1775年，理查德·亨德森在为其在西部的殖民地“特兰西瓦尼亚”制定的宪法中就曾规定：每个移民为占有和使用该殖民地土地，每100英亩必须支付2先令“免役税”[②]。他显然是企图在那里“建立一个新业主的殖民地”，[③]并在那里保留某些封建制的残余。

西部领地向“自由土地”的转变，应始于合众国政府所制定的“公共土地”政策，而这一政策的提出则与一系列历史因素有关。例如，把西部土地作为“奖金”授给革命将士的允诺，割让并出售西部土地以清偿国债的主张，当时西北部印第安人袭击对边疆的威胁，以及日益增多的向西部自发迁徙的压力，都不同程度地促进了“公共土地”政策的出台。正是在上述因素的影响下，早在1776年底，S. 迪恩就提议，将一部分西部领土售给某合股公司以支付战债，并将这些领土组成一“特殊的州”。1778年，大陆会议财政委员会也提出类似建议，不过在西部建立的新州将不是一个而是“若干个”，“并将被接纳为联邦的成员”。1779年5月，马里兰给它的大陆会议代表的训令认为，西部土地“是用13州的鲜血和财富从共同的敌人手里攫取来的”，“应该看成是公共的财产”，但在这些土地上建立的新州应是“方便、自由和独立的”。1780年，托马斯·潘恩发表的小册子，几乎讨论了当时业已提出的各种主张和提议，其标题就是《公共福利：关于弗吉尼亚对广阔的西部领土的土地所有权以及合众国对上述西部领土的权利的考察：是将它合并到弗吉尼亚，划出建立一个新州，用作继续战争的基金，还是用来偿还国债?》。[④] 可

① B. Hibbard, *A History of the Public Land Policies*, New York 1924, pp. 41-42; F. Merk, *op. cit.*, p. 11.

② 免役税，亦称“代役租”，是英属北美殖民地封建制残余的一种。

③ R. 毕林顿：前引书，第242页。

④ Thomas Paine, Public Good: Being an Examination into the Claim of Virginia to the Vacant Western Territory, and of the Right of the United States to the Same: To Which Is Added, Proposals for Laying off a New State, to Be Applied as a Fund For Carrying on the War, or Redeeming the National Debt. (1780)。

见，关于西部土地的处理，已成为朝野广泛关注的问题，并已初步形成了某些共识。

在初步形成的这种共识推动下，作为临时革命政权的大陆会议，开始着手策划处理西部土地的政策和措施。1780年9月，它向拥有西部土地的各州提出，把它们的土地所有权割让给合众国政府。同年10月10日，由于纽约州已于年初声明放弃其对西部土地的全部要求，它又正式通过一项决议，其要点是：(1)有关西部土地问题的处理要以“公共利益”为准绳；(2)要对西部土地进行分配并在这些土地上“安置移民”；(3)在西部建立的新州必须实行“共和制”；(4)这些州作为联邦的平等成员将享有“自由、主权和独立”。它表明，关于处理西部土地的上述原则，已成为合众国的基本国策。根据这一决议，邦联国会于1783年成立以托马斯·杰斐逊为首的委员会，并向它发出了起草有关处理西部领土问题的“计划”的指令，指令要求该计划必须“与邦联的原则相一致”，并把拟议中的领地机构称为“临时政府”。1784年4月23日，由杰斐逊起草的《西部领地管理计划》被国会通过，此计划说它涉及的范围是“由各州已经或将要割让给合众国以及由合众国已经或将要购买的印第安人的”、并可“由国会提出来供出售的”土地。这里实际上包括了两个方针：一是西部土地的国有化，一是公共土地的私有化，二者是相互联系但性质相反的过程。同时，计划还第一次为西部领地的演进提供了某种程序：当拟议中的某州移民建立“临时政府”时，应采用原13州的宪法和法律，并把该州分成若干县和镇，以便选举立法人员；当其自由居民达到两万时，得召开代表会议以建立一“永久政府”，其间它将被允许向国会派遣一名只有讨论权而无表决权的代表；当该领地人口增长到至少与原有州的人口相等时，它将成为邦联的正式成员并享有平等的权利。计划决定“将不对领地征收合众国的土地和财产税”①。

为拟订上述“计划”的具体执行措施，詹姆斯·门罗被任命为一个委员会的主席，按要求它将就在“合众国的西部领地”上组建政府的“政权形式”提出报告。“合众国的西部领地”这一概念，在国会的指示中采

---

① Encyclopaedia Britannica, Inc., *The Annals of America*. Chicago, 1968, Vol. Ⅳ, pp. 1-2。

用了专有名词的写法，标志着美国“领地”概念的完全形成。根据这个委员会的提议，未来的政权形式将由“一个总督、参议会和若干可免职的合众国法官”组成，但它在第一阶段将由国会任命的若干官员专权，在第二阶段则由一个选举的议会掌权并在国会派有无表决权的代表，到第三阶段方才上升为具有完整权利的州的地位。它表明，有关西部领地的“基本模式”已经确定，该模式带有很强的“依附的观念”。① 在“基本模式”确定后，国会于 1785 年 5 月 20 日通过《西部领地土地处理规则》，它是在杰斐逊离美赴欧而其职位由他人取代的情况下制定的。因此，此规则虽然重申了西部土地国有化及对移民开放的方针，但却很少谈及 1784 年土地法有关西部领地的政治原则，其主要内容是确定了公地测量和出售的方法。它规定：公共土地必须按方形测量，每 36 平方英里为一镇区，每 640 平方英亩为一分区；在各地交通便利的地方设立“土地局”，按地段编号顺序以每英亩不少于 1 美元价格出售，并需用现金和证券支付；每个镇区要保留 4 个地段给合众国政府，并留出一地段作兴办公立学校之用。其中，实际上包含了有关公共土地出售的三原则，即“公开出售”原则、“现金支付”原则、“大块拍卖”原则。此外，此法还对矿山保留以及给军官和士兵的土地授予，有简略的规定。

由于 1784 年土地法尚未生效就被 1785 年土地法取代，而 1785 年土地法又主要涉及土地测量与出售，西部领地政府的组织问题并未解决。但在上述两土地法刺激下，各地私营土地公司纷纷组成，关于西部土地的投机活动迅速发展，“俄亥俄公司”就是一例。此公司 1786 年成立于波士顿，其董事长鲁弗斯·普特南是一位将军，对俄亥俄马斯金格姆河流域 150 万英亩土地发生兴趣。经代理人马纳塞·卡特勒与国会交涉，以平均每英亩不足 9 美分的价格买下，并获得 $33\frac{1}{3}\%$ 的特别贴现。这桩生意的成功意味着，不久大批移民将在俄亥俄定居，对西部领地的管理问题已具体提到国会面前。于是，1787 年 7 月 13 日，在仅 8 州 18 名代表出席的会议上，通过了邦联历史上最重要的法令，即《西北条例》。关于由领地到州的演变程序，条例与 1784 年计划的规定基本一致，但在许多地方要比后者更具体。例如，它规定“临时政府”应由总

---

① J. Bloom, *The American Territorial System*, Ohio University Press, 1973, p. 48.

督一人、秘书一人和法官三名组成，领地立法机构分为立法会议和代表会议，前者由国会从后者所提10人中任命5名组成。与1784年计划一样，条例重申了领地"将永远是美利坚合众国邦联之部分"的原则，但增加了在领地内"不得有奴隶或强迫劳役"的内容，并强调了保障领地居民"民权和自由"的必要。

从整个西部发展的角度观之，上述决定、法令和条例酝酿和提出的过程，其实就是"美国西部开发模式"形成的过程。因为：第一，在上述决定和条例酝酿过程中，已逐步形成了这样一个明确的概念，即西部新获得的土地应成为"美国的领地"即美国的"国内殖民地"，这就为按美国方式即资本主义方式开发西部提供了前提和条件；第二，这些法令和条例规定，美国在西部的土地不论它们是以什么方式获得的，均应先纳入美国的"公共土地"储备而不能由各州自行处理，这就为西部29个州的开发提供了统一的基础，这些州因而才有"公共土地州"之称；第三，这些法令和条例，由于在西部土地国有化的基础上进一步确立了"公共土地私有化"的方针，不仅决定了西部开发方式的基本性质，也确定了西部土地关系发展的基本方向，使成千上万拓荒农场主在廉价土地上得以迅速形成，并成为开发大西部的主力；第四，不仅如此，这些法令和条例，还确定了西部由"领地"到州转变的程序，并规定这些领地只能实行"共和制"，从而使西部有了一个与其自由经济相适应的政治体制。总之，由于上述理由，一个独特的开发模式已在西部形成，它适用的范围包括西部29个州和领地，其存在的基础就是广阔的"自由土地"，而形成的关键则是"公共土地"政策的确立。之所以说"公共土地"政策的确立是这个模式形成的关键，是因为这一政策不仅决定着这个模式的基本性质和特点，而且赋予这个模式难得的"纯粹"形态。因为作为"最彻底的资产阶级措施"，[①]西部土地的国有化意味着打破农民身上一切前资本主义关系的束缚，在西部土地上成长起来的农场主将既没有长子继承制之类的限制，也没有由于土地所有权的垄断所带来的绝对地租的负担，从而可以在完全自由和独立的条件下发展。那么，这个"西部开发模式"主要有哪些特点呢？

一是它的开放性。它突出地体现在以下几方面：一是定居和迁徙

① 参见《马克思恩格斯全集》第4卷说明。

方面的充分自由，二是私有土地处理方面的充分自由，三是产业经营方面的充分自由。正如 M. 维尔所说："开拓边疆是对美国社会史话的一种持续不断地再创造，这体现了美国'开放的'和民主的性质。"[①]这种开放性是由两项基本政策决定的：一是其自由移民政策，允许移民自由地在西部定居；二是其公地出售政策，允许移民购置宅地以建立家园。但主要还在于"公共土地"出售政策的确立，因为此政策本身已包含两层意义：首先，由于允许移民购买联邦土地，从而实现了向广大移民开放其领地的方针；其次，土地"拍卖"意味着把市场机制引入西部开发过程，而市场经济在本质上总是开放的。由公地出售所实现的开放之实际效应，由于以下两个因素得到了预想不到的加强：其一，是西部"自由土地"的特别丰富。它的范围由最初的"旧西部"扩展至整个大西部，其总面积在 14 亿英亩以上，遍及西部 29 个州或领地，诚如托马斯·杰斐逊所说："我们天赐良土，足以容纳千万代的子孙。"[②]其二，是公地价格的格外低廉。按官方规定，联邦政府所出售的土地，除 1790 年土地法定为每英亩 2 美元外，其余土地法所定价格均在 2 美元以下，有时甚至低到每英亩 25 美分。虽然市场投机价格有时高达 400 美元，[③]但在拓荒时期大多在 20 美元上下浮动。因此，西部土地的价格几乎只是"名义"上的[④]。正是这些因素，使自由土地凭添了无限魅力，成就了 19 世纪最伟大的移民运动。

二是它的多元性。首先，在拓荒者的土地来源方面，虽然联邦是一个主要的提供者，但由于以下原因其土地来源不可避免将多元化：第一，"公地出售"政策的实行，其本身已意味着由单一国家土地所有权向分散的私人土地所有权转变；第二，由于将"公地保留"、"公地授予"与"公地出售"政策相结合，又在国家所有制与个人所有制之间制造了大量"中间人"；第三，当公共土地脱离联邦并投放市场后，其所有权将不可避免会发生第二次、第三次乃至多次转移，因为它们已是"自由土地"。所以，"从农场建立者的角度观之，这里实际上有五种可获得土地

---

① M. 维尔：《美国政治》，商务印书馆 1981 年版，第 8 页。

② 康马杰编：《美国历史文献选萃》，今日世界出版社 1979 年版，第 54 页。

③ G. Fite, *The Farmer's Frontier*, University of New Mexico Press, 1971, p. 101。

④ 这是列宁的观点，见《列宁全集》第 15 卷，第 114 页。

的主要来源，即联邦政府、州政府、土地授予公司、个人土地投机家，以及部分未耕地的私人所有者”[①]。其次，从西部各地所遵循的开发程序上看，虽然整个西部的开发都是以土地开发为中心展开的，但由于整个西部是开放的且各地区自然差异很大，西部各个地区首先兴起的第一开发业并不一定都是农业，从而在不同地区便形成了不同的开发程序或路线。例如，在中西部，首先兴起的是拓荒业，接着发展起来的是采矿业和加工业，那里的开发所遵循的是“农业—采矿—工业”的路径。又如，在远西部，1848 年金矿的发现使采矿成为它的头号产业，并带动了农业和工业的发展，那里的开发所走的“采矿—农业—工业”的路径。再如，在大平原，由于得天独厚的草原资源，畜牧业成了它的第一大产业，那里的开发所遵循的则是“畜牧—农业—工业”的路径。[②] 最后，从都市化的道路来看，由于西部城市兴起的背景不同，虽然也有许多城市是在乡村人口集中的基础上逐步形成的，但相当大一批城市的兴起都与当地主要的开发业有关，并由此形成一批独具特色的城市类型，如“矿业城市”、“铁路城镇”及大平原上的“牛镇”便是。还有一些城市，则是由土地公司建立的，其兴起过程始终与“镇址投机”交织在一起。所有这些，都从一个重要侧面反映了西部开发模式丰富的内涵。

三是它的投机性。这一特点主要是由公共土地的商品化决定的。在 1785 年土地法所确立的三原则中，如果说“公开出售”在于把市场机制引入公地处理过程的话，那么“现金支付”则使土地私有权依赖于资本所有权，而“大块拍卖”就是土地垄断之源，三者都导致了投机的发展。结果，投机几乎渗透到西部开发的各个领域：在农业中，土地投机主要是由东部“富商”组成的土地公司进行的；在铁路建设中，铁路公司专门组织有二级“市镇开发公司”；在市镇建设中，镇址地皮是投机的主要对象。西部开发中的这种投机性，由于以下几种原因而被强化：一是联邦宅地政策中的弊病。因为在《宅地法》及此后的一系列修正案中，不仅移民被授予的宅地面积很大，而且人们还同时保有所谓“先购权”，土地投机家得以先占领大批荒地，然后以“宅地”名义进行登记；二是

---

① C. Danhof, “Farm-Making Costs and the ‘Safety Valve’, 1850-1860”, *Journal of Political Economy*. No. 3 (June 1941).

② 参见《历史研究》1992 年第 4 期，第 12—13 页。

“代理投机家”(agent-speculators)活动的猖獗。他们作为东部银行或私人的代表来到西部，处理土地执照并操纵地方证券，同时经营东部资本家的发行银行，以20%—60%的利率贷款给占地者。如库克·萨特金的银行，在衣阿华就开设了8个办事处，拥有20万英亩地权[①]。三是中央和地方金融机构直接参与投机。且不说19世纪二三十年代那些“野猫银行”，就是先后成立的两个“合众国银行”，也都是以土地投机为主要业务的。它们不仅以高利率从事贷款业，还在西部办理农场抵押事宜。四是广大移民直接卷入土地投机，形成所谓“移民投机家”(settler-speculators)。据估计，从事土地投机的这类人，在西北达科他地区几占宅地者人数的4/5。由于“投机是一种其目的在于利润的商业”，投机的普遍化必将加重西部开发的资本主义色彩，因为投机一方面诱发了地价的上涨，增加了移民经营土地的负担，另一方面也扩大了地权转移的渠道，加快了土地和资本的集中。

开发即发展。由于采用纯粹的资本主义方式，这个开发模式一经形成，就立即显示出巨大的活力，使美国大西部的开发在大约一个世纪之内就取得了令人瞩目的成就，以致可以说在世界开发史上很难找到类似的例子，在相对来说不太长的时间内获得如此快的进展。据统计，从1607—1870年，美国全国已垦殖的土地仅4.07亿英亩(其中改良地占1.89亿英亩)，而从1870—1900年的30年内被拓殖的土地，就超过了以往260年的总和，达到4.3亿英亩(其中改良地占2.25亿英亩)。[②]1860—1900年，仅西部19个州和领地，就新添了141276个农场，13073万英亩耕地。随着大批处女地被垦殖，美国农牧业的中心已移到阿巴拉契亚山脉以西。到1900年，新定居的美国西部，共饲养了全国50%的牛，56%的羊、25%的猪，生产全国58%的小麦和32%的谷类，而它的人口只占全国的17%[③]。

作为西部经济发展中的核心问题，经济上的转型要比土地开发困难得多，但这在西部也得以较快地实现。如果说在西部诞生的成千上

---

① P. Gates, "The Role of the Land Speculator in Western Development", in V. Carstenson, ed., *The Public Lands: Studies in the History of the Public Domain*, University of Wisconsin Press, 1963, p. 353.

② 毕林顿:前引书,第347页。

③ G. Fite, *op. cit.*, p. 223.

万拓荒农场主，最初多少还带着某些自给自足色彩的话，那么要不了三两年他们就可能成为自给有余的商业农民。这可从19世纪20年代乔治·弗劳尔所写的《伊利诺伊爱德华县的英国定居点历史》一书得到证明。该书写道："最初的定居点建立之后大约3年内，玉米、猪肉和牛肉都有盈余，但无市场。农民只好离开农场自寻财路，把农产品转运出去直至找到市场。"①作者本人是该定居点创建人之一，因此这个记载应当是可信的。而那些经营得法的农场主，如主要经济作物选择得当，又善于利用市场给他提供的机会，几年之内就可能把产业规模扩大几倍，甚至演变成名副其实的资本主义农场主，威廉·西沃尔可视为这方面一个典型而又普通的例子。此人原籍弗吉尼亚，1830年3月才定居于伊利诺伊杰克逊维尔，8月份才以每英亩1.25美元价格购得"公共土地"240英亩开始其拓荒业，但几年之内他不仅两次扩大了他的农场而且还有了出租土地，每年出售的小麦在250蒲式耳以上，并于1831年就采用了雇佣劳动制，1835年又把这种制度扩大到家庭成员②。自然，从整个大西部来看，实现这种转型可能需要二三十年，但对于局部地区或个人而言"只有几年就发生了"(恩格斯语)。

西部的迅速发展，还在都市化方面反映出来，而都市化又是工业化的产物，是农业社会转变为工业社会的标志，因此，在很大程度上反映着西部拓荒业"质"的变化。研究者常常引用"都市化比例增量"，对不同地区都市化的速度进行比较，因为这一指标反映着某个时期增加的都市人口与该时期开始时的都市化比例的内在联系。据统计，1850—1860年间，全国都市化比例的平均增量仅为4.5%，大西洋中部地区也只有9.9%，而太平洋沿岸却达到12.0%；1860—1870年间，全国都市化比例的平均增量为5.9%，大西洋中部地区也只有8.8%，而太平洋沿岸却达到13.7%。③ 这说明，西部存在着较快的人口集中趋势。正因为如此，在实现都市化方面，西部得以用较短时间走完东部相同的历程，而尤以"五大湖区"更为突出。如果我们从8%的都市化水平算起，

---

① 贝阿德·斯蒂尔编：《美国西部开发纪实》(1607—1890)，光明日报出版社1988年版，第52页。

② Allan G. Bogue, *From Prairie to Corn Belt*, University of Chicago Press, 1963, p. 243.

③ G. Porter ed., *op. cit.*, p. 1040.

到基本实现都市化即人口都市化比例在50%以上，新英格兰用了80年(1800—1880)，而五大湖区只花了60年(1850—1910)，远西部所用时间则更少。

为何西部会获得如此迅速的发展？对此研究者已有许多的探索和思考。有人把它归之于“得天独厚”的自然资源，认为广袤的处女地是西部繁荣的主要原因。关于这一点，艾伯特·加勒廷1796年在土地法案的辩论中就说：“如果深入考察这个国家的幸福从何而来，那就会发现它的根源在很大程度上是在于按其与居民的比例来说，极为充分的土地。”[①]也有人特别强调外来移民的作用，认为如果没有欧洲移民(甚至华工)就没有西部的迅速开发。论者常常从此种观点出发，引述马克思和恩格斯这一著名论点：“正是欧洲移民，使北美能够进行大规模的农业生产，这种农业生产的竞争震撼着欧洲大小土地所有者的根基。”[②]其实，除了上述两个重要原因而外，最主要的还是由于西部开发模式所具有的自我发展功能，即它所包含的巨大的内在活力，而土地和移民对它来说都不过是外在因素，它们只能在一定条件下才能发挥作用。

之所以把它的发展能力称为“自我发展功能”，是因为它的功能或能力是来自西部开发模式本身的性质和特点，它们是在这个模式形成时就被赋予的。如前所述，西部开发模式形成于联邦政府关于西部公共土地“私有化”的政策，而这种私有化是通过“公开拍卖”来实现的，这就不可避免地把市场原则引入西部开发过程，并使之成为日后西部发展的主要机制。例如，最初以640英亩为单位出售公地的决定曾是妨碍移民的一大障碍，但农场建立者土地来源的多元化又得以使移民有可能越过这一障碍，而土地来源的多元化则是根源于“公地出售”与“公地授予”政策本身，正是这种政策造成了国有土地所有权的转移和分散。又如，由公地出售所带来的公共土地商品化，形成了公共土地官方价格与市场价格的差额，这就使土地投机在经济上具有了明显的意义，而后来在西部开发中起了重要作用的商业资本，主要就是通过各种形式的土地投机被引入西部的。正因为如此，一位美国学者在谈及国会

① 莫里森等：前引书，第401—402页。

② 《马克思恩格斯选集》第1卷，第230页。

在各地所设置的“土地局”的业务时，使用了具有“业务”和“商业”双关语义的“business”一词。[①] 它说明，“土地局”的作用正在于，架设国家与私人之间的桥梁，充当公地与市场之间的“中介”。

西部由垦殖社会向工业社会的转变不仅时间短，而且在许多地方很难划分出多少明显不同的阶段，发展呈“成倍加速”与“连锁反应”的趋势。这是因为，在西部的开发和发展中，有一种“相互影响的积累过程在起作用”[②]，即具有一种各行各业同步发展又互相推动的功能，而这一功能显然与西部开发模式的多元性有关。仔细考察起来，以土地为中心的“基础资源”开发从一开始就不限于农业，而是包括拓荒业、畜牧业和采矿业在内的三大行业。当这三大基础资源开发业兴起之时，它们不仅互相影响，而且又分别带动和促进一系列新的行业的诞生：与农业相联系的是面粉加工业，与畜牧相联系的是肉类加工业，而与采矿相联系的则有冶金和机械工业。这就不仅把西部的开发业扩大了好几倍，而且由于重工业的兴起而引起西部开发业的质变。这种质变的一个重要特点是，它不是在单一农业经济的基础上经过缓慢演变而发生的，而几乎是与各地的拓荒业同时开始的，因为作为三大基础资源开发业的采矿业，本身就是工业的一个部门。所以，我们也可以把西部开发模式的这种功能，称之为“多元互动”功能。

在西部开发过程中，中心城镇的集散功能曾发挥过重要作用，而这种功能也可以说是在西部开发模式形成之时就孕育了的。因为这种功能虽然是任何中心城市都会具有的，但它在西部的开发中显得特别突出：第一，西部城市的兴起几乎是与西部的开发同时起步的；第二，“都市边疆”是与农业边疆、牧牛边疆和采矿边疆同时存在的；第三，由于辐射面较大，西部城市的作用往往超越了它们本身的规模；第四，西部少数较大的城市很快具有了全国性中心城市的性质。总之，西部城市从一开始就在不同地区、不同程度上，在西部经济发展中发挥着中心城市的主导作用，而这就不能说与西部开发模式本身无关了。事实上，正是在对西部开发模式的形成起了决定作用的《1785 年土地法》中，采用了既来自于殖民时代新英格兰又有别于新英格兰的“市镇殖民制度”，这

---

① M. Rohrbough, *The Land Office Business*, Oxford University Press, 1968.

② 卡特·古德里奇语，见 G. 菲特和 J. 里斯：前引书，第 279 页。

就使西部中心城镇的兴起具有了两大特点:(1)它的兴起几乎是与西部的拓殖同步发展的,因为作为某些城市起源的“市镇”原本是边疆移民社会的单元;(2)它的兴起是与大规模土地投机交织在一起的,因为它采用的是“市镇殖民制度”与公共土地出售相结合的办法。结果是,当西部许多地方的大规模农业开发尚未到来时,“市镇”已伴随着某些最初的开发活动(如采矿业)提前起步了,虽然它们的大发展仍然有赖于当地日后的大规模拓殖。

由此可见,美国西部得以迅速开发的根本原因,不在于它拥有“得天独厚”的自然条件,因为自然条件只是构成经济迅速发展的潜力,也不在于它得到了多少欧洲移民的帮助,因为统计表明:在西部定居的移民仍以美国出生的居多,[①]而在于它具有巨大的自我发展和自我扩张的能力,这种能力从根本上说是由它在开发中采用的方式和特点决定的。十分清楚,如果没有联邦政府关于西部土地“先国有化而后私有化”的方针,没有大批大批的联邦土地投放市场并因此被商品化,不仅不可能吸引成千上万外来移民投入大西部开发的行列,而且也不可能迅速地和有效地利用其丰富的自然资源并将它们转化为现实的生产力,更不可能使西部的开发获得那样少有的多样性。正因为如此,马克思深刻地指出:“自由殖民地的本质在于,大量土地仍然是人民的财产,因此,每个移民都能够把一部分土地变为自己的私有财产和个人的生产资料,而又不妨碍后来的移民这样做。”他并由此进一步得出结论说:“这就是殖民地繁荣的秘密。”[②]显然,马克思在这里强调的,是土地的私有权及其形成的条件,而不是土地本身的重要性。

由是,我们便可以形成这样一个概念:所谓“美国西部开发模式”,就是在“自由土地”的基础上,推行西部土地“先国有化而后私有化”的政策,以及“市镇殖民制度”与公共土地出售相结合的办法,大量吸收国内外移民、技术和资本,充分利用西部与北部和南部在经济上的互补性,农业开发、牧业开发、矿产开发与市镇开发并进,在处女地上进行工业化的模式。由于“自由土地”是其赖以形成和运行的基础,并在很大

---

① D. Ward, *Cities and Immigrants: A Geography of Change in Nineteenth Century America*, Oxford University Press, 1971, p. 60. 参何顺果:《美国边疆史》,第 270 页。

② 马克思:《资本论》第一卷,人民出版社 1975 年版,第 837 页。

程度上决定着这个模式的性质和特点，其运作又带有浓厚的土地投机色彩，我们可以称之为“自由土地开发模式”。

有鉴于此，我们在研究西部开发模式时，应当在总体上把握两点：第一，必须充分注意“公共土地”政策的作用，因为只有它才能真正说明所谓“自由土地”的意义，以及整个开发模式的性质和特点；第二，必须将整个大西部纳入这个统一的模式之中，而不能仅仅把研究放在“中西部”或“远西部”这些局部地区，因为它们作为“公共土地州”是一个整体。离开了这两点，就谈不上该开发模式的规定性。

（原载《北大史学》1994年第2期）

下篇　西部开发与美国的崛起

美国西部拓荒农场主的形成和演变

18 世纪末至 19 世纪末，是美国大西部先后被占领和开拓的时代，也是美国资本主义“向广度”发展的时代，[①]而拓荒农场主是这个时代大西部开拓中的主要动力。西部的拓荒农场主是怎样形成和演变的，他们在形成和演变过程中又有什么样的特点，这是美国边疆史研究中尚未引起足够重视的问题。这里，试就此进行一些初步的探讨和说明。

一

西部拓荒农场主占有土地，不仅是其拓荒事业的基本前提，也是其形成的主要标志。这里，实际上存在着三个相互联系的方面：(一)农场建立者的土地从哪儿来？(二)拓荒者怎样获得他们的土地？(三)建立一个农场究竟要花多大的代价？需要说明的是，美国大片的西部新领土，除路易斯安那购自法国外，其余都是侵略墨西哥和抢夺印第安人得来的，这一点应该是我们整个讨论的基础，但由于国内已有文章论及，此处不再赘述。

众所周知，早在美国建国之初，西部所获得的土地国有化并向移民开放的政策就已确定。这一政策所适用的范围，虽然最初只包括阿巴拉契亚山脉和密西西比河之间的地带，但后来实际上扩大到整个大西部，常常有人因此而产生一种错觉，以为到西部定居并准备从事农业的人，其土地的唯一来源就是联邦政府。其实，事情远非如此简单，“从农场建立者的角度看来，这里实际上有 5 种可获得土地的主要来源：联邦

① 西部各地区进入拓荒阶段的时间并不一样。密西西比河以东的地区，拓荒时代大约 19 世纪中叶就基本结束。而密西西比河以西的地区，那时才刚刚开拓。

政府、州政府、土地授予公司、个人土地投机家及部分未耕地的私人所有者”①。

这是因为，在联邦“公共土地储备”建立以后，大批公共土地的所有权发生了转移。据统计，到1909年为止，联邦最初拥有的领土，40%处理给了私人和公司，11%授给了各州政府，23%做了联邦的保留地，26%依然是非保留又未拨用的。② 然而，更重要的是，这些土地的所有权由联邦转给州政府、土地公司及其他个人，还只是这些公共土地所有权转移的第一步，在它们脱离联邦并投放市场以后，不可避免地会再次以致多次发生转移。这正是西部土地问题复杂化的根本原因所在。

土地投机家和土地授予公司，以土地买卖为主要赢利活动，他们从联邦政府手中弄得土地本是为了转手倒卖，自然成了西部农场建立者获得土地的一大来源。那些私人所有者，不管他们的土地是来自联邦或别的什么主人，也常常由于资金和劳力不足，或准备移居到他们认为更理想的地方去，而把部分未耕地（甚至整个农场）出卖给邻居或新来者。至于授给州政府的公共土地，本是作为州进行“内部改造”（如修筑道路、挖掘运河或创办学校等）之用的，在多数情况下最终都由各州将其投放市场，以筹集资金。此外，直接获得了大部分铁路授地的铁路公司，虽然并非专门从事土地投机的团体（如土地公司），但为了筹集筑路基金和招揽移民也将大量土地出售。这样，在西部拓荒农场主面前就形成了多种土地来源，不过，某个时期拓荒者获得土地的主要来源及方式究竟是什么，则依然是由联邦的公共土地政策决定的。

1820年以前，由于联邦的土地政策以解决国家财政困难为主要出发点，规定公共土地出售的最小地段为640英亩或320英亩，较有利于土地投机家而不利于贫苦的普通移民，结果使大量公地落入土地投机公司之手。因此，这时期“大多数到西部定居的人并未直接从联邦政府购地”③，而是间接地从土地投机公司（如俄亥俄公司等）手中购买或以“强行移住”方式非法占领联邦土地，有时则是一家一户坐着马车、带着武装直接抢夺印第安人的土地。据统计，按1796年土地法出售的土地

---

① Clarence H. Danhof, *op. cit.*, p. 329.

② B. H. Hibbard, *A History of the Public Land Policies*, N. Y., 1924, p. 529.

③ 菲特、里斯：前引书，第187页。

到1800年只有48566英亩；按1800年土地法出售的土地到1801年11月1日也不过398466英亩。而这个时期“占地”活动是那样严重，以致国会不得不在1785、1804和1807年几次通过法令警告占地者，甚至派军队将占地者从他们的土地上赶走。[①] 国会也曾采取措施试图缓和上述矛盾，如实行“分期付款”制度，允许购地者只交1/4现款，其余部分地款分4年交清，后又多次制定所谓“救济”法案，延长购地者最后付款的期限。但由于未从根本上改变公地出售中地块过大的问题，上述措施和办法几乎都无济于事，大量赊账现象的存在便是明证。据统计，到1820年为止，公地购买者所欠国家的地款，总计在2000万美元以上。[②]

1820年土地法将出售的最低限额降至80英亩，以1英亩1.25美元计只需100美元，较合于一般小农的购买力。所以，在该法实行期间(1820—1841)，政府出售了87538346英亩公地，等于1796年至1820年联邦出售公地的6.7倍。此外，1841年国会还通过了一个关于“先买权”的法令，规定已经在公共土地上垦殖的人，可以1英亩1.25美元官价优先购买他们垦殖的土地。这就使一些占地者由“非法”变为合法，在实际上承认了占地者的土地权益，它是西部移民在“土地权益保护协会”领导下艰苦斗争取得的。但这一时期占地活动不仅没有停止反而有增无减，因为政府的土地政策虽已放宽，但仍未能满足贫苦移民无偿获得土地的要求；更重要的是，当时密西西比河以西广大地区正在被蜂拥而至的移民潮流所侵袭，而政府测量和管理方面的措施却跟不上。

1862年以后，拓荒者仍可在“先买权”法下获得土地，但“占地”已不再是拓荒者获得土地的重要方式。因为林肯颁布的《宅地法》允许移民交10美元手续费即可领取160英亩公地，而且5年以后就完全归其私人所有，这样，无偿领取宅地就成为这一时期西部拓荒农场主形成的重要途径之一。据统计，1863—1880年，明尼苏达、内布拉斯加、达科他和堪萨斯4州新建农场242000个，其中56.5%都是由新来的宅地

---

① 1787年民团两度受命赶走占地者。1796年圣·克莱下令将“入侵者”赶出公共领土。

② B. H. Hibbard, *op. cit.*, p. 87.

者建立的。[①] 在落基山区，到 1880 年共有 25043 个农场，散布于该地区 8 个州和领地之内，其中 40%—50%也是由宅地者建立的。[②]加州的宅地农场最初不多，但从 1871 年起宅地数也开始增加，以后 10 年中每年几乎有 1000—2000 份宅地被占领，而 1876 年的宅地数竟居该年所有州宅地之首，达 3584 份。[③]不过，即使在《宅地法》实施后，"购买"也依然是边疆人获得土地的最有效的方式。因为政府在实施《宅地法》的同时，把几百万英亩公地拨给了州和铁路公司，直接向移民开放的公地并不多，许多拓荒者只得照样到土地市场上购买。所不同的是，这一时期他们所购土地来源发生了重要变化，铁路公司成了重要供应者。

由于通过"购买"获得土地是西部拓荒农场主形成的主要途径，这些土地很大一部分又不是来自联邦政府，我们在估计建立一个农场所需费用时，就应特别注意地价（尤其是公地以外的土地的价格）问题。因为虽然联邦土地的价格 1 英亩 1.25 或 2 美元，但当大批公地从联邦转到土地公司和其他私人之手以后，拓荒者花在购地上的费用就不能不受多种因素的影响。在公地价格比较低廉的情况下，"土地投机家按高于这个价格以上几分钱的价格买了土地，他们掌握起来就会获得几倍于此的价钱"[④]，如土地投机家在印第安纳西北部出售的土地却达 1 英亩 5—10 美元。伊利运河通航刺激了东西部贸易的发展，当中西部的小麦、猪肉和面粉可以源源不断运销东部时，1825 年，1 英亩价格 5 美元的农地几年以后就变成了 1 英亩 20 美元，而西部各运河岸边的地价则在几年内从 15 美元涨到 200 美元。[⑤] 在"铁路时代"到来时，铁路土地又成了争相抢购的对象，铁路土地的价格也因此被抬到超乎一般的高度。如伊利诺伊的铁路土地，1850 年，每英亩仅卖 8 美元，1860 年就涨到 20 美元，1870 年又增加到 30 美元。[⑥] 最后，采矿业的发展也给农地价格以影响，"淘金热"冲击下的加州就是一例，当时那里农地的价格常在 1 英亩 25—100 美元之间，有的地方亦高达 200 美元，和运河边的地价相等。

---

①②③　Gilbert C. Fitte, *op. cit.*, pp. 186, 190, 163.

④　Walfer Havighurst, *The Heartland: Ohio, Indiana, Illinois, 1673-1860*, N. Y., 1962, p. 197.

⑤　W. Havighurst, *op. cit.*, pp. 82, 85.

⑥　R. J. Jensen, *op. cit.*, p. 86.

但是，对于农场建立者来说，购买土地的费用还仅是全部费用中的一部分。在耕地之前，必须先清除森林、犁地。为了防止野兽和牲口的破坏，需用枝条或别的东西把农场围起来。一个40英亩的农场所花费用大约是112至224美元。[①] 购买农具、耕畜和种子，需要一笔很大的开支，在德克萨斯农场里买一头牛大约只要3至4美元，而在北部平原地区有时要花五六十美元。农具的费用花销最大，仅购买犁头、铁锹、大镰和马车等必备的农具大约就要100美元。

在西部建立一个农场的费用究竟多大，实际上很难找到一个准确的数字。据丹霍夫对19世纪50年代西部历史的权威研究，在西部建立一个农场大约要1000美元；不过，各州之间的情况差别很大，就是一个州内也很不一样。[②] 我以为，实际情况可能千差万别，因为许多拓荒者并非从一开始就建立那么大的农场。恰恰相反，他们常常是先买得几十英亩甚至更少的土地，以便尽快地开垦出来种上作物，解决头几季的生活困难问题。在有了一定积累后，他们才逐步扩大自己的农场，添置必要的农具和家具。而且，他们并非任何时候都要用现款购买，因为有租佃和贷款方式可以利用。在这样的情况下，建立一个农场的费用实际上是可多可少的，对此我们不应该绝对化。

二

西部的拓荒农场主，就其绝大多数来说，经历了一个由自给农民到商业农民、再由商业农民到资本主义农场主的演变过程，整个过程大约完成于19世纪末。

西部的拓荒农场主，在其拓荒业开始的阶段，不能不带有某种“自给自足”的性质。第一，作为“自由移民”，各拓荒者是以家庭或个人为单位移居西部的，在经济上他们始终没有得到政府任何资助，一切资金全都靠他们自己筹集；第二，在拓荒业刚刚开始的时候，由于交通运输的不便和各拓荒者之间的彼此隔离，拓荒农场主必须主要靠自己的努力来维持其生存和发展；第三，对于绝大多数拓荒者来说，由于资金和

---

① Clarence H. Danhof, *op. cit.*, pp. 345-346.

② Clarence H. Danhof, *ibid.*, pp. 345-346, 327.

劳力不足及剩余产品不多，他们的产品还主要用作自己和家庭消费，不能用它来换取更多的现金；第四，因此，拓荒者在当时(至少在建立农场的头几年)还拿不出多少钱来购买他们所需要的工业品，许多东西(如家具和生活用品)还必须靠自己制作。正如一位拓荒者所说的："我们有一座旧房子、牛、犁和一些家具，及我妻子做的一些房内用品。我们钱很少，但也不需要更多的钱，因为我们栽种和制作我们所用的一切。"[①]但是，从拓荒农场形成的背景、拓荒经济的结构及其所处客观环境来看，这种"自给自足"都只能是暂时的。

从根本上来说，美国西部的拓荒农民已经是一种新型农民，而不是旧式的宗法式农民。首先，西部的拓殖发生在美国革命之后，拓荒农民已经是完全摆脱了封建制及其残余的自由人，并不存在任何形式的旧的生产关系的束缚；其次，从西部拓荒农场主形成过程来看，他们实际上是商品经济制度的产物，因为构成其基础和主要财产的土地，不是按旧式的封建继承法承继而得，绝大多数是以一定的代价从市场上购买来的，在这个过程中土地是作为纯粹的商品进行转让的；最后，到西部定居和垦殖的人成分十分复杂，有很穷的也有相当富的，大都带有多寡不等的资金和财物，并与东部(包括欧洲)市场保持着一定的联系，而且政府的土地法一开始就附有一定的信贷措施，他们还可以利用不同方式得到贷款。

从拓荒经济结构来看，虽然大多数拓荒农民可以在一定程度上做到"自给"，但许多东西，如农具、布匹和糖类其实是根本无法自给的。如果拓荒者希望获得这些东西，那么他们就必须卖掉少量粮食或其他产品，以换取现金再去购买自己所需要的物品。此外，许多拓荒者的耕地是用赊账和借债的办法购买的，为了偿还这些债款(无论是属于国家还是个人)，也要求卖掉一些粮食和其他产品来换取现金。如据俄亥俄拓荒者阿莫斯·汉纳姆回忆，他为偿还所欠俄亥俄土地公司的债，是用粮食换了邻居的牛再卖了获得现金的。[②] 每个拓荒者在客观上都存在着扩大其产业的要求，如扩大农场面积、改建新的圆木屋、添置新的必要家具、购买新式农具等，这些都需要有更多的现金收入来源。为此，

---

① R. J. Jensen, *op. cit.*, pp. 14-15.

② W. Harighurst, *Ohio: A Bicentennial History*, p. 61.

他们必须扩大商品生产的规模。

从客观经济环境来看，拓荒者实际上是处在一个与西部拓殖的进程几乎是同步发展的商品市场之中。当西部的拓荒业刚开始时，东北部正兴起工业革命，工商业城市的发展和人口的集中扩大了对食品的要求；在东南部，奴隶制种植园经济的发展相对抑制了粮食生产的增长，这就为西部的小麦和面粉提供了销售市场。交通运输业，特别是运河和铁路的发展，打开了通向东部资本主义市场的道路，也促进了西部（最初是五大湖和俄亥俄河流域，然后是密西西比河流域及整个中西部地区）工商业的兴起，从而提高了对西部农产品及畜产品的需求量。最后，由加州的“淘金热”开始的西部采矿业的兴起，不仅把更多的东部及中西部的人引向远西部并加速了远西部的开发，也使这些地区对粮食、肉类和蔬菜的需求急剧增长。于是，一些早先建立的拓荒农场逐渐扩大了商品生产，更多的直接为矿区服务的新农场也随之建立起来。所有这些，构成了西部拓荒农业商品化的外在动力。

事实上，在中西部某些地区，由于它们处于东西方交通枢纽的地位，商品市场的发展常常走在农业移民运动的前面，位于衣阿华、南达科他和内布拉斯加交界处的苏城（Sioux City）地区，就是这样一个典型。据美国历史学家研究，苏城地区都市化过程开始于1854年夏，第二年在这个镇建立了“地方土地办公室”，并吸引了一批移民来到这密苏里河上游边疆。但这里商业贸易的发展显然大大超过了农业移民运动，1857年4月至8月，就有近三打汽船在佩里·克利克河口靠岸，到1857年，夏苏城已开始作为进出大平原北部的商业贸易中心出现，50年代末，一个以苏城为中心的贸易网已经形成，在周围一带军队的要塞、印第安人的贸易站和落基山的采矿营帐中，苏城的商人都为其商品找到了众多的主顾，该地区的农场主也迅速加强了他们和河上商业的联系。1858年，任德贝里县生产的剩余农产品开始运往苏城市场（主要是小麦和马铃薯），随后几年，农民们的大部分产品都供应给了该城北部密苏里河沿岸的消费者，以及堪萨斯和圣路易市场。[①] 它表明，该地区的拓荒农业已迅速走上了商品化的道路。

---

① W. Silag, “Gateway of the Grassland: Sioux City and the Missouri River Frontier”, *The Western Historical Quarterly* (Oct., 1984).

拓荒农业商品化的过程，同时也是西部农业资本主义化的过程。当拓荒者不断加强其经营的商品化程度时，随之而来的是对资金和劳力的更大需求，因而他们之中一些人有了雇工和采用机器的需要。这时候，一些商品化程度较高的农场，也就率先演变为资本主义农场。到19世纪中叶，在西部已有相当一批拓荒农场在商品化过程中演变为资本主义农场。据美国第8次人口调查的报告，1860年，加利福尼亚18716个农场中已有10421名雇工，印第安纳131826个农场已有40827名雇工，衣阿华61163个农场已有27196名雇工。[①] 当时旧西北部即俄亥俄地区，农业资本主义的程度已相当高，农业工人在农业人口中的比重已达20%—28%。[②]

南北战争后，在美国发生了一系列重大社会经济变动。首先，战后不久美国完成了工业革命，实现了由商业资本主义向工业资本主义过渡。这一深刻变化加快了整个美国农业的资本主义改造，也促进了西部拓荒农业向资本主义转变，因为工商业中心在西部的普遍兴起，不可避免地把它周围的农业也商品化。其次，大约在19世纪80年代，美国完成了铁路网的建设，它不仅使一个统一的国内市场在全国最终形成，而且使远西部农产品的运输和销售都更为便利。因此，继俄亥俄地区之后，整个中西部、大平原及俄勒冈地区的农业都迅速商品化。第三，战后农业机械化运动广泛地展开，使耕种1英亩小麦地所用的时间大为缩小，因此，机器的使用在西部农场中越来越普遍，使得资本主义农场的发展成为可能。第四，19世纪70年代，在大平原和加利福尼亚，灌溉农业得到了普遍注意，如到1889年，加州进行灌溉的农场达26%，占已改良农田面积的8.2%，[③]这使过去大批不能耕种的土地有了发展商品生产的可能。这些变动，对西部农业最终向资本主义转变，起着决定性的作用。

70—90年代，西部农业演变的突出表现，是各类专业化农场的形成。第一类是以粮食生产为主的农场，它们的主要种植物是小麦和玉

---

① Paul W. Gates, *op. cit.*, p. 273.

② 《历史译丛》，1963年第5期，第8页。

③ Gibert C. Fitte, *op. cit.*, p. 169. 作者认为："旱地灌溉农业的发展，反过来影响了加州专业作物的扩大。"

米。在这类农场中，虽然也有其他产品的生产和出售，但小麦是他们的主要现金收入来源。如有一位叫弗雷德·弗莱斯曼的人，1879 年 6 月定居于达科他的伍德县，以不到 500 美元（其中大部分还是借来的）的资本开始其拓荒业，但在 80 年代初迅速发展成重要的小麦农场主，1882 年，他出售小麦的收入达 1241 美元。第二类是以果树栽培为主的农场，它们主要经营葡萄、苹果之类，而粮食种植对它们来说则不太重要。这类农场在太平洋沿岸较多，因为那里气候较适合于发展水果业，而灌溉农业的发展则是该地区水果业专业化的重要原因。如一个 80 年代后期才定居于圣·波纳迪诺河流域的农场主，他种了 1 英亩葡萄，1 英亩杂色水果树，3 英亩紫苜蓿，但只种了 1 英亩小麦，仅葡萄一项一年就收入 2000 美元。第三类是以畜牧业为主的农场。这类农场五六十年代在加利福尼亚就已不少，如迈雷镇 68 个移民中，虽有 41 个拥有 160 英亩土地，但他们的产值仅 200—500 美元，而“他们的主要职业是养羊和牛”。但这类农场的大发展还是在 60 年代以后，而且主要集中于大平原各州。如在蒙大拿，仅约翰·格兰特一人就养了 4000 头牛；一位叫科拉德·科尔斯的人，1862 年才徒步来到该州，不久竟成为拥有 90000 头牛的大户。①

伴随农业专业化而来的，是资本主义在西部的深入，其突出的表现是雇佣劳动的广泛采用。据美国官方统计，美国农业工人人数 1860—1880 年间增加了 4 倍多；到 1909 年，落基山区各州雇用工人的农户占 46.8%，太平洋各州雇用工人的农户达 58%。这些事实表明，大约到 19 世纪末叶，拓荒农场主向资本主义农场主的演变在西部已基本完成，这和整个美国资本主义发展的进程是一致的。

三

西部的拓荒农场主是美国“西进运动”的产物，而这个运动无论在背景和方式上都有其独特之处，这就不能不使西部拓荒农场主的形成和演变也带有自己的特点。因此，揭示这些特点将有助于加深对拓荒农场主形成和演变过程的了解。

---

① Clark C Spence, *Montana: A Bicentennial History*, N. Y., 1978, p. 13.

由于"西进运动"是一个自由移民运动,绝大多数移民都是以个人或家庭为单位迁往西部的,所以,在西部建立起来的拓荒农场也是以家庭为单位的,被称为"家庭农场"。在这种农场里,生产目的是按拓荒者的利益确定的,生产活动是以家庭为单位组织的,甚至劳动力也主要是由各家的成员提供的,"户主就是他的农场的统治者",农场主和户主同一,这是西部拓荒农场的基本特征之一。但是,这种"家庭农场"之所以能在西部存在,其根本原因就在于它是和其相对狭小的经济基础相适合的。

应该说,从一开始西部就有一批相当大的农场,而且随着拓荒农业向商品农业的转变,资本主义大农场会越来越多。但在拓荒业刚刚开始的时候,绝大多数拓荒农场是不大的。在西部最早被垦殖的肯塔基的乡村人口,"都靠一个小农场为生,实际上,他们中 90%的人都住在农场,其中 3/4 只拥有不到 100 英亩开垦了的土地"。[①] 犹他州 1850 年农场的平均面积为 51 英亩,到 1860 年反而减至 25 英亩。更重要的是,有些农场的总面积虽然比较大,但实际耕地面积并不一定多。据统计,中央北部、中央南部和远西部,1870 年耕地在整个农场面积中的比重,也分别只占 66.1%、37.3%和 59.4%。[②] 由于经营的规模有限,拓荒农场主的收入也不很多。当时西部产量(1 英亩)一般是:小麦收获 30—60 蒲式耳,玉米 30—40 蒲式耳,土豆 400 蒲式耳左右。有的州如犹他州可能高一些,60 年代,该州 1 英亩产小麦 106 蒲式耳。有人估计:"在定居的头一两年,一个边疆农场主大约能弄到 50 美元现金,几年之后其收入可能增加几倍,但一般认为大多数不超过 300 美元。"[③] 因此,拓荒者常常被抛入入不敷出的境地,例如,1873 年,托皮卡农场主查尔斯·思雷舍弄到了 259.39 美元,但花费就达 379.10 美元;1876 年,他收入 316.12 美元,而支出却超过了 337.90 美元。

在拓荒时代,虽然绝大多数拓荒者是不富裕的,但在土地、财产和收入上各拓荒者之间的差别从一开始就存在。俄勒冈州某镇 17 户农

---

① Steveu A. Channing, Kentueky: *A Bicentennial History*, N. Y., 1977, p. 89.

② U. S. Bureau of the Census: Census Reports, Vol. 5, Washington, 1902, pp. 21, 22.

③ Gilbert C. Fitte, *op. cit.*, p. 48.

场主，他们所有的土地高者660英亩而低者仅40英亩，各农场的价值高者3000美元而低者为400美元，各农场农产品收入高者达1014美元而低者只有145美元。然而，美国西部拓荒农民在社会、经济和阶级关系方面的最大特点，并不在于是否存在这种差别和分化，而是这种差别和分化之快。以伊利诺伊州为例，1850年最富的和最穷的各1/3的人之间生活水准差别还并不很大，但到1870年，该州30%的农场主无地，其个人财产不足300美元，而1/3最富的农场主的不动产达3000美元，还不包括1000美元以上的设备、家具和储蓄。[①] 为什么西部拓荒农场主的分化会如此之快？这是拓荒农场主演变为资本主义农场主的关键，有必要作进一步的探讨。

从大量事实来看，一些农场主之所以迅速地得到发展和扩充，成为资本主义激烈竞争中的成功者，最主要的正是他们充分利用了市场给他们提供的机会。1872年，一位明尼苏达人谈道："舍尔·洛克有个农场主，3年前他借款1200美元移居该地，由于种植小麦，他不仅付清了债务，3年之内还增加了相当于他的农场财产和农具的东西。"它说明，注意发展对路的经济作物（特别是小麦），是拓荒农场主取得成功的原因之一，因为小麦是西部"主要增加收入的农作物"；红河流域有个叫A. R. 达尔林普尔的人，1875年才开始在波纳拉地区开荒种地，几年后，他的农场扩大到4000英亩。为了管理好这个农场，他把头两年收入中的很大一部分用来盖房子（每160英亩一处），供在他的小麦地上劳动的家庭住。不久，他就应聘成为达科他一个大农场的经理人，并因此而获得该农场收益的一半。为了管好那个3万多英亩的小麦农场，他按自己的经验将土地分为3个大致相同的农场，在每个农场上修了房子并建立场部，又配以管理人、记账员、工头和其他办事员，从而成为该流域"最大和最著名的小麦种植者"，1885年，他经营的农场出售小麦21万蒲式耳。A. R. 达尔林普尔的成功主要在善于管理。伊利诺伊有个叫艾萨克·芬克的农场主，祖先是1733年从巴伐利亚来的移民，到1840年他才有了一辆马车。但1857年，他已拥有伊利诺伊25000英亩土地，仅出售一胎牛的收入就达65000美元。艾萨克·芬克成功的秘密何在？主要就是他善于经营。例如，他喂养的牛是用低

① R. J. Jensen, *op. cit.*, p. 86.

价从密苏里和德克萨斯买来的小牛犊，在用玉米把他们养肥后，又把它们赶到售价较高的芝加哥去卖，而不惜跋涉 120 英里。总之，只有那些以种种努力使自己的经营适应市场需要的人，才能够迅速地得到发展与扩充，相反则会失败。

当然，导致一些拓荒者失败的，无疑还有许多更复杂的客观因素。如果一个穷苦的拓荒者在下种季节才到来，又遇上干旱、冰雹、蝗灾或严寒，那么他的主要危险是在第二个收获季节到来之前，缺乏足够的粮食来养活他的家口。如 1871 年的冰雹和草原大火，给明尼苏达西南部的拓荒者造成很大损失，有一 5 口之家被毁掉了一个马厩、43 蒲式耳小麦、15 蒲式耳燕麦、25 吨干草和 2 头猪，结果“几乎成了穷光蛋”。在类似这样的情况下，拓荒者就将直接陷入债务，两三年内他就可能破产。

由于没有绝对地租的负担，用于开发的费用相对来说较低，以及农业机器的广泛使用，美国西部各州谷物的生产费用和价格，大大低于存在着固定地租的东部和欧洲，当供求关系大致平衡时，这种情况对于西部农场主来说本无什么危险。可是，当内战后经济危机不断袭击美国时，原来大致平衡的供求关系常常被破坏，因而造成谷物生产过剩和物价长期下跌，如 1 蒲式耳小麦在美国市场上的价格，1870—1873 年为 106.7 美分，1882—1885 年降为 80.2 美分，1894—1897 年又降为 63.3 美分。[①] 在这种情况下，如果再扣除铁路运费、中间剥削和贷款利息，农民的实际收入就所剩无几。当然，从总的趋势来看，美国的铁路运费是不断下降的，但如果把它们和同期美国市场的谷物价格相比较，就会发现铁路收费几乎夺走了农民所生产的每蒲式耳粮食的绝大部分收入，这正是迫使西部大批农场主破产的重要原因。

此外，作为近代经济活动中广泛采用的信贷和抵押制度，它可能给一些资金缺乏者带来某种暂时的好处，但如果借贷者和抵押者经营失败，也将不可避免地陷入破产的境地。内战前后，土地抵押在西部极为流行，如 1870 年，到达衣阿华州汉密尔顿镇的 57 个拓荒者，只有 16 人没有参与土地抵押，有 11 人出现于 6 次以上的抵押事件中。[②] 当时给

---

① R. A. Billington, *op. cit.*, pp. 725, 726.

② Allan G. Bogue, *op. cit.*, p. 50.

西部人贷款的主要是东部的资本家，如马萨诸塞一州投放西部抵押农场的资金，仅80年代，每年就在800万到1000万美元左右。[①] 利息一般为8%—10%，但也有高达25%—50%的时候。在这样苛刻的条件下，许多农场主无法赎回其抵押地，如1889—1893年间，堪萨斯州有11000个农场主被取消赎取抵押农场的权利。结果，许多无地或少地的农民，只得向别人租佃土地耕种，而沦为佃农。据统计，1880年，佃农在西部各州农场中的比重，伊利诺伊为31.4%，衣阿华为23.8%，内布拉斯加为18%，加利福尼亚为19.8%。[②]

最后，我们还要谈到西部农场主演变中的另一问题。列宁指出，雇佣劳动的使用是"资本主义在农业中最直接的标志"。如上所述，随着西部拓荒农业的日益商品化，雇佣劳动的使用在西部总的来看是越来越多的。然而，我们也看到另一个方面的现象，在19世纪的大部分时间内，甚至到19世纪末和20世纪初，西部许多商业农民并不雇佣或很少雇佣劳动力。据统计，直到1909年，中部东北各州、中部西北各州、山区各州和太平洋沿岸各州雇佣工人的农户的百分比，也只分别为51.7%、52.0%、46.8%和58.0%。可见，当时西部大约还有一半的农场未采用雇佣劳动。应当如何认识这种现象并判断这些农场主的性质呢？显然，他们的经营已属于资本主义的性质，因为他们的经营主要是为市场而生产的，尽管他们并不采用雇佣劳动。正如列宁所指出的，农村资产阶级"包含着进行各种形式的商业性农业的独立经营者"。又说："凡以独立经济抵消自己支出的小商品生产者，只要一般经济结构是建立在……资本主义矛盾上的，都归入农村资产阶级。"[③]可以说，19世纪，美国西部农业资本主义发展的特点之一，就是成千上万独立农民日益深深地卷入资本主义商品经济关系之中，而同时又保持着独立的"家庭农场"的形式。

造成这一特点的原因，当然主要地应当从农机具的普遍采用中寻找，因为只有农业机器的采用才能代替雇佣劳动力。美国历史学家认为，所有内战前发明和改进的农业机器，播种机、圆盘耙、跨行中耕机和

① Frederiek Merk, *op. cit.*, p. 473.

② F. Merk, *ibid.*, p. 583.

③ 列宁：《俄国资本主义的发展》，解放社1950年版，第150、277页。

打谷机，到19世纪80年代都被充分地采用了。由于农机具的采用，从1830年到1896年，耕种1英亩小麦地所花时间从61小时减为3小时，劳力的耗费从1英亩3.55美元降到0.66美元。[①] 到90年代，一个农场主耕种的面积（包括下种、管理和收获），由原来的7英亩提高到135英亩，这正好和一个普通农场的耕地面积相等。在这种情况下，一个普通农场的经营者完全可以不雇用和少雇用劳动力，而把整个农场的下种和收获工作兼起来，又不减少其商品生产的规模。这正是19世纪美国西部的许多“家庭农场”得以继续保持的根本原因所在。

（原载《世界历史》1986年第10期）

① G. Porter ed., *op. cit.*, Vol. 2, N. Y., 1980, p. 584.

美国西部城市的起源及其类型

一般地说，都市化是工业化的产物，也是现代文明的重要标志，它是在由农业社会向工业社会转变的过程中完成的，从这个意义上说，城市是“现代工业之家”[①]。在美国却不尽然，它的东北部，虽然也有一些城市是在农耕的基础上通过人口集中逐渐成长起来的，但是，那里“一半以上的、规模较大的城市都是海港城市”，如波士顿、新港、纽约便是[②]。至于西部的城市，则大多数是伴随着西部的拓殖成长起来的，且随着拓殖运动的不断推进在不同地区显示出不同特征。因此，美国西部城市的起源，便带上了不同于东北部及旧世界其他国家和地区的许多特点，并由此形成一系列独具特色的城市类型。研究西部城市的起源及其类型，有助于进一步探索美国西部崛起的动力，了解和说明美国文化的多元性。

一　“都市边疆”的推进及一般水平

在讨论西部城市起源及其类型时，必须首先指出一个重要的历史

---

① Thomas C. Cochran, *The Age of Enterprise: A Social History of Industrial America*, N. Y., 1961, p. 249. 埃里克·E. 兰帕德指出，在社会科学中有三种不同的“都市化”概念：(1)人口学把都市化看做是某个特定空间人口集中的过程；(2)结构—功能学派认为，典型的人口集中是与“非农业”的活动有关的梯级性增长相一致的；(3)都市化的行为概念大半不重视人的行为空间的调整和集中，而特别强调个人或团体行为的调节。这些被认为是城市生活的特点。见 Eric E. Lampard, Urobanization. in Glenn Porter, *op. cit.*, Vol. Ⅲ, p. 1028。

② Clive Day, *History of Commerce of the United States*, Chicago, 1952, p. 196. 作者认为，按城市的起源和发展看，美国的城市可分为三大类：(1)海港城市，(2)贸易城市，(3)河流城市。

事实:美国人并不是西部城市的第一个开拓者,早在北美独立战争爆发之前,在美国通向太平洋的辽阔的西部荒原上,已经稀稀落落地点缀着一些"城镇",并在欧洲殖民者在北美的殖民活动中起过重要的作用。因此,有必要对这些早期城镇作一些历史的考察。

据记载,美国西部土地上出现的第一座城镇应是圣菲(Santa Fe),它是由当时统治墨西哥的西班牙人建立的,其历史可以追溯到1609年。法兰西天主教教会在卡奥基亚的活动开始于1699年,此教会会址的建立者来自魁北克的"外国传教会神学校",而魁北克正是法国殖民者在北美扩张的主要基地。此后,从1701年到1703年,法国殖民者和传教士又先后建立过3个城镇:底特律、文森斯和卡斯卡斯基亚,均位于五大湖至密西西比河一带。1718年,当西班牙人在德克萨斯的圣安东尼奥定居时,法国人西厄尔·德·宾维尔在密西西比河的河口也建起一个重要据点,即著名的新奥尔良。1753年,匹兹堡以"迪尤肯堡"之名出现于阿巴拉契亚山脉的西侧,当时是以法属加拿大总督的名字命名的,1758年被英人占领后才更为今名。此后,法国殖民者在西部建立的重要据点只有圣路易城(1764)一个,而西班牙人在太平洋沿岸建立的重要据点却有3个:圣弗朗西斯科(1776)、洛杉矶(1781)、萨克拉门托(1808)。1806年特许建镇的惠林,在此之前早已以"亨利堡"闻名于世,它最初的名字叫"芬卡斯尔堡"。英国殖民者在西部则没有留下什么城镇,只有几个较为有名的"皮货贸易站",如尼亚加拉、圣约瑟夫①。

上述城镇的兴起和发展,与美国的所谓"西进运动"并无关系。因为它们主要是由西班牙和法国殖民者建立的。而且,直到北美独立战争爆发之前,整个大西部这类城镇较为重要的,估计总共只有十几个,其数量和规模都极为有限。这些城镇的建立,大多是出于宗教、贸易和军事的需要,而不是大规模拓殖运动的结果,与其说它们是城市还不如说是"要塞"。例如,圣菲(Santa Fe)在西班牙语中意为"神圣的信念",而圣弗朗西斯科的原名普勒西迪奥,则是"防御城堡"的意思②。在整

---

① Richard A. Bartlett, *A Social History of the American Frontier*, Oxford Oniv. Press, 1974, p. 402.

② 邵献图等编:《外国地名语源词典》,上海辞书出版社1983年版,第119、125页。

个大西部，伴随着美国革命前后兴起的“西进运动”而诞生的第一个边疆城镇，应是1775年由丹尼尔·布恩建立于肯塔基的“布恩斯堡”(Boonesboroug)，由于这个定居地远离交通要道，始终也未发展成为重要的大城市。与此相反，于1778年建立的路易斯维尔，由于它位于肯塔基北部的俄亥俄河南岸，却迅速地发展起来并成为西部开发初期重要的交通和贸易中心；在美国独立战争期间，法国曾派军支持北美人民，正是为了感谢法国的援助，此城才于1780年以法王路易十六命名[①]。10年后，在俄亥俄河北岸，一批新的市镇随着俄亥俄地区的迅速开发而勃兴，其中最著名的边疆城镇就是马里塔和辛辛那提，两城分别建立于1787年和1788年。它们不仅是西部重要的工商业中心，也是西去的移民集散地。

之后，都市边疆继续从俄亥俄河向南北扩展：在它的北边，先后建立了克利夫兰(1796)、哥伦布(1812)及印第安纳波利斯(1820)等新兴城市；在它的南面，先后兴建了纳什维尔、杰克逊、伯明翰等市镇。向西，城市边疆则沿密西西比河及其支流继续伸展，先后兴建了独立城、堪萨斯城、圣保罗、孟菲斯、奥马哈等一系列城镇。从19世纪40年代开始，随着远西部逐步被美国移民所征服，美国的都市边疆开始跨越大平原向落基山区及太平洋沿岸伸展：首先，1847年，一批摩门教徒在其首领布里格姆·扬的带领下，从原来的定居地伊利诺伊长途跋涉来到大盐湖，在此建起著名的圣城——盐湖城。然后，在1848年兴起的“淘金热”的推动下，原先由西班牙人建立的一些要塞，如圣弗朗西斯科和萨克拉门托等不仅获得了勃勃生机，而且在各个矿区周围还兴建了一批崭新的采矿城镇。

但从总的来看，在相当长的时期内，西部都市化的整体水平，还低于美国的东北部，这可从下表提供的统计资料得到证明。从该表可以看出，直到1870年，全国都市人口最多的地区是东北部的大西洋沿岸中部，其都市人口占了全国都市人口的43.4%，而西部都市人口最多的大湖区，仅占全国都市人口的19.7%。至于大平原、落基山区和远西部的都市人口，则分别只占全国的7.3%、0.2%和2.2%。这种情况，到19世纪末和20世纪初，并没有发生根本性变化。以地域而论，

① Richard A. Bartlett, *op. cit.*, p. 404.

落基山区和太平洋沿岸，在全国总面积中占28%，而都市人口只占全国的2%—3%；与此相反，整个东北部，包括新英格兰和大西洋中部，都市人口占全国都市人口一半以上，其面积只占全国的6%。两相比较，足以说明西部的都市化程度，不可估计过高。

各地区都市人口在全国都市人口中的比重[①]

地　　区	在全国都市人口中所占比例	
	1870年	1910年
新英格兰	15.5%	11.4%
大西洋中部	43.4	35.3
大湖地区	19.7	22.9
东南部	11.0	10.2
大平原	7.3	9.2
西南部	0.7	3.3
山　区	0.2	2.0
远西部	2.2	5.7

这是由于：第一，东北部（包括新英格兰和大西洋中部），是美国工商业的发源地，都市化过程早于西部近200年；第二，西部从总的来说还基本上是一个拓殖区，直至19世纪末，它的主要行业仍是农业，只有五大湖是个例外；第三，和任何其他地方的都市化过程一样，西部的都市化过程也要受历史和环境条件的限制，不能超越经济开发的阶段。总之，如果离开这一基本情况，就不能对西部城市的起源与类型，及其发展的道路和特点，作出科学的估计。

二　西部都市化的起源及其类型

然而，西部城市的兴起和发展，又确有许多独特之处。在一般的情况下，城市是在乡村农业社会的基础上，通过人口集中逐渐成长起来

① David Ward, *Cities and Immigration*, Oxford Univ. Press, 1974, pp. 33, 40.

的，因而要经历一个由地方性小城镇到地区性中心城市转变的过程，且会有少数城市发展成全国性大城市。而在西部，虽然也有某些城市的兴起和发展没有越出一般常规，但大多数城市都是伴随着西部各地区的开发过程成长起来的，因而它们的发展从一开始就是整个西部开发事业的一部分，并由此形成与农业边疆、矿业边疆、牧业边疆不同的"都市边疆"(The Urban Frontier)。根据其起源之不同，我们可把西部的新兴城市主要分为四大类：

（一）作为一种"投机企业"的市镇。在西部城市的发展史上，许多城市的起源与美国政府的公共土地政策有关，它们是由公共土地的领有者即土地公司直接建立的。这是因为，合众国的公共土地政策从一开始就具有双重性：一方面，政府决定将公共土地向广大移民群众开放，允许人们以不同价格从联邦手中购买他们认为合适的土地，以便在西部定居并建立自己的家庭农场；另一方面，政府又决定按大块出售的方式处理手中掌握的土地，以便尽量吸收商人和公司的资金来缓解国家的财政危机，从而给土地投机家以可乘之机。于是，一些土地公司纷纷投入联邦土地的买卖和经营活动。它们首先按极低的价格从联邦手中获得在某地建立市镇的地权，接着便以市镇所有者的身份带着一批人员到该地选址，然后再以高价分别向移民出售镇址地皮并从中获利，由此在西部建起一个又一个新市镇，成为西部新兴城市起源的重要因素之一①。

以这种模式兴起的市镇有以下特点：(1)与一般的看法相反，这类市镇并不是"正常地"成长起来的，从一开始就与1785年土地法密不可分，其规划、勘测和地皮的占领，都采用了难以想象的"格子式"方法，街道一般是按东西向、南北向设计的；(2)"这些市镇实际上都是一些不同类型的投机企业"②，因为这些市镇本身就是公司进行投机的对象，即所谓"镇址投机"，其选址、勘测、设计都操在拥有该镇址的投机公司手中；(3)因此，这些市镇的镇址，为了能够招揽更多的移民和定居者，大多选在河边或湖岸等交通要道或较为便利的地方，并预先规划和绘制

---

① B. H. Hibbard, *op. cit.*, pp. 36-43.

② "投机企业"，原文为"Speculative enterprise", in Richard A. Bartlett, *op. cit.*, p. 405.

了出入市镇的公路系统；(4)由于土地投机活动的狂潮愈演愈烈，在大多数这类都市中心的背后都站着一大群握有大量货币的土地投机家，他们一面控制着大量土地，一面琢磨着他们的市镇计划，成为推动西部社区发展的重要力量。

以这种途径兴起的城市，在西部各地及不同时期都可见到，但尤以中西部(主要是俄亥俄河和五大湖区)更为突出，因为这里是最早全面实施《1785年土地法》的地区，正是这个法令首先确立了在西部采用"市镇殖民制度"与公共土地出售相结合的办法，成为此类城市起源的主要契机。在中西部，这类新兴城市很多，马里塔、辛辛那提、克利夫兰等是其中较著名者，而最著名的还是马里塔[①]。导致马里塔(Marietta)建立的动力来自新英格兰"俄亥俄同人公司"(Ohio Company of Associates)。早在1787年，代表该公司的R. M. 卡特勒就精细地考察过俄亥俄地区并观测过马斯金姆河河口地带，因为该公司在此拥有"为建立一个城市"的6000英亩土地。1788年春，R. 普特南率领下的一批受俄亥俄同人公司赞助的新英格兰人来到此地。他们发现一批远途而来的堤坝建筑者已先于自己使用了那个市镇的镇址，于是，普特南便利用这些先前来的居民们给此地造成的变化，将其行走的道路改为宽宽的街道。他保存了马斯金姆河河边的公共土地并为居民们设计了定居地。至今，在马里塔城还可看到它的新英格兰传统，以及普特南为它设计的宽阔的街道[②]。

这类城市采用的"市镇殖民制度"源于新英格兰，但中西部这类城市成长的道路与新英格兰并不完全一致：新英格兰的市镇当局在以团体名义从殖民公司手中领取土地后，其土地基本上是在它管辖的移民中均衡分配的，土地投机活动在当时(特别是17世纪)还不存在[③]；而在中西部这类城市的起源中，土地投机从一开始就是整个市镇选址、勘测、设计的主要出发点，其地皮的售价是随着土地市场上的价格而波动的。所以，从这个意义上说，中西部城市的起源和发展，走的是一条不

① W. Havighurst, *Ohio: A Bicetennital History*, pp. 10-12.

② Richard A. Bartlett, *op. cit.*, pp. 403-404.

③ B. H. 希巴德指出，美国独立后的土地制度"是一个新的出发点，因为土地出售并不是英国政府和殖民地土地政策的特点"。in B. H. Hibbard, *op. cit.*, pp. 33-34.

同于东北部的道路，它们属于一种新型的城市。“土地投机公司最早设计了匹兹堡、辛辛那提、路易斯维尔以及其他西部城镇的城址”[①]。

（二）兴起于远西部的“采矿城镇”。这种类型的市镇的兴起主要与远西部的采矿业有关，它们最初是以“采矿营地”的形式出现的。这种采矿营地，在远西部采矿业兴起的过程中，先后大概建立过几百座之多，但与其说它们是远西部城市的起源，不如说是远西部社区的起源。因为真正发展为“采矿城镇”(mning town)的只是其中很少一部分，而许多采矿营地不久就衰落了。在由“采矿营地”发展起来的“采矿城镇”中，比较著名的有内华达的弗吉尼亚城、蒙大拿的海伦娜和弗吉尼亚城、南达科他的莱德和迪德伍德，以及科罗拉多的丹佛、莱德维尔、中央城、黑鹰城、克里普尔、克里克等。它们常常是建在从高山上流下的水流形成的溪谷或峡谷旁，也有些建在荒凉的山顶，或多风的高原之上。

在远西部由“采矿营地”发展起来的城市中，科罗拉多的丹佛是最著名的一个。科罗拉多发现金矿，刚好在 1848 年加利福尼亚发现金矿之后 10 年，最初的发现地在流入普拉特河的切里河河口，该地西距大山仅 12 英里。4 个月之内，前来淘金的人流，已在这块发现地建起两个城镇：奥腊里亚和丹佛，两年后它们便在竞争中合并成一个城市，这就是后来的丹佛市(原名奥腊里亚，系拉丁语，意即“黄金”)。然而，科罗拉多山区采矿业的进一步扩大，对丹佛市的发展却是好坏参半：从直接影响上看，它使丹佛在合并奥腊里亚之后出现了衰退，据说当时“丹佛城的房屋有一半已空无人居了”，许多居民移居到了新的采矿地，并在科罗拉多山区涌现出一批新的采矿城镇，如高山城、黑鹰城、中央城，都是在此时兴起的；从间接影响上看，在它的居民移往附近的其他采矿营地之后，丹佛作为一个昔日的采矿城镇虽然衰落了，但它作为向这些新的山区采矿营地供应食物和其他必需品的主要货物集散地，在 19 世纪 60 年代中叶又重新繁荣起来。

远西部的采矿营地，从表面上看五花八门，在风格和形式上都很不一致，但它们却代表着一种文明在美国的兴起。矿工来自四面八方，他们在采矿区迫不及待地要求拥有土地权。随后帐篷、油布、雨衣、马车、

① Blake Mckelvey, *The City in American History*, N. Y., 1969, p. 35.

木屋相继出现。一个市镇投机家，虽然从拉铁丝网立柱起就声明该地方属于某人所有，拥有提出定居地的所谓“权益”，但这种所有权往往有其名而无其实①。一般地说，这类城镇最初只不过意味着各种干货、杂货、化验、沙龙以及各种铁器、火药和采矿设备，还有饲料、店铺的偶然的集中地。镇子一般建在某个宽阔地带的两旁，泥沙和尘土飞扬于主要街道。在这类市镇勃兴的中间期，大街上充满了公牛、骡子和马匹，它们拉着有白顶篷的载货及载人的马车，铺板很快放满了街道两旁的人行道，一切似乎显得庞杂零乱，但它们对于采矿业来说又非常必要。进入这类新社区的，多是处于成年期的采矿人，背上大多背着各类杂物。最初的居民常常被人称为“懒汉和堕落者”，他们睡在人行道边的铺板上，或睡在沙龙的地板上。

当采矿营地建起来后，间或有一些中间人设立起一个办事处，为人们提供关于地权、投资和价格的建议。随之，律师也很快出现了，因为有关土地权的争执日益严重，需要在这些争执之中充当某种裁决者。据统计，1865 年至 1867 年间，在内华达的惠特派恩矿区，由人们提出的土地权申诉书就有 13000 份以上②。当这些城镇的秩序趋于稳定的时候，它们所面临的问题也繁杂起来，街道需要铺设鹅卵石，水的供应和污水处理变得日益迫切，厕所的污物及骡马的粪便充溢街道，天花、肺炎、伤寒在采矿营地流行。如果一个市镇有了坏名声，那就意味着丧失投资者的全部投资，这使与其有利害关系的人开始关心起市镇的改进。为了解决这些市镇面临的问题，各采矿营地开始建立市政府，市政府一般由一个市长和一个委员会组成，日常工作掌握在一个市镇会计、一个职员、警察局长和律师手中。有时，市镇还配置一个街道监察员、一个工程师、一个医生和一个市镇清道工。市政府的建立，标志着由采矿营地到采矿城镇的转变和一个新的城镇的兴起。

（三）大平原上铁路沿线的“牛镇”。这类市镇兴起于 19 世纪 60 年代，它的兴起主要适应了大平原畜牧业迅速扩大，并逐步向商品化方向发展的趋势。在 19 世纪 40 年代之前，美国在西部的移民线仅推

---

① Robert V. Hine, *The American West: A Interpretive History*, Boston, 1973, p. 122.

② Richard A. Bartlett, *op. cit.*, p. 435.

进到密西西比河西岸,但在 40 年代中期便有不少美国人以密苏里的圣路易和独立城为出发点,越过大草原进入落基山区和太平洋沿岸,由此逐渐发现了大草原在发展畜牧业方面的极大可能性。大规模的畜牧业,主要是牧牛业,是在南部的德克萨斯首先兴起的。据考证,德克萨斯的畜牧业,早在 18 世纪末和 19 世纪初已具有相当规模,1830 年时,那里的牛群就达 10 万头。40 年代初,德克萨斯人开始将牛赶往新奥尔良出售,1846 年又首次把牛赶到了俄亥俄。这说明,在横贯大陆铁路建成之前,德克萨斯的牧牛业已开始了商品化的过程。只是由于市场的限制,它的出口量才很少,且主要是先运往新奥尔良,后运往孟菲斯。

但是,从 60 年代开始,交通运输业的发展,特别是一系列横贯大陆的铁路及其支线的建筑,在大平原的畜牧业和北部及东北部的广阔市场之间架起了桥梁。在这种情况下,作为大平原牧牛业摇篮的德克萨斯,及时地抓住了这一赚钱的机会,决定把牛群从德克萨斯“长途驱赶”到北部交通线,然后装上火车转运到芝加哥等肉类加工地乃至东北部。由于赶往北部的牛群不能按时赶上火车,需要有“牛栏”来存放和喂养,且要为赶牛的“牛仔”们提供食宿之便,人们便在这些火车转运站附近建起一系列镇子,它们在美国史上被称为“牛镇”,实际上就是“牛栈”。这种“牛镇”散布于圣路易到落基山的广大地区,一般都位于横贯大陆的铁路及其支线的火车站附近,因而其发展是由东向西的。著名的“牛镇”:在堪萨斯,有阿比林、埃尔兹沃思、艾利斯、科尔贝、考德威尔、杭尼威尔、道奇等;在内布拉斯加,有许凯勒、卡尼堡、北普拉特、奥加拉拉、西德尼等;在怀俄明,有派因布拉夫、格林河、罗克沟、拉腊米、希尔斯代尔等;在蒙大拿,有迈尔斯、格伦代夫、赫勒纳等。

“牛镇”的选址,还受到另一种因素的影响,这就是要尽量避开印第安人的袭击。因为最初的德克萨斯牛仔们“长途驱赶”的路线,一般是取道俄克拉何马、阿肯色和密苏里,这些地方当时还是印第安人的领地。牛仔们常常遭到印第安人的袭击,牛群也常常被惊散。牛群动则上千头,是牛仔们及其主人的全部财产,如果牛群遭袭击就意味着经营的完全失败。如 1866 年,詹姆斯·多尔蒂从堪萨斯赶往圣路易的 1000 多头牛,就是这样遭到印第安人袭击而惊散的。正如约瑟夫·麦科伊在其回忆录中所说:“人生没有哪几种行业如同贩牛一样,大笔财富的得失系于一线。实际上，赶牛贩就像小孩子一般软弱，走错一步或者稍有差池，便会失去整个牛群，而这却是他在世界上的全部财产。”[①]于是，人们开始寻找如何尽量避开印第安人袭击的办法，而唯一的办法就是把赶牛路线往印第安人稀少的西部移动，但也因此增加了建立“牛镇”的困难。

大平原上第一个，也是最著名的一个“牛镇”，是位于堪萨斯联合太平洋铁路线上的阿比林（Abilene），[②]它的建立者就是上述的那位麦科伊。阿比林原是一个小小的草原村寨，1867 年春，麦科伊几经周折，和汉尼巴尔及圣约瑟夫铁路公司达成协议，从该公司得到了优惠的运费率的报价，然后花 2400 美元买下了阿比林全镇共 480 英亩的地皮，作为他建立“牛镇”的地址。由于此处“居民稀少、水源丰富、牧草肥美”，几乎处处都适于圈养牛群。经过麦科伊 60 天的改造，阿比林真的成了一个设备齐全的牛镇：它有一处可容纳 3000 头牛的围场，两台大型的费尔班克斯磅秤，以及一个牲口棚、一间办公室、一座三层酒店。在做完这一切后，麦科伊便派出宣传员，前往堪萨斯南部及印第安人领地，到处宣传阿比林作为“牛镇”的好处，以吸引赶往北部的牛群到此圈养。结果，德克萨斯赶往北部的牛群纷纷转向阿比林，几年之内从此镇转运的牛群就达 1000 万头以上。到 1871 年，该镇已有 1000 居民，包括 1 个学校、1 个监狱、3 个旅馆、3 个以上饭店。麦科伊也因此发了财，还当了阿比林的市长。[③]

伴随着大草原上的畜牧业而兴起的牛镇，内战后的 25 年，随着大草原被旱作农业的侵蚀，其中有一些因畜牧业的衰落而衰败了，但也有许多随着大草原的农耕化被保存下来，并以新的经济形式重新繁荣起来。所以，至今我们还可以在美国的地图上找到当年许多牛镇的名字，如阿比林、道奇等，只是与其最初设想的功能完全无关罢了。

（四）随着铁路延伸而兴起的“铁路城镇”[④]。这种类型城市的兴

---

① 丹尼尔·布尔斯廷：《美国人：民主历程》，中国对外文化出版公司 1991 年版，第 16 页。

② 此城在堪萨斯河沿岸，托皮卡城以西 100 英里处。

③ 丹尼尔·布尔斯廷：前引书，第 17—19 页。

④ “铁路城镇”，意即“由铁路土地公司建立的城镇”。Dorothy W. Creigh, *Nebraska: A Bicentennial History*, N. Y., 1977, p. 105.

起，主要与铁路网的延伸有关。它兴起于 19 世纪 60 年代，七八十年代在密西西比河以西获得迅速发展，其数量比起采矿城镇有过之而无不及，这期间铁路的建筑在大平原及远西部获得了前所未有的进展。其原因有四点：1. 由于加利福尼亚发现金矿，以及随之而兴起的 1849 年的“淘金热”，成千上万移民从东部或中西部涌向远西部，迫切需要改善横贯大陆的交通运输条件；2. 由于远西部远离东北部工商业中心，使横贯大陆的交通运输具有超越地方利益的战略性质，这已不是一般“小镇”或“公路”所能胜任，而只有速度快、运输量大的铁路才能承担；3. 东、西两部的商人包括联邦政府在内，这时都已注意到建立横贯大陆的铁路的必要性和重要性，并于 1862 年通过了具有划时代意义的《太平洋铁路法案》，由此开创了美国交通运输革命的新阶段；4. 联邦政府对铁路公司的援助政策十分特别：第一，它给铁路公司的土地赠与，是以修筑铁路的长度为单位计算的，修筑的英里数越长，获得的赠地越多；第二，它给铁路公司的贷款数额，是根据铁路线穿越的地理条件考虑的，筑路的难度越大，获得的贷款也越多。因此，公司竞相多筑铁路，尽可能地向西部山区延伸，以便获取更多的赠地和贷款。

铁路的修筑，特别是横贯大陆铁路的修筑，对西部城镇的兴起和发展的推动是多方面的：首先，铁路是一种大型工程，它的建筑、维护和管理都需要大量的劳力。当横贯大陆的铁路(如联合太平洋铁路)一段一段由东向西不断推进之时，每一段都留下了筑路工人的住地及与之配套的仓库、设施，在铁路完工后一些住地废弃了，少部分则被保存下来并扩大为一批“铁路城镇”；其次，按联邦政府的援助政策，铁路公司所获得的赠地是可以自行处理的，各铁路公司为了把这些土地转化为资本，一般采取两种方式：一是直接向移民高价出售赠地以换取现金，二是组织城镇开发公司，利用赠地进行“镇址投机”，而后一种方式更为普遍，由此形成了另一批“铁路城镇”；再次，铁路作为生产和市场的中介，对一切希望发财致富的人都有莫大的诱惑力，这使一些靠近铁路线的旧市镇或村庄，发生了翻天覆地的变化，不仅人口迅速增长而且在性质上也发生了变化，成为“铁路城镇”的新成员，如奥格登、奥马哈、苏城等。这三类铁路城镇，几乎在西部的每一条铁路线上都有，尤以“联合太平洋铁路”沿线更为突出。1873 年后任怀俄明州长的斯特朗曾说：

“大批的人口正在占领联合太平洋铁路沿线的69个城镇、村庄和车站。”[①]

在上述三种“铁路城镇”中，通过“镇址投机”建立起来的城镇最多，也最为典型。例如，里诺镇，位于内华达特鲁克河以北，是靠中央太平洋铁路建起的主要城镇，1868年开始建立，1890年有人口3200。[②] 斯普林斯镇，是一座科罗拉多的铁路城镇，1871年6月由W. 帕尔默组建的“科罗拉多斯普林斯镇址公司”建立，它将该镇2/3的地皮和农地卖给那些愿在一年内进行改进的农场主，余下部分则以较高价格投放市场：民用地皮每英亩100美元，商业地皮每英亩175美元，农场土地每英亩30美元。帕森斯镇位于密苏里和德克萨斯铁路线的堪萨斯境内，1870年10月由帕森斯镇址公司建立。它的地皮于1871年2月开始拍卖，头3天就卖了18000美元，一个星期后地皮收入上升到30000美元。拉腊米镇位于联合太平洋铁路的怀俄明境内，1868年2月选址定位，4月就出卖了第一批镇址，其中400块镇址由土地投机家买走，地价从25美元到260美元不等。据说，在铁路线到达该镇的前5天，铁路公司在该镇的土地代理人报告，他已出售了价值34400美元的地皮，其中7315美元是用现金，其余是贷款。[③] 此外，由铁路镇址公司建立的城镇，较著名的还有北太平洋铁路的俾斯麦镇，联合太平洋铁路的本顿，以及比灵斯、詹姆斯顿、登尼斯等。

上面探讨了西部四种主要类型城市的起源，但也不能由此得出以下结论，似乎西部的所有城市的起源都属于这四种类型。事实上还有许多城市是按通常的规律逐渐通过人口集中而形成的，也有一批城镇（如盐湖城）的兴起主要是以宗教为动力的。但上述四种类型的城镇，无疑代表了西部都市化的主要形式。

三 关于西部都市化的道路和特点

首先，从整体发展的观点看，美国西部的都市化过程是以大西部的

---

① Gene M. Gressley ed., *The American West: A Reorientation*, Wyoming Oniversity Press, 1961, p. 102.

② John W. Reps, *Cities of American West*, Princeton Univ. Press, 1979, p. 560.

③ John W. Reps, *ibid.*, pp. 589, 576, 561.

开发为先导的，其城市是伴随着西部的开发而产生和发展起来的。只是美国西部的开发与一般开发的程序和路线有所不同，并不完全或主要不是以农业开发开始的。这些开发程序或路线可以概括为三种：(1)中西部的开发所遵循的是“农业—采矿—工业”的程序或路线，可称之为“中西部方式”；(2)远西部的开发是沿着“采矿—农业—工业”的道路或路线发展起来的，可以称之为“远西部方式”；(3)大平原的开发则是按“畜牧—农业—工业”的程序或路线进行的，可称之为“大平原方式”。当然，这是就西部不同地区的主要开发程序或路线而言的。一个地区的某个地方或某个区域情况也许并不尽然，但是它们并不能改变上述基本程序或路线。需要指出的是，在整个大西部，不论该地区是以“农业”开发为先导，还是以“采矿”或“牧业”开发为先导，都分别构成了该地区开发中的重要阶段，都对各地区以后的整个发展产生过深远的影响，并决定了西部都市化的基本道路和特点。前面我们对西部城市的起源及其类型的研究，也证明了西部都市化过程的这一基本特点，所谓“采矿城镇”或“牛镇”之类，恰恰说明了这些城镇是以采矿或畜牧业为先导的，是因它们而兴起的。

正是由于西部城市起源于开发业，特别是像远西部那样的规模巨大的采矿业，以及大平原那样的畜牧业，所以都市化的起步相对来说比东部要早，因为它在西部大多数地区超越了大规模的农业开发阶段，这在落基山区和远西部尤为明显。在这些地区，由于横贯大陆的铁路穿越了许多荒无人烟的地带，这些地带伴随着铁路建筑而兴起的“铁路城镇”，更是大大走在农业开发的前面。即使在中西部这样典型的农业开发区，由于许多城镇是由土地投机公司直接建立的，虽然不能说是超越农业开发阶段，但也可说是和农业开发同步发展的。采矿业与农业不一样，其开发主要是在一些点上进行的，因而伴随着采矿业而兴起的城镇，比起农业区人口集中的程度要高。此外，西部地域辽阔，人烟稀少，为了抵御自然灾害和防止印第安人的袭击，移民的定居地也要有相对的集中，从而加强了西部都市化的程度。因此，虽然西部人口密度大大低于东北部，但西部都市化比例(即都市人口与总人口之比)却高于全国的平均水平。据统计，1870年时，美国全国人口都市化比例是20.9%，而西部就有两个地区超过了这个平均水平：大湖地区为21.6%，远西部为31.2%。西部其余地区的比例也相当高，如大平原区为 18.9%，山区为 13.9%[①]。正如有的研究者指出的[②]，这是西部都市化的另一个重要特点。

事实上，不仅西部人口都市化的比例高于全国的平均水平，而且西部都市化的速度也往往高于全国的平均速度。为了说明这一点，我们有必要引入“人口都市化增量”(increase in the urban ratio)这一概念，这一增量表示的是某个时期增加的都市人口与这个时期开始时的都市化比例之间的函数，由此可以得出某个时期都市化增长（或减少）的速度[③]。据统计，中西部，即中央东北部和中央西北部，在 1840 年之前，人口都市化比例的增长率都未超过全国的平均增长率，但 1840 年以后的 10 年内其都市化比例增长率分别高达 5.1%和 6.4%，大大高于全国的平均增长率(4.5%)；太平洋沿岸的情况更为突出，1850 年之前这里还不存在有关都市化问题的统计资料，但从 1850 年至 1860 年，该地区人口都市化比例陡然增长了 12%，1860 年至 1870 年的增长率为 3.1%，1880 年至 1890 年为 9.7%，均高于或等于全国的增长率（见下表）。西部人口都市化比例增长较快的原因很多：第一，它是和西部相当高的移民率相一致的；第二，它是和西部经济开发的速度一致的；第三，也是和美国工业由东北部向边缘地区扩展相一致的；第四，还受到远西部“淘金热”和交通运输革命的刺激。

尽管西部都市化的比例和速度超过了全国的平均水平，但西部都市化的实际水平仍然低于东北部。到 1910 年，新英格兰和大西洋中部的都市人口，分别占该地区总人口的73.3%和70.2%，而西部都市化程度最高的远西部和大湖区，也只分别达到了 56%和 52.7%[④]。与这种反差相一致，西部都市化的过程呈现出两方面的特点：一方面，人口相对集中，并由此导致都市化比例偏高；另一方面，城市的规模相对偏低，因而中小城镇较多，大城市极少。据统计，1870 年时，整个大西部，包括大湖区、大平原区、山区和远西部，10 万人口以上的城市只有 2 个，占全国10万人口以上城市的1/7；2.5万人口以上的城市也只有13

① David Ward, *op. cit.*, p. 33.

② 参见王旭：《19 世纪后期美国西部城市化道路初探》，《世界历史》1991 年第 1 期，第 55 页。

③ Eric E. Lampard, Urbanization, in Glenn Porter, ed., *op. cit.*, p. 1029.

④ David Ward, *op. cit.*, p. 40.

美国各区域人口都市化比例增长率[1] (%)

地 区	1810—1820	1820—1830	1830—1840	1840—1850	1850—1860	1860—1870	1870—1880	1880—1890
全 国	−0.1	1.6	2.0	4.5	4.5	5.9	2.5	6.9
东北部	0.4	3.5	5.4	9.4	7.8	7.8	8.0	9.2
大西洋中部	−0.2	2.9	3.9	7.4	9.9	8.8	6.0	7.8
大西洋南部	1.0	0.7	1.5	2.1	1.6	2.9	0.5	4.6
中央东南部	0.2	0.7	0.6	2.1	1.7	2.9	−0.4	4.3
中央东北部	0.3	1.3	1.4	5.1	5.1	7.5	5.9	10.4
中央西南部	−6.0	2.5	4.7	−8.3	−2.8	1.0	−0.8	2.6
中央西北部		—	0.4	6.4	3.1	5.5	−0.7	7.6
山区		—	—	—	3.9	2.2	9.3	7.7
太平洋沿岸		—	—	—	12.0	13.7	3.1	6.7

个，占全国相同规模以上城市的1/4，也就是说西部绝大多数城市，都是2.5万人以下的小城镇；到1910年，西部5万人以上的城市也只有40个，约占全国同等规模以上城市的36.7%，其余都在5万人口以下[2]。这种情况说明，在19世纪大部分时间内，西部大部分地区还主要是农业区，这和前面我们对西部都市化的分析是一致的。事实上，这个时期，许多西部城市并未完全摆脱乡村面貌。以1854年开始建镇的苏城为例，农场主在该城人口中的比重，1860年为7.2%，1870年还占2.6%[3]。

正因为如此，少数较大一点的城市，甚至一些中小城镇，在西部社会经济发展中的作用就显得更为重要，因为它们的服务半径大于其他地区的同类城镇。例如，密苏里的圣路易市，虽然建立时间很早(1764年)，但在将近百年之内发展缓慢，直到1840年其人口也只有16469

① Glenn Porter, *op. cit.*, p. 1040.

② David Ward, *op. cit.*, pp. 33, 40.

③ William Silag, Gateway to the Grasslands: Sioux City and the Missouri River Frontier, *The Western Historical Quarterly* (Oct., 1984), p. 412.

人;但"自 1850 年以来,圣路易已作为工商业中心而闻名"[1],内战期间,其工业产值增长了 300%,在中央大平原中部逐渐起着主导作用。它既是密西西比河流域南北交流的商品转运站,又是东部移民及各类工业品进入远西部的"门户",跨越大平原的商队也是从此地出发的。又如,1858 年才刚刚兴起的"采矿城镇"丹佛,1860 年时,有 195 人申明其职业是务农,22086 人是矿工,175 人经营沙龙,至 1870 年其人口也不过 4759 人[2]。但这期间它已是整个落基山区的交换中心,附近农场生产的粮食和蔬菜、摩门教徒从盐湖城运来的面粉和玉米,都是经丹佛转运到各采矿营地的。1860 年 10 月 5 日《落基山新闻》报道:"昨天有大批鲜蛋、奶油、洋葱、大麦、燕麦等运抵此地",还有 12000 袋面粉和 5000 蒲式耳玉米正在从犹他到此地的途中[3]。为了和夏延竞争以确保其在山区的主导地位,该城特地组建了一个"商会",并筹集了 28 万美元修筑了从丹佛至夏延及堪萨斯城的铁路线[4]。再如,圣弗朗西斯科,这个原西班牙殖民者的小要塞,在"淘金热"初兴之时,一度受到了极大的冲击。由于居民纷纷奔往采金地,使一半房子空无人烟。但不久它就在"淘金热"的刺激下,发展成远西部最大的工业、商业和金融中心,1870 年其人口进入全国头十大城市之列(15 万人),虽然它的规模还只是区域中心城市,但"已获得了与纽约、波士顿一样的中心性质"[5]。

总之,西部绝大多数新兴城市是伴随着西部的开发而兴起的,且第一个开发性行业在不同地区又有所不同。正因为如此,西部城市的兴起超越了西部以农业为主的大规模开发阶段,因而西部城镇一经兴起就反过来成为西部深入开发的动力,其作用往往超过了它们本身的规模和功能。

(原载《历史研究》1992 年第 4 期)

---

① Paul C. Nagel, *Missouri: A Bicentennial History*, N. Y., 1977, pp. 77-79.

② G. Fite, *op. cit.*, p. 11.

③ G. Fite, *ibid.*, p. 11.

④ Blake McKelvey, *The Urbanization of America, 1860-1915*. N. J., Rutgers University Press, 1963, p. 26.

⑤ Blake McKelvey, *ibid.*, p. 28.

加利福尼亚金矿的发现及其历史意义

1848年初，当整个环太平洋地区还处于前资本主义的不同发展阶段时，在太平洋彼岸的加利福尼亚发现了金矿，并由此而引起了震动世界的"淘金热"。这一发现以及随之而来的"淘金热"对美国和世界历史发展的意义何在？马克思曾把它和同年于法国发生的"二月革命"相比，认为它是当时世界上发生的两大历史性事件之一，并预言它所带来的成果"将会比美洲大陆的发现所带来的要大得多"[①]。这一有关世界历史发展的重要论断虽为人们所熟知，但在我国史学界却至今无专文论及，故在此做一初步的探讨。

一

从表面上看，加利福尼亚金矿的发现纯粹出于偶然。但若把它和19世纪初美国社会经济发展的一个重要趋势，即以"西进运动"形式出现的美国资本主义"向广度"发展联系起来，就会发现这个似乎偶然性事件的背后却隐藏着某种客观的必然性，因为它是"西进运动"的直接结果，并体现着这个运动的性质。

早在1803年"路易斯安那购买"前后，美国政府就先后派遣过3个探险队对远西部进行考察，以便寻找通往太平洋的道路。19世纪二三十年代，美国人以密苏里的圣路易或独立城为基地，不断向落基山和远西部推进。到19世纪中叶，在太平洋沿岸定居的美国移民已达6000人以上，并在俄勒冈的威拉米特和加利福尼亚的新赫尔维蒂亚，建起了

① 马克思和恩格斯：《国际述评（一）》（1850年1月），《马克思恩格斯全集》第7卷，第262—263页。

两个著名的殖民地。[1] 这就为1848年金矿的发现准备了客观条件。

1848年金矿的发现，作为“西进运动”的直接结果，具体表现有三：第一，这个事件发生的地点，刚好在太平洋沿岸两个最大的美国移民定居地之一的新赫尔维蒂亚，该要塞位于萨克拉门托河和亚美利加河的交汇处，1840年为美国移民约翰·萨特所建。第二，金矿的发现者詹姆斯·威尔逊·马歇尔，正是19世纪40年代那些征服太平洋沿岸的美国移民之一。此人1844年才从密苏里迁往俄勒冈，第二年方定居于萨特社区。第三，金矿发现于萨特要塞东北45英里处的锯木厂，而这个工厂正是为满足移民对木材日益增加的需要，为向萨特本人及其他移民提供木材而建立的。[2] 可见，金矿的发现、萨特锯木厂的建立和40年代的大规模移民，有着不可分割的内在联系。

其实，1848年的金矿发现，并非加利福尼亚这类发现中的第一次。据记载，在此之前该地区至少还有两次较大的发现：一次是1841年在洛杉矶附近；另一次是1842年在南加利福尼亚。[3] 然而，这两次发现均未产生“淘金热”，虽然1842年那次吸引过数百名淘金者，但很快就平息了。而1848年1月24日，萨特锯木厂发现金矿后的情形却与此相反，3月15日，圣弗朗西斯科《加利福尼亚人》刊登了这一发现的消息，5月12日，商人塞缪尔·布兰南又带着金沙的样品从萨特要塞跑到圣弗朗西斯科，向大街上的行人证实了这一消息。此后，加利福尼亚发现金矿的消息便不胫而走，6月17日，“路易斯号”商船向西把它带到檀香山，8月19日，一封描述这次发现的信件在东部纽约的一家报纸上发表，数月内消息几乎传遍全世界。于是，一股“淘金热”终于在1849年掀起，距发现不过一年。

为何40年代末的发现引起了“淘金热”，而40年代初的发现却未能？从根本说来，乃是前后两次发现的文化背景完全不同，尽管二者之间相隔不到10年。19世纪40年代初的发现，主要发生在印第安人教区，而印第安人的整个社会经济还处于原始的状态，并不懂得金的真正价值。此外，当时加利福尼亚外来移民不多，商品经济发展的程度以及

---

① R. A. Billington, *op. cit.*, p. 53.

② Andrew F. Rolle, *California: A History*, Iuinois, 1978, p. 194.

③ Andrew F. Rolle, *ibid.*, p. 192.

与外部世界的联系均有限,也没有得到足够的外部刺激,所以,40 年代初的金矿的发现"始终是地方性的"。而 1848 年初的金矿发现,是在美国大规模向远西部推进之际,和商品经济及新兴的资本主义生产方式联系在一起。金矿的发现者马歇尔,老家在美国资本主义相当发达的新泽西,本人受过良好的教育。他在建立锯木厂之前,已按现代经济方式与萨特订有正式合同,萨特答应为锯木厂提供必要的资本,而马歇尔则答应以 1/4 的产品作为报酬,工厂采用雇佣劳动方式①。那位将发现金矿的消息"最终扩大到全世界"的布兰南,是爱尔兰人的后裔并曾在纽约出版过杂志。他是为摩门教会开拓财源,作为 200 多名摩门教徒的首领,受设在伊利诺伊的摩门教会的委托,于 1846 年 7 月绕道合恩角抵加利福尼亚的。布兰南在加利福尼亚创办了一系列企业,并在萨特社区设有一个"总店",被称为"冒险商人、操纵者和土地投机家"。"1848 年 3 月,这个总店的老主顾们开始提出用黄金支付购买威士忌和其他商品的价钱,布兰南才顿然领悟到这次发现的意义。"②于是,他开始千方百计去筹集货源,以满足他的顾客们对商品的需求,同时换回大量金沙。这说明,加利福尼亚"淘金热"的兴起,一开始就受到市场经济的刺激。

当然,加利福尼亚"淘金热"的兴起,还直接受到美国政府的推动。当时美国刚刚打完墨西哥战争,并准备正式兼并加利福尼亚。这场以实现"天定命运"为目的的战争,在当时整个美国朝野引起了极大的震动,各种势力之间不无争议。当金沙的样品于 6 月 20 日带到蒙特雷后,美国驻加利福尼亚总督梅森和他的官员亲自进行了测定,然后专门给当时的美国总统波尔克写了一份"有关这一发现的最详细的"报告。报告认为:"挖完从萨克拉门托到圣若昆河地区的金矿,足以支付几百倍以上墨西哥战争的费用"③。波尔克对此报告如获至宝,旋即在 1848 年 12 月 5 日致国会的咨文中正式予以公布,"为他在获得墨西哥割让中的政策辩护"。在此之前,虽然总督的报告早于是年 9 月就由人送到

① Andrew F. Rolle, *op. cit.*, p. 194.

② Walton Bean and James J. Rawls, *California: An Interpretive History*. N. Y., McGraw-Hill Book Company, 1983, p. 87.

③ Walton Bean and James J. Rawls, *ibid.*, p. 88.

华盛顿，报纸上也就此事进行过许多讨论，但“当时东部仍很少有人准备前往加利福尼亚”，因为人们对此半信半疑；[1]而波尔克总统的咨文一经发表，立即于 1849 年就在东部人中掀起了“淘金热”，成千上万人涌向加利福尼亚。这不能不说是政府推动的结果。

“淘金热”首先引起了人口的急剧变动。受其影响最早的是圣弗朗西斯科，即中国人所谓的“旧金山”。当金矿发现的消息被布兰南证实后，该城“几乎所有的企业都停了业，海员把船舶抛在圣弗朗西斯科湾，士兵离开了他们的营房，仆人离开了他们的主人，涌向金矿发现地”[2]。结果，正如 1848 年 6 月 1 日美国驻该地海军代理人拉金给国务卿布加兰的报告中所说，圣弗朗西斯科一半房子都空了，两家报纸因缺乏排字工人和订户而被迫停刊，甚至美国海军的“安妮塔号”也只剩下了 6 名水手。接着受这股“淘金热”冲击和影响的，是它北部的俄勒冈和南部的墨西哥。在俄勒冈，仅 1848 年夏季就有 3000 人抛下尚未收割的谷物前往加利福尼亚，几乎占该地区成年男子的一半；与此同时，1848 年，大约有 4000 名墨西哥人抵达加利福尼亚，他们多数是乘船经海路在洛杉矶或圣弗朗西斯科登岸的。是年 8 月 17 日，梅森在另一份报告中说，由于男子都到矿区去了，“沿途工厂闲置在那里，麦田任牛马去啃食，幢幢房屋空无人烟，农场也变得荒芜了”[3]。

如果说 1848 年受其冲击的主要还是太平洋沿岸的话，那么当真正的“淘金热”在 1849 年到来时，几乎全世界都受到了它的影响。据估计，1849 年初，加利福尼亚大约仅有 26000 人（印第安人除外），到年底已猛增至 115000 人。其中，外国移民约占 20000 人，分别来自墨西哥、大不列颠、德意志、法兰西、西班牙，少部分来自智利、秘鲁和夏威夷，中国人是外国人中的最大多数。那时，加利福尼亚的城镇“几乎成了国际性的”，圣弗朗西斯科成了世界上“发展最快的城市”，1848 年 3 月只有 812 人，1849 年初已接近 5000 人，到 1850 年就膨胀到 25000 人。[4] 当然，在 1849 年进入加利福尼亚的移民，绝大多数还是来自美国东部，估

---

① Walton Bean and James J. Rawls, *op. cit.*, p. 88.

② K. Coman, *Economic Beginnings of the Far West*, Vol. 1, N. Y., 1912, p. 257.

③ K. Coman, *ibid.*, pp. 258-259.

④ Andrew F. Rolle, *op. cit.*, pp. 197, 240.

计他们大约有80000人，占该年加利福尼亚总人口的4/5。他们进入加利福尼亚的路线有三条：绕过合恩角；通过巴拿马地峡；穿过大平原。

星罗棋布的加利福尼亚采金地，以圣弗朗西斯科为起点，沿萨克拉门托河向北和圣若昆河向南形成扇形，向东一直伸展到内华达山脉。当时，正如《加利福尼亚报》所描述的："从圣弗朗西斯科到洛杉矶，从沿海到内华达山麓，整个地区都响彻着肮脏的喊声：'金！金！'"[1]据记载，1848年，仅萨克拉门托河及其支流，就集中了4000名以上的淘金者(其中一半为印第安人)，平均每人每天能淘金沙1至3盎司。初时，由于金沙在地面容易淘，且相对来说淘金人数较少，平均每人一天能挣20美元，为东部工人日收入的20倍。更有幸运者，如在某个富矿区，平均每人每天可挣2000美元；又如尤巴河岸的一个矿工64天淘了5356美元金沙。当时，淘金者绝大多数是以个人或三四人为伙进行的，"每个人(印第安人除外)都为自己劳动"；但也有少数(主要是印第安人)受雇于采矿公司或私人，从主人那里领取报酬，如萨莫尔和他的公司雇佣的土著达30人，"他们淘了价值连城的金，获得的食品、衣物等报酬却极少"。又如，有位叫辛克莱的牧场主，雇了50名土著为其淘金，不到5个星期就淘了价值16000美元的金沙。欧洲各国的商人和资本家，当时也没有放过加利福尼亚的发现所提供的机会。例如，至1849年1月15日，以在加利福尼亚淘金为目的组织起来的贸易和采矿公司，在伦敦就有5个。各地淘出的金沙，大多先集中到圣弗朗西斯科，然后再转运到东部铸币厂冶炼，因而金沙堆满了圣弗朗西斯科的仓库。正如一位观察家所描述的，当时梅尔斯和霍华德的商行"被金沙堆包围"，它"从运抵这里的金沙中获得大量租金"，每年四五十万美元。布兰南的库房，从1848年5月1日至7月10日，就获得了36000美元的金沙。[2]

"淘金热"引起了这里的人口急剧增长，使衣、食、住等方面的供应陡然紧张起来，一时间造成物价飞涨。例如，一个面包在大西洋沿岸只值四五美分，而在圣弗朗西斯科要卖50至75美分。肯塔基产的威士忌，在加利福尼亚涨到一夸特30美元。在"淘金热"的中心萨克拉门

---

① Andrew F. Rolle, *op. cit.*, p.195.

② K. Coman, *op. cit.*, p.259.

托，一把刀子卖到30美元，一床绒被40美元，一双统靴100美元，一磅钉子192美元，一头牛500美元，旅馆住宿费一个月1000美元，甚至一颗药丸也要10美元。至于房基地，在圣弗朗西斯科更是高得惊人，原先一块只要15美元的地皮，在淘金高潮之际要卖8000美元。自然，造成物价飞涨的原因是多方面的，或者是人口过多，或者是东西奇缺，或者是运费太贵，或者三者兼有。它从一个侧面反映了这次"淘金热"的规模及其对加利福尼亚市场的影响。

1848年开始的"淘金热"持续了好几年，到1853年才达到了它的顶点。据有关材料统计，加利福尼亚金的产值，由1848年的500万美元增加到1853年的6500万美元。它使美国成为当时世界上最大的产金国，1851年至1855年美国的产金量，几乎占全世界的45%。1848年至1851年美国的金币铸造增加了20倍，1848年至1854年美国批发商品的价格指数(以1913年为100)从84.7提高到102.5，这些都直接或间接地与黄金产量有关。更重要的是，由于大量硬币的存在，使美国有可能通过国际价格调节，通过出口黄金(据统计，1860年美国贵金属的出口为5600万美元①)，为大量从欧洲进口剩余物资，如当时美国修筑铁路急需的铁或铁轨，提供必要的货币资金。

二

关于"淘金热"在美国历史上的意义，在美国史学界是一个不无争议的问题。有的人不仅否定它在整个美国历史发展中的重大作用，而且也否定它在加利福尼亚历史发展中的重大作用。例如，沃尔顿·比恩和詹姆斯·J. 罗尔斯就认为："从根本上来说，加利福尼亚的发展与金无关，由于该地区其他方面的优势，它最终将变得人口众多和富裕，同时它的社会演进将变得更有规律，也更有秩序和文明。"②

其实，这一重大事件对美国历史发展的影响是不言而喻的。我们从上文所述的美国这一时期的采金规模和产金量在当时世界上所占的比例就可以看出。但是，1848年金矿的发现对美国的最大影响不是这

① Clive Day, *A History of Commerce*, N. Y., 1925, p. 530.

② Walton Bean and James J. Rawls, *op. cit.*, p. 95.

些，而是一个迅速发展的"远西部"在美国的崛起。黄金的产量总归是有限的，正如一位美国的历史学家所指出的，在"淘金热"开始后 100 年内，加利福尼亚产金总值不过 20 亿美元，还不足该州 1960 年一年的农业产值。然而，1848 年金矿发现后，在加利福尼亚形成的以采矿业为主带动其他各业发展的经济结构，却对加利福尼亚以及整个美国远西部的开发产生了强大的影响。因为这种特殊的经济结构，打破了传统社会那种先农业、后工业的正常发展秩序，一起步就在其中注入了一种商品经济的因素，并对加快农业、工业和交通运输业的发展提出了自己的要求，否则，迅速兴起的采矿业就很难维持和发展下去。可以说，这种经济结构在其形成过程中，本身已包含着进一步发展的巨大活力。诚如一位美国历史学家所说："采矿业是西部定居的重要因素"，它"有助于西部贸易中心的创立，广大的交通运输网的完成和为农产品提供市场"。[①]

从 1854 年起，加利福尼亚的"淘金热"虽然出现了下降的趋势，金的产值从 1853 年的 6500 万美元降到 6000 万美元，第二年又降为 5500 万美元，但是，整个采矿业却孕育着向广度和深度的发展。被第一次"淘金热"所吸引的大量劳动力(据 1850 年人口调查提供的资料，它吸引了该州劳动力的 50%[②])成为向生产的广度进军的主力，使一个新的采矿高潮在 1859 年前后再次兴起。结果，沿加利福尼亚东部边界从北到南形成三个新的矿区：一是位于哥伦比亚河美加边界的弗雷泽，该地 1854 年就已发现金矿，只因发生印第安人起义直到 1858 年才正式向移民开放；二是位于内华达西部华绍地区的康斯托克。此矿区离加州东部边界仅 20 英里，当时被认为是"世界上最富的银矿蕴藏地"，此矿发现后 20 年内，共出产了价值近 4 亿美元的金和银；三是位于亚利桑那中部山区的希拉和图森，此矿原属于墨西哥，在西班牙统治时期曾发现过一个重 2700 磅的银块，后随 1853 年"加兹登购买"并入美国，在美国人占领后，这个著名的富矿带方进入开发的"黄金时代"，而对其开发作出了重要贡献的，是查尔斯·D. 波斯顿、赫尔曼·埃伯伦格等人。以上 3 个新的矿区的建立，不仅把采矿业从加利福尼亚推进到整

① Gene M. Gressley, *op. cit.*, p. 45.

② Andrew F. Rolle, *op. cit.*, p. 254.

个远西部，而且由采金发展到采银和采铜。它已经显示了加利福尼亚“淘金热”在美国远西部崛起中的作用。

据美国历史学家研究，从 1858 年至 1876 年期间，这股新的“淘金热”还进一步从西向东扩张，在落基山脉至少还建立过 5 大矿区：艾达荷的克利尔沃特；蒙大拿的海伦娜；犹他的霍恩；达科他的黑山；科罗拉多的派克峰。由于 1859 年的“淘金热”，采金业从加利福尼亚向东扩展到美国的整个远西部，从而使美国作为世界最大产金国的地位一直保持到 1898 年。据统计，从 1848 年到 1931 年，远西部各州共产金 42 亿美元，产银 31 亿美元。①

然而，这一时期远西部采矿业的最大进展，还不是表现在矿区的扩大方面，而是在它的深化方面，这就是采矿业的进一步资本化。这一时期，由于深层采矿和采用新技术对大量资本的需求，主要为采矿业提供资本的，已不再是矿工个人而是采矿公司。例如，亚利桑那的希拉和图森矿区，是由“亚利桑那采矿和贸易公司”投资和控制的，该公司由圣弗朗西斯科商人组成。又如，康斯托克矿的重要投资者，是威廉·O. 罗尔斯顿，该矿采用的许多机器、木材就是他从加利福尼亚运进的。19 世纪 60 年代中叶，他又和别人组成“联合工业和采矿公司”，以便控制这个富矿带。再如，1879 年 2 月组成的“霍恩银矿公司”拥资 1000 万美元，到 1882 年，它已控制着该矿 147 多万美元的资产。② 在远西部采矿业资本化过程中，外国资本也起了重要的作用。估计从 1860 年到 1901 年，英国在其中的投资，就达 5000 万英镑。③

1848 年以前，工业在加利福尼亚几乎还不存在，为移民提供材料的木材业才刚刚起步。“淘金热”开始时，所有为矿山和城镇提供的商品，几乎都是进口的。面粉来自檀香山和悉尼，盐是作为压舱物从波士顿和利物浦运来的，酒来自波尔多，奢侈品来自中国。但随着采矿业向纵深发展和移民社区的扩大，工业也开始兴起。由于采矿对木材的需求逐渐增加，木材业获得了新的刺激，从而成为该州最早的工业部门。

① Eliot G. Mears, *Maritine Trade of Western United States*, Standford Univ. Press, 1935, p. 277.

② Gene M. Gressley, *op. cit.*, p. 45.

③ Robert V. Hine, *The American West: A Interpretive History*, Boston, 1973, p. 114.

例如，1860年，仅洪堡县和圣克鲁斯县就分别采伐了大约3000万和1000万立方英尺木材，其中许多是优质红木。19世纪50年代，与采矿和拓殖有关的铸造业也初步建立起来。1849年，由詹姆斯和彼得·多纳休在圣弗朗西斯科建起了该州第一个铁厂，即“联合铁工厂”，尽管它使用的原料是从外地运来的，每吨原料要付35—100美元。1860年，圣弗朗西斯科的铸造厂和机械厂已发展到16个，1876年又增加到47个。它们生产的采矿机甚至出口到内华达、墨西哥、尼加拉瓜和玻利维亚。1863年，在圣克鲁斯也建起了火药制造厂。它使用的主要原料硫黄就产于克利尔湖，当时该地每天能出产矿石4吨，每吨运费只要三四美分。到1870年，该州采矿所用火药的9/10，都是由本地制造的。除此而外，贵金属冶炼厂也建立起来，最初是为了冶炼来自康斯托克的银矿，后来也接收犹他、亚利桑那的矿石。据认为，这些工厂是当时美国同类工厂中最大的。[①] 内战前夕，加州各类工厂共3505个，比远西部任何一州都多。

在边疆开发时期，加利福尼亚其他主要部门仅次于采矿业的是牧牛业，1846年，该地区大约有牛40万头。相对来说，粮食生产当时不占重要地位，因此，当“淘金热”兴起之际，还需要进口一部分粮食，才能满足迅速增加的人口的需求。这就刺激了粮食生产的发展。据统计，1852年，该州种植粮食作物的农地仅110748英亩，3年后，州农业协会报告说已增加到461772英亩，其中小麦地148000多英亩，燕麦地108000多英亩，到50年代中叶，已有部分剩余粮食出口。值得注意的是，50年代，该州新增加的大约18000个农场中，大都建在靠近采矿中心的圣弗朗西斯科周围100英里内，这足以说明加州农业的兴起与“淘金热”的直接联系。[②]

19世纪五六十年代，在加利福尼亚农业中出现了一系列重大变化。第一，在第一次“淘金热”过去后，许多淘金者逐渐由采矿业过渡到定居生活，结果平原和流域人口迅速增长，而采矿区的人口却出现了下降或停滞的趋势。第二，在扩大粮食作物种植面积的同时，专门面向市场的蔬菜和水果（如苹果、葡萄等）栽培业也发展起来。据统计，1876

---

① K. Coman, *op. cit.*, pp. 307-319.

② Gilbert C. Fite, *op. cit.*, pp. 156-158.

年，从圣弗朗西斯科出口的货物中，小麦为969万蒲式耳，干果为13700磅，葡萄酒为31600加仑。第三，是灌溉农业在加利福尼亚的兴起。早在1867年，洛杉矶和约罗两县的灌溉地就占31000英亩。此后，据《太平洋农村出版业》杂志说，圣若昆河流域各处都“对灌溉系统的必要性给予了注意”。到1877年，按美国农业局统计，加州共有灌渠611条，受益面积达202955英亩。由于这些重大变化，农业已上升为加利福尼亚经济生活中的主要因素，以致1875年该州州长宣称：“农业已是我们的主要企业。”①相对而言，采矿业在此期间却下降到次要地位。据达德利·T. 穆尔黑德的研究表明，在1880年加利福尼亚52个县中，被划入“采矿区”和“采矿与木材区”的县只有10个，已不足该州县份的1/5。②

“淘金热”后，太平洋沿海商业性渔业也迅速兴起，使之成为该州的第三产业。“淘金热”刚刚过去，渔船队就群集于加利福尼亚湾，然后向沿海岛屿逐渐伸展开去。当时所捕的鱼，除一部分供当地居民食用外，大量的是加工后供出口之用，于是在加利福尼亚沿海城镇形成了一系列鱼类加工中心。如蒙特雷的鳀鱼和沙丁鱼加工，圣彼得罗的金枪鱼包装，圣弗朗西斯科的鲑鱼加工，都极为有名。早在1855年，萨克拉门托附近就有3个渔业公司，从事鲑鱼加工和包装业务。到1880年，加州投资于鲑鱼业的资本达180万美元，共拥有渔船850艘；该年太平洋沿海的捕鱼量达12000吨。③ 不可忘记的是，在加利福尼亚这项产业发展中，也有过中国移民的不朽业绩。因为在“淘金热”中到达加利福尼亚的华工，大部分来自中国东南和广东沿海地区，其中许多人有丰富的捕鱼经验，“淘金热”后不少人转到渔业方面。他们曾在圣弗朗西斯科湾蒙特雷、圣地亚哥建立过永久性渔村，在圣克利门蒂岛建造过临时性营帐④。

还需补充的是，无论是在加利福尼亚的开发过程中，还是在整个远

---

① Gilbert C. Fite, *op. cit.*, p. 168.

② Dudley T. Moorhead, “Sectionalism and the California Constitution of 1879”, *The Pacific Historical Review* (Oct., 1941), Vol. 10, No. 3, pp. 288-290.

③ Andrew F. Rolle, *op. cit.*, p. 255.

④ Frank J. Frost, “The Palos Verdes Chinese Anchor Mystery”, *Archaeology*, 1982, Vol. 35, No. 1, p. 28.

西部的崛起过程中，交通运输业的发展都起着重要的作用，而在这方面“淘金热”的影响又尤为明显和深远。如加利福尼亚第一条驿站线（开辟于1849年5月30日），就是为办理从斯托克顿到施塔斯洛矿区的业务的。到50年代中叶，加州已有的12条驿站线大部分都是为该州的采矿中心服务的。随着“淘金热”由西向东逐渐扩展，这种驿站线后来发展到整个美国的太平洋沿岸，并且伸展到落基山区以及中西部，1851年起，从萨克拉门托到盐湖城就建立了这种业务。甚至美国第一条横贯大陆的铁路，即“中太平洋铁路”和“联合太平洋铁路”，也是由于“淘金热”的推动并且直接由加利福尼亚商人投资，才得以于1869年建成通车。但如果要研究采矿业、运输业和资本的关系，就不能不研究“俄勒冈汽船航运公司”形成和发展的历史，因为它是这方面的“一个典型例证”。19世纪50年代末，贸易在哥伦比亚河上游实际并不存在，但当1859年“淘金热”从加州冲击到弗雷泽河流域和艾达荷地区时，一批曾在哥伦比亚河下游航运业中投资的公司和私人，便于1860年12月组建了以约翰·G. 安斯沃思为董事长的“俄勒冈汽船航运公司”。它的经营者和股权所有者最初仅4人，布雷福德和拉克尔就分别掌握了257和345股，可见是一个“合股性质”的资本主义企业。由于该公司在运输业中采用排他性经营，很快就垄断了整个哥伦比亚河上的贸易，第一年就偿还了48%的投资，到1864年，已拥有200万美元的不动产。[①] 这个公司的历史说明，采矿业、运输业和资本之间是互相促进的。

总之，加利福尼亚及美国的整个远西部，是以“淘金热”开始其经济起飞的。“淘金热”宣告了远西部在美国的崛起。大量贵金属的发现和挖掘，成为美国资本积累的重要来源，无疑为美国资本主义的发展输送了新的血液。这个以采矿业为中心的开发运动，从加利福尼亚迅速扩展到落基山区，这就形成了一个与“西进运动”方向相反的运动，从而缩短了整个美国大西部定居和开发的时间，加快了这一地区的经济发展速度。

---

① Dorothy O · Johanson, “The Oregon Steam Navigation Company: An Example of Capitalism on the Frontier”, *The Pacific Historical Review*, 1941, Vol. 10, No. 2, pp. 180-185.

三

1849年加利福尼亚的“淘金热”，一方面断然地打断了这一地区历史发展的正常秩序，使整个美国的远西部得以按特殊的“美国方式”进行开发；另一方面，它又在接纳各国移民开发其远西部的同时，把太平洋的贸易推进到一个新的阶段，并在这一过程中使夏威夷逐步“美国化”。正如恩格斯所预言的，它“第一次使太平洋真正接触现代文明，在历史上第三次为世界贸易开辟新的方向”[①]，使世界贸易从大西洋转向太平洋。这次“淘金热”对世界历史发展的最大意义，或许正在于此。

自然，太平洋的贸易并不是在“淘金热”后才开始的。早在1565年，西班牙人已在他们占领下的菲律宾和墨西哥之间，搞起了所谓“大帆船贸易”，并且使这项贸易持续整整两个半世纪。然而，由于受到西班牙王室的严格限制，这项贸易很长时间内只保持在每年两艘船只往来的水平；后来虽有所放宽，但每年从马尼拉运出的货物，总值也只在75万比索左右。[②] 1741年和1776年，俄国人白令和英国人库克，先后探险至北太平洋沿岸，并在那里发现具有重要商业价值的水獭皮。1784年，当库克的探险报告出版后，消息迅速传开，许多英国商船便闻讯而至，于是揭开了太平洋贸易中的“水獭时代”。此时，“中国皇后号”从中国经大西洋返回，美国的商人们为扩大与中国的贸易，也对美洲西北太平洋沿岸的皮货发生极大兴趣，加入到太平洋皮货贸易的行列。1787年，美国的“哥伦比亚号”从波士顿出发，在美洲西北太平洋沿岸收购和装上皮货后，经太平洋抵中国的广州，从而实现了美国人的第一次横渡太平洋的商业航行。但由于上述贸易均属于“过境性质”，故未对加利福尼亚及太平洋本身留下什么重大的经济影响，更谈不到开拓世界贸易的“新时代”。

太平洋贸易的真正兴起，并发展成为世界贸易的重要组成部分，还是发生在19世纪40年代美国夺取俄勒冈、加利福尼亚和1849年加利

---

① 恩格斯：《民主的泛斯拉夫主义》(1849年2月)，《马克思恩格斯全集》第6卷，第326页。

② Eliot G. Mears, *op. cit.*, p. 277.

福尼亚"淘金热"开始之后，因为这一系列事件特别是"淘金热"使外界和美国太平洋沿岸港口的贸易突然变得活跃起来。首先，为了加强美国东、西两部之间经济和政治上的联系，为了把大批欧洲和美国东部的寻金者送往加利福尼亚的采金地，也为了向加利福尼亚迅速集中的人口提供食品和必要的生活用品，欧洲、美国东海岸经海上和加利福尼亚之间的交通运输和商业贸易迅速地发达起来。1848 年 10 月，美国邮政总局与太平洋邮政轮船公司就俄勒冈的阿斯托里亚和巴拿马地峡之间提供每月一次服务问题所达成的协议签字生效的时候，正值"淘金热"兴起之际，因此，该公司不仅负责阿斯托里亚和巴拿马地峡之间的邮政服务，也承担起把淘金者从地峡运往圣弗朗西斯科的任务，承担这项任务的轮船在 1849 年就有 12 艘。以后，除了邮政服务的轮船外，各类从事商业运输和旅客往返的船只逐渐增加。据一个报告说，1849 年大约有 700 艘船只，从大西洋沿岸各港绕道合恩角前往加利福尼亚。为了适应这条海上航线的需要，美国人特意设计了一种"快速帆船"(Clipper ship)，从 1849 年至 1853 年就有几百艘这样的帆船，航行于大西洋沿岸与加利福尼亚之间。到 1886 年，经过合恩角来往于太平洋和大西洋之间各港口的船只 1 年的吨位，已达 84503 吨。[①] 这是加利福尼亚和太平洋沿岸贸易活跃的一个方面。

另一方面，大约从 1845 年起，加利福尼亚和夏威夷及东亚的贸易关系也开始活跃起来。尤其是加利福尼亚发现金矿的消息在 1848 年 6 月 17 日传入夏威夷后，这个群岛便迅即成了淘金者进入加利福尼亚的重要渠道，许多原先生活在那里或途经夏威夷的"外国人"(主要是中国人)，开始从此地前往加利福尼亚。据统计，从 1848 年 11 月 1 日开始的 5 个月内，夏威夷外事局就签发了 218 份护照，其中 210 份护照持有者宣布他们的目的地是加利福尼亚；[②]其次，由于俄勒冈和加利福尼亚逐渐被开发，木材业、面粉业、捕鱼业逐渐兴起，这就在它和夏威夷的贸易中注入了新的活力。正如 R. 阿姆斯特朗所说："活跃的贸易正由于俄勒冈和加利福尼亚而开始，夏威夷的蔗糖和糖蜜将为这些领地所

---

① Eliot G. Mears, *op. cit.*, pp. 113, 260.

② H. W. Bradley, "California and Hawaii Islands, 1846-1852", *The Pacific Historical Review*, 1947, Vol. 16, No. 1, pp. 20-23.

必需，而俄勒冈和加利福尼亚将用木材、面粉和鲑鱼来交换。”[1]最后，当美国的太平洋沿岸地区的经济地位加强后，美国在政治和经济上经夏威夷向西太平洋的渗透也加强了，从而提高了夏威夷作为美国太平洋贸易中间站的地位。

由于上述两个方面的发展，“淘金热”后加利福尼亚和美国的整个太平洋沿岸，便逐渐成为太平洋贸易的中心。据统计，太平洋沿岸关税区所拥有的各类船只 1870 年为 1136 艘，1900 年增加到 2217 艘，其总吨位则从 1850 年的 18655 吨，增加到 1870 年的 190398 吨，再增加到 1900 年的 612904 吨。这个关税区的进出口(包括再出口)货物总值，由 1860 年的 1235 万美元增加到 1870 年的 3089 万美元，再增加到 1900 年的 13231 万美元。当时美国出口货物的去向，不仅包括美国的东部、欧洲，也包括南美、太平洋各岛和远东各国。圣弗朗西斯科原不过是一个小镇，“淘金热”后仅 20 年便发展成为美国的第 10 大城市，1870 年时拥有人口 15 万，集中了整个加州人口的 27%。这个港口的进出口总值 1860 年为 1224 万美元，1870 年增加到 2998 万美元，1900 年又增加到 4037 万美元，成为美国西海岸进出口贸易的主要门户。[2]

1849 年“淘金热”后，世界贸易新方向的开辟，以加利福尼亚为中心的太平洋贸易的发展，又反过来对太平洋的历史产生了越来越大的影响，它的重要表现之一就是加速了夏威夷的“美国化”。早在 19 世纪 20 年代，美国对夏威夷的政治、经济和文化渗透就已开始。40 年代初，一些美国传教士脱离和教会的关系，“归化”夏威夷人、充当王国政府的顾问。与此同时，更多的美国人随即卷入到夏威夷的经济生活中，这些人趁王国政府和私人出售土地的机会，通过购买而成为土地的所有者。1849 年“淘金热”以后，这种情况变得更盛了。1850 年，美国移民局宣称：“盎格鲁—萨克森人在人数、资本和企业方面正在增长”，并特别提到“许多传教士正在获得大片的土地。”[3]他们在这些土地上建起甘蔗种植园，以夏威夷人、中国人和其他国家移民为劳动力。紧接着就在夏

① Sylvester K. Stevens, *American Expansion in Hawaii, 1842-1898*, Harrisburg: Archives Publishing Company of Pennsylvania, Inc., 1945, p. 32.

② Eliot G. Mears, *op. cit.*, pp. 16, 67, 200, 414.

③ S. K. Stevens, *op. cit.*, p. 30.

威夷掀起了一场“农业革命”：蔗糖业的兴起。

夏威夷“蔗糖业”的兴起，是以和加利福尼亚的贸易为条件的。1837 年，该岛虽然有了第一座蔗糖厂，但因为缺乏劳动力、资本和市场，直到 1848 年，它的蔗糖业发展仍很缓慢，平均年出口仅 200 吨。夏威夷的“蔗糖业”之所以能在加州“淘金热”后兴起，是因为美国远西部的开发为它提供了市场，而日益增多的外来移民（包括从加州返回的劳工）则为它提供了劳力。正如 1860 年 6 月，第一届“夏威夷王国农业协会”所说：“美国领地和统治向太平洋边疆的扩张，加利福尼亚惊人的发现和征服，几乎是同时在美国西部边疆上一个大州的建立，就像魔术师的魔杖一样，把这个小群岛吸入文明和繁荣的核心。”[①]正是由于俄勒冈和加利福尼亚按吸引人的价格，消费比夏威夷能提供的数量更多的蔗糖，而使夏威夷蔗糖的出口大增。据《太平洋广告商业报》统计，由 1855 年的 289900 磅，增加到了 1860 年的 182.66 万磅；同时期糖蜜的出口由 38300 加仑增加到了 87500 加仑。

这场“农业革命”的最重要结果，是甘蔗种植场主的形成。早在 1852 年，组成一个甘蔗种植的合股公司已在酝酿之中，这个公司的核心在 1860 年已成为夏威夷甘蔗种植的决策者。它说明，大规模的甘蔗种植已经出现，蔗糖业已完成了它最初拓荒的、小规模的、多少是由私人控制和经营的阶段，而走上了资本主义轨道。与此同时，夏威夷的经济也进一步为美国所控制。到 1863 年 10 月，有人估计“和这些群岛有关的商业中，不少于 4/5 的商业属于美国人”。在甘蔗种植业中，美国人更是占着绝对优势。有人对 1893 年夏威夷 288 个蔗糖投资者进行了统计，其中有 126 人是美国人；在美国投资者中，拥有 10000 到 50000 美元股份的有 49 人，拥有 50000 美元以上股份的有 25 人，拥有 50 万美元以上股份的有 3 人。据说，德国血统的美国人斯劳斯·斯普雷克尔斯就拥有私人资产 913400 美元，控制着近 50000 吨的蔗糖，还充当 20000 吨以上蔗糖的经纪人，超过该岛蔗糖生产的一半。[②] 这种情况的发展，最终导致了夏威夷的“美国化”：19 世纪末，美国人在那里

---

① S. K. Stevens, *op. cit.*, p. 34.

② Richard D. Weigle, “Sugar and Hawaiian Revolution”, *The Pacific Historical Review*, 1947, Vol. 16, No. 1, pp. 41-46.

发动所谓“革命”,从政治上完全控制了夏威夷。而夏威夷的“美国化”,又成为美国进一步在太平洋扩张的“前哨站”。

总之,加利福尼亚金矿的发现及开采,在历史上的意义的确不同凡响:第一,它推动了美国“远西部”的迅速开发;第二,由此引起的对夏威夷的渗透使作为大西洋国家的美国成为一个名副其实的太平洋国家;第三,美国人由东海岸港口绕过南美合恩角至西海岸港口的贸易线的开通正式宣告了世界贸易中心的第三次转移:由大西洋到太平洋的转移。

(原载《历史研究》1987 年第 3 期)

西部的拓殖与美国工业化

自18世纪中叶以来，先后发生于各国的工业化进程，一般总是以技术变革为先导，美国也不例外。与其他许多国家的工业化所不同的是，美国的工业化进程不仅以技术革命为先导，还以向西部的拓殖即所谓“西进运动”为助力，因为美国的工业化是在大陆扩张时代展开的。这正是美国工业化的基本特点之一，也是它的优点之一。

一　向西部的拓殖，吸引了相当大一批商业资本和流动资本，这在一定时间内和一定程度上，曾削弱了东北部发展工业的能力，但东北部工业化进展迟缓的根本原因不在于西进，而在于它的经济结构本身的弱点。

早在1790年，美国已靠引进技术建起了第一座成功的棉纺厂①，这就是塞缪尔·斯莱特在罗得岛建立的那座工厂，它使用的正是英国发明的阿克莱特式机器，斯莱特因此赢得了美国“制造业之父”的称号。24年后，也就是1814年，美国又在马萨诸塞的沃尔瑟姆建立了一种新型工厂，并首次把从纺到织的整个生产流程放在同一个工厂里，被美国人骄傲地称作“沃尔瑟姆制度”(waltham system)②。既引进了英国的先进技术，又创造了独具特色的工厂制度，应该说工业革命在美国就算起步了，因为工业革命正是以技术变革为先导的。

---

① S. 斯莱特的工厂不是第一座纺纱厂，而只是第一座“成功的”工厂，因为早在1775年就在费城安装了哈格里夫斯纺纱机，同时在普罗维登斯也有配备22只纱锭的阿克莱特机。

② 旧译作“瓦特罕姆制度”。该厂的第一匹布直到1816年2月2日才出厂。

然而，由于种种原因，美国工业化的进展并不很快，甚至可以说相当迟缓。在其发展的头10年内，美国总共只建立了8家棉织厂：1家在马萨诸塞，3家在康涅狄克，4家在普罗维顿斯。19世纪初，各类工厂和工场，如毛织厂、面粉厂、铁工厂、玻璃厂、肥皂厂等，一度获得较大发展。仅普罗维顿斯地区，从1809年到1815年之间，其纺织厂就从41座增加到169座，纱锭数也由2万增加到13.5万。据估计，19世纪第一个10年，全国的纱锭数增加了约30倍，其后5年之内又增加了6倍多，达到50万枚。不过，仅仅数年之间，这些工厂大部分都倒闭了，1815年罗得岛开工的近150家工厂，一年后只剩下了斯莱特一家。[①]直到1850年，美国工业化的进展，才开始发生根本性变化。正因为如此，刘易斯·哈克不无理由地写道："美国的工业革命，直要到整整2个世代后才出现。"[②]虽然他的估计不无偏颇。因为哈所说的"工业革命"，"并非单指自动机器的利用，而且兼指资本主义企业家的彻底变质"，即工业资本家的形成。

毫无疑问，英国重商主义政策对殖民地工业的限制，殖民时期封建制残余对生产力发展的阻碍，独立后英货倾销对美国工业生机之摧残，都是造成美国工业化进展迟缓或"延误"的重要原因。但从根本上来说，造成美国工业化进展迟缓甚至延误的主要原因，恐怕还是一个资本供应短缺的问题即资本来源问题，因为资本是工业发展诸要素(资本、劳力和资源)中的首要因素。这并不是说这个新兴国家缺乏资本积累，恰恰相反，它在资本积累方面有很多渠道和来源：首先，美国商人早在殖民地时代后期，就利用"三角贸易"或走私贸易积累下大量资本；其次，拿破仑的"大陆封锁"打击了美国与欧洲的商业，从而使美国的一些商业资本从以往的航运业和造船业中释放出来；再次，19世纪30年代对华贸易的衰落以及40年代捕鲸业的没落，也使其占去的相当大一部分资本转作他用。如果把这些释放出来的商业资本都投入到工业领域中去，美国工业化的进展或许会来得更快一些。当然这并不是说，在北美独立革命胜利之后，工业领域的发展丝毫未引起商业资本家的注意。事实上，塞缪尔·斯莱特的第一座棉纺厂，正是靠了威廉·阿尔密及摩

① 方纳：《美国工人运动史》，三联书店，1956年版，第1卷，第86—87页。

② Louis M. Hacker, *op. cit.*, p. 250.

西·布朗等人的资助才得以建立，而沃尔瑟姆公司完全是由波士顿商人投资的，其股本最初就达30万美元之多，并在10年内把它扩大了一倍。至于洛厄尔各工厂的原始资本，则在60万至100万美元之间不等，也主要是来自东北地区的商业资本。[①] 为美国早期工业做出了重要贡献的那些人，像弗朗西斯·C. 洛厄尔、内森·阿普尔顿、艾博特·劳伦斯等都是商业资本家，不少人原是从事航运业的。[②]

然而，在18世纪末和19世纪初，以及以后一个相当长的时期内，美国商业资本的主要流向并不是工业领域，而是土地投机及各种公共工程领域，即美国历史学家所说的"非生产性领域"，上述由航运转向工业的商人"都是例外"。早在19世纪头25年，被从商业领域中逐出的旧式商家，便纷纷走上从事地产购买、铁路建筑、保险及银行等行业的道路，使自己转变为农场主、投机者、放债人，而不是变为工业家。例如，从这个时期起，新英格兰的旧式商家，不仅在东北部创办运河公司、设立交换银行，成为"都市地主"；同时，也以在外资本家的姿态，把自己的经济活动转向日益活跃的已经或正在被成千上万移民占领的西部，成为土地投机家、抵押公司的发起人及铁路建筑的策动者。例如，J. M. 福布斯(J. M. Fobes)在1846年经营密歇根中央铁路时，即以新英格兰的商业资本作底本。而R. 兰图尔(R. Rantoul)之所以能在1850年游说州议会，成功地取得伊利诺伊中央铁路建筑许可证，亦是靠了商业资本的力量。[③] 据统计，到1860年时，全部铁路投资达15亿美元，占这个国家全部流动资本25%以上。[④] 这是颇为惊人的。

不过，在西部的各种投资领域中，"主要活动领域"似乎还是土地投机。[⑤] 例如，据威斯康星格林湾土地局估计，在1835年由政府出售的1300万英亩土地中，大约有800万英亩落入土地投机家之手，占总面

---

① Louis M. Hacker, *op. cit.*, pp. 261-263.

② 本·巴鲁克·塞利格曼：《美国企业史》中译本，上海人民出版社，第129—130页。

③ Louis M. Hacker, *op. cit.*, p. 265.

④ Thomas C. Cochran, *The Age of Enterprise: A Social History of Industrial America*, N. Y., 1961, p. 84.

⑤ 查尔斯·A. 比尔德：《美国宪法的经济观》，商务印书馆1984年版，第26页。

积的61.5%。[1] 这是因为，在综合性土地政策实施之前，合众国政府为要立即增加国家岁入，即已采用将大片公地授予私家公司的办法；而西部的城市开发、运河挖掘、铁路建筑及农场建立，也都必须以地产的获得为基础。美国诞生后的最初10年内，著名的资本家莫不与这类土地公司有密切关系，其中最著名的一位即罗伯特·莫利斯(R. Morris)，其控制的土地曾达600万英亩。[2] 1796—1854年间实行的土地纲领，有许多法案规定把地契(land warrants)授予退伍士兵，结果也给投机性企业造成更多的机会，因为许多退伍士兵并无能力去耕种其土地，而不得不将它们转卖。据统计，1849—1857年期间，伊利诺伊转入土地投机者之手的土地不少于1200万英亩，其中主要就是以军垦地契转移形式进行的。西部土地投机活动之所以如此之热烈，另一个重要原因是受到了金融业的刺激。1816年成立的第二合众国银行(第二年1月7日正式开始营业)，始终就是以土地投机为主要投资对象。1821年摩西·奥斯丁在德克萨斯建立的第一个美国人的殖民点，就是因为有新奥尔良银行做其后盾；以后美国人之大量涌入这块墨西哥领地，最重要的就是由于有投机家对"德克萨斯土地协会"投资，他们从协会手中获得股票和地券然后转卖给移民。在西部开发中的市镇地皮投机，是土地投机家经营土地的又一个重要项目。独立战争刚结束，俄亥俄地区便有好几家大公司开始市镇地皮投机，马里塔、辛辛那提及克利夫兰诸城的兴建，都是土地公司经营的结果。据A.科尔教授研究，在堪萨斯领地，第一任总督刚到任即在若干地段把城基买下来，并建筑了波尼城(Pawnee City)作为他本人投机之用。劳伦斯城(lawrence)也是出自东部投机家之手。[3] 1835年成立的"美国土地公司"，因以南部土地及城市地皮投机为目的，一年之内便认定资本总额(100万美元)的4/5。[4]

由此可知，西部的拓殖，确实吸引了相当大一批商业资本和流动资本，并在一定时间内和一定程度上削弱了东北部发展工业的能力。但

① Thomas C. Cochran, *op. cit.*, p. 39.

② 参阅查尔斯·A.比尔德：前引书，第94—95页。曹世文主编：《美国名人词典》，华夏出版社1991年版，第528页。

③ Louis M. Hacker, *op. cit.*, p. 213.

④ Louis M. Hacker, *ibid.*, p. 213.

导致这些资本流失的根本原因并不是由于西部的拓殖，而是由于东北部经济结构本身的弱点。事实上，斯莱特的棉纺厂，以及全部罗得岛式的工厂，不仅所雇佣的全部是农业人口，而且所付的工资是实物而非现金，因为除纺纱是用机器外，织布等其他工序都是由农家分散进行的。① 在"沃尔瑟姆制度"下，工业生产是在合股公司的基础上组织起来的，工厂从一开始就不得不修建公司的宿舍区(company town)，让工人住在公司的房子里，在公司的商店里购买他们需要的物品，进公司所属的教会和学校。然而，其工人多半也是来自乡村的少女，她们虽变成工厂劳动者，但只限于较短暂的时间之内，因其合同期平均只有 2 至 4 年。期满以后，她们便带着已获得的小小积蓄，以农妇姿态出现于家庭农场，或随丈夫西迁。② 换言之，她们并不是现代意义上的无产者，因其谋生之道并不全靠工资劳动，并未把自己的全部劳动力出卖给厂主，使自己的劳动完全成为社会劳动。它说明，在这个刚刚建立起来的工厂制度中，其生产关系还带有很多的落后的因素；不仅不利于生产力的发展，也是不利于资本吸收的。

更重要的是，虽然新英格兰的纺织厂是建立在合股公司的基础上的，但这种情况并不存在于新英格兰的面粉加工业，以及新泽西和宾夕法尼亚的制铁业中，在这两个行业中企业是组织在封建的而非合股的基础之上的。至于在广大的矿区的大富商(barons)，几乎完全为成千上万个家庭所束缚，因为这些家庭的所有成员都受雇于其所在的矿山和工厂，不仅不能领取工资还一直处于对主人的债务中。1830 年以后，合股公司制度开始采用于这些工业领域，但晚至 1858 年，某个拥资 100 万美元资本的合股公司依然要给 508 个家庭提供住房并雇佣他们。③ 在这种情况下，东北部整个工业发展的水平和规模都是有限的，因而吸收资本的能力也是有限的。

---

① 它说明，S. 斯莱特还未能建立起真正的近代工厂制度，因为他生产的布是由工厂和作坊共同完成的，具有明显的由手工作坊向近代工厂过渡的性质。

② 关于这一点，刘易斯·哈克在其《美国资本主义的胜利》一书中早已注意到，但却未谈及下文涉及的情况。

③ Thomas C. Cochran, *op. cit.*, pp. 18-19.

二 商业资本的流失，一方面延缓了东北部工业革命的进程，另一方面又推动了西部的大规模开发，这就为东北部工业革命的发展准备了商品粮食、工业原料及工业品市场，当交通革命在东、西部之间架起交往的桥梁，西部的作用就逐步发挥出来。

不管造成商业资本从东北部流失的原因何在，这种资本流失虽然在一定时间内和一定程度上削弱了东北部发展工业的能力，但从总体上看它于东北部的工业革命还是有利的。因为正是这种商业资本，借助于联邦"公共土地"政策所造成的土地投机狂，成就了西部大规模的开发，从而为东北部正在进行的工业革命准备了物质条件。从这个意义上可以说，没有大西部的开发就没有东北部工业革命的胜利，尽管由于成功地引进了当时欧洲的先进技术，美国成为了西欧之外第一个开始工业革命的国家。这是因为，要使已经起步的工业革命顺利展开，仅仅有先进的技术是不够的，还需要有一系列别的因素和条件。

首先是对商品粮食的需求。新英格兰是美国资本主义的发祥地。自殖民地时代起，整个东北部工商业的水平就高于其他地区。据统计，1790 年，即工业革命在美国起步时，新英格兰和大西洋中部的都市化比例分别是 7.5％和 8.7％，而大西洋南部只有 2.3％。[①] 当时人口在 2500 以上的城市全国共 11 个，除巴尔的摩和里士满而外的 9 个都位于东北部。[②] 随着工业革命的兴起，东北部都市化步伐加快，在 1790 年以后 60 年中，新英格兰和大西洋中部的都市化比例增量，分别达到 21.3％和 16.8％。[③] 到 1880 年，整个东北部人口都市化比例已超过 50％。即基本实现都市化。[④] 这时，纽约市人口已接近 200 万大关，波士顿也有居民 36 万多。城市人口的增加扩大了对商品粮及肉类、蔬菜

① Douglas C. North, *The Economic Growth of the United States, 1790-1860*, N. Y., 1966, p. 258.

② U. S. Bureau of the Census, Thirteenth Census of the Unites States, 1910, Washington, 1913, Vol. 5, p. 80.

③ Douglas C. North, *op. cit.*, p. 258.

④ Glenn Porter, *op. cit.*, p. 1040.

的需求，然而东北部本身要完全满足其需求却显得无能为力。事实上，由于人口向城市集中以及西迁，东北部的农业已出现相对“衰落”之势，特别是新英格兰在1860年以后50年内耕地减少了42%。[①] 据统计，1850年时，平均每人每年消费小麦4蒲式耳和玉米25蒲式耳，而当年新英格兰的人均产量，小麦只有0.4蒲式耳，玉米只有3.70蒲式耳。[②] 至于南部，由于它以棉花为主要种植物，虽然生产了不少玉米和其他谷类，但作为主食来源的小麦也有很大空缺，如1850年时，它的人均产量只有2.47蒲式耳。[③] 因此，南部也不能成为东北部的粮食供应者。

向东北部提供商品粮的任务，很自然地落到了西部农场主的肩上。这是因为：第一，西部的拓殖几乎是与东北部的“工业革命”同步发展的，到1850年，整个阿巴拉契亚山脉以西的农地面积已达1.45亿英亩，其中已耕地至少占31%。[④] 第二，“中西部”由于土壤和气候方面的优越条件，已迅速地发展成美国最大的“小麦王国”，到1859年，仅伊利诺伊、印第安纳、威斯康星和俄亥俄等州，就生产了全国小麦总产量的42%。第三，据统计，早在1850年西部小麦和玉米的人均产量就分别达到7.52蒲式耳和44.14蒲式耳，[⑤]说明在满足本地消费之后还有近一半的剩余。正因为如此，西部迅速地成为全国最大的商品粮基地。当1825年伊利运河通航之前，西部剩余农产品的主要流向是南部，其后便逐渐由南部转到东北部，到1860年，输往东北部的商品已占西部全部出口的77%。[⑥] 据考察，首次经伊利运河输往东北部的是面粉(100桶)，是在该运河通航后不久运抵纽约港的。[⑦] 但此后西部每年输出的农产品，其区域分配的基本情况却是：大部分面粉(约2/3)仍运往南部，而几乎所有的小麦(约98%)则运往东北部。[⑧] 在从1840年至1860年的20年内，东北部仅通过布法罗获得的来自西部的粮食(包括

---

① Clive Day, *op. cit.*, p. 292.

② 雷·艾伦·毕林顿：前引书，第457页。

③ 同上。

④ U. S. Bureau of the Census: Abstract of the twelfth census of the United States, 1900, Washington, 1902, pp. xviii-xix.

⑤ 雷·艾伦·毕林顿：前引书，第457页。

⑥ F. Merk, *op. cit.*, p. 222.

⑦ W. Havighurst, *Ohio, A Bicentennial History*, N. Y., 1976, p. 68.

⑧ 雷·艾伦·毕林顿：前引书，第458页。

小麦、玉米、大麦等)就增长了28倍以上,即从1075888蒲式耳增加到31441440蒲式耳。[①] 40—50年代,东北部的工业革命正处于决定性阶段,此间西部输往东北部的粮食大幅度增长说明,西部已由东北部商业资本的输入者转变成对东北部的农产品输出者,正适应了东北部由于工业革命对粮食日益增长的需求。

事实上,西部的开发不仅为正在进行工业革命的东北部提供了足够的商品粮食,还为其提供了必要的或关键性的工业原料:棉花。因为,同任何早期工业革命一样,美国的工业革命也是从棉纺织业开始的。借助于技术上的优势及其产品与生活最普遍的联系,棉纺织业迅速取代以往的一切手工业,上升为美国的主要工业部门,到1860年其产值达1.16亿美元,居各项工业中的第二位。[②] 但东北部棉纺织业发展的最大障碍是生产与原料的分离,因为东北部虽然有发展工业的资本、动力和技术,而本地却不能生产棉花,棉花种植受气候条件的限制很大,它要求200至210个无霜天以及20—25英寸的年降雨量,新英格兰是不能满足这些条件的。因此东北部的工业革命越发展,原料供应问题便越成为制约其发展的重要因素,同时也就为西部在这方面发挥其作用提供了机会。

自然,这里所说的"西部",其范围是非常有限的。据美国学者的研究,满足棉花栽培的上述条件,一般可定在北纬37°以南地区。在这个范围内,虽然早在17世纪末已有引种棉花的记载,甚至中国的"南京棉"在革命前也已传入,但产区直至1790年也还限于乔治亚和南卡罗来纳沿海地带。据统计,1790年时,全国原棉消费量11000包,其中工厂用棉等于零;当年美国出口总值1970万美元,其中棉花一项仅占0.5%,说明南部的植棉业尚不具备工业和商业价值。[③] 1786年引进"海岛棉",1793年E.惠特尼发明"轧棉机",使南部的植棉业发生三重转变:一是由自给型转变为商品型,二是由家庭生产转变为种植园经济,三是由"旧南部"扩张到"新南部",而所有这些变化都是伴随着西部

① Douglas C. North, *op. cit.*, p. 253.

② 福克纳:前引书,第42页。

③ 〔苏〕门德尔逊:《经济危机和周期的理论和历史》第1卷,三联书店1975年版,第288页。

的拓殖发生的，以密西西比为中心的“棉花王国”的兴起则是其集中表现。这个王国几乎占据了整个墨西哥湾平原，到 1859 年，仅亚拉巴马、密西西比和路易斯安那三州，就生产了全国棉花总产量（538.7 万包）的 68%。“棉花王国”的兴起，不仅保证了国际市场对棉花的巨大需求，也是东北部工业革命得以顺利进行的必要条件。据统计，到内战前夕，即 1859—1860 年度，从新奥尔良共出口棉花 2214296 包，其中运往纽约和波士顿港的达 193984 包，即占 8.76%；而在内战期间（1860—1865），输往东北部的棉花在新奥尔良棉花出口中的比重，上升到 30.9%。①

西部的拓殖，不仅为正在进行工业革命的东北部准备了粮食和原料，也为它准备了广阔的市场。从某种意义上说，有没有一个广阔的工业品市场，是一个国家工业革命成败的关键，在这方面美国有过惨痛的教训。如前所述，美国的工业革命本来起步很早，到 1815 年，仅罗得岛开工的工厂就有 150 家，不久后除斯莱特一家外几乎全倒闭了。1819 年 6 月，乔舒亚·吉尔平伤心地写道：“这个国家几乎所有的工业都破了产，它们的主人都没落了，他们的财产被减价处理。实际上，也可以说，整个不动产都换了所有主。”②造成这一现象的原因何在？正如美国经济史家指出的，一个根本的原因就是“英货排挤美货使美国许多工厂倒闭”，换言之，是一个市场问题。当时康涅狄克工业家大卫·汉姆弗瑞说，这是美英之间的一场“以梳棉机和纺织机为炮、以梭子和滑车为枪的战争”③。对于东北部来说，除了当地市场而外，能为其工业品提供市场的还有两个：南部和西部。但南部的市场容量是有限的，因为南部的单一作物种植制决定了南部的经济生活，很难摆脱其落后的乡村生活面貌。据劳伦斯·赫布斯特估计，南部直到 1839 年只消费当年北部工业品的 6%—16%。④ 因此，在国内，西部市场的开拓，对东北部来说不仅是必要的，也是重要的。

从上面的分析可以看出，由于西部的不断拓殖，早在 19 世纪上半

---

① 福克纳：前引书，第 444 页。百分比是根据该书提供的数字计算的。

② Thomas C. Cochran, *op. cit.*, p. 12.

③ 方纳：前引书，第 86 页。

④ Glenn Porter, *op. cit.*, Vol. 1, p. 269.

叶，在美国三大区域之间已形成了一种互补关系：东北部以其资本、劳力和技术上的优势，首先发起了工业革命并成为全国经济变革的原动力，南部一方面要依赖东北部提供的运输、财政和商业服务，以便把3/4的产品（棉花）送往欧洲，另一方面，它也为东北部提供了棉花这一关键原料，从而促使了东北部由商业资本主义向工业资本主义的转变；而西部在其拓殖中，虽然要依靠来自东北部的资本和劳力，但同时也为东北部的工业革命准备和提供了粮食、原料和市场。[1] 可以说，在早期工业革命时代，世界上没有一个国家像美国那样，存在一个具有如此有机联系的区域经济结构。

三 西部的拓殖，不仅促进了东北部的工业革命，也推动了美国制造业的西移，19世纪后期“五大湖工业区”的兴起，由于把工业化运动从轻工业推进到重工业阶段，成为美国实现工业化的主要标志。

然而，西部的拓殖，不仅在30—40年代之交，开始把大量粮食及其农产品输往东北部，支持和促进了东北部的工业革命，还推动了美国制造业的西移，并以西部丰富的矿产资源为条件，在19世纪后期形成以五大湖为中心的重工业区，把美国的工业化运动推进到一个全新的阶段，从而成就了美国的工业化。

五大湖工业区的兴起，首先受到了西进运动的直接推动，其突出的表现就是农机制造业：不仅表现在农机具质量改进方面，而且也表现在农机具制造的地点上。美国农业起源于殖民地时代，农具的改进工作18世纪末在东部也已开始。早在1797年，新泽西的查尔斯·纽博尔德就获得了“铸铁犁”的专利，19世纪初，纽约州的杰思罗·伍德又发明了用螺栓将几个部件钉在一起的改良犁，但近200年间这方面的情况并未发生根本性改变。移民向西部的推进，以及随之而来的大规模开发，向农机具的改进工作提出了两个问题：（1）草原带的泥土容易黏结在犁铧上，怎样才能使旧式的铁犁适应草原带的需要；（2）农机具的制造以往主要集中于东北部，能否使之更接近于西部以满足拓荒者的

---

① Douglas C. North, *op. cit.*, p. 251.

需要;最早对此作出回答的便是新英格兰人约翰·迪尔:1837年,他发明了一种钢犁,可在草原上耕地时使用并自行清除铧板上的黏土;然后,他又从新英格兰移居伊利诺伊并在莫林建起农具制造厂,到19世纪50年代,他的工厂年生产犁达13000张。与此同时,1831年获收割机专利权的弗吉尼亚的赛勒斯·麦考密克,也于1847年在芝加哥建立了他的改进型收割机制造厂,并通过在中西部大草原上流动推销打开销路。工厂年产量1852年不下3500台,1865年上升到55000台。与之配套的农机具,如脱粒机、割草机、播种机等等,亦相继发明并在中西部投产,芝加哥、辛辛那提、路易斯维尔等城市,迅速发展成为重要的农机制造中心。这些农机发明和制造者,成为五大湖区制造业的开拓者,由于接近市场获得了生机。1849—1857年,麦考密克收割机的1/4的销售地集中于伊利诺伊北部11个县,①就是明证。

五大湖工业区的兴起,还受到西部拓荒及畜牧业商品化的直接推动,这主要表现在加工业方面。如前所述,中西部拓荒业的商品化,在第二次英美战争(1812—1814)之后就已开始,这意味着剩余农产品出口量的增加;此外,自1846年俄亥俄第一次获得来自德克萨斯的牛群后,从大草原赶往中西部的牛群越来越多。在交通条件已有改善又不十分发达的情况下,准备运往东北部市场的小麦和家畜首先在当地进行粗加工就显得非常必要。于是,处于西部拓荒者和东北部消费者之间的商人及其他中间人,便开始在中西部城镇的商店或收购站附设库房及加工厂,以便将收购来的小麦和牲口磨成面粉或屠宰加工,从而导致了一系列加工业在中西部的兴起。早在1790年,位于俄亥俄上游的马里塔建立了中西部第一座面粉加工厂;到1850年,俄亥俄州总计有3000座水磨坊。② 从1850年到1880年,面粉加工是威斯康星最重要的工业,仅密尔沃基在1860年时就有14家加工厂,在面粉加工业方面,曾一度(约5年)取代圣路易而在西部占统治地位。在畜产品加工方面,最重要的是罐头业,最早兴起于19世纪20年代,以辛辛那提为中心在此行业中的领先地位一直保持到1860年,其后才依次让位于密尔沃基、芝加哥和圣路易。其中,密尔沃基的牛肉产量在1870年以后

① 因当时这个地区是美国小麦生产的中心。Paul W. Gates, *op. cit.*, p. 288.

② W. Havighurst, *op. cit.*, p. 72.

的40年内就增加了26倍。乳酪加工是畜产品加工的另一重要项目，仅威斯康星一州的乳酪厂，就从1880年的不足40个增至1891年的265个，其年产量也从50万磅增至1 400万磅。[①] 与农机具不一样，中西部的小麦和畜类加工产品，主要不是供应西部市场，而是运往东部城镇。

五大湖工业区的兴起，还得益于这一地区优越的自然资源和低廉的运输费用。因为它处于美国主要工业资源的中心，便于矿山的开采和利用。矿产资源点缀着五大湖区8州中的6州，密苏里的铅和锌早在西班牙统治时期就开始开采，苏必利尔的铜的开采到1842年已系统进行，密歇根的采矿业（铁）也可以追溯到1854年。到19世纪末，五大湖区几州矿产品价值在全国的排列位置是：伊利诺伊占第2位（以煤为主），密歇根占第4位（以铁为主），俄亥俄占第5位（以煤为主），明尼苏达占第6位（以铁为主），仅次于宾夕法尼亚和西弗吉尼亚。[②] 以在全国最集中的矿产资源为基础，在五大湖区形成了以钢铁工业为主的三大工业中心，即匹兹堡、克利夫兰和芝加哥。1871年，伊萨贝拉和露西冶铁公司在匹兹堡开业，当时每年生产粗铁约7万吨，1874年年产量提高到20万吨，其矿石来自苏必利尔湖、加拿大和尚普兰湖。[③] 克利夫兰的钢铁业创建于50年代中期，在这个行业中占领导地位的是马特家族，1850年，S. 马特从新英格兰抵达该城，不久就帮助组建了“克利夫兰采矿公司”。第一批运抵该市的矿石仅132吨，以后百年间它消耗的矿石不下2亿吨。[④] 芝加哥兴起于60年代，它的钢铁工业以位于温多特的北辗压厂和位于乔利埃特的南辗压厂为基础，早在1878年，仅北辗压公司已拥有3000雇员，日产钢铁1000吨。[⑤]大约在1875年，西部开始生产钢，而它的主要代表安德鲁·卡内基（1835—1919）兄弟公司在1879年已拥资500万美元，到1887年已可生产钢55万吨。[⑥] 这

---

① R. Current, *op. cit.*, p. 78.

② Clive Day, *op. cit.*, p. 311.

③ Victor S. Clark, *History of Manufacture in the United States*, Vol. 2, N. Y., 1949, p. 204.

④ W. Harighurst, *op. cit.*, pp. 111-113.

⑤ Victor S. Clark, *op. cit.*, Vol. 2, p. 235.

⑥ Victor S. Clark, *ibid.*, p. 234.

些钢铁厂的主要产品，包括金属工具机、铁轨和钢轨、各类锅炉，以及各种农机具，等等。如美国第一条钢轨，就是由芝加哥生产的。

近代的工业革命，一般是由轻工业起步而由机器制造来完成的，它的转变就是以钢铁工业为代表的重工业的出现。随着钢铁工业在五大湖区的兴起，从根本上改变了美国工业的结构，使钢铁业在19世纪末代替纺织业，成为美国的主要工业部。与此同时，五大湖区逐渐被纳入美国东北部"核心地区"的范围，形成所谓"东北部—五大湖制造业带"，它由三个工业区组成：新英格兰（以轻工业为主），大西洋中部（轻重工业兼有），五大湖区（以重工业为主）。在第12次国情调查报告中，美国人口调查局指出：按产品总值而得出的美国制造业中心，1850年正好在宾夕法尼亚中部，大约离哈里斯伯格西北部41英里处，到1890年已移至俄亥俄中部离坎顿西南数英里的地方，即制造业中心向西移动了225英里。事实上，到1890年，中西部在制造业中所占的比重，已超过了新英格兰地区，成为仅次于大西洋中部的工业区。到1914年，各主要工业区的工业产值，在全国工业总产值中的比重是：新英格兰为12.0%，大西洋中部为33.2%，中央东北各州为27.0%，中央西北各州为8.5%。[①] 这里，中央东北各州和中央西北各州，即我们上文中说的"中西部"，这两个地区加在一起，其工业产值已占全国工业总产值的35.5%，超过大西洋中部，在全国各区域中居第一位。

但这个新的制造业带还只到五大湖区，因为中央西北部的工业还是很弱的。在五大湖工业区中，俄亥俄州早在1860年在工业产值上就居全国第4位，在这个州直到1860年，辛辛那提一直是整个西部的最大商业中心，当时在商业上，圣路易是它唯一的竞争对手，70年代圣路易和芝加哥超过了辛辛那提，但直到1890年，它还是俄亥俄最大城市，1900年才被克利夫兰超过。在工业产值上，克利夫兰在1904年居全国第17位，1909年即上升为第5位。据统计，到1910年，全国10万人口以上的城市50个，其中东北部和中西部就分别占21个和14个，其余各地区总共只有15个。与东北部和其他地区的城市不一样，中西部的城市的专业化倾向特别明显，每一个主要城市都有自己的主要工业部门。城市功能由多样化向单一化转化，是内战后美国城市发展的

① 《1914年工业普查摘要》，见G.菲特和J.里斯：前引书，第452页。

主要趋势之一，内战前的城市不仅功能多，且居住区、工业区和商业区混淆。

然而，芝加哥的形成和发展，在五大湖区各城市中又独具特色。关于这个城市的最早记载见于法文，直到1804年该地尚为一村落，1830年才正式建市并定名“芝加哥”。1840年时人口不足5000，1860年代和1870年代发展加快，1880年已有16条铁路线通过该市：7条通往东部，6条通往西部，3条通往南部。到1890年，人口已过100万，成为整个中西部的巨大工商业中心，全国仅次于纽约的第二大城市，它的钢铁、制造、加工等工业均很发达。据统计，1879年时，它拥有343个木工厂、246个铸铁厂（和工场）、156个金属加工厂、111个啤酒厂，总计共有2271座，年产值达26800万美元。[①] 可见，芝加哥是在专业化的基础上，由许多不同专业性工业组成的新兴工业城市，它应是美国工业化的象征。

需要指出，五大湖及整个中西部的工业的发展，不仅是以中西部拓荒业的商品化为基础的，也有赖于整个西部农业、畜牧业和采矿业的发展。它的工业原料不仅来自五大湖区，也来自大平原、落基山区和太平洋沿岸。例如，落基山的矿石，许多就是运往圣路易或芝加哥冶炼的。从这个意义上可以说，以五大湖的重工业为标志的美国工业化的实现，正是以整个大西部的开发为条件的。

四 由于西部拓荒者所具有的自我发展能力，以及东北部工业化进程的巨大影响，当五大湖被纳入美国“核心地区”的范围时，以中西部为代表的西部农业也迅速地趋于产业化，并成为整个工业化的重要组成部分。

西部农业迅速产业化的动力，首先来自西部拓荒者本身，来自拓荒者固有的自我发展和扩张的能力。这是因为，西部的拓荒农民，虽然在其创基立业的时期，由于客观条件的险恶和限制，不可避免地有一个短

① Victor S. Clark, *op. cit.*, Vol. 2, p. 185.

暂的自给自足阶段，但从根本上说他们已是一种新型的农民，而不是旧式的宗法性农民。第一，西部的农场是建立在“自由土地”的基础上的，因其土地大都是通过市场购买来的；第二，由于不存在任何封建制残余的束缚，有生产力充分发展的可能；第三，他们在创业时大都拥有一定资本，并始终与市场保持着一定的联系。因此，我们称之为“新型农民”，即正在形成中的商业农民，①由于其强烈的和自发的商业化倾向，本身就具有不可忽视的自我发展和扩张的能力和要求。这是西部农业迅速产业化的根本原因。

除这一根本原因之外，以下几方面的因素导致大农业在西部迅速发展，使农业经营的产业化成为必要：其一，阿巴拉契亚山脉以西的拓荒业越向西推进，农场的面积和规模有自然扩大的趋势，那里地广人稀给拓荒者扩大农场提供了可能性。例如，1850 年，全国农场平均面积是 202.6 英亩，而中央北部和中央南部分别是 143.3 英亩和 291 英亩，西部则达到 694.9 英亩。② 其二，19 世纪中叶以后，各种专业性农场，如大平原上的大牧场和加利福尼亚的果园，在密西西比河以西获得前所未有的发展。特别是大草原上的牧牛业，由于大都采取敞放的形式，其范围一般都很大，常常在几万、十几万英亩以上。其三，自 50 年代起，铁路网在全国逐步扩展，至 80 年代已覆盖各个区域。交通运输革命的决定性胜利，使西部农场主的市场取向和选择获得了从未有过的灵活性，从而极大地刺激了西部农业的商品化，以及随之而来的生产规模的扩大。其四，由于东北部工业革命的胜利，特别是五大湖重工业区的兴起，钢铁及机器制造业取得了重大进展，这使西部农业得以新的农机具武装起来，把生产力提高到一个新的水平。

西部农业的产业化，是伴随着“大农业”的出现而来的。如前所述，由于种种原因，西部农场的规模本来就比东部要大，这一特点在内战后变得日益突出，特别是大平原地区。这是因为 70 和 80 年代，风灾和雪灾曾几次袭击大平原，使大批小农甚至一些大牧场濒于破产和毁灭。与此同时，东部的商业资本也加快了在西部农业中的渗透，以 12%—

---

① 参见《世界历史》杂志，1986 年第 6 期，第 25—26 页。

② U. S. Bureau of the Census: Abstract of the Twelfth Census of the United States, p. xxi.

15%、有时甚至高达50%的利率从事土地抵押。[①] 据估计，被抵押的农场在该地区农场中的比重，在内布拉斯加、南达科他和明尼苏达为1/3，在堪萨斯和北达科为1/2，在上述地区的某些县份为3/4，有些农场还多次被抵押，[②]由于利率过高、经营不善或其他原因，抵押者常常收不回抵押土地及其权利，这种情况在80年代占西部抵押农场主的1/3至1/2。破产的农场主或者流入城市、矿山、铁路做工，或者靠租借别人的土地来耕种而演变成佃农，致使佃农在衣阿华、密苏里、伊利诺斯等州的比重，分别达到23.8%、27.9%和31.4%。[③] 一个"抵押制"，一个"租佃制"，完全打破了西部"小农王国"的梦想和秩序，其结果就是土地的集中和大农场的形成。据统计，中央北部1000英亩以上的大农场，1860年时总共只有501个，其中大半位于密西西比河以东；到1880年，这类大农场增加到2990个，其中54.2%即1621个位于密西西比河以西；[④]到1900年，这类大农场的4/5集中于红河以西，而达科他是其中心。[⑤]

大农场的出现，给农业经营和管理提出了一系列新问题。在此之前是以"家庭农场"(family-sized farm)为主，管理者和劳动力一般都不越出家庭的范围。在几百甚至上千英亩的农场里，仅靠农场主本人已无力管理好他的农场，家庭成员也不再能满足它对劳动力的需求，甚至产品的储藏和销售也需要另有专人来负责。正如著名经济史家F.香农所指出的，大农场"是一种组织化和经营化的模式，而不仅仅是土地占有的大小问题"[⑥]。这一极有见地的论断，点明了19世纪中叶以后大平原和远西部农业中所发生的演变的实质，也概括地说明了大平原上大农业的特点。因为，随着大农场的兴起，农场的经营和管理的形式也发生了根本性变化，有的大农场被分成好几个分场，每个分场都设有场部和相应的管理人员，整个农场聘有专门的经理来管理，雇佣劳动力多达几十人。这类大农场的经营和管理和东部的大工厂一样，实际上

① F. Shannon, *op. cit.*, p. 188.
② F. Shannon, *ibid.*, pp. 306-307.
③ F. Merk, *op. cit.*, p. 583.
④ F. Shannon, *op. cit.*, pp. 155-156.
⑤ Robert V. Hine, *op. cit.*, p. 164.
⑥ F. Shannon, *op. cit.*, p. 154.

已完全企业化了。例如,约翰·L. 格兰丁和威廉·J. 格兰丁兄弟位于法戈附近的农场,19 世纪 80 年代中期共有 32000 英亩小麦地和 2000 英亩燕麦地,其管理人是 A. R. 达尔林普尔。为了管理好这个大农场,A. R. 达尔林普尔将 34000 英亩土地分成大致相等的 4 个农场,每个农场都设有自己的总部、管理人、记账员、领班及其他办事员。每个农场又以 2000 英亩为单位分成若干分场,而每个分场均建有工人宿舍,并有一个工头监督其工作。春季时所有农场共雇佣工人 500 人,而到收获时其人数要增加到 1000 人。[①] 该农场被称为西部大农场的"榜样",其经营和管理或许比某些工厂还要严格。

和大工业一样,西部已经产业化的大农场的生产,也是以先进的生产力为条件的,即以农具的半机械化为条件的。如前所述,西部拓殖的艰苦条件,以及美国地广人稀的情况,曾是美国人发明农机具以改善劳动条件的动力。据统计,40 年代全国有 5942 项发明获得专利,50 年代有 23140 项发明获得专利,到 1899 年 11 月,其专利已增加到 65898 项,其中有关耕犁的专利 12652 项,有关收割机的专利 12519 项,有关脱粒的专利 5316 项。[②] 美国的农机具在世界上一直处于领先地位,早在 1854 年巴黎博览会上就独领风骚:据记载,当时选出 6 人使用梿枷,与 4 种不同打谷机进行半小时对抗赛,结果美国打谷机的效率比最好的英国打谷机高 0.8 倍,而比人力打谷则高出 11.3 倍。[③] 到 1880 年,美国农机具的效率是那样高,以致一部新的收割机在一天能收割并打出 20 英亩小麦,相当于以前 20 个人的劳动量。[④] 西部由于地广人稀、劳力缺乏,一般都非常重视新的农机具的采用,因而花在这方面的费用以较快速度增长,到 19 世纪末西部一个经营得较好的农场,在农机方

① G. Fite, *op. cit.*, pp. 84-85.

② F. Shannon, *op. cit.*, p. 139.

③ Thomas C. Cochran, *op. cit.*, p. 58. 当时对抗赛的结果如下(后面的数字表示半小时的产量):

6 人用梿枷　60 公升小麦
比利时打谷机　150 公升小麦
法兰西打谷机　250 公升小麦
英国打谷机　410 公升小麦
美国打谷机　740 公升小麦

④ Robert V. Hine, *op. cit.*, p. 159.

面的投资平均达785美元，至于产业化的大农场更是如此。例如，前面提到的那个由达尔林普尔管理的大农场，1877年时有破犁26张、能后退和翻土的犁40张、播种机21台、耙60把、大车30辆，春播时要雇50人来管理这些机器。①

农机具的大量采用，大农场的兴起和发展，家庭农场的破坏及管理形式的变化，意味着"工厂制度"在西部农业中已经形成。不过，大农场的兴起只是西部农业产业化的一个方面，西部农业的产业化还有另一个方面，这就是"集约化"农业的发展，它意味着给小农场尽可能多的投资，因而资本化程度可能比某些大农场更高。只是直至19世纪末，西部农业还带有很大的粗放性，集约化程度一般比东北部要低。因此，农机具的大量采用，大农场的兴起和发展，以及经营和管理形式的相应变化，应是西部农业产业化的主要标志和特点。不仅如此，它也应是西部乃至整个美国工业化的重要组成部分。没有这一部分，美国的工业化是不可想象的。

（原载罗荣渠主编《各国现代化比较研究》，
陕西人民出版社，1993年）

① G. Fite, *op. cit.*, p. 81.

关于美洲奴隶种植园经济的性质问题

——释马克思的“接种”论

一

长期以来，在国内外一些著述中，常常把美国南部的种植园与奴隶制混为一谈，同时又将近代的蓄奴制与古代的奴隶制等而视之，造成对美洲奴隶种植园经济的性质认识不清。

其实，在它们之间存在着许多重要的差别：第一，在古代，奴隶制是占主导地位的生产方式，它全面地决定并影响着奴隶社会的经济和社会性质；而在近代，尽管奴隶劳动在美洲许多地方都是主要的劳动形式，但从整体上看它在社会经济结构中始终处于某种从属的地位，那里的社会经济性质主要是由宗主国决定的。第二，在古代，奴隶劳动主要是为奴隶主的生活和消费服务的，专门的商品生产只有在少数情况下（如在某些农业进贡地）才可看到；而在近代美国南部及其他一些殖民地的奴隶种植园，奴隶劳动的产品几乎完全是为了在世界市场上出售，也就是说他们从事的是交换价值的生产。总之，既不能把近代的蓄奴制等同于古代的奴隶制，也不能把美国南部的种植园经济归结为奴隶制。

关于这个问题，早在100多年以前，卡尔·马克思就做过极为深入的研究，并在理论上发表过许多精辟的见解。[①] 在其经典名著《剩余价

---

① R. 卡赛姆和R. 萨特奇说：“在美国历史学家之前很久，卡尔·马克思认识了美国奴隶制的资本主义性质。”R. Kansom and R. Sutch, “Capitalists Without Capital: The Burden of Slavery and the Impact of Emancipation”, *Agricultural History*, 1988, Vol. 62, No. 3, p. 133.

值理论》中，马克思不仅明确地指出在美洲的奴隶种植园经济中“存在着资本主义生产”，而且为此提出了著名的“接种”论或“嫁接”论，全面地和历史地考察了这种生产方式在美洲形成的背景、途径和特点，以及它在整个资本主义兴起和确立过程中的地位和作用，从而论证了他关于在美洲奴隶种植园经济中“存在着资本主义生产”的论断，使之成为毋庸置疑的论点。马克思的“接种”论及其有关的论述，见于《剩余价值论》第二卷中译本，常被我们的一些著作和文章引用，但引文往往都不完整，进行系统研究者更少。现全文照录如下：

> 在第二种殖民地(种植园)中，一开始就是为了做买卖，为了世界市场而生产，这里存在着资本主义生产，虽然只是形式上的，因为黑人奴隶制排除了自由雇佣劳动，即排除了资本主义生产的基础本身。但是在这里我们看到的是把自己的经济建立在黑人奴隶劳动上的资本家。他们采用的生产方式不是从奴隶制产生的，而是接种在奴隶制上面的。在这种场合，资本家和土地所有者是同一个人。土地对资本和劳动来说作为自然要素而存在，并不对投资进行任何抵抗，因而也不对资本竞争进行任何抵抗。这里也没有形成与土地所有者不同的租地农场主阶级。[①]

这段文字言简意赅，是马克思有关思想和观点的集中反映，尤其是他为论证在美洲奴隶种植园中“存在着资本主义生产”这一中心论点而提出的“接种”论及与之有关的一系列论点，在这里均有周全而准确的表述，在科学上有重要的价值，很有认真研究之必要。为了准确地理解马克思的思想和观点，我们特地查对了这段引文的德文原文，以及中译文所依据的主要版本俄译本，发现两种译文均与德文原文有明显不尽一致之处，需要作一些必要的辨析，以恢复马克思原文的权威。此外，我们还注意到，马克思关于这一论题的思想和观点并非仅见于此，许多论述散见于他的其他著作、文章、书信和手稿中，《资本论》一至三卷涉及这一论题的地方尤多，它们与上段引文交相辉映、相得益彰，同样具有重要的学术价值。

① 马克思:《剩余价值理论》第2卷，人民出版社1975年版，第339—340页。

二

上述引文中马克思所阐述的主要内容之一，是关于美洲奴隶种植园所采用的“生产方式”的历史起源问题。他有关这一问题的思想和观点，主要见于以下由两句话组成的文字：“但是我们在这里看到的是把自己的经济建立在黑人奴隶劳动上的资本家。他们所采用的生产方式不是从奴隶制产生的，而是接种在奴隶制上面的。”在查对德文原文之时，我们发现这段至关重要的文字的中译文与德文原文出入较大，其中几个关键性用语的翻译不无舛误，而未能准确表达马克思的原意。这段引文的德文原文是：“Es sind aber Kapitalisten，die das Geschäft mit Negersklaven treiben. Die Produktionsweise，die sie einführen，ist nicht aus der Sklaverei entsprungen，sondern wird auf sie gepfropft. ”①

将中译文与德文原文对照，有这样几点值得提出来加以讨论：(1)原文使用的“Es”（它们，他们）是人称代词，所代表的应是前面提到的殖民地的种植园主，马克思说他们是“资本家”，也就是说这些种植园主是“资本家”，这一点中译者注意到了；(2)在这里，马克思以“aber”（但是）一词强调了一个重要思想，认为尽管这些种植园主采用了奴隶劳动，“但他们是资本家”，这一点中译者也注意到了；(3)然而，原文却不是说这些资本家“把自己的经济建立在黑人奴隶劳动上”，而是说“他们是从事黑奴贸易的资本家”，并且说他们是以“资本家”身份去从事奴隶买卖的；(4)中译文中的“采用”一词，原文用的是动词“einführen”，主要作“插入”、“输入”、“进口”、“引入”、“导入”、“介绍”解，②因此该句似应译为“他们引进的生产方式”；(5)“不是从奴隶制产生的”这句译文，德文原文本有一个关键性用语“entsprungen”③（出泉，发源），因此改译为“并非起源于奴隶制”，或许更符合马克思的原意；(6)在这段引文的

---

① 《马克思恩格斯全集》，第26卷第2分册，柏林1974年版，第299页。

② 《德汉词典》，上海译文出版社1983年版，第318页。

③ 同上书，第355页。该词典说，“entsprungen”的第一个释义是“发源于”，“来源于”和“发生”是它的转义。

后头，马克思用了一个很重要的概念“gepfropft”，中译文已将其准确地译为“接种”，则应肯定。

通过以上辨析可以看出，这段文字应是马克思提出的“接种”论的核心，具有丰富的思想和深刻的内涵。首先，在此处马克思明确指出，美洲奴隶种植园所采用的生产方式，“并非起源于奴隶制”。既然其生产方式不是起源于奴隶制，那么这种生产方式究竟来自何处？在这段引文中，马克思同时使用了两个重要概念：一个是“引进”，一个是“接种”，说明其生产方式是从外部“引进”，然后“接种”或“嫁接”在奴隶制之上的，这就彻底解决了美洲奴隶种植园所采用的生产方式的历史起源问题。由于解决了它的历史起源问题，也就为解决这些奴隶种植园经济的性质问题提供了前提，因为既然其生产方式不是起源于奴隶制，其性质自然也就不应由奴隶制来决定，或者说与奴隶制无关。何谓“接种”？由商务印书馆出版的，我国最流行的《新华字典》，对“嫁接”一词所做的诠释就是：“把不同品种的两种植物用芽或用枝接在一起。”[①]可见，马克思在选择这一用语之前，已将其“生产方式”与奴隶制区别开来了。

不过，公正地说，这段中译文无论是对是错，其实都与中译者无关。查中译文所依据的《马克思恩格斯全集》俄文版，马克思这段文字的俄译文就是：“Но здесъ, перед нами капиталисты, строящие свое хозяйство на рабском труде негров. Способ производства, вводимый ими, не возник из рабства прививается ему.”[②]只要将中译文与俄译文稍加对照，不难发现中译文与俄译文几乎完全一致，但都与德文原文有很大不同。俄译文将马克思说的“他们是从事黑奴贸易的资本家”，译成了“在这里我们看到的是把自己的经济建立在黑人奴隶劳动上的资本家”，同时将“他们引进的生产方式并非起源于奴隶制”一句中的后半句译成“не возник из рабства”。此处使用的“возник”一词只有“出现”、“发生”的含义。[③] 与马克思原用的“entsprungen”(发源、起源)一语的意义仍有差距，中译文只是借用了俄文版的译法。但是，马克思原用的

① 《新华字典》，商务印书馆 1994 年版，第 210 页。

② 《马克思恩格斯全集》，第 26 卷第 2 分册，莫斯科 1963 年版，第 329 页。

③ 刘泽荣主编：《俄汉大辞典》，商务印书馆 1963 年版，第 97 页。

两个关键性词汇"einführen"(引进)和"gepfropft"(嫁接),在俄译版中已被分别译为"вводимый"和"прививается",都没有错。"вводимый"的原形是"вводить",该词在俄语辞典中有两个基本释义:引进、采用,可惜中译文选择了后者而舍弃了前者。

三

关于美洲奴隶种植园经济的性质问题,是上述引文中马克思要阐述的又一重要内容。在这个问题上,以往的史学家不约而同地陷入了某种盲目性,直接把美洲的奴隶种植园经济与古代的奴隶制联系了起来,以为其性质应该由奴隶制来决定。与此相反,马克思则把它放到近代世界市场这一环境中去考察,以这些奴隶种植园"从一开始就是为了做买卖",即"为了世界市场而生产"这一重要事实为依据,断定其性质为"资本主义生产"。他着重指出,在这些奴隶种植园,尤其是像美国南部那样的棉花种植园里,实际上"资本主义观念占统治地位",从而"全部剩余价值被看成是利润"。[①] 当然,马克思同时又指出,这些奴隶种植园的资本主义生产还只是形式上的,"因为黑人奴隶制排除了自由雇佣劳动,即排除了资本主义生产的基础本身"。

乍一读来,这似乎是矛盾的,其实不然。因为在马克思看来,只有产业资本主义即工业资本主义,才是"真正的资本主义"即成熟的资本主义,而成熟的资本主义生产必须建立在自由雇佣劳动的基础上。[②] 从这个意义上可以说,美洲的各类奴隶种植园经济,包括内战前美国南部那样高度发达的商品棉种植园经济,都不可能是真正的资本主义形态,因为它们采用的是奴隶劳动而不是自由劳动,"资本主义生产方式毕竟应当在没有奴隶制的情况下产生"[③]。然而,任何一个新生事物的产生都有一个过程,资本主义生产方式的产生自然也不例外。在1861—1863年《经济学手稿》中,马克思指出,在资本主义生产方式产

① 马克思:《资本论》第三卷,人民出版社1975年版,第906页。

② 马克思说:"资本主义生产方式只有随同大工业一起才得到充分的发展"。马克思:《经济学手稿》(1861—1863),《马克思恩格斯全集》第48卷,人民出版社1985年版,第120页。

③ 《马克思恩格斯全集》第48卷,第121页。

生和发展过程中,“劳动对资本的从属”存在着两种形式:一种是以绝对剩余价值为基础的生产形式,在此形式下主人对剩余价值的追求,主要依靠直接劳动而不是依靠提高劳动生产率,因而劳动对资本的从属还是“形式上”的;另一种是以相对剩余价值为基础的生产形式,在这种形式下主人对剩余价值的追求,主要是通过不断提高劳动生产率,直接劳动已“降到次要的地位”,因而劳动对资本的从属已变为“实际上”的,“其中第一种形式总是第二种形式的先驱”。同时,马克思还特别强调说,“绝对剩余价值的单纯存在,无非以那样一种自然的生产力为前提”,因此对劳动者来说不可避免地“存在着外部强制”[①]。可见,奴隶劳动作为这类“外部强制”的极端形式,被利用来从事剩余价值生产,可能是少见的,但却是自然的。[②]

以笔者之见,在上述引文中,马克思说在美洲奴隶种植园经济中在形式上“存在着资本主义生产”,这里“生产”所指就是奴隶劳动或奴隶生产,而“形式”讲的则是劳动对资本的从属问题。[③] 此论断有两层含义:第一,他认为,这种奴隶生产之所以是“资本主义生产”,是因为它从一开始就是为了做买卖即“为了世界市场而生产”,因而是一种剩余价值的生产;第二,他又认为,这种剩余价值生产主要还是绝对剩余价值的生产,因为它对剩余价值的追求主要还是通过强迫劳动来实现的,在这里劳动对资本的从属还是“形式上”的。因此,它还只是一种过渡形态的、不成熟的资本主义生产形式,在这种形式下奴隶作为“主人的财产”这一奴隶制的基本特征并没有改变,因而奴隶的社会性质也没有改变,改变的只是奴隶生产本身的性质。我们在研究这类种植园经济时,如果看不到它所从事的是剩余价值生产这一点,就会否认它的资本主义性质,但若忽视马克思所说的第二层含义又可能夸大它的资本主义

---

① 《马克思恩格斯全集》第48卷,第5、16、4页。

② 马克思曾谈到,迦太基人曾“发展了商业资本形式上的资本,因而甚至使交换价值本身成为生产的直接目的”;“在罗马人那里,通过把财富即地产集中在少数人手里,生产必然已经不是被用来满足本身的需要,而是用来创造交换价值,从而掌握了资本主义生产的这一方面”。而在这两种情况下,都是采用奴隶劳动。见马克思:《经济学手稿》(1861—1863),《马克思恩格斯全集》第48卷,第9页。

③ 近读日本学者中村哲的《近代东亚经济的发展和世界市场》(商务印书馆1994年版,第165页),发现其所持观点与本文近似,但该书虽然注意到了奴隶种植园经济的性质问题,却未对马克思所说的“形式”作出令人满意的解释。

成分。20世纪开始以来,国际史学界关于这个问题的多次论争,可以说或多或少都与片面理解马克思这一论断有关。例如,某些苏联和中国学者抓住奴隶制对自由劳动的“排斥”,完全否认奴隶种植园经济的资本主义因素,而某些美国学者则抓住马克思关于其中“存在着资本主义生产”的论断,把它完全与现代资本主义等同了起来。

上述我们对马克思论断的理解与分析,有他的一段重要论述为依据,在这段论述中他围绕着“生产本身的性质”问题,全面讨论了近代黑奴制与古代奴隶制的关系,以及近代黑奴制与资本主义的关系。他说:“如果在一个社会经济形态中占优势的不是产品的交换价值,而是产品的使用价值,剩余劳动就受到或大或小的需求范围的限制;而生产本身的性质,就不会造成对剩余劳动的无限制的需求。因此在古代,只有在谋取具有独立的货币形式的交换价值的地方,即在金和银的生产上,才有骇人听闻的过度劳动。在那里,累死人的过度劳动,是过度劳动的公开形式。这只要读一读西西里的狄奥多洛斯的记载就可以知道。但是在古代,这只是一种例外。不过,那些还在奴隶劳动或徭役劳动等较低级形式上从事生产的民族,一旦卷入资本主义生产方式所统治的世界市场,而这个市场又使它们的产品的外销成为首要利益,那就会在奴隶制、农奴制等等野蛮灾祸之上,再加上一层过度劳动的文明灾祸。因此,在美国南部各州,当生产的目的主要是直接满足本地需要时,黑人劳动还带有一种温和的家长制的性质。但是随着棉花出口变成这些州的切身利益,黑人所从事的有时只要7年就把生命耗尽的过度劳动,就成为事事都要加以盘算的那个制度的一个因素。问题已经不再是从黑人身上榨取一定量的有用产品。现在的问题是要生产剩余价值本身了。徭役劳动,例如多瑙河各公国的徭役劳动,也有类似的情形。”[①]这里有三点极为重要:第一,马克思认为,就“生产本身的性质”而言,近代美洲的黑奴制与古代奴隶制的主要区别在于,前者从事的是“剩余价值”的生产,而后者只是使用价值的生产;第二,马克思认为,由于美洲奴隶劳动从事的是“剩余价值”的生产,现在的奴隶制已改变了过去的地位而成为资本主义制度的“一个因素”;第三,马克思认为,东欧的“徭役劳动”即再版农奴制,与美洲殖民地的黑人奴隶制,二者在性质上“类

① 马克思:《资本论》第一卷,第263—264页。着重点为引者所加。

似”。换言之，由于世界资本市场的形成，奴隶生产本身的性质与作用，均已发生了变化。

在弄清了近代美洲奴隶生产的性质之后，再回过头来重读马克思关于种植园主“是从事黑奴贸易的资本家”的论断，便觉有了新意。因为他们本不仅是“资本家”，而且还是架在美洲与非洲、殖民地与宗主国、种植园与资本主义之间的桥梁，在其身上体现着诸种关系之间的本质联系。马克思说，“奴隶买卖，按其形式来说，也是商品的买卖”，但若要证明美洲奴隶种植园“存在着资本主义生产”，即存在着剩余价值的生产，就不能把视线局限于奴隶贸易即流通领域，而必须把它放到资本循环的总过程 G—W…P…W′—G′中去考察，因为只有它才是资本循环的当然公式。然而，马克思又说：“只有在已经发展的资本主义生产的基础上，货币循环的公式 G—W…P…W′—G′才是资本循环的公式，因为它是以雇佣工人阶级的社会规模的存在作为前提的。”[①]这就提出了一个问题：大西洋的黑奴贸易能否被看成资本循环总过程的一部分？仅仅孤立地考察奴隶贸易显然是难以回答的，但若把它放到以西欧为核心的三大洲有机经济结构中考察，则这个问题便可迎刃而解，因为当时只有在英国和西欧存在着“已经发展的资本主义生产”，也只有它才有能力把美洲的种植园和非洲的黑奴等等，统一在一个有机的经济过程中。在上述引文中，马克思在做出了美洲奴隶种植园主是“资本家”这一论断之后，紧接着又列举他们“从事黑奴贸易”、“引进”资本主义、把它“接种”在奴隶制之上等三项活动，这就不仅揭示了大西洋经济体系的本质，而且也给作为“资本家”的奴隶种植园主，做了历史的定位。

这里，还应指出，当奴隶制与资本主义生产方式“接种”，商品作物种植业在美洲逐步兴起之际，随着奴隶生产本身性质的改变，除了奴隶作为“主人的财产”这一基本特征没有改变而外，古老的奴隶制本身实际上也发生了相应的变化。第一，与古代的奴隶主不一样，近代美洲特别是内战前美国南部的奴隶主是“地主兼资本家”，实际上是一身而三任，已不是昔日单纯的奴隶主；第二，奴隶虽然依然是“主人的财产”，但由于获得奴隶的方式已不像古代那样主要通过征服或战争，而是通过奴贸市场并随着需求的扩大而扩大，一些地方甚至为了赚钱而发展了

---

① 马克思：《资本论》第二卷，第 41 页。

专门的"蓄奴制",[①]奴隶本身已完全商品化;[②]第三,为了使奴隶制适应"剩余价值"生产的需要,对奴隶进行管理而实行的"监工制"也逐渐近代化;[③]以往由主人兼任的监督任务越来越多地由专门的监工取代,与此相联系,工资制度也由实物工资过渡到货币工资;[④]第四,在古代,奴隶制本身是一个两极的结构,而在近代美洲的黑奴隶制下,由于资本主义生产和管理方式的渗透,产生了为数不少的实行自由雇佣工资劳动制的监工和技工,[⑤]实际上在昔日的奴隶和主人之间加上了一个新的阶层,从而形成一种三层式结构;第五,在美国南部,及美洲其他的殖民地,一种被称为"奴隶经济"(slave's economy)的经济形式逐步形成,一些奴隶不仅利用宅旁园地生产粮食和食品,还生产某些供出售的现金作物(如棉花等),越来越多地卷入市场经济的领域。总之,从某种意义上说,奴隶制已然被打上资本主义的烙印。

四

在上述引文中,马克思所要阐述的第三个主要内容,是美洲种植资本主义的前资本主义遗迹,即美洲奴隶种植园经济的历史特点。有关的思想和观点,主要体现在如下的文字中:"在这种场合,资本家和土地所有者是同一个人。土地对资本和劳动来说作为自然要素而存在,并不对投资进行任何抵抗,因而也不对资本竞争进行任何抵抗。这里也

---

① 专门的"蓄奴制",即为了出售而饲养和繁殖奴隶,这种制度在美国的上南部尤为盛行。

② 奴隶的商品化表现在两个方面:(1)美洲的奴隶是主人从奴隶市场上买来的;(2)奴隶来到主人手中后仍常常被主人卖掉。据 H. 古特曼和 R. 萨特奇估计,在一个有 35 岁生命期的奴隶的一生中,至少有 70.8%的机会被出售一次。见 Paul A. David, *Reckoning with Slavery*, N. Y., 1976, p. 110.

③ J. 海沃德(James B. Heyward)在 1861 年 11 月 12 日的一封信中说:"监工制度是能发明的最文明的警察制度。"引自美国杂志《农业史》第 38 卷,1964 年 1 月。

④ U. 菲利普斯在《美国的黑奴制度》(1918 年)一书中写道:"为了要消除把奴隶驱使得太过度,殖民地时期盛行的用收获成分去支付监工工资的方法 19 世纪时为支付固定工资的方法所代替。"引自福克纳,前引书第 408 页。

⑤ 以美国乔治亚汉考克县为例,据研究 1860 年时该县有监工 139 人和农业工人 198 人,约占白人农业人口的 57%以上。参见 *American Historical Review*, Vol. 49, 1944, p. 670。

没有形成与土地所有者不同的租地农场主阶级。"它包含着多层含义。

首先，马克思指出，这些从事奴隶种植园经营的人是"资本家"，也就是说他们是以"资本家"身份开始其经营活动的。如前所述，能反映其身份和性质的主要有两点：(1)是他们的经营活动，从一开始就是为了做买卖，即"为了世界市场而生产"；(2)是在其的活动中，处于支配地位的是"资本主义观念"，因而"全部剩余价值被看成是利润"。在这种情况下，其一切经营活动，在他们自己看来都是为了获取"利润"，因而他们为购买土地和奴隶所支付的价格，在他们看来也都成了赚取利润的"投资"。正因为如此，在1857—1858年《经济学手稿》中，马克思以一种明白无误的语言写道："我们现在不仅称美国的种植园主为资本家，而且他们确实是这样的人。"[①]可惜，以往研究美国南部奴隶种植园经济的人，大多都忽视了这一重要论断。

自然，实际情况并非完全如此。以种植园主在土地和奴隶上的"投资"为例，从纯粹政治经济学的观点来看，"土地价格不外是资本化的因而是提前支付的地租"，它对土地购买者来说"虽然也是生息的投资，但与投在农业本身上的资本毫无关系"，因为这些资本一旦支付给土地出售人，便"不再作为买者的资本存在"；同理，"为购买奴隶而支付的价格，不过是提前支付的、资本化的、将从奴隶身上榨出的剩余价值或利润。但是购买奴隶付出的资本，不属于用来从奴隶身上榨出利润或剩余价值的资本"，因为它是奴隶主已经放弃的资本，也不复存在了。[②]但这些奴隶种植园仍然是"资本家"：第一，当他们把土地或奴隶卖掉的时候，其中一些已被奴隶主放弃的资本；还会"重新出现在他们手里"[③]；第二，他们不仅购买土地和奴隶，还必须购置农具、工具、机械、设备、牲畜，并支付恢复地力所需肥料的费用；第三，为了解决资金短缺或经营不善造成的亏损，奴隶种植园主不得不向银行和高利贷者举债，因而日益深深地卷入资本市场。所以，上述马克思关于这些人是"资本家"的论断，仍然是可以成立的。

不过，尽管马克思称这些奴隶种植园主为"资本家"，但在他看来他

① 《马克思恩格斯全集》第46卷(上)，人民出版社1979年版，第517页。

② 马克思：《资本论》第三卷，第911—912页。

③ 同上书，第912页。

们活动的地盘和赖以生存的基础,即奴隶种植园主能够面对的土地关系,其实还是前资本主义的。关于这一点,在此段引文中,没有做详细的论证,在这样简短的文字中也不可能做详细的论证,但他关于在美洲殖民地"并没有形成与土地所有者不同的租地农场主阶级"的论断,其内涵之丰富与深刻可以说并不亚于一篇鸿篇巨著。我们知道,在英国,自 16 世纪以来,资本主义生产方式越来越占优势,逐步把妨碍资本主义的一切条件都加以"同化",把历史造成的各种历史前提都彻底铲除,以保证资本家"最有效"的投资。结果,在英国农业中,便形成了 3 个典型的社会阶级:一个是拥有土地所有权的大地主,另一个是租借地主土地从事资本主义经营的租地农场主,第三个是失去了生产资料不得不受雇于人的农业工人。由是,马克思说:"在像英国这样发达的资本主义生产中,资本主义租地农场主和土地所有者是分离的。"[①]可见,马克思关于在美洲殖民地"并没有形成与土地所有者不同的租地农场主阶级"的论断无非是要表明,在美国南部及其他美洲殖民地,当种植园主企图按资本主义方式建立其商品种植业时,他并不拥有像英国那样的经济和社会的环境和条件。因为这里还未形成这样一种社会和经济力量,足以使土地所有者与他的生产资料(土地)相分离,而这是直接按资本主义方式经营农业的前提。这是一个巨大的矛盾。

这种情况,不可能不对美洲的"种植资本主义"以深刻影响:首先,这种种植园主虽然被称为"资本家",但他们又不是真正的农业资本家即英式"租地农场主",只能以"地主兼资本家"双重身份出现;其次,由于土地所有者尚未与他们的生产资料(土地)分离,在这些殖民地与种植园区尚未形成一个劳动力市场,种植园主只能从非洲"引进"黑人奴隶制,以替代本应由自由人充当的劳动力;第三,由于土地丰富而便宜,土地对资本和劳动来说还只能"作为自然要素而存在",因而既不能对投资也不能对资本竞争进行任何抵抗,其生产很难按市场的需要即按既定的市场价值为调节;[②]第四,从劳动者身上榨取的,包括地租和利润在内的剩余价值,在租地农场主与土地所有者已发生分离的情况下地租部分须交付给地主,而在美洲的奴隶种植园却全部被主人当做"利

---

① 马克思:《剩余价值理论》第二卷,第 172 页。

② 同上书,第 338—339 页。

润”加以占有，因为这里“地租和利润尚未分开”。[①] 总之，美洲的“种植资本主义”还不是真正的资本主义生产形式，还带有浓厚的前资本主义色彩。

这是因为，在美洲殖民地，包括内战前美国南部在内，社会经济发展的进程尚未达到应有的水准，其资本主义生产方式本是从母国移植而来的，用马克思的话来说是从外部“引进”之后“接种”在奴隶制上面的，从这种意义上可以说是强加于它的。因此，这类奴隶种植园经济，这种经济所存在的“资本主义生产”，带有某些前资本主义的特点，是不奇怪的。

五

从上面的分析可以看出，马克思关于美洲奴隶种植园经济的观点，既是历史的又是辩证的，而理解其全部论点的关键是他提出的“接种”论。显然，离开了“接种”论，就不能了解这类种植资本主义的历史起源，就不能准确地判断这类种植资本主义的经济性质，也就不能说明它的过渡性。其结果，在判断其性质时，不是把它和现代资本主义相提并论，而忽视其作为“过渡形式”的不成熟性，就是把它和古代的奴隶制等同起来，而抹杀它与现代资本主义的联系。

“接种”论的精髓，在强调美洲奴隶商品种植业的历史起源即欧洲背景，并以此为出发点来判断这类奴隶种植经济的性质和特点。实际上，由于这种种植园主所采用的生产方式，是由“从事黑奴贸易的资本家”从外部“引进”，然后“接种”在奴隶制上面的，最终形成的生产方式会不可避免地带有某些因“接种”而产生的变态，可能既不完全像引进前的西欧资本主义，也不是本来意义上的奴隶制。在这种情况下，在判断其性质和特点时，任何机械论都是站不住脚的。

这里，必须进一步指出的是，马克思提出的“接种”论，以及由此而

---

① 马克思：《资本论》第三卷，第886页注42。在真正的资本主义经营中，地租、利润、利息等等是分流的。而在美国南部和其他某些地区，由于种植园主是“地主兼资本家”，土地的所有者、和生产工具的所有者、从而和包括在这种生产要素里的劳动者的直接剥削者，是合而为一的。在这种情况下，地租和地润也是合而为一的，剩余价值的不同形式的分离是不存在的，这是其前资本主义性质的一种表现。参见马克思：《资本论》第三卷，第906页。

引申出来的关于美洲奴隶种植园经济的性质和特点的分析，从更大的视角来看，是建立在他的“中心—外围”观之上的。根据这种世界观，资本主义在其形成过程中，就已建立了一个分工不同的世界体系，作为资本主义发祥地的西欧是这个体系的“中心”或核心，而它的殖民地和附属国构成了它的外围；这个体系的动力来自资本的“无限扩张”的能力，建立这个体系的手段是各国采取的殖民主义或殖民制度，这个体系的本质是资本主义“世界市场”。弗·恩格斯在谈到这个体系时，把西欧中心比作“太阳”而把它的外围比作“卫星”，形象地说明了它们各自在这个世界体系中的地位和作用。他写道：“英国应当成为‘世界工厂’；其他一切国家对于英国应当同爱尔兰一样，成为英国工业品的销售市场，同时又供给它原料和粮食。英国是农业世界的伟大的工业中心，是工业太阳，日益增多的生产谷物和棉花的卫星都围着它运转。”[①]因此，在这个资本主义世界体系中，只有西欧的资本主义才应被视作“原生的生产关系”，而殖民地和附属国的资本主义生产关系则是“派生的转移来的”，只不过是“第二级的和第三级的东西”。[②] 在这里，恩格斯特意点到“生产谷物和棉花”的殖民地和附属国，是很值得注意的。

马克思的“接种”论，把美洲的奴隶种植园放到“世界市场”这一大环境中进行考察，认为它所采用的生产方式本是西欧资本主义与奴隶制度“接种”后的某种变种，很明显正是上述“中心—外围”观在此问题研究中的运用。我们在前文曾提及，在1857—1858年《经济学手稿》中，马克思做过一个重要论断：“我们现在不仅称美国的种植园主为资本家，而且他们确实是这样的人。”这里，应当提请注意的是，在这一论断后面马克思还有一个重要补充：“这是由于，他们是作为以自由劳动为基础的世界市场条件的畸型物而存在的。”[③]所谓：“畸型物”不就是说他们是因“接种”而产生的变种吗？

由是，我们可以说，美洲的奴隶种植园经济，特别是战前美国南部的奴隶种植园经济，乃是利用奴隶劳动从事剩余价值主要是绝对剩余

---

① 恩格斯：“《英国工人阶级状况》1892年德文第二版序言，”《马克思恩格斯选集》第4卷，人民出版社1966年版，第258页。

② 马克思：“《政治经济学批判》导言”，《马克思恩格斯选集》第2卷，第223页。

③ 《马克思恩格斯全集》第46卷(上)，第517页。

价值生产的、尚处于过渡状态的不成熟的资本主义生产形式，即马克思所说的“形式上的资本主义”，它是当时以英国和西欧为中心的世界资本主义体系的组成部分，从属于这个中心并服务于这个中心。

（原载《世界历史》1996年第1期）

关于美国国内市场形成问题

美国是一个国内市场充分发达的国家，早在19世纪中叶就已达到空前的规模，而区际贸易的活跃堪称19世纪美国经济发展中的一大特点。但是，统一的国内市场的形成，在美国却经历了一个漫长的过程，因为这个国家在开头的200年内一直处于殖民地的地位，而它的版图又经过了相当长的时间才最后确定下来。前者使美国花了很长时间和很大精力才摆脱了对欧洲的依附地位，并形成以东北部为"核心"的资本主义经济体系；后者使远西部在长时期内孤立或半孤立于美国的"核心地区"之外，而不能与东北部在经济上融为一体。因此，在考察美国统一的国内市场形成过程时，不能不充分注意上述因素的影响。

一

在殖民时代，英属北美13个殖民地的经济，以自给自足为其基本特征。据经济史家罗伯特·利普西估计，18世纪运往国外的产品大约只占殖民地总产值的15%—20%，而其余65%—80%的产品从未离开过原产地。[①] 也就是说，当时殖民地的产品主要还是用于维持殖民地人本身的生存，而不是用于交换。在这种情况下，不仅殖民地的绝大多数人口必须以农耕为主，而且家庭手工业也还和农业紧紧结合在一起。因此，在整个殖民时代，殖民地内部市场的发展是有限的。

但是，殖民者需要土著居民的某些产品，尤其需要印第安人所拥有的珍贵皮货。移民们最初在沿海和河口建立的定居点，许多已经发展

---

① Diane Lindstrom, *Domestic Trade and Regional Specialization*, in Glenn Porter, *op. cit.*, Vol. 1, p. 266.

成人丁兴旺的城镇和港口，他们对内地产品的需求随着人口的增长在逐渐扩大。与此同时，生活在“偏僻地区”的人们，也希望用其有限的剩余产品，去换取自己不能生产但又急需的工业品。由于北部和南部自然条件的明显差异，各区域之间经营的种类和方向越来越不一样，各殖民地之间产品的交换就变得更加必要。因此，即使在殖民时代，美国国内市场也开始在英属殖民地内慢慢形成。从以下三方面的贸易可看出美国国内市场早期发展的状况：1. 各殖民地港口城镇与该殖民地内地之间的贸易；2. 北部殖民地与南部殖民地之间的区际贸易；3. 殖民地人与边境印第安人之间的贸易。

殖民者和印第安人之间的皮货贸易，可说是殖民地贸易的最早形式。北美第一个英属殖民地詹姆士敦的建立者约翰·史密斯对此就有过明确记载。[①] 殖民者可从印第安人手中获得的皮货种类很多，有兔皮、狼皮、野猫皮、狐狸皮、浣熊皮、麋鹿皮之类，但主要的是海狸皮和鹿皮。皮货贸易是一种获利很高的买卖，在新英格兰一般一蒲式耳小麦换一磅海狸皮，但一蒲式耳小麦当时仅值 3 至 6 先令，而一磅海狸皮平均值 20 先令。莫霍克河流域的一些商人，常常用滑膛枪去换印第安人的皮货，一支枪就能换 20 张海狸皮。因此，印第安人的皮货成为殖民者发财致富的头号商品，运到外地或欧洲一下子就可获利几百倍，这使得“皮货贸易成为大陆上第一个大规模的经济活动”[②]。北部的商人以阿尔巴尼为贸易站，通过易洛魁人获得大量珍贵皮货，仅 1699 年就从纽约出口毛皮 15000 张。在南部，很多年内兽皮和皮革都是南卡罗来纳出口之大宗，如 1731—1765 年从查尔斯顿出口的鹿皮，每年能给它的商业公司带来 15 万镑的收入。可见，皮货贸易从一开始就是一种“不等价交易”，或欺诈性贸易。

殖民时代英属北美殖民地贸易的最重要形式，还是各殖民地港口城镇与它们的内地之间的贸易。因为，当时无论是在城镇还是在偏僻的乡村，虽然一些最富的家庭能生产部分日常消费品，但大多数家庭都不能真正做到自给自足，必须用相当数量的产品（粮食、烟草之类）去换取他们所需要的物品。因此，这种贸易在本质上是“城乡之间”的贸易，

---

① J. R. Moore, *An Industrial History of the Amencan People*, N. Y., 1921, p. 65.

② Robert V. Hine, *op. cit.*, p. 44.

而“乡村商人”则是它们之间的“中间人”，其发展水平反映着殖民地商品经济及劳动分工发展的程度。由于这种贸易不像对外贸易那样有完整的记载，史学家很难对它的规模作出准确的估计。而且，各殖民地港口城市与内地所交换的商品并不一定是殖民地本身的产品，在一些地方甚至主要不是该殖民地本地的产品，因为从国外进口的商品也是通过这些港口输往内地的。各商港，特别是北部各港，如波士顿、新港、纽约、费城等，一方面努力为增加出口搜集地方产品，另一方面也努力为外国及其他殖民地的产品寻找国内消费对象。正是在这种努力中，一批工商业中心才得以在殖民地最终形成，诚如美国历史学家柯蒂斯·P. 内特尔斯所说的，“既然进口在很大程度上形成了国内商业，海港就成为活跃的中心”[①]。据研究，在 1773 年费城的全部纳税人中，从事贸易、运输和财政工作的达 34%，这说明了商业在殖民地经济生活中的重要地位。

至于“区际贸易”，大约是在 1631 年才开始的，当年马萨诸塞人首次获得了来自弗吉尼亚的一船玉米和烟草。从此这种贸易在 17 世纪连绵不断，到 18 世纪已达到相当的规模。据统计，1772 年从波士顿港开出的商船共 845 艘，其中有 443 艘是开往 13 个殖民地；从纽约港开出的商船 700 艘，其中有 324 艘是开往 13 个殖民地；从查尔斯顿港开出的商船 485 艘，其中有 166 艘是开往 13 个殖民地。同一年，从 13 个殖民地进入波士顿港的船只为 427 艘，进入纽约港的船只 352 艘，进入费城港的船只 287 艘，进入查尔斯顿港的船只 138 艘。[②] 这些数字虽不能直接说明殖民时代“区际贸易”的实际水平，但人们不难从中间接看出当时“区际贸易”的规模。所谓“区际贸易”，当时就是南北间的贸易，是以新英格兰为中心展开的，因为新英格兰已逐渐在工商业方面形成了自己的优势，但需要从中部和南部进口一定数量的粮食和食品。不过，新英格兰为了进口粮食和食品，常常要通过出口甜酒和糖蜜来补助，而这类出口货物大部分又是由中部和南部提供的。当时“区际贸

① Curtis P. Nettels, *The Emergence of a National Economy, 1775-1815*, N. Y., 1962, p. 32.

② U. S. Bureau of the Census, *Historical Statistics of the U. S., Colonal Times to 1957*, Washington, 1961, p. 279.

易”的实际水平并不高(包括各地区内的和地区之间的),大约只占殖民地总产值的3%—3.5%。因为在整个殖民时代,粮食贸易还未达到相应于殖民地进出口经济的水平。例如,据戴维·克林加曼估计,作为中部和南部重要粮食市场的新英格兰,直到殖民时代末期所需食品的89%仍是本地生产的。又如,粮食出口在1740年至1770年是弗吉尼亚经济中很有生气的项目,但这些出口也只有20%是在13个殖民地内销售的。

总的看来,殖民时代北美13个殖民地的市场虽有一定发展,但由于还没有一个可以保护这种市场的国家机器,各殖民地(除北部有新英格兰联盟外)又彼此独立,所以,还未能在各殖民地之间形成一个统一的市场。另一方面,由于重商主义对英国殖民政策的影响,殖民地只不过被当做英国经济的“前哨站”,而英国及整个西欧才是这个资本——殖民体系的“核心”。这使北美殖民地的经济带着严重的依附性,而不得不把自己相当比重的产品运往母国和欧洲,造成殖民地对外贸易与对内贸易的极端不平衡。据统计,1768—1772年间13个殖民地之间的贸易额(715000英镑)大约只等于它们对海外贸易额(2801000英镑)的1/4(见下表)。其中,新英格兰的沿海贸易大约为对外贸易的64%,而大西洋中部各州、下南部和上南部则分别只有39%、17%和8%,南部殖民地显然比北部对母国有更大的依附性。这是因为,南部殖民地的主要经济作物烟草,是以英国和欧洲为主要市场的,无法在殖民地内销售。

各地区年平均出口额(1768—1772)[①]

地　　区	对外出口(英镑)*	沿海出口(英镑)**
新英格兰	477000	304000
大西洋中部	559000	220000
上南部	1162000	88000
下南部	603000	103000

*不包括对英属北美殖民地的贸易。

**包括对所有英属北美殖民地的贸易。

① Diane Lindstrom, *op. cit.*, p. 267.

1775—1783 年的反英战争使北美 13 个殖民地获得了政治独立，但这个刚刚独立的国家在经济上依然处于欧洲殖民地的地位，这在南部表现得尤为明显。南部的烟草、大米和蓝靛在独立后衰落了，但棉花种植却由于英国日益增长的需求而不断扩大，并且又是以英国为主要市场。据统计，1805—1815 年期间，美国北部的棉花消费量增加了 9 倍，然而这以后的年代，北部所消费来自南部的棉花还不到其产量的 1/4，南部生产的棉花除自身消费外仍主要销往欧洲。但棉花这种新出口经济作物在南部种植的专业化，并未能从根本上改变整个南部自给自足的农业结构，工商业和都市化在南部进展都很缓慢，到 1815 年城市居民还不到南部人口的 4%。更重要的是，南部商业历来操于外人之手，因而未能成为南部经济的有机组成部分和动力。由于这一时期南部大部分家庭手工业开始形成，这一区域自给自足能力不是削弱，反而进一步加强，甚至在典型的植棉区农场和种植园的基本食品也由本地生产。从政治上看，由于联邦只是各州之间的“友好的联盟”，各州依然保留着独立战争时期得到的“主权、自由和独立”①，有些州为了本州商人阶级的利益和要求，反而在独立后实行新的特惠税、惩罚性的吨位税和报复性的过境税。这种情况不仅不利于建立统一的国内市场，也不利于在经济上摆脱对欧洲的依附地位。

但从发展趋势看，正如柯蒂斯·P. 内特尔斯所指出的，1775—1815 年在美国是“全国性经济的形成”时期，这个时期“美国人抛弃了一个既成的政府，同时组成了另一个政府，设计出一种新的国家政治制度”②，即 1787 年由宪法确立的联邦制度。在这种制度下，原来由各州所掌握的“主权”转到了联邦之手，从而大大加强了全国经济的统一。1787 年宪法明文规定：任何一州“不得在商业或税收方面有任何规定，使某些港口享有特惠而歧视他州港口；对开往某州或从某州开出的船舶，不得强令在他州报关、办出港手续或纳税”③。由于把统制各州之间的贸易以及美国与外国之间的贸易的权力保留给中央，并禁止各州

① 谢德风等译：前引书，第 9 页。

② Curtis P. Nettels, *op. cit.*, p. 6.

③ John M. Blum and Others, *The National Experience*, Vol. 1, N. Y., 1977, p. 854.

在没有国会同意的情况下取消商品、劳力和资本的自由流动，这就使美国真正成为“自由贸易区”，从而根本改变了美国商业的地位。1789年7月4日，美国政府又专门制定了一部“吨位法”，规定：凡以美国船输入美国的货物，其征税额较外国船运来的货物低10%，[①]从而使美国船只在征税方面享有优先权。除此而外，在以后的立法中，美国还制定了一系列法律和法令，来保障美国商业活动的安全、自由以及美国国内市场免受外国的损害，如禁止外国船只从事国内贸易即是一例。毫无疑问，这些措施为建立统一的国内市场提供了必要的条件。

由于新英格兰在大西洋贸易中所处的有利地位，从转运贸易和农产品出口中获得的利润，都流进了美国北部的一些主要港口城市。纽约和费城的人口在1815年超过了10万，巴尔的摩和波士顿的人口也超过了35000，因而正在成为推动美国经济发展的新的力量。18世纪末和19世纪初，由于对内地的食品及皮货的需求日益增加，这些城市的商人开始热心地支持修筑通往内地的“税道”；而把山区城镇和国内市场连接在一起的交通运输业的发展，又反过来鼓励内地人把自己的经营转向市场。在此期间，拿破仑的“大陆封锁”和英美各国的反封锁，戏剧性地打破了长期存在的大西洋两岸的贸易格局。为应付美国市场上工业品短缺以及伴随而来的商品价格上涨的局面，美国人不得不更多地把商业资本投入国内工业生产。于是，在拿破仑战争和第二次英美战争后，美国便正式走上了工业革命的道路，新英格兰的纺织业和费城的造船业都因此而繁荣起来。另一方面，随着1803年“路易斯安那购买”的成功，美国人占领西部及其他地区的欲望重新荡起，一个向西部推进的大规模的移民运动迅速兴起，结果，从1790年到1815年，密西西比河流域的人口增加了10倍。在匹兹堡、辛辛那提、路易斯维尔等重要移民通道，一系列新的贸易站或工商业中心逐渐形成，以便为迅速占领西部的移民提供必要的农具和商业服务。但由于从东海岸到内地的交通运输还十分困难，如从费城经阿利根尼山脉到西部贸易站，有350英里艰难的行程，从而使这些边疆商站向移民出售的商品还非常昂贵。

---

① 加尔文·D. 林顿主编:《美国两百年大事记》，中译本，上海译文出版社1984年版，第42页。

1775 年至 1815 年间美国的国内贸易活动，大部分仍集中于中心城镇与它们的内地之间，只有沿海贸易具有明显的“非地方性”。据统计，沿海的商品贸易量从 1790 年的 104000 吨提高到 1815 年的 476000 吨，而且其中大部分商品是从北部运往南部的。因为在棉花“三角贸易”中，北方商人再次成功地打入欧洲工业家和南部种植园主之间，他们把欧洲的纺织品、铁制品及少量北方产品运往南部，同时带着伦敦的兑换券和某些南部产品返回北部。在这个时期的国内贸易中，处于第二位的商品包括北部的日用品、中部的食品和其他某些外国产品，这些物品在新英格兰可与鱼、甜酒、林产品和手工业品交换。当时西部与其他地区的贸易还处于第三位，只有少量牲畜、毛皮、人参和威士忌通过陆路运往东部，80％的西部产品（1812 年）都是沿密西西比河运往新奥尔良的。新奥尔良是一个正在兴起的“临时区际交易市场”。

二

第二次英美战争（1812—1814）后，美国真正走上了独立自主发展民族经济的道路，大约到 1860 年已建立起独立的工业体系。因此，美国与欧洲的关系在经济上开始发生根本性转变，过去处于欧洲依附地位的美国，现在变得日益强大起来。在此期间，两方面的发展深刻地改变了美国国内市场的面貌：一是继杰斐逊总统的《禁运令》（1807）之后，1816 年，联邦政府第一次采取保护关税政策；二是继“坎伯兰公路”（第一条穿过阿巴拉契亚山脉的公路）1818 年修抵俄亥俄河岸的惠林后，连接哈得逊河和五大湖的伊利运河于 1825 年正式通航。前者有力地保护了美国的国内市场，后者使一个完整的商品循环系统得以形成。在此之前，北部与南部、西部与南部的贸易虽已畅通，但西部与东北部的贸易却困难重重。

这一商品循环系统呈“三角形”，大致可把大西洋沿岸、五大湖和密西西比河看做这个贸易三角的各边，而把纽约、新奥尔良和芝加哥看做三角的顶点。这种“三角贸易”实际上是北部、南部和西部之间的贸易，在美国经济史著作中被称为“区际贸易”。商品循环在贸易中是按两个方向进行的：一方面，俄亥俄流域的粮食和食品经密西西比河运往南部，这些物品在新奥尔良变换成棉花和蔗糖，再将棉花和蔗糖运往北部卖给新英格兰人（或外国人），在新英格兰又转换成纺织品之类运往西部；另一方面，新英格兰的手工业品用船经海路运往南部，在新奥尔良被换成蔗糖、咖啡等等，然后运往俄亥俄河和密西西比河上游交换粮食和食品，西部的粮食和食品则经伊利运河运到东北部各市场。[①] “区际贸易”在殖民时代就已存在，不过当时实际上仅仅是南北间的贸易，而且主要是在沿海进行的，现在它已由南北贸易变成南部、北部和西部三方之间的贸易。这种“区际贸易”以区域的自然分工为基础，在交通运输业改进的条件下得以迅速扩大，反过来又给地区的专业化以巨大影响，成为推动整个美国经济发展的重要因素。19 世纪上半叶“区际贸易”的发达，无疑是美国统一的国内市场形成过程中的重要步骤，也是这一时期美国国内市场发展的主要特点，它标志着美国区域经济关系的新进展。当然，这一商品循环系统也有一个发展过程，它的真正形成当在 1840 年左右，因为“东西之间贸易的大发展，只是由于 1825 年伊利运河打开西部地区才能成为可能，但直到 1832 年俄亥俄运河完成才真正开始”[②]。

在 1840 年之前，各区域内部的贸易实际上比区际之间的贸易更为重要。因为这个时期国内市场发展的主要动力是运河及早期铁路，而当时运河和铁路的建筑主要是由各州政府或私人资助和承办的，不仅路程很短，而且极不标准。因此，早期运河和铁路所促进的，主要是各区域内部城乡之间的交换，而不是区际之间的交换。纽约、费城和边区的贸易，可看做这一时期区域内部贸易的典型。据估计，19 世纪 30 年代后期，从内地进入费城的商品，总计约值 4000 万美元（以 1821—1825 年美元计），等于甚至超过了 30 年代高峰时期整个费城周围地区输入费城的商品量。值得注意的是，其中从西部地区到费城的货物的 3/4，以及该城区内部商品的 1/2，都是经运河运输的。事实上，无论是南部还是西部，在 19 世纪最初二三十年其商业活动也主要是在地区内部进行的，因为当时各区域都还未实现地区专业化，它们所消费的粮食和食品主要是靠内部提供的。据艾伯特·费什洛估计，1840 年南部从

① F. Merk, *op. cit.*, p. 215.

② Ross M. Robertson, *History of the American Economy*, N. Y., 1973, p. 249.

西部进口的玉米、小麦、牛肉和猪肉不到本地区同类产品的5%，南部在1839年只消费了该年内北部工业产品的6%—16%；而阿巴拉契亚山脉以西对民族市场来说大部分还处于孤立的状态，1839年，西部1/2的出口产品是运往国外市场，而它所消费的北部的工业产品还不到北部工业产品总量的5%。当时，南部和北部仍继续在家庭手工业中生产它们各自需要的工业品，即使是北部也还是它所需要的绝大部分食品的产地。但在3个区域中，北部内部的贸易要比南部和西部更活跃。

1840年以后，在二三十年代发展的基础上，东北部进入工业革命的决定性阶段，逐渐成为美国资本主义的"核心地区"，即美国工商业的集中地区。这里有全国最大的城市(纽约)和最集中的人口，有在全国占优势的工商业，1860年它所产的工业品，占全国工业产品的一半。从工业革命初期最重要的纺织厂的分布来看，1860年，东北部有910家，而南部只有159家，西部不过32家。[①] 东北部之所以能发展成为美国资本主义的"核心地区"，有许多历史的和现实的原因。早在殖民时代它就是与外国进行贸易的门户，因而积累了较为雄厚的商业资本作为发展经济的基础。由于发展农业不利，而相对来说工业资源较为丰富，这个地区集中了当时美国最多的工场手工业。多样化的经济使北部在商业上占据优势，北部的出口大约相当于全国总商品量的一半，等于其他两区商品量之和。北部虽然是对外贸易的最大获利者，但又不过分地依赖对外贸易(如南部那样)，它的出口并不以变化不定的国际市场为转移。更重要的是，北部有舟楫之利，在水路和陆路运输方面均走在其他区域的前面，因而区域经济(特别是商业)起步较快。据研究，北部的主要运输线伊利运河，在1847年欧洲发生粮荒之前，从纽约州界以东获得的商品量，一直大于它从西部各州获得的商品量。

在东北部"核心地区"形成过程中，地区专业化也以不同方式影响着它与内地的关系。有组织的交通运输把城市和内地的联系推进到一个新的阶段，东北部和以提供资源为主的"边区"之间的贸易获得了新

---

① 豬谷善一:《美国社会经济史》，商务印书馆1935年版，第191页。1960年，美国东北部各类工厂有74058家，南部20631家，西部36785家，太平洋区各州8777家。见R. B. Morris, ed., *Encyclopedia of American History*, New York: Harper & Rew, 1976, p. 722。

的发展。据艾伯特·费什洛估计,国产货的区际贸易量在1839年就超过了对外出口量,在以后20年内这种差额进一步扩大:美国国产货的对外出口额由10200万美元增加到31600万美元,而同时期在区际贸易中交换的美国产品从10900万美元提高到48000万美元。[①] 这说明美国的国内市场已发生根本性的转变。正是在这一转变过程中,纽约迅速发展成为美国国内贸易的中心。早在伊利运河开放前,它已比任何其他港口更多地夺得了来自国外的商品,并作为美国的主要港口统治了东北部内部的贸易及南北之间的沿海贸易。伊利运河开放后,纽约又凭借与西部贸易的有利地位大获其利,到1860年它已成为美国的商业和财政中心。同时,它还是美国最大的工业中心,仅内战期间就生产了价值16000万美元的产品,约占当时全国工业产量的8%。

大西洋沿岸的贸易,作为美国区际贸易的发源地,独立后有了进一步的扩大。到陆路运输进入早期铁路阶段后,汽船开始和帆船一起被选作大西洋沿岸贸易的工具。1830年后受雇于沿海贸易的船只的吨位,实际上已超过了受雇于对外贸易船只的吨位。这一时期南部与北部在经济上的关系,类似于以往殖民地对宗主国的关系,南部主要是作为原料提供者的身份出现的,因此,当时北部工厂所需全部棉花几乎都是经海上从南部运去的。沿海贸易的另一种主要商品是煤,它为北部工业的发展提供动力,但其主要产地在中部地区的阿巴拉契亚山脉。煤必须先通过运河和铁路运往纽约或德拉瓦尔,然后再转运到海岸各地或其他河流的上游。南部所提供的商品,除棉花外还有大米、烟草和造船材料等。此外,密西西比河流域的多数剩余产品(如小麦、面粉),以及新南部生产的蔗糖和糖蜜,则首先集中到新奥尔良港,然后再绕道佛罗里达转运北方消费者之手。

密西西比河流域的贸易,最初是作为大西洋沿岸贸易的补充而出现的,新奥尔良在很长时间内只是一个“临时区际交易市场”。这个港口城市由于南部植棉区的扩大,在1830年后得到迅速的发展,1860年有一条铁路和东部及北部相连,并且是另一条通往西部的铁路线的起点,从而使它成为日益繁荣的密西西比河河口的重镇。据统计,从1840年到1860年,新奥尔良港的贸易量增长了5倍,1860年时,其商

① Diane Lindstrom, *op. cit.*, p. 273.

品价值额达18521万美元。新奥尔良港的繁华还可从以下的事实得到证明:截止到1860年8月31日的一年内,抵达新奥尔良港的汽船总计达3540艘次。其中,来自路易斯安那州的汽船为1835次,密西西比州388次,阿拉巴马州6次,德克萨斯州48次,阿肯色州140次,印第安领地8次,田纳西州186次,密苏里州472次,肯塔基州176次,伊利诺伊州12次,俄亥俄州206次,西弗吉尼亚州9次,宾夕法尼亚州54次。[1] 这一统计数字说明,19世纪中叶密西西比河流域的商业和贸易已达到空前的规模;新奥尔良港的繁华不仅得益于密西西比河三角洲种植园经济的发展,也得益于俄亥俄流域和密苏里河流域的开发。

在四五十年代"区际贸易"发展中,最突出的是西部和东北部之间贸易的变化(见下表)。[2] 随着经济的日益增长和交通运输的改进,美国国内出现了贸易的新形式、大湖地区的都市化和粮食作物种植区的扩大。伊利运河、俄亥俄运河以及西部其他运河和铁路的建成,促使移民进入印第安纳和伊利诺伊北部,四五十年代又进入密西根和威斯康星及更广大的中西部。据道格拉斯·诺斯研究,布法罗获得的来自西部的小麦和面粉,1836年为120万蒲式耳,1850年为1200万蒲式耳,

国内商品贸易流量 (单位:100万美元)

年代	来自地	北部	西部	南部
	北部	—	19.7	85.6
	西部	11.8	—	14.9
1839		7.1	—	5.5
	南部	39.7	6.3	—
		15.1	2.2	—
	北部	—	164.3	213.8
	西部	146.5	—	42.8
1860		107.6	—	36.4
	南部	69.4	20.3	—
		44.6	13.6	—

① Clive Day, *op. cit.*, p. 204.

② Albert Fishlow, *op. cit.*, p. 196.

1860 年为 3710 万蒲式耳。[①] 克利夫兰、多伦多、芝加哥、底特律和密尔沃基，先后成为粮食、畜产品和木材加工中心。当大湖—伊利运河系统揭开新的贸易时代时，宾夕法尼亚州的巴尔的摩和俄亥俄铁路也已经和西部建立了商业和贸易联系。到 1860 年，俄亥俄河各港已集中了阿巴拉契亚山脉以西水系货物出口量的 3/4。据 F. 默克研究，新奥尔良港承受的密西西比河上游的贸易，已由 1812 年的 80%下降到 1860 年的 23%。[②] 也就是说，绝大多数西部产品不再经过新奥尔良而直接运往东部了，西部已比过去越来越多的依靠东北部的市场。这是西部与北部、西部与南部经济关系中的重大变化。不仅如此，西部与北部在自由劳动制基础上的结合，也成为内战中北部战胜南部的根本保证；而内战对南部奴隶制种植园经济的毁灭性打击，又是统一的国内市场形成的重要步骤。

当然，西部对南部输出的下降是相对而言的。在 1815 年至 1860 年的大部分时间内，新奥尔良仍是内地产品的重要出口港。早在 19 世纪 20 年代，它获得的棉花、烟草、蔗糖的数量就超过了该港进口总数的一半，到 19 世纪 50 年代，这类产品就构成了进口总数的 3/4。尽管如此，晚至 1849 年，运往新奥尔良的产品在西部各类出口品中的比重仍很高：玉米为 2/5，面粉为 1/3，腌肉为 3/4，威士忌为 2/3。[③] 然而，这类商品真正留在南部消费的为数极少，大部分都转运到北部城市或外国港口。因为在粮食和食品消费方面，南部在很大程度上仍是自给自足的。据统计，南部进口的小麦，1842 年为 96 万蒲式耳，1850 年为 260 万蒲式耳，1860 年为 425 万蒲式耳；而南部本身的小麦产量，1839 年为 2500 万蒲式耳，1849 年为 2000 万蒲式耳，1859 年为 3800 万蒲式耳。由此可知，即使在粮食欠收的 1849 年，进口的小麦也只占南部本身小麦产量的 13%。[④] 50 和 60 年代进口是增加了，但南部本身的粮食产量在此期间也增长了。另外，西部和南部之间的贸易，从密西西比河进入新奥尔良并不是唯一通道，正如著名经济史家罗伯特·W. 福格尔

---

① Glenn Porter, *op. cit.*, p. 272.

② F. Merk, *op. cit.*, p. 222.

③ R. L. Andrean, *op. cit.*, p. 188.

④ R. L. Andrean, *ibid.*, p. 192.

所指出的，这里还有几种可能常常被人们忽视：一是大批的牛和生猪可能经陆路从西部进入南部；二是西北部大量粮食和食品可能经纽约、费城和巴尔的摩进入南部；三是西部大批牛可能从德克萨斯直接进入东南部。[①] 因此，经新奥尔良港进入南部的西部产品，并不能完全反映西部和南部贸易的实际水平。

1815 年后国内市场的发展，突出地表现为"三角贸易"系统的形成。但即使在这一时期，远西部也开始被纳入美国国内市场的范围，1822 年打通和圣菲贸易的道路，1823 年阿什利雇佣的捕兽者进入落基山，标志着美国人开拓远西部市场的开始。圣菲当时属墨西哥领土，40 年代才被美国所兼并，因此严格讲还不属于美国国内市场的范围。和加利福尼亚的关系也有类似的情形，早在 18 世纪末，美国商船就绕道合恩角与西北海岸印第安人发生贸易联系，然后用从印第安人那里弄来的皮货去换取中国的茶、餐具和丝织品。1822 年，加利福尼亚脱离西班牙成为墨西哥领土后，美国从那里带回大量皮革以供应马萨诸塞州的制鞋厂。但二三十年代美国人和远西部的贸易与以后的贸易比起来还微乎其微，以致罗斯·M. 罗伯特逊说："1848 年以前，东部和远西部的贸易几乎还不存在。"[②]1848 年美国兼并加利福尼亚，不久即出现了震撼世界的"淘金热"，与加州的贸易才作为美国国内贸易的一部分迅速发展起来。由于加利福尼亚的经济开发迅速超过当地人口的需求，大约到 1851 年时它的粮食生产开始过剩。据报道，1856 年从圣弗朗西斯科出口到东部或外国的小麦达 33088 蒲式耳，面粉达 114572 桶。这些商品或者绕过合恩角运往美国东海岸，或者经山区小道运入科罗拉多等地。[③]

不过，总的看来，1860 年以前在美国国内市场的发展中，尽管有以"三角贸易"或"区际贸易"为形式的国内商品流通系统的形成，但建立统一的国内市场的任务在美国并未最后完成：第一，密西西比河以西大部分地区当时还未进入美国经济的范围，只与东部有少量贸易联系；第

---

① R. W. Fogel, "American Interregional Trade in the Nineteenth Century", in R. L. Andrew, *op. cit.*, p. 217.

② Ross M. Robertson, *op. cit.*, p. 250.

③ Gilbert C. Fite, *op. cit.*, p. 156.

二，密西西比河以东的铁路线虽然不少，但各线的轨距规格还不统一；第三，和远西部的交通还处于小道、公路和马车时代，没有一条铁路线穿过大平原和落基山。但是，即使还存在这样一些问题，美国的国内市场也已发生革命性变化，即国内贸易超过了对外贸易。财政部长罗伯特·J. 沃克在1847年美国财政年度报告中谈道："在30亿美元产品中，出口只有15000万美元，285000万美元留在国内，其中每年至少有5亿美元在合众国各州之间进行交换。"[①]这和殖民时代的情况形成了鲜明的对照。1860年以前，美国国内贸易特别是"区际贸易"的发展在经济上具有重要意义，正是这种"区际贸易"的发展成为地区专业化的主要推动力。诚如一位美国经济史家所指出的："1815年后国内贸易的发展使联邦三大区域(西部、南部和北部)之间的劳动大分工成为可能。"[②]因为国内贸易的发达使地方特产有市场可以出售，而它所需要的产品又有地方及时给予补充，以往自给自足的经济结构才有可能转到商品化和专业化的轨道。

三

内战后，大约经过25年，这个国家通过两种方式实现了国内市场的统一：一方面是大湖地区迅速地被纳入美国工商业"核心地区"；另一方面是把基础资源的范围逐步扩大到太平洋沿岸。这是美国国内市场形成的最后阶段，它标志着美国民族经济的统一。推动美国国内市场最后形成的决定性因素，是铁路网在全国范围内的建立。

内战后，美国经济发展中的一个突出之点，就是铁路走在整个经济发展的前面。1860年至1890年间，全国铁路线从31246英里增加到166703英里，比1890年整个欧洲的铁路线(139000英里)还长。其中，密西西比河以西的铁路发展尤为显著，由1860年的2906英里增加到1890年的72213英里，几乎占全国铁路总长度的43％。[③] 内战前美国

---

① G. C. 菲特和 J. E. 里斯：前引书，第292页。

② 转引自 Glenn Porter, *op. cit.*, p. 269。

③ Edward C. Kirkland, *A History of American Economic Life*, N. Y., 1951, p. 345.

只有一条铁路抵达密苏里河，30 年后横贯大陆的铁路已在美国建成，一个庞大的铁路网不仅出现于密西西比河流域，而且进入了德克萨斯、山区各州及太平洋沿岸，每个州都有铁路线通过。甚至在密西西比河以东的旧区和五大湖地区，铁路也在继续增长。更重要的是，新增加的铁路线大部分是横贯大陆的路线，它们与内战前建立的铁路线不一样，不再是为了狭隘的地方利益即为都市之间的竞争服务，而是从国家经济发展战略考虑、为把商品输往内地市场而建筑的。

自 1860 年以后，在铁路建设中有关线路、路基、动力和车辆方面的技术，也都相应地取得了重大进展。内战期间，美国铁路线第一次使用钢轨，取代了大量不能令人满意的铁轨，这使重型机械和车辆的使用成为可能。1860 年，货运车厢的标准运货量大约只有 10 吨，到 80 年代初已增加到 20 吨，同时少数更大的车厢也开始投入使用。就火车头而言，1860 年时，还很少有重量在 30 吨以上的，到 1890 年时已达 85 吨。内战开始前，铁路的轨距规格不一，据统计，1861 年 1 月 1 日，美国（包括加拿大）有 5.3%的铁路（1777 英里，属 14 家铁路公司）的轨距为 6 英尺，8.7%的铁路（2896 英里，属 21 家公司）的轨距为 5 英尺 6 英寸，0.1%的铁路（182 英里，属两家公司）的轨距为 5 英尺 4 英寸，21.8%的铁路（7267 英里，属 63 家公司）的轨距为 5 英尺，9.9%的铁路（3294 英里，属 39 家公司）的轨距为 4 英尺 10 英寸，53.3%的铁路（17712 英里，属 210 家公司）的轨距为 4 英尺 8.5 英寸，此外，还有 0.1%的铁路（120 英里，属 1 家公司）的轨距为 4 英尺 9.25 英寸。[①] 内战中，由于大规模运送军队和给养的需要，以及西部和东部之间粮食贸易的扩大，迫切需要统一全国的铁路轨距并使之标准化。1863 年 1 月，根据衣阿华参议员詹姆斯·哈伦的提议，国会决定以 4 英尺 8.5 英寸作为建立太平洋铁路轨距的规格，并以此为标准把密苏里以西的铁路作为全国系统的一部分来建设。这一决定迫使与之相连的所有路线都要作相应的变动，从而在 60 和 70 年代便出现了统一铁路规格的趋势，许多铁路公司相继采取 4 英尺 8.5 英寸的标准规格。[②] 90 年代，美国对全国铁路

---

① G. R. Taylor and I. D. Neu, *The American Railroad Network, 1861-1890*, Harvard Univ. Press, 1956, p. 14.

② G. R. Taylor and I. D. Neu, *ibid.*, pp. 81, 82.

网的建设采取了决定性步骤，1896 年 10 月，“美国铁道协会标准车轮及轨道规格委员会”提出，全国所有铁路的轨距都应采用 4 英尺 8.5 英寸的标准规格。到 19 世纪末，全国就有 87％的铁路线都采用了这一规格，这和同时采取的一系列“一体化”措施一起，成为全国铁路网最后形成的主要标志。由于铁路采用标准轨距，从西部来的货物中途即可通过互换车皮直达东部，从而大大加速了商品流动的速度。

全国铁路网的形成，根本改变了美国交通运输的结构，以及水路、运河和铁路运输在全国运输量中的比重。据统计，到 1890 年，全国铁路完成的运输量等于由其他运输形式所完成的运输量的两倍。与此相反，水路（即河道）运输的重要性却不断下降，在 1850 年时水路完成的运输量占全国运输量的 3/4，到 1920 年时就下降为不足 1/4。这期间，虽然密西西比河水系在美国商业中依然具有重要意义，但与迅速发展的铁路运输相比也下降了，我们从圣路易城商业的变化可清楚地看出这一趋势。据统计，从 1871 年到 1887 年，圣路易城的进出口商品由 490 万吨增加到 1440 万吨，而其中通过河流运输的商品量却由原来的 34％下降到 10％。[①] 至于运河的衰落在内战后更加明显，到 19 世纪末全国 4000 英里长的运河中，已有半数以上（约 2500 英里）由于各种原因不再用于货物运输。甚至在美国国内运输业中起过重大作用的伊利运河，其运输量也由 1860 年的 300 万吨下降到 1910 年的 200 万吨。[②] 人们或许会注意到，运河的运费比铁路还低，货主们为何宁愿选择铁路而不通过运河运送自己的货物呢？原因在于，铁路全年都能够为货主提供服务，而运河因冬天结冰却做不到这一点；而且，铁路运输快，一般来说也更可靠。

这一时期美国经济领域中的重大变化之一，是东北部“核心地区”的加强和扩大。五大湖地区从过去“殖民地”的地位加入到高度发达的东北部领域，从而形成了一个“东北部——五大湖”工业带，或者叫做“制造业带”。据统计，1870 年和 1910 年，全国制造工人有 77％和 67.5％受雇于这个地带；[③]这个地带在 1870 年新增加的全国产值中占

① Clive Day, *op. cit.*, p. 225.

② Clive Day, *ibid.*, p. 228.

③ 罗伯特·埃斯塔尔：《美国现代地理》，人民出版社 1976 年版，第 243 页。

了87%，1910年占77%。与此同时，在这个工业带内部也开始明显地表现出劳动分工的扩大，新英格兰各州主要从事纺织品和皮革的生产，大西洋中部各州主要从事石油精炼及钢制品、服装和烟草加工，而五大湖地区则主要从事食品、木材和钢铁的生产。这时芝加哥已作为全国第二大城市，和纽约一起在美国资本主义经济中起着核心作用，它的人口由1860年的10万猛增到1910年的200万。当然，这一重大进展是由多方面因素促成的，但其中最重要的因素无疑是交通运输业的发展，加速了该工业带对原料的需求与地方资源结合的过程。宾夕法尼亚、西弗吉尼亚北部和五大湖地区，是煤、铁等发展近代工业最急需的资源的主要产地。在交通运输条件改善的条件下，这些地方的资源就可能迅速地得到开采，源源不断地投入生产过程。研究表明，1890年，旧西北部拥有铁路36976英里，居各地区拥有的铁路长度之首。① 1880年，芝加哥有7条铁路线通往东部，6条铁路线通往西部，3条铁路线通往南部。在1910年东北部和五大湖地区（在下表中称为"东部"）铁路运输的全部货物中，矿产品所占比重高达62%，其次是工业产品占19%，林产品占5%，农产品占4%，畜产品占2%，其他占8%（见下表）。这一事实无可辩驳地证明，在"东北部——五大湖"工业带形成过程中，铁路加速了生产与资源的结合。

各类产品在铁路运输量中的百分比（1910年）②

产品种类	东部	南部	西部	全美国
矿产品	62	54	50	56
林产品	5	21	17	12
农产品	4	7	14	8
畜产品	2	1	3	2
工业品	19	11	9	14
商品及杂货	8	6	7	7

铁路的发展，不仅加速了五大湖地区纳入东北部资本主义"核心地

① Edward G. Kirkland, *op. cit.*, p. 345.

② Clive Day, *op. cit.*, p. 302.

区”的步伐，而且把为工业化提供粮食和资源的范围扩大到太平洋沿岸。1860年以后，美国铁路建设的主要特点之一，“是密西西比河以东的建筑进展缓慢，比较而言西部扩张很快”。据统计，1890年密西西比河以西已建成的铁路，比1860年该地区铁路的长度增加了23.8倍。1860年，密苏里河以西地区(除大盐湖地区和加利福尼亚外)几乎还无人定居，1860年后，成千上万移民乘着大车或火车，从东部或中西部来到大平原和落基山区，拓荒农场逐渐地布满了昔日那些野牛出没之地。据统计，1860年至1900年间，美国的农地增加了1倍，其中4亿英亩是耕地，而且大部分是在西部。二三十年内这些地方不仅被移民完全占领，而且某种经济专业化的稳定形式也已建立起来，采用机器耕作的小麦农场、拥有成千上万头牛的牧场和专门的葡萄种植园，开始显示出美国大农业的气派。随着大平原和太平洋沿岸农业的繁荣，到19世纪末，这些地区生产的小麦和肉类，比其他任何地区都要多。当小麦带由大平原西部伸展到远西部的时候，玉米和生猪生产带仍集中于大湖地区和大平原东部。1910年，西部提供的农产品只占该年西部铁路运输量的14%，而当年东部和南部分别只占4%和7%，[①]西部的农产品主要是通过芝加哥方向流入东部市场的。如果我们把“东北部——五大湖”看做美国的“核心地区”，而把西部和南部看做它的“边缘地区”，那么芝加哥就是二者之间的联结点。这种特殊的地位，很自然地使这个城市成为重要的交通枢纽和东西间贸易的转运站。据统计，早在1875年之前每天进入芝加哥的火车已达750列，一年流入该市的产品价值额700万美元。芝加哥商业贸易的突出特点是农产品贸易，在1875年，该城价值21500万美元的运输货物中，粮食、牲口、肉类和杂货4种货物的价值几乎相等。[②]

与大平原不一样，山区各州、西南部和远西部大部分地区，主要是以其森林和矿产资源加入全国经济的。金、银、铜、锡、铅等矿藏，早在内战前已多处发现并在一些地方投入开采，但直到70年代之前，西部的矿产品很少能运到东部，因为当时交通运输条件还太差。太平洋铁路等几条横贯大陆的铁路建成后，这个千年沉睡的偏僻山区沸腾了，东

① Clive Day, *op. cit.*, p. 302.

② Clive Day, *ibid.*, p. 317.

部及欧洲的商人和企业家争先恐后地开始了在西部采矿业中的投资，使该地区的采矿业、农业和畜牧业都发展起来。据统计，到 1910 年，密西西比河以西地区提供的矿产品占该年西部铁路运输量的 50%，仅次于东北部和五大湖地区。[①] 这一事实说明，内战后西部（尤其是远西部）确实已发展成为“东北部——五大湖”工业带所需资源的重要供给地。与此同时，整个太平洋沿岸和大西洋沿岸之间的贸易也发生了相应的变化。由于太平洋铁路建成，极大地降低了东、西两岸之间通过巴拿马地峡和绕过合恩角的贸易的重要性。据统计，纽约港和圣弗朗西斯科之间通过巴拿马地峡的贸易，从 1870 年的 1800 万美元降为 1880 年的 500 万美元。这是因为，许多远西部或东部的货物的运输，不再绕道巴拿马地峡而直接由横贯大陆的铁路承担了。估计在这个时期结束时（1914 年），美国太平洋沿岸和大西洋沿岸之间 9/10 的货运量，都是由铁路承担的。[②] G. 菲特写道：“到 19 世纪 80 年代中叶，大量加利福尼亚的水果运抵中西部、东部和外国市场。1887 年，奥马哈收到 89 车来自加州的水果，同时有 59 车小麦、92 车水果运抵堪萨斯和圣路易市。”[③]显然，这些货物都是用火车或马车由陆路运去的。重要的是，它说明了远西部过去那种与东部孤立或半孤立的状况，至此已经完全结束。

19 世纪末，由于统一的国内市场已经形成，国内贸易比以往任何时候都更为活跃。有人估计，19 世纪末和 20 世纪初，美国的国内贸易大约等于对外贸易的 20 倍，甚至“超过了世界各国对外贸易的总和”[④]。我们看到，在世界上，无论是东方还是西方，美洲还是欧洲，当时没有一个国家能够像美国那样，其国内市场达到如此发达的程度。对此，应当如何解释呢？美国有辽阔的地域和丰富的资源，它们为美国经济的发展提供了基本的前提和条件，此其一；西进运动以其巨大的规模，迅速地改变着美国的人口和劳动力的布局，从而加速了劳动者与生产资料结合的过程，促进了生产的发展，此其二；由于美国地域差别很

① Clive Day, *op. cit.*, p. 302.

② Clive Day, *ibid.*, p. 365.

③ G. C. Fite, *op. cit.*, p. 170.

④ Clive Day, *op. cit.*, p. 286.

大，各地区在经济上起飞的时间又先后不一，从而形成了一种独特的区域经济关系，使"区际贸易"比别的国家更为活跃，此其三。最后，更重要的是，大规模开发西部的需要推动了交通运输业的飞速发展，尤其是运河和铁路的飞速发展，它不仅最终促进了统一的国内市场在美国的形成，而且大大促进了地区专业化及整个经济的商品化。交通运输的发达促进国内贸易的发达，国内贸易的发达导致地区经济专业化，这就是 19 世纪美国史向我们揭示的逻辑。

总之，统一的国内市场形成问题，是近代美国经济乃至整个近代美国历史发展的基本问题之一。它与美国历史发展的主要进程、各区域之间的矛盾和斗争、经济上专业化和商品化的程度以及交通运输条件的改善紧密联系在一起。通过这个问题的探索，我们可以从一个重要侧面，纵观美国经济发展的脉络，而横观各区域之间的相互关系，其意味是深长的。

（原载《历史研究》1986 年第 6 期）

美国的崛起及其动力

美国是一个既熟悉而又陌生的国家。

美国的前身是英属北美13个殖民地。其中最早的一个建于1607年,最晚的一个建于1732年。(见表1)

表1　独立战争时的13个英属北美殖民地

名　称	建立年代
弗吉尼亚	1607
马萨诸塞	1628
马里兰	1634
罗得岛	1636
康涅狄格	1636
德拉瓦尔	1638
北卡罗来纳	1663
南卡罗来纳	1663
纽约	1664(夺自荷兰)
新泽西	1664
新罕布什尔	1679
宾夕法尼亚	1681
佐治亚	1732

当1776年这13个殖民地不甘英帝国的压迫,联合起来宣布脱离英国而独立的时候,这个新兴的国家还只是一个小国,只据有北美大西洋沿岸的一个狭长地带,面积不过40万平方英里,人口也只有240万。当时连一个国家机构都不健全,1781年生效的《邦联条例》虽然把美国

正式定名为“美利坚合众国”(U. S. A),并在法律上宣布它是一个“永久性联盟”,又把1774年以来就存在的“大陆会议”改为“合众国国会”,但各邦仍享有它们早先宣布的“主权、独立和自由”,邦联中央政府既无主权也不完整,甚至连一个国家元首也没有。邦联最初只设有外交、财政、陆军、海军和邮政等几个部、局。国会在休会期间,由各州委派代表组成的“诸州委员会”主持国家日常工作,该委员会的主席一般由长者担任,只有象征意义。

但这个新兴国家发展很快。1860年,它还是一个位于英、法、德之后的工业国家,19世纪末和20世纪初,它在经济上已超过英国,20世纪中叶成为世界两大超级大国之一,20世纪90年代又成为全球唯一的超级大国。而今,美国已是一个庞然大物,它不仅拥有939万平方公里领土、2.85亿人口,而且拥有50个州和一个哥伦比亚特区,其中还不包括相当数量的海外属地,如关岛、中途岛、威克岛。据统计,2001年时,美国人口虽然只有2.85亿,但它的GDP却达到7.966万亿国际元,人均GDP达到27948国际元。美国是当今世界唯一的超级大国,在经济、政治、军事上,它都拥有他国难以与之匹敌的力量,自20世纪90年代苏东发生剧变以来,美国在世界舞台上极力推行“单边主义”,在各地横行无忌,称王称霸。所有这些,人们都是熟悉的,并不陌生。

然而,今天美国这个超级大国是如何崛起的?它的崛起走过了什么样的道路?或者说,这个超级大国是怎样一步一步发展起来的?这种崛起的历史条件又是什么?或者说,究竟是什么原因或因素推动了它的迅速崛起?对世界人民来说,美国的崛起是“福”还是“祸”,这个以“人权卫士”自居的国家,为何不断在各地挑起战争?这里面,包含着怎样的经验和教训?这就不是三言两语可以说清楚的了。其中许多东西,由于种种条件的限制,或许我们目前还很难将它弄清楚,只能等待将来再做深入的研究。但有许多东西,并不是事实本身难于弄清,而是研究者本身观点不清,妨碍了他们去弄清问题。就这一点而言,对我们许多人来说,美国又是陌生的。

但是,我们不能永远处于这种对美国既熟悉又陌生的状态,我们必须尽可能地了解和认识美国这个国家,特别是它的崛起过程及其历史原因,并从这种了解和认识中得出必要的结论。因为中国是当今世界最大的发展中国家，致力于中华民族的伟大复兴而期待着重新崛起于世界的东方，它不可避免地要与这个当今世界的超级大国打交道，并在与它日益深入的交往中相互学习、取长补短。所以，我们在这里，特介绍美国作为一个大国崛起的过程及其动力，先介绍它崛起的历史情况，然后再做一些综合分析，以加深我们对美国的认识和了解。为纲举目张起见，我们拟把美国崛起的过程分为5个步骤、阶段或台阶，但在介绍时只选取一件在当时最具全局性影响和意义的大事为重点，其他问题和要素只作一般介绍，并以它为中心展开。从中读者不难看出，这些大事并不仅是我们叙述和讨论的中心，它们本是美国作为一个大国崛起过程中，那一个阶段、那一个台阶的主要标志或动力，并共同构成了一幅波澜起伏又多姿多彩的画面，以及蕴涵其中的美国历史发展的主旋律。从中读者还可以看出，这个美国历史发展的主旋律，与其说它是一支独奏曲，不如说它是一支交响曲。当然，这还只是我个人的想法，在以往有关美国历史的著述中尚未见到此类系统描述，仅供讨论。

翻阅美国内外资料，关于美国作为大国崛起的问题，政治决定论者常常强调战争的作用，进而用独立战争、南北战争、美西战争和两次大战，作为美国崛起过程中的几大标志；经济决定论者只强调生产力在整个经济和社会发展中的重要性，相信技术上的发明和创新一定会带来历史的大变革；而文化决定论者则强调“多元文化”的作用，认为对“多元文化”（主要是欧洲文化、印第安文化和黑人文化）的包容，为这个国家的崛起提供了活力。我是“综合崛起论”者，认为美国的崛起是社会、经济、政治和文化多种因素共同作用的结果，但这种作用并不是在任何时候或任何阶段都是平衡的，在一个阶段、一个时期必有一两种因素起主要作用。战争的成败得失最终要受制于一个国家的社会、经济和政治，更何况“暴力”本身也是一种经济力；美国是一个移民国家，在很长时期内其主要精力在开疆拓土、维持生存，在这个时期内其技术主要靠从欧洲引进；至于“多元文化”问题，首先必须明白的是它强调的是“非主流文化”的作用，既然是“非主流文化”，又怎能决定一个大国的崛起呢？总之，对一个大国的崛起，既不能采用单因素论去解释，也不能忽视其发展过程。

第一台阶　奠基与立国(1607—1789)，以联邦宪法为主要标志

这一时期最重大的事情，是在北美独立革命(1775—1783)的基础上，在1787年制定了《美利坚合众国宪法》即《联邦宪法》，以及由此而开创的美国联邦制国家体系，这个体系被马克思称为是当时"最完善的"，是美国作为一个大国崛起的重要基础。

1787年的《联邦宪法》，除了把国家建立在共和制的基础上而外，关于国家的性质有三条重要宣示：第一，实行联邦制，由13个殖民地的人民共同管理这个国家，各州在参议院均拥有两个席位；第二，允许各州有自己的宪法和议会，并按照自己喜欢的方式管理州政府，即实行地方分权；第三，中央收回了主权，但总统、国会、最高法院均不得独自控制中央政府，而是采取分权制衡的原则。此外，视情况而定，并通过一定程序，宪法还规定可对宪法进行修正，从而保证了宪法的灵活性和生命力。为什么会形成这样一种体制？这就得从英国在北美进行殖民的做法说起，因为美国联邦制的种子原是在殖民过程中埋下的。以往的研究常常只把《联邦宪法》看做美国革命的"结果"，我更视之为一种过程和经验，不这样看就无法理解这部大法的内在合理性。笔者认为，逻辑的合理性必须以历史的合理性为前提。

首先，前往北美的英国和欧陆移民，因大多是把北美当做逃避宗教迫害的避难所，从一开始就充满了"自治"意识。1620年清教徒们在新英格兰上岸前在"五月花号"上达成的契约中就宣称，他们"自愿结为一公民政治团体，将制定和实施有益于本殖民地总体利益的一应公正和平等法律、法规、条令和宪章"，且"全体保证遵守和服从"之。这里不仅明确提出了建立一个"公民政治团体"的目标，而且围绕"公民政治团体"的建立问题，提出和张扬了三个重要观点和条件：(1)这个团体必须是"自愿结合"而成的，它说明了它的自治性质及自治和自愿的关系；(2)维系这个团体的是一整套宪法、法律和法规，且这些宪法、法律和法规必须是"公正和平等"的；(3)公民社会要求其公民"保证遵守和服从"宪法、法律和法规，而公民能否"保证"取决于公民的公民意识和法治意识。这是前所未有的民主自觉。

其次，13个殖民地产生和形成的方式本来也不一样，弗吉尼亚和马萨诸塞这样的殖民地是由公司来建立的，马里兰、卡罗来纳、宾夕法尼亚、佐治亚等殖民地则是由业主建立的，而罗得岛、康涅狄格以及并入马萨诸塞前的普利茅斯殖民地又与上述两种殖民方式不同，它们是由移民群众按自己达成的契约自发建立的。最初各殖民地总督的产生办法也不一样：有的由英王任命，有的由业主指定，有的由移民选举。但这些殖民地最终都采用了代议制，也就是在原英国所建立的由英王、总督和参事会构成的旧殖民体系中，加入了一个由民意代表组成的自治机构，其中最早的一个产生于1619年的弗吉尼亚，1620年产生于普利茅斯的公民大会，是英属北美殖民地的第二个自治机构，尽管它不是代议制而是直接民主制，但以后所有这样的地方都改成了代议制。它们对旧殖民体系来说，毫无疑问已是一种制度创新。

再次，无论哪种殖民地，由于终归是英王的海外领地，最终都必须获得英王的批准和特许，并颁发有正式的载明殖民地义务和权利的特许状。因此，各殖民地权力的来源实际上只有一个：英王。这是一种垂直关系，而各殖民地之间都没有类似的权力关系，因此，各殖民地之间是互不相属的，它们“鸡犬之声相闻，老死不相往来”。正因为如此，当独立运动开始后，各殖民地也是自行其事，纷纷各自宣布脱离英国而独立，并制定了不同的宪法，建立了各自的革命政权。这就为美利坚合众国的建立造成了这样一个逻辑和特点：先有镇而后才有州，先有州而后才有国；而建国之父们在创建美利坚合众国的时候，首要的任务是想方设法把这些原来互不相属的殖民地联合在一起，并在处理相关事宜时不得不优先考虑到州及地方的利益。

它决定了：1774年组成的“联合殖民地”将是美利坚合众国的直接母体。所以，美利坚合众国建立的过程并不简单：第一步是在1774年10月建立“大陆会议”，它可以看成“联合殖民地”的载体和组织形式；第二步是1776年5月10日“大陆会议”决议建议各殖民地建立组织保护“它们的选民的幸福和安全”的新政府，由此各殖民地开始转变为拥有“独立、主权和自由”之邦；第三步是建立“邦联”，它虽然正式宣布了“美利坚合众国”的诞生，但由于各邦保留了“独立、主权和自由”而成为松散联盟；第四步才是建立“联邦”，此时由于中央收回主权而成为集中统一的国家，原来的邦则降为既放弃主权又拥有相当权力的州。即便如此，联邦制的建立，也是大州和小州、中央和地方、南方和北方之间长期谈判、互相妥协的产物。由于分歧很大，结果难料，1787 年的制宪会议不得不秘密举行，甚至连一个正式的会议记录也没有，而且从 5 月一直争论到 9 月，还是不能完全达成一致，最后不得不请当时已 81 岁高龄的富兰克林出来说话。富兰克林在最后的发言中，劝说对宪法持反对意见的人自行保留自己的反对意见，因为人们不能只相信自己的判断而忽视别人判断的正确性。他说："我愈年高，就愈易怀疑我自己的判断。"

从美国崛起的角度看，1776 年美国革命的历史作用有四：第一，它宣告了一个新的民族的诞生，而这个新的民族是带着 1776 年精神，即"人人生而平等"原则进入世界民族之林的，它把"生存、自由和追求幸福"视为自己永恒的目标和权利。第二，它通过建立"联合殖民地"(1774)、邦联(1781)和联邦(1789)逐步建立和完善了这个新兴国家的结构和体系，不仅实行立法、行政、司法三权分立和互相制衡的原则，而且允许地方分权。它宣布："凡宪法未授予合众国，也未禁止各州行使的权力，均由各州和人民保留之。"这为日后美国人民创造性活动的展开保留了无限广阔的空间，此类决定和安排前所未有。第三，构建了这个新兴国家的结构和体系的联邦宪法，不仅正确地处理了国家与民众、中央与地方及各级政权内部立法、司法与行政之间的关系，而且从一开始就考虑到这个体制的不完善和未来所面临的新挑战问题，特地为自己安排了"修正"机制，从而赋予该体制以生机和活力，这一决定和条款体现了"建国之父"们的前瞻性。第四，华盛顿总统通过任命主张"工业立国"的汉密尔顿和主张"以农立国"的杰斐逊作为他执政的左膀右臂，并使两者的主张和意见并行不悖、相得益彰，从而确立了美国走向现代化的基本路线和目标。所有这一切都表明：建国之时，美国虽然在领土和人口上都还是一个小国，但它作为一个大国崛起的第一步是走得不错的，也是非常坚实的。

第二台阶　扩张与起飞(1789—1865)，以"西进运动"为主要标志

建国之初，由汉密尔顿和杰斐逊所确立的基本路线，已决定了美国

历史发展的方向。从经济发展角度看，建国后的美国有三件大事：

头一件是在新英格兰发生了工业革命。早在1790年，塞缪尔·施莱特就和当地资本家阿米尔·布朗在罗得岛创办了美国第一家近代棉纺织厂。施莱特原是英国一农民的儿子，1783年在一家纺织机器厂当学徒，后来曾主管机器制造，因了解到美国急需高效率的纺织机技术工人，1789年才不顾英国技术人员外流的禁令秘密乘船来到美国，靠记忆在美国复制出阿克莱特式纺纱机。至1812年，他已管理着新英格兰12家企业，此时的新英格兰已建立起类似的大小近代工厂几十家，甚至一度发展到约200家。1814年，由"新英格兰制造业协会"在瓦特罕姆投资创办的工厂，已能把从"纺"到"织"的全部流程集中在一个工厂里，被美国人骄傲地称为"瓦特罕姆制度"。

建国后发生的另一件大事，是在大西洋两岸发生的工业革命的刺激下，棉花正在取代烟草成为美国南部主要的奴隶制种植业，因为南部的气候和土壤非常适合棉花的生长。而为这一转变推波助澜的是1793年由伊莱·惠特尼发明的轧棉机。这种机器虽然很简单，但由于它能比较容易地使当时南方主要种植的"高地棉"脱籽，轧棉的效率一下子提高了50倍。而在此之前，用人工一天一人只能脱棉一磅，因而这种棉花种植在当时毫无商业价值。由此，佐治亚、卡罗来纳一带的粮农，纷纷改种"高地棉"，并把它由沿海向高地，甚至向墨西哥湾平原推进，到19世纪30年代，已建立起一个以墨西哥湾平原为中心、面积约达35万平方英里的"棉花王国"。

建国后在美国发生的第三件大事，就是成千上万移民越过阿巴拉契亚山脉向西部的迁徙，在美国历史上称为"西进运动"。这是一个集群众性移民、领土扩张和大规模经济开发于一体的运动。当时报刊上经常看到的一个响亮的口号就是："小伙子们，到西部去啊！"据统计，从1790年开始的60年内，平均每年越过阿巴拉契亚山脉的人口在10万以上。由于对土地的需求猛增，除了1803年从法国手中购得路易斯安那之外，美国人把夺取直抵太平洋的整个西部土地视为"显然的天命"，并在19世纪50年代就得以实现，其中包括墨西哥近一半的领土(见表2)。

表 2　美国大陆扩张过程　（单位：平方英里）

原 13 州（1783 年以前）		40 万
阿巴拉契亚山和密西西比河之间地区（巴黎和谈时英国转让，1783 年）		43 万
路易斯安那购买	（1803 年）	87.5 万
佛罗里达购买	（1819 年）	6.5 万
德克萨斯兼并	（1845 年）	39 万
俄勒冈	（1846 年）	29 万
墨西哥割让	（1848 年）	52 万
加兹登购买	（1853 年）	3.6 万
总　计		约 300 万

“西进运动”本是一个自发的群众性运动，但由于联邦政府提出了一套有效的“公共土地”政策，使群众性移民所拥有的劳动力得以和西部丰富的自然资源相结合，从而成就了 19 世纪西部大规模的经济开发。这套政策始于 1780 年 10 月 10 日大陆会议关于“公共土地”的决议，形成于 1784、1785 和 1787 年三个土地条例，而 1784 年土地条例就是由杰斐逊主持起草的。其基本精神是：西部新获得的土地，不管它们是由原有各州转让的，还是以其他方式从别国和印第安人手中获得的，其日后的处理都必须考虑到美国的“公共利益”，即先纳入美国的“公共土地”储备，然后再向移民开放，供移民购买、使用，或留作他用。这是一种“先国有化，后私有化”的资本主义政策，令移民在建立家庭农场时得以免除绝对地租的负担，使成千上万的独立的自由农民在西部迅速形成，又能把省下来的钱作为资本投资于土地经营，所以，西部的拓殖进展神速。据统计，在 1790 年以后的最新几十年内，越过阿巴拉契亚山脉西迁的移民，平均每年在 10 万人以上；而 1860 年以后的 40 年内，西部的新垦地就达 2.52 亿英亩，相当于过去 270 年垦殖的土地面积。这种垦殖的最大成果，是在西部形成了三大农业专业区：一是以中西部为中心的“小麦王国”，二是以墨西哥湾为中心的“棉花王国”，三是以西部草原为中心的“畜牧王国”，并由此奠定了美国农业帝国的基础。这是美国作为一个大国崛起的重要前提和进展。

但“西进”不仅造就了一个“垦殖的西部”，也为美国的现代化准备了条件。可以从四个方面得到证明：首先，西部生产的小麦、棉花和牛肉，为东北部的工业革命以及由此出现的都市化，提供了充足的粮食、原料和食品，其中棉花尤其是东北部纺织工业不可或缺的原料。其次，西部的垦殖需要大量的农机具、交通运输工具，这就吸引着许多东部的资本家、企业家到西部投资办厂，甚至直接把一些重要工厂从东部迁往西部就地生产，从而导致了美国制造业的西移。再次，制造业的西移，特别是1815—1850年运河的开凿和1850年以后铁路网的向西延伸，对钢铁的大量需求，推动了以芝加哥为中心的五大湖重工业区的兴起和发展，但这里不仅生产钢铁，也生产机器和汽车。由此，一方面把美国的制造业带从新英格兰延伸到中西部，另一方面实现了美国工业的换代升级；由以轻工业为主转变为以重工业为主。最后，制造业的西移，特别是中西部重工业的发展，以及以铁路为标志的交通革命，使西部的拓荒农业日益深入地卷入国内工业化和商品化的浪潮，也促使其在19世纪后期和20世纪初期实现了西部农业的半机械化和机械化。换言之，“西进运动”不仅为美国作为一个大国崛起准备了重要前提和条件，也为它的工业化即作为一个大国崛起的重要标志提供了直接动力。

1861年爆发的南北战争，有着深刻的社会、经济和思想根源，因为它是黑人奴隶制和自由劳动制之间矛盾不可调和的产物。但从一开始就注定了北部的胜利和南部的失败，因为东北部工业革命的成功极大地增强了北方资产阶级的力量，而西部自1840年以后由于东西部之间交通运输联系的改善，在很大程度上由作为南部的同盟者转变为北部的同盟者。从这个角度上可以说，内战的原因和结果，都与三大区域关系的演变有关。

第三台阶　重建与发达(1865—1930)，以“福特生产方式”为主要标志

1865年内战结束以后，美国有一个“重建”时期。过去，一般只把“重建”看做是内战的一个阶段，也不注意它对以后美国发展的影响。其实，“重建”不仅是对被战争破坏了的南部的重建，也是对被南部奴隶

主破坏了的联邦的重建，并引进一系列深具影响的政策和措施，对 19 世纪最后 30 年美国经济的飞速发展，乃至整个国家的工业化运动都起了巨大作用。

内战与重建时期，由于南部奴隶主退出国会，共和党人执掌大权，实行了一系列有利于资本主义工商业发展的政策和决定：(1)决定对宣布脱离联邦的南方实行军管，各州按国会的重建方案，重新选举并达到一定标准后方可重新加入联邦，这就重建了联邦。(2)从 1863 年 1 月 1 日起实行《宅地法》，让自由移民得以免费获得期盼已久的建立一个家园的宅地，成千上万移民涌入大平原、落基山区及太平洋沿岸，西部开发进入新阶段。(3)将平均关税率从内战初的 18.8%调整到 47%，并在 1866—1868 年间 3 次豁免了工业产品的国产税，促进了制造业的发展，也加速了国内市场的整合。(4)大量运用“公共土地授予”，特别是给铁路公司的土地授予，刺激了美国铁路的飞速发展，并在 1890 年以 4 英尺 8.5 英寸为标准统一全国铁路轨距，加快了铁路网的形成。(5)1865 年年底，宪法第 13 条修正案获得批准，奴隶制的存在在合众国管辖范围内的任何地方均成为非法，种族奴隶制被正式废除。(6)1862 年，制定了《摩利尔赠与高等院校土地法》，推动了高等院校和实业技术教育的空前发展，为 19 世纪末和 20 世纪初的工业化提供了重要的知识和技术支撑。(7)此外，在内战期间，国家还发行了 26 亿美元国家公债和 4.5 亿美元“绿背”纸币，国家先是把利息率提高到 5—7.3 厘，后又规定：停止用硬币支付。这些都有利于工商业资本家，因为他们是公债和纸币的重要持有人。总之，内战后的重建，不仅废除了奴隶制，重建和扩大了统一市场，其间所采取的一系列政策和措施，全方位地影响到国家农业、工业、交通和教育的发展，是内战后美国走向腾飞的巨大推力。

这个时期美国经济的腾飞或发达，首先表现为生产力的迅速变革。除了钢铁、汽车和各种电动技术的发展外，托马斯·A. 爱迪生的发明活动贯穿于这一时期的始终，一生发明达 2000 多项，仅获得专利的就有 1097 项，几乎涉及和影响了人类生产和生活的所有领域；其次是经济结构的改变：1859 年农业产值还占工农业总产值的 63.8%，到 1889 年工业产值已占工农业总产值的 77.5%，其中食品、纺织、钢铁和木材等工业，作为美国四大近代工业，占全国工业产值的 54%。一般认为，到 20 世纪 20 年代，美国已全面实现了工业化或现代化；与此相联系，都市化也在美国取得重大进展，1920 年时，全国人口的都市化比例已超过 50%，其中新英格兰的都市化比例已高达 73.3%，一些比较落后的地区，如南部种植园区，都市化的速度也在加快；在工业化和都市化过程中，生产组织的形式也发生了根本性变化。1870 年之前，生产主要是由个体来组织和进行的；1870 年以后，越来越多的生产已由以股份公司为代表的大企业来操控了。大企业，最初以“托拉斯”为主要组织形式，1890 年《谢尔曼反托拉斯法》通过后，迫使企业家改变联合方式，许多企业采取了所谓“控股”的形式，其目的是通过占有或控制其他公司的股票，而达到支配别的公司的目的，从而形成连锁关系或母子公司。这一时期，在美国经济中独领风骚的大事，是 1903 年由亨利·福特在底特律创办的福特汽车公司，它不仅以销售 1500 万辆 T 型汽车而闻名，更重要的是它在 1913 年建立了世界上第一条固定的汽车生产流水线，第二年又在此基础上建立了一条流动装配线，从而做到了融标准化、流水线和大规模生产于一体。这是美国经济发展模式的第一次大转换，一种合股的集体的大规模生产组织形式，取代了以往以个体为主的小生产和经营形式。这种大规模的生产方式，在历史上被称为“福特生产方式”或“福特主义”。美国汽车业起步虽然晚于德国，但由于有了“福特生产方式”而使之后来居上；这时候，由于生产和经营的规模越来越大，银行和金融在其中的地位和作用不断增加，以致逐渐支配了整个生产和经营，进而形成以银行为中心的 8 大财团，1882 年成立的美孚石油公司是它们的典型代表；这个时期美国经济发达的最后一个表现，是“科学管理”的兴起，它的创始人是时任来德尔钢铁厂总工程师的弗里德利克·W. 泰勒(F. Taylor, 1856—1915)。此人以对工人劳动进行“动作——时间”研究为基础来确定双份工资制，并在劳动管理方面提出“任务管理”的概念，其管理理论很快在各地传播，并转变成强大的生产力。据统计，美国工业产值在世界工业总产值中的比重，已由 1860 年的第 4 位上升到 1894 年的第 1 位，到第一次世界大战爆发前，美国已取代英国稳居世界头号经济强国的地位。

从美国作为大国崛起的角度看，此间有一件大事不能不提，这就是于 1898 年发动的美西战争。因为这场战争首次以强硬的方式既公开向世界宣告了美国正在作为一个大国崛起的事实，也为美国的进一步崛起创造了重要条件。为这场战争提供理论依据的是艾尔弗雷德·塞耶·马汉(1840—1914)的"海权论"。这种理论认为,为了在国际竞争中取胜就必须控制水域,而水域的控制"主要依赖于占有那些具有决定意义的地点",而一旦"获得海权或控制了海上要冲的国家,就掌握了历史的主动权"。当时西班牙的殖民地古巴和菲律宾,一个扼加勒比海的要冲,而另一个则是通往中国和东亚大陆的跳板,正是马汉所说的"具有决定意义的地点"。这场战争如愿以偿,结果美国不仅占领了这两个战略要地,而且还在战后陆续占有了关岛、萨摩亚等一系列岛屿,初步建立起一个海外殖民体系(见表3)。值得注意的是,这对于美国经济的成长而言,也同样是一个重要的战略举措,因为正如马汉所说:其中包含着"更大的商业好处"。

表3 美国海外领地 (单位:平方英里)

地　名		面　积
波多黎各	(1898年)	41404
美属维尔京群岛	(1917年)	342
关岛	(1898年)	541
美属萨摩亚	(1899年)	119
坎吞岛和恩德伯里岛	(1939—1989年)	70
中途岛	(1867年)	5
威克岛	(1900年)	8
约翰·斯顿岛和桑德岛	(1858年)	1.3
北马里亚纳群岛	(1947年)	477
太平洋岛屿托管地	(1947年)	1380

这一时期有一个重要人物不能不提,这就是西奥多·罗斯福(1858—1919),即老罗斯福。从美国作为一个大国崛起的角度看,他在总统任内的思想和活动有三点特别值得注意:其一,他通过把政府的监督范围扩大到劳资关系及食品、医药领域,制定《赫伯恩法》以调节收费标准并直接打击垄断的铁路公司,适时地扩大了政府对经济和生活的调控权,并为此提出了"充分的控制权"的概念;其二,他在"制服托拉斯"口号下打击垄断的时候,并未忽视大企业在美国经济崛起过程中的

关键作用，为此将托拉斯划分为“好托拉斯”和“坏托拉斯”两类，并进而提出了“合理垄断”的概念，从而维护了大企业的健康发展；其三，他提出自然资源不能再生，并非用之不竭，对自然资源要进行“有计划有秩序地开发”的思想，并第一个在美国成立了“全国资源保护委员会”以协助政府做好这方面的工作，这就把政府的调控由经济领域扩大到自然领域。老罗斯福因此有力地推动了美国的崛起，被誉为“现代美国之父”。

第四台阶　危机与调整（1930—1945），以 F. 罗斯福“新政”为主要标志

这一阶段，美国历史的主要内容，是争夺世界的霸权。但这种努力并非一蹴而就，而是经历了一个由第一次世界大战后的失败到第二次世界大战中的成功这样一个转变过程，其转折点是富兰克林·罗斯福实行的“新政”。“新政”不仅挽救了 20 世纪 30 年代的“大危机”，也为美国的最终崛起乃至问鼎世界霸权准备了经济和政治条件。

美国改变“孤立主义”，决定参与第一次世界大战，这件事并不令人奇怪，因为美西战争实际上已是美国外交转变的开始，紧接着于 1899 年提出的有关中国的“门户开放”政策和 1904 年罗斯福对门罗主义所作的“推论”，均加强了这种转变。必须注意的是，伍德罗·威尔逊在 1918 年年初提出的有关处理战后和平问题的“十四点原则”，因为它包含了三个重要条款：一是取消秘密条约，这是要阻止欧洲强国背着美国瓜分世界；二是强调民族自决，这是要瓦解欧洲列强的旧殖民体系；三是建议建立“国联”，这是企图操控第一次世界大战后的国际安全体系。这明明是一个争霸计划，但这时的美国虽然已是经济、军事强国，却弱于国际政治和外交，结果威尔逊虽“赢得战争”，却“失去和平”。

但美国仍然从参战中获益，20 世纪 20 年代出现了空前的繁荣局面：国民生产总值由 1919 年的 742 亿美元，增长到 1929 年的 1031 亿美元；国民收入总值从 1921 年的 594 亿美元，增长到 1929 年的 872 亿美元；人均收入也从 1900 年时的 480 美元，增长到 1929 年的 681 美元；资本输出从 1919 年的 30 亿美元，猛增到 1929 年的 172 亿美元。30 年代的繁荣并非虚妄，汽车、电机和建筑为繁荣提供了主要支撑，仅

汽车业就为工业总产值提供了8%的份额。但20年代的繁荣也有虚假成分，农业长期萧条、分期付款赊销和过分的股票投机，均隐含着难以预料的因素，而这时的美国领导人赫伯特·胡佛，对经济形势的看法却过于乐观，竟宣称："我国今天比任何国家历史上的任何时代，都更接近于消灭贫困的最终胜利。"他没有采取任何有效措施，来化解1929年10月23日开始出现的"大危机"。

但这次"大危机"的爆发也有国外的因素。因为第一次世界大战对战败国德国的惩罚太过：把煤炭基地鲁尔割让给法国，还需支付战争赔款320亿美元。结果，美国不得不向德国大量贷款，德国则用以支付协约国的赔款，但协约国在拿到赔款后还需支付美国的战争借款，这样就造成了美国金融、德国赔款和欧洲重建三者之间的"微妙循环"。1924年，德国发生货币贬值，40亿马克只能兑换1美元，这迫使德国停止向协约国支付战争赔款，进而迫使协约国停止向美国支付战争贷款，当美国人意识到不能收回给协约国的几十亿美元贷款时，便丧失了对美国经济本身的信心，从而引发了1929年10月23日开始的华尔街股市崩溃。

1929年10月23日开始的大危机，由金融业迅速波及工业、农业，一直持续到20世纪30年代末。在危机爆发后的1929年10月29日，一天之内共抛售股票达1640万股。3年内，纽约股市价值下降了450亿美元。30年代头3年，银行倒闭达5100家，储户损失亦达几十亿美元。据统计，从1929—1932年，农产品价格下降了56%，农场主平均收入从962美元降至288美元，产业工人的周工资从25美元降至17美元。总之，美国由20年代的空前繁荣演变为30年代的"空前危机"。美国及世界各大媒体都不得不用两个字来形容当时的形势："恐惧"。而1929年年底，身为美国总统的胡佛仍坚持说："美国实业从未像今日这样牢固"。他认为"繁荣实无问题"。

但富兰克林·罗斯福却把危机变成了机遇：改革的机遇。他的办法就是实行"新政"(New Deal)。这是他在1932年7月2日接受总统提名时，向美国人民立下的誓言："我要向你们保证，我对自己立下誓言，要为美国人民实行'新政'"。什么是"新政"？国内外有关研究"新政"的著述连篇累牍、车载斗量，认为所谓"新政"就是实行国家干预和社会改革。其实，国家干预和社会改革并不是"新政"的新东西，而是美国及各国早就实行的政策，只不过罗斯福的“干预”和“改革”空前加强罢了。“新政”时期真正的关键词是“调整”(adjustment)，这是对几百年自由资本主义发展的经验和教训总结后提出来的。“干预”也好，“改革”也好，均是为了落实“调整”。“调整”什么呢？“调整”涉及四个方面的关系：一是企业内部的劳资关系，主要是更加明确劳方的权利和资方的义务，如《全国劳工关系法》(1935 年 7 月)规定：工人有“集体谈判”的权利；二是企业与企业之间的关系，创造“公平竞争”的经济环境。如《全国工业复兴法》(1933 年)反对在生产和贸易中实行垄断；三是国家与企业之间的关系，改变长期以来对企业的发展过于“自由放任”的政策。主要是加大了国家对企业经营的干预，如《全国工业复兴法》授予总统管理全国经济的权力；四是社会各阶层财富分配不公。1935 年通过的《税收法》对年收入超过 5 万美元的人征收附加税。有人认为，这类改革已是美国经济的“革命”，那是夸大了。所谓“调整”就是运用国家力量，修正上述各方面的关系并使之趋于正常化，其实质乃是一种改良。尽管这种调整和改良从“进步主义时代”就已开始，但有一点必须指明，就是“新政”不仅加强了国家对经济的干预，国家从此还通过政府拨款和创办企业等活动，成为名副其实的经济“发动机”。从此，美国经济发展的主体和直接动力：除了个人、集体之外，还增加了一个新的角色，这就是“国家”，这是美国经济发展模式的第二次大转换。国家现在既是整个经济的“发动机”，也是许多重要企业的创立者，我们不能一提到“新政”就只想到“政府干预”，而忽视此间发生的经济发展模式的大转换。罗斯福的“新政”之所以能获得成功，得益于以下几个因素：一是靠了罗斯福个人的领导魅力，他关于“我们需要恐惧的是恐惧本身”的宣示正是其领导魅力的表现；二是靠了以雷蒙德·莫利为首的“智囊团”的帮助，这些“智囊”都是有关方面的专家；三是靠了他采取的新的“亲民”的领导风格和方式，如直接诉诸国民和舆论的“炉边谈话”方式；四是靠了他大胆的改革，对经济做强有力的政府“干预”是违反传统的自由放任政策的。

富兰克林·罗斯福“新政”的历史意义，不仅在于它克服了资本主义有史以来的一场最大的危机，其成功还为美国在第二次世界大战中成为“民主国家的兵工厂”准备了物质基础，并为美国最终登上世界霸主的宝座创造了条件。那么，美国又是怎样一步一步爬上世界霸主的宝座的呢？第一，在第二次世界大战中，美国通过修改“中立政策”，变“不干预”为“参战”，回到国际事务中来，并成为影响国际形势的积极力量，这意味着“孤立主义”外交的结束。第二，由于“中立”政策的结束，美国修改对外贸易政策，积极向民主国家提供军事贷款和军事物资。这一方面使美国成为“民主国家的兵工厂”，另一方面使美国成为第二次世界大战后世界最大的“债权国”。至1948年，美国工业已占世界总产量的53.4%，世界出口总值的32.4%，世界黄金储备的74.5%。第三，1944年，在美国新罕布什尔州布雷顿森林召开世界金融会议，决定以下列三原则成立世界银行及国际货币基金组织：(1)35美元等于一盎司黄金；(2)各会员国货币与美元的汇率固定；(3)美元可代替黄金作储备，从而建立起以美元为中心的国际金融体系，即布雷顿森林体系。第四，由于参战，美国在第二次世界大战中，极大地扩大了它的战争机器，到第二次世界大战结束时军队已有1200万人，军事工业尤其获得巨大发展。据统计，1941年7月—1945年7月，美国用于军火生产的开支达1860亿美元，4年中生产坦克86338辆，飞机297000架，登陆艇64500艘，军舰、运输舰几千艘。第五，通过建立反法西斯联盟，在第二次世界大战后成功建立了威尔逊未能建立的国际安全机构——联合国，并通过“五大国一致”原则及由此形成的“大国否决权”确保了美国在联合国的主导地位。因为这时的美国是世界上最强大的国家，同时在50个国家和地区驻军，从而形成了美国“国家利益的全球化”，又以对各国拥有506亿美元的债权作为其称霸的经济手段。

总之，第二次世界大战结束时的美国，已登上世界霸主的宝座，其权力在世界历史上超过了昔日的英国。这是美国作为一个大国已经崛起的标志。

第五台阶 称霸与冷战(1945—1990)，以“高科技”为主要标志

但第二次世界大战不仅是美国作为一个大国已经崛起的标志，也是美国历史的新的转折点，因为美国的参战不仅为这个国家夺取世界霸权提供了机遇，也为其社会经济的新转型准备了条件。

第二次世界大战后主导美国历史走向的主要问题是“冷战”。美国

人认为“冷战”是为了对付所谓“来自共产主义的威胁”，实际上是起源于美国和西方对共产主义的仇视，因为第二次世界大战后的苏联虽然在东欧增加了一批新的盟国，但整个苏东地区百废待举、力量很弱，根本谈不上什么真正的威胁，在对外关系中尚处于“守势”。

与此相反，早在 1941 年，亨利·卢斯就提出了 20 世纪是“美国世纪”的概念，到 1945 年 4 月，杜鲁门声称美国已取得了“世界领导地位”。1946 年 2 月，乔治·凯南发自驻苏使馆的反苏的 8000 字电文，以及丘吉尔于是年 3 月在美国富尔顿发表的“铁幕”演说，实际上是内外呼应的冷战宣言。于是便有了 1946 年 9 月美国总统助理克拉克·克利福德秘密报告中“遏制”苏联的建议，以及 1947 年 3 月正式宣布对抗所谓“共产主义恐怖威胁”的“杜鲁门主义”的出台，再接着便是在 1948 年 8 月建立以美国为首的“北大西洋公约组织”，而与之对应的《华沙条约》，则晚至 1955 年 5 月才正式签订。美国对所谓“共产主义威胁”反应过敏，充分表现在 1947 年 3 月杜鲁门发布的所谓“忠诚法令”并据此成立的“非美活动调查委员会”这件事情上，以致引发了来自美国内部的真正的恐怖威胁，即制造了许多“恐怖事件”的“麦卡锡主义”。

“冷战”并不排斥热战。1950 年 6 月 25 日，美国发动的侵朝战争以及后来干涉越南的战争，都是明证。虽然新的世界大战并未打起来，但这种和平在很大程度上是建立在“核威胁”平衡的基础之上的，被称之为“恐怖平衡”。因为美苏两大军事集团，首先是以美国为首的北约集团，为了“冷战”，即争夺世界霸权的需要，都不得不大力发展高科技，以争取军事优势。在这方面，美国最先意识到这一点。早在 1945 年 9 月 6 日，在日本正式投降后的第 4 天，杜鲁门总统在向国会提出的“21 点战后复兴计划”中就明确提出：“没有一个国家可以在当今世界上维持领袖地位，除非它充分开发了它的科学技术资源。”这是第一次把发展高科技放在争霸世界这样的战略地位来考虑，并把它作为争夺世界霸权的关键性因素。此后，这一战略思考在美国从未放弃。1960 年 7 月 15 日，肯尼迪在发表接受总统候选人提名的演说中说：“今天的‘新边疆’是未知的科学和空间领域，未解决的战争和和平问题，尚未征服的无知和偏见的孤立地带，尚未有答案的贫困与过剩课题。”1979 年，美国参议员马尔科姆·瓦罗普提出著名的“天基防御”概念，不久就诞生了比肯尼迪的“阿波罗”计划更庞大的“星球大战”计划。批准这一计划的里根总统的一位顾问在其著作中说：“空间不仅是国家安全的关键，而且是经济增长和能源供应的关键。”所有这些言论、理论和计划，都诠释了霸权、高科技和经济发展之间的密切联系，是第二次世界大战后美国的基本国策。换言之，第二次世界大战后美国社会、经济和政治的全部发展，都可以从中找到基本线索。

由于发展高科技被置于争霸世界的战略地位，联邦政府采取了一系列措施来落实科技开发计划：1946年8月1日设立了原子能委员会，同年10月成立了新的总统科学研究委员会。1947年9月15日，根据新通过的《国家安全法》，成立国防部、国家安全委员会、国家安全资源局、研究开发局等。1950年10月，又成立了国家科学基金会。这样，在第二次世界大战后不到10年，便建立起一个庞大的政府科技体系。在1957年苏联两次成功发射人造卫星后，艾森豪威尔总统下令设立联邦科学技术委员会以及国家航空和宇航局，并在1958年颁布《国防教育法》，决定对美国的教育实行重大改革。尼克松总统上台后，一个总统特别小组在一份报告中，又特别强调了科学技术与国家目标的关系、基础研究与应用研究的关系、联邦机构与私营机构的关系以及社会科学与自然科学的关系。一个总体趋势是：在联邦政府的有力领导和整合下，不仅建立了一个包括政府和民间在内的庞大科技体系，而且明显地加大了对科技领域的投入，大学日益成为美国科技发展的主要力量。

第二次世界大战后美国的社会经济，以高科技的发展为动力，发生了多重的变化或变动：(1)是以第二次世界大战期间的两大科技突破，即原子能的利用和电子计算机的发明为起点，迅速向各个重要科学技术领域扩散，形成包括生物、化学、能源、材料和航天在内的几大群落，而尤以信息技术的发展最为突出；(2)由于技术科学化，这次高科技革命较好地解决了“科学——技术——生产”过程中的中间环节问题，科学、技术、生产一体化趋势非常明显，由此催生了一系列高科技产业，如“信息产业”、“基因工程”；(3)随着一大批高科技产业的兴起，在传统的农业和现代工业之外，形成了以高科技为主要动力的第三产业，并日益成为国民经济的主要产业，引起了产业结构的变化。据研究，在近期生产率增长中，大约2/3应归功于IT(信息技术)。同时，它也带动了整个服务业的扩大,"信息产业"或"知识经济成为新经济中的代表";(4)与此同时,高科技也逐步由新兴产业向传统的工业、甚至农业转移、扩散,使传统的工农业在生产、销售、管理和服务等各个方面获得改造,有越来越多的企业增加了"R&D"(即研究与开发)投资,从而增加了传统产业的含金量,使传统产业不断换代升级;(5)以高科技研究和产业为中心,一批拥有一定新兴知识和技术,特别是新兴信息技术的人员成长起来,在传统的工业资产阶级和无产阶级队伍之外,形成一个新的以知识为基础的中产阶级,成为信息时代的新贵,比尔·盖茨就是其中的代表。总之,由于高科技的研究和发展,已经或正在改变着美国传统工业社会的动力、结构和面貌、特征,越来越多地显现出某些被称为"后工业社会"的特征,"非物质化"倾向就是其中之一,尽管这种变化才刚刚开始,但其深刻性已令人震惊。毫无疑问,这已构成了美国经济发展模式的第三次大转换。在第二次世界大战后上述社会经济的变革中,"信息技术"的发展尤为引人注目。自 1946 年 2 月世界上第一台通用电子数字积分计算器 ENIAC 在美国宣告研制成功以来,而今电子计算机已发展到第 5 代,并进入了人工智能和网络化时代,1993 年以后,"信息高速公路"也在全国建立起来,"信息技术"在生产、管理、军事、教育等人类生活的几乎所有领域中被广泛采用,正在广泛而深刻地改变人类文明的面貌,包括人们的行为、思想和观念以及人类生产和生活的方式。

美国作为一个大国的崛起,是世界历史上的一个奇迹,亦是一个"后来居上"的典型。据国际经济史权威安格斯·麦迪森研究,1950—1973 年是美国经济的"黄金时期",此间,美国的劳动生产率每年上升 2.8%。(1973—1995 年为 1.4%;1995—1998 年则为 2.5%)1973 年,美国的 GNP 约为 1790 年时的 1100 倍。在美国经济增长最好时期的 1970 年,其 GDP 是苏联或日本的 2—3 倍,法国或英国的 5—6 倍,印度的 15—20 倍。当时,美国的人口仅占世界人口的 5%,但其生产量约占全世界的 25%,美国人均生产量约为全世界平均生产量的 5 倍,苏联的 3 倍,印度的 40 倍。20 世纪 80 年代,美国经历了一个经济发展的低谷阶段,但在克林顿掌权时期,不仅将财政赤字变成了财政盈余,而且出现了连续 100 多个月的持续增长情况。尽管它的社会经济遇到了越来越多的挑战,但其国民生产总值仍遥遥领先于其他大国(见

表4），而今，美国已是世界上唯一的超级大国。

表4　1998年几个主要国家GNP比较

国　家	GNP（以10亿美元为单位）			人均GNP		
	总值	世界排名	年均增长率（%）	美元	世界排名	年均增长率（%）
巴西	709.6	8	8.2	4400	31	6.1
中国	906.1	7	10.0	750	81	8.9
加拿大	569.9	9	1.7	19020	18	0.5
法国	1533.6	4	1.4	26270	10	1.0
德国	2364.6	3	1.3	28870	6	0.9
印度	257.8	14	6.9	1080	74	5.8
日本	5149.2	2	3.9	40940	2	3.6
意大利	1740.5	6	1.0	19980	16	0.7
俄罗斯	356.0	15	－5.3	2140	50	－5.0
英国	1152.1	5	2.6	19600	17	2.3
美国	7433.5	1	2.3	19020	8	1.4

为了醒目起见，我们可以把美国作为一个大国崛起的过程图示如下：

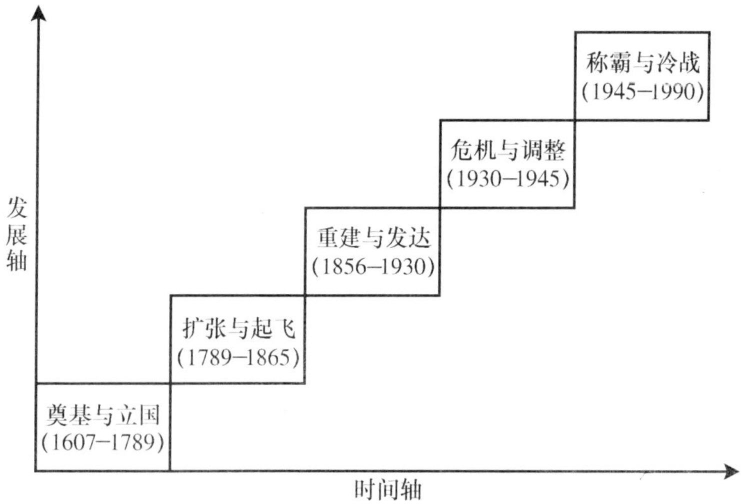

从上面的描述与分析可以看出，美国作为一个大国崛起的经验，有以下几点值得我们注意：第一，美国的崛起极为迅速，实际过程只用了150 年；第二，美国的崛起是以“制度创新”起步的，且这一传统贯穿其崛起的全过程；第三，通过引入“福特生产方式”和富兰克林·罗斯福“新政”，美国在崛起过程中实现了经济发展模式的两次大转换；第四，美国在作为一个大国崛起后并没有停滞不前，又通过高科技革命催生了更新的经济发展模式；第五，美国的崛起呈逐步上升的“阶梯型”，而与其他两种崛起类型即“斜坡型”和“波浪型”迥然不同：“斜坡型”，以英、法的崛起为代表，其崛起过程执著而缓慢；“波浪型”，以德、日、俄的崛起为代表，其崛起过程起伏跌宕且包含断裂；只有“阶梯型”崛起迅速而强劲，又尚未发生大起大落的情况，但目前只有美国属于此类国家。总之，一个不可否认的事实是，这个国家体制的内部始终充满了生机和活力，外人绝不可等闲视之。

这就引出了一个问题：在美国作为一个大国崛起的过程中，除了上述不同时期的一些特殊历史条件和动因外，是否还有一些长期起作用的和更为基本的动因呢？回答应该是肯定的。我以为，这些基本动因就是：

（1）“得天独厚”的自然条件。美国领土面积 939 万平方公里，它占有北美大陆最富庶的心脏地带，其土地属于最肥沃和最高产的土地之列，其可耕地占总面积的 40%。它蕴藏有丰富的金属矿和能源矿源，其中许多种产量居世界前列：锡占世界总储藏量的 2/5，铅约占世界总储藏量的 1/5，铜、银、锌各占世界总储藏量 1/6，金占世界总储藏量1/10。烟煤、无烟煤占世界总储藏量 1/5，褐煤占世界总储藏量 1/8，还有数量可观的石油、天然气。所以，《美国大百科全书》说：“美国的繁荣大半归功于其丰富的自然资源。”

（2）比较完善的国家体系。自 1776 年宣布脱离英国独立以后，经过邦联阶段而建立的联邦制度，以“人民同意”和“法令约束”为基本原则，在允许地方分权的情况下又赋予联邦“适当的政府权力”，得以有效地发挥中央和地方两级政府的不同功能。但又不必担心处于强势方的中央挤压地方，因为中央的权力在宪法中采取了列举方式，即联邦政府的权力是有限的。与此同时，宪法又设置了严格但可操作的“修正”机制并明文规定：“凡未授予联邦、又未禁止各州行使的权力，均保留给州和人民”，仅这两条就不仅赋予这个国家体制以巨大内在活力，而且为美国人民的创造性发挥留下了很大空间，是美国崛起和发展的制度保障。

(3) 除了内战以外，200多年来美国国内虽然纷争不绝，但基本上没有发生大的革命性社会震荡，其基本原因是美国处于不断的改革之中，而美国的国家体制和框架，在设计时就为这种改革或改良预留了余地，并在1787年合众国宪法中为宪法的修改，即制度的改变做了专门的规定。正因为如此，自联邦政府建立以来，美国宪法已增加了27条修正案，其中至少有4次实质性的改变：一是建国之初的《权利法案》，二是内战后废除奴隶制的法案，三是有关进步主义改革的法案，四是20世纪五六十年代关于总统和副总统职权的若干变更。但美国的改革事业仅靠宪法的机制作保障是不够的，还必须有一个强大的阶级力量来为之全力推动，这个阶级力量就是美国的中产阶级。在美国历次改革运动中都可以听到他的洪亮声音，尽管构成这个阶级的成分在不断发生着变化。

(4) 宪法将使子孙万代“得享自由的幸福”作为立国的目标，因此，始终把发展经济作为政府工作的中心，尤其是州和地方政府工作的中心。因此，各级政府，特别是州政府均把教育置于非常重要的地位，因为劳动力的素质是发展经济的根本保证。一般，州政府开支约40%是用在教育事业上，比其他任何方面的花费都多。在美国，受教育的人数不断增加，5—20岁青少年在校人数由1920年的64%上升到1970年的90%以上；衡量“教育水准”的尺度，即25岁和25岁以上人口完成学业人数的中位年龄，由1940年的8.6岁提高到1970年的12.2岁。大学及其研究院成为美国研究和开发高新技术产业的主要支柱。

(5) 美国是由一个移民和移民后裔组成的国家。在美国发展史上，除1885—1924年这段时间以外，美国政府一般比较重视外来移民的吸纳工作：在1885年之前一般采取自由放任政策，在1924年以后则有配额和人数的限制，但各地的政治难民入境不在限制之列。大量移民的涌入，不仅给美国提供了支持经济发展的资本、知识、技术和劳动力，更重要的是，由于移民来自不同的地区和民族，大量外国移民的到来，造就了美国传统和文化的多元性和开放性，极大地促成美国独特的民族性格的形成。

(6) 美国是一个充满理想主义，也充满现实主义的国家。1776年，开国元勋托马斯·杰斐逊在《独立宣言》中宣布："人人生而平等"是不言而喻的真理，人人据此都拥有"生存、自由和追求幸福之权利"。自那时起，一代又一代的美国人和准备移居美国的人，均把"生存、自由和追求幸福之权利"作为自己的"美国梦"。但"追求"是要靠自己用行动去实现的，"追求"(pursuit)一词本来就包含着以某种行动去实现的意思。由此可见，《独立宣言》本身乃是理想主义与现实主义的统一体，正是这种精神激励着美国人生生不息的奋斗历程，成为美国崛起和发展的不竭动力。"人人生而平等"，在美国历史的转折关头，至少有三次都是美国人核心的战斗口号：除了独立战争之外，另两次就是1861年美国内战以及20世纪60年代的"民权运动"了。高举这一旗帜的分别是杰斐逊、林肯和马丁·路德·金。

最后，必须指出，这些基本因素并不游离于美国崛起运动之外，它们贯穿于整个美国历史发展和崛起的过程，并以不同方式体现在上述各发展和崛起阶段的动力中。从这个意义上说，以上6条只不过是对上述各阶段主要动力及其内涵的综合和升华。其中，如果还需要强调什么的话，那么我认为应该强调的，就是制度和精神。

(央视纪录片《大国崛起》第10、11集历史脚本，经补充修改后收入《强国之鉴——八位央视〈大国崛起〉专家之深度解读》，人民出版社，2007年)

人类正面临从未有过的变化

——论高科技革命的世界历史意义

自 20 世纪开始以来，特别是第二次世界大战以后，人类社会发生了巨大而深刻的变化，但到目前为止这种变化只不过刚刚开始。现在，21 世纪正在向我们走来，处于世纪之交的人们，如何认识人类正在和将要发生的变化，这种变化的本质究竟是什么，它将给人类带来怎样的启迪与教训，这些都是国内外广泛关注的重大课题，社会科学不能不给予回答。

一　马克思的伟大预言

人类文明自诞生以来，不仅走过了几百万年的历程，而且已遍及全部新旧大陆，历史久远而形态万千。不过，从生产力发展的角度观之，迄今为止人类获取财富的源泉，主要还是依靠人们的“直接形式”的劳动，即人的活劳动或体力劳动。因为迄今为止已经出现的生产力，不外乎这样三大形态：(1)原始生产力，即自然形态的生产力；(2)农业生产力，即半人工半自然形态的生产力；(3)工业生产力，即完全人工形态的生产力①。与此相联系，我们可以以此为标准，将人类社会的演进划分为三大时代：采集渔猎时代，农业文明时代，工业文明时代。换言之，在人类社会经济的发展中，迄今为止只发生过两次大的生产力的革命：一次是新石器革命，另一次便是工业革命。虽然与同一性质和水平的生产力相适应的可能有几种不同的生产关系，在大致相同的经济基础上也可能构筑完全不同的上层建筑和文化形态，但透过所有这些生产关

---

① 罗荣渠：《一元多线历史发展观与东亚现代进程》，《现代化新论续篇》，北京大学出版社 1997 年版，第 54—55 页。

系和以这些关系为核心构建起来的社会经济形态的帷幕，人们不难发现它们的一个共同点就是，人们的生存须臾离不开人类自身的“直接劳动”，人类财富的主要源泉也来自他们的“直接劳动”。即使在资本主义制度下，虽然采用了大机器生产，但雇佣劳动仍是整个经济运行的基础，资本一方面要求尽量否定工人的必要劳动，另一方面利益的驱使又要尽量延长工作日，以便增加工人的剩余劳动。总之，在此以前的所有时代，正如本杰明·富兰克林所说：“致富之路就像通往市场的道路一样平坦，主要靠两个词：勤劳、节俭。”[①]

然而，自 16 世纪以后，随着资本主义生产方式的产生，以及工业革命的展开和大机器的采用，人类获得财富的方式也开始悄悄发生变化。这是因为，资本主义生产是剩余价值的生产，而剩余价值总是超过等价物的价值：“在资本方面表现为剩余价值的东西，成为在工人方面表现为超过他作为工人的需要，即超过他维持生命力的直接需要而形成的剩余劳动。”[②]但剩余价值的生产实际上有两种方法：绝对剩余价值生产和相对剩余价值生产，前者是指在必要劳动时间不变的情况下，绝对延长剩余劳动时间而增加的剩余价值生产。但工人工作日的延长并不是无限的，因为它要受生理因素和道德因素的制约。因此，资本家一方面要千方百计地迫使工人超出“必要劳动”来做剩余劳动，另一方面又要想方设法尽可能地缩短“工作日的必要劳动部分”，即所谓“最大限度否定必要劳动”，这就使科学技术在工艺上的采用成了必要。因为采用了科学技术，才能达到既最大限度地提高劳动生产率，又最大限度地否定必要劳动的目的，而这个目的的实现正是“资本的必然趋势”。正是在这个意义上，马克思说：“只有到这个时候，资本才获得了充分的发展，或者说，资本才造成了与自己相适应的生产方式。”[③]

那么，从生产力发展的角度看，随着资本主义生产方式的产生和大机器的采用，人类获得财富的方式发生了怎样的变化呢？这种变化就是：在采用大机器生产以前，人类进行财富生产的决定性因素，是人们

---

① 本杰明·富兰克林：《富兰克林文集》，西南财经大学出版社 1997 年版，第 205 页。

② 马克思：《经济学手稿》(1857—1858)，《马克思恩格斯全集》第 46 卷(下)，人民出版社 1980 年版，第 287 页。

③ 《马克思恩格斯全集》第 46 卷(下)，第 211 页。

直接从事劳动的时间，即劳动者直接耗费的劳动量；而在此后，财富的获得就越来越多地取决于科学技术的进步，即科学在生产上的运用。正因为如此，马克思在谈到只有科学在工艺上得到应用的时候，资本才建立了与自己相适应的生产方式之后，深刻地指出："可见，资本的趋势是赋予生产以科学的性质，而直接劳动则被贬低为只是生产过程的一个要素。"[①]既然由于科学技术在生产上的运用，"直接劳动"即体力劳动已被"贬低"到次要的地位，而资本主义生产则被赋予了"科学的性质"，这不等于说科学在这里正在相应地被提升到首要生产力的地位吗？尽管当时它还只是一种趋势。正是基于这一重要发现，早在19世纪中叶，当工业革命刚刚在英国完成、大工业正在欧陆和北美起飞、从全球角度看大机器的采用还远非普遍的时候，马克思就在其著名的《经济学手稿》(1857—1858)中预言：随着新的科学技术的采用和生产力的发展，人类必将迎来这样一个新时代，在这个时代"直接形式的劳动"将"不再是财富的巨大源泉"，劳动时间也将不再是"而且必然"不再是"财富的尺度"。[②] 同时，马克思还预言，一旦这个新时代到来，那么：

> 群众的剩余劳动不再是发展一般财富的条件，同样，少数人的非劳动不再是发展人类头脑的一般能力的条件。于是，以交换价值为基础的生产便会崩溃，直接的物质生产过程本身也就摆脱了贫困和对抗的形式。个性得到自由发展，因此，并不是为了获得剩余劳动而缩减必要劳动时间，而是直接把社会必要劳动缩减到最低限度，那时，与此相适应，由于给所有的人腾出了时间和创造了手段，个人会在艺术、科学等等方面得到发展。[③]

当然，在马克思在世之际，还只有英国完成了工业化，无论是欧陆还是北美都还处于工业化的过程中，至于亚洲、非洲、拉丁美洲的广大

---

① 《马克思恩格斯全集》第46卷(下)，第211页。长期以来，在一些人看来，马克斯·韦伯关于"合理资本主义"的命题，是讲资本主义剥削的"合理性"，因而是为资本主义制度辩护的，但从马克思关于"资本的趋势是赋予生产以科学的性质"的论断来看，韦伯的命题还是有道理和价值的，因为"科学性"无疑包含着"合理性"。这并非全属题外话。

② 马克思：《经济学手稿》(1857—1858)，《马克思恩格斯全集》第46卷(下)，人民出版社1980年版，第218页。

③ 《马克思恩格斯全集》第46卷(下)，第218—219页。

地区，绝大多数国家工业化还没有真正起步；就科学而言，它要转化为直接的生产力，必须经过“科学——技术——生产”这样一个转化过程，即经过一个复杂的中间环节，而当时实现这种转化的条件还极不充分，因而科学技术还“属于一般社会生产力”，即“潜在的或间接的生产力”。[①] 因而离他所预言的那个“直接形式的劳动不再是财富的巨大源泉”的时代，还相去甚远，这是不言而喻的。但是，马克思的预言毕竟揭示了一个真理，即资本主义生产方式的产生确实给人类带来了一种从未有过的机遇，这就是它在把新的剥削和压迫强加于无产者之时，也开辟了人类在某种程度上摆脱“直接劳动”的新时代之路，尽管这种“直接劳动”可能永远是必要的。因为导致工业革命的科学革命及其有关的发明创造，虽然不一定都直接导源于资本对技术的需求，但正如马克思所指出的：

> 资本不创造科学，但是它为了生产过程的需要，利用科学、占有科学。这样一来，科学作为应用于生产的科学同时就和直接劳动相分离，只有资本主义生产方式才第一次使自然科学为直接的生产过程服务，科学获得的使命是：成为生产财富的手段，成为致富的手段。[②]

关于这个问题，甚至连把自己的著作称为“非共产党宣言”的W. W. 罗斯托，也通过自己对“现代经济的起源”的独立和卓越研究，得出了与对手马克思几乎完全一致的结论，这只要读一读其所著《这一切是怎么开始的》，就可明白。在此书中，W. W. 罗斯托阐述了这样一个中心论点，作为“现代经济”产生标志的工业革命，既不是直接导源于商业学派所说的“商业革命”，也不是由于制度学派所谓“所有权”改变的直接结果，在很大程度上是由“科学革命”所决定的。因为只有“科学、发明和企业三方面的持续努力结合在一起”，才“能够把经济提高到新的发展阶段”即“持续发展”阶段，“促使新的报酬递增的事例和许多

---

① 哈贝马斯：《作为意识形态的技术与科学》，参见陈学明：《哈贝马斯的“晚期资本主义”论述评》，重庆出版社 1993 年版，第 214—215 页。

② 《马克思恩格斯全集》第 47 卷，人民出版社 1979 年版，第 570 页。着重点为引者所加。

新的先导部门复合体的出现”。[1] 他的结论是：

> 科学革命，从其全部结果来看，是历史方程式中的一个要素，它把早期现代欧洲同所有过去的经济发展阶段区别开来了。[2]

二 20世纪发生的巨变

马克思的伟大预言虽然在他有生之年无法实现，但20世纪发生的一系列巨变足以证明，他所预言的那个新时代正迈着巨人的步伐向人们走来，尽管这个时代的序幕才刚刚拉开。

20世纪发生的头一件大事，是在19世纪下半叶发生的所谓“第二次工业革命”的推动下，欧陆和北美继英国之后相继实现了工业化，并因此而推出了4个新的世界性大国或准大国：首先是欧陆的德国和俄国，其次是北美的美国和东亚的日本。对于英法等老牌资本主义国家而言，除了俄国而外，这几个新兴大国可以说都是“暴发式”的，而以美国尤甚。德国人深谋远虑，“统一”集中了它的智慧和力量；俄国人集东西方文化之精华，农奴制改革使它获得了难得的发展机会；美国人借天时与地利之便，内战之后有30年的和平建设；日本人以“明治维新”确立了新的发展方向，得以既保留传统又“脱亚入欧”。这一事实证明，工业革命已使资本主义世界的整体力量增强，并在19世纪末和20世纪初就越出了西欧的范围，即使在欧洲的落后部分也发生了令人震惊的变化。令人难以置信的是，工业革命起步较晚的俄国，1890年至1914年工业生产的年增长率，竟超过了包括美国在内的任何强国。所以，杰弗里·巴勒克拉夫把“19世纪90年代”，即所谓“第二次工业革命”开始的年代当做“当代史研究的出发点”[3]，是有道理的。

但这几个大国的崛起，既给世界带来了一线光明，也包含着某种不祥之兆，因为除美国之外，它们内部都保留了相当浓厚的帝国传统，这种传统只有在俄国被后来的“十月革命”所打断，因而经济的起飞只不

---

① W. W. 罗斯托：《这一切是怎么开始的：现代经济的起源》，商务印书馆1997年版，第117页。

② 同上书，第108页。

③ 杰弗里·巴勒克拉夫：《当代史导论》，上海社会科学院出版社1996年版，第43页。

过使那几个国家“如虎添翼”，结果导致了两次世界大战，这是 20 世纪发生的又一件大事。虽说是“世界大战”，其实主要战场两次都在欧洲，并多少带有东西欧对抗的色彩，①只不过德国有日本作为它的帮凶而英法则获得了美国的支持。但这种空前规模的战争并不都是“灾难”，世界由此而引发的变迁是深远而多重的：第一，战争使成打的王冠落地而再也无人去拾取；第二，“抵抗”团结和锻炼了以美国为首的西方民主力量；第三，社会主义得以在资本主义的薄弱环节进行“试验”；第四，旧殖民体系在东西方民主力量的共同打击下迅速瓦解。民族独立、人民解放、经济发展，成为 20 世纪不可抗拒的世界性潮流，这和 19 世纪的情况形成了鲜明的对照。所有这些都表明，人类在经历了空前的灾难和考验之后，在新的政治和经济格局的基础上获得了普遍的进步，各国人民有足够的智慧和能力，来解决本身面临的困难和问题，尽管还会有这样那样的挫折和曲折。

20 世纪发生的第三件大事，应是“第三世界”的兴起和世界格局的改变。所谓“第三世界”，并不是制度性概念，它包括亚非拉社会制度各异的广大地区。早已有人指出，第三世界的兴起乃是西方新兴工业世界向原来广大的农业世界进行扩张的产物，是后者逐步被前者控制并形成依附地位的结果，其历史起源可以追溯到十六七世纪第一个被西欧“边缘化”的东欧。② 18 世纪工业革命发生后，西欧资本主义核心地区的力量空前加强，其势力迅速扩及过去资本主义势力很少涉足的亚非拉广大地区，结果除俄国和美国等少数国家而外都被迫边缘化，成为西方列强的殖民地、半殖民地和附属国。由于不是原生形态，而是边缘化、半边缘化的产物，因而第三世界各国在经济上总是以某种形式与资本主义核心地区保持着联系而获得“依附性发展”，与发达国家相比它们还“欠发达”(underdevelopment)，但并非根本“不发达”(undevelopment)。但是，第三世界的真正兴起还是在二战结束以后，因为这些国家和地区的大多数是在旧殖民体系瓦解之后，才获得了政治上摆脱其

---

① 德意志帝国的建立以普鲁士王国为基础，普鲁士王国的建立又以勃兰登堡为基础，无论是普鲁士王国还是德意志帝国都以柏林为其政治、经济和文化中心，而这个中心正位于东西欧分界线的易北河以东。

② 参阅 L. S. 斯塔夫里亚诺斯：《全球分裂：第三世界的历史进程》，商务印书馆 1993 年版，第 42—54 页。

过去的依附地位、清除殖民主义和帝国主义的旧有影响、发展其民族经济的勃勃生机。拉美、东亚“四小龙”和东南亚三大新兴工业带的形成,以及中国在东方的重新崛起,就是第三世界兴起的有力证明。而今,广大第三世界国家和地区,在国际经济关系乃至联合国的讲坛上,正在取得日益增多甚至举足轻重的发言权,这种情景在第二次世界大战之前是难以想象的。至于与“第三世界”对应的第二世界,原本属于资本主义的发达世界,只因美国和苏联在战后以不同道路和方式,抓住了“高科技”这一关键因素,迅速上升为世界上的“超级大国”,它们才屈居第二位的。因此,三个世界的划分是相对的,只有发展是绝对的。

然而,20 世纪发生的最大事件,可能既不是两次世界大战也不是第三世界的兴起,而是由二战引发的第三次产业革命。之所以说它是“二战引发的”,是因为:第一,作为这次产业革命的关键技术——电子计算技术是直接为了计算弹道而发明的;第二,电子计算技术及其产业一直是这次产业革命的龙头产业;第三,被称为“电脑”的电子计算机集中体现了第三次产业革命的本质特征。其实,作为这次产业革命先导的新的科学革命在二战前已经开始,爱因斯坦揭示原子能的奥秘是在 1905 年,T. H. 摩尔根提出系统的“基因论”是在 1926 年。与历次科学革命不一样,这次科学革命有一个显著特点,就是在几乎每一个尖端科学领域都取得了关键性的突破,并直接导致了一系列“高技术”(higt technology)产业的兴起,形成所谓“高科技体系”(见下图)。到目前为止,这种高科技产业体系,主要包括 6 大群落:(1)电子信息技术产业;(2)新材料技术产业;(3)新能源技术产业;(4)生物技术产业;(5)海洋技术产业;(6)空间技术产业,而以电子计算机、生物工程和原子能利用为核心产业,或支柱产业。马克思认为:“各种经济时代的区别,不在于生产什么,而在于怎样生产,用什么劳动资料生产。”[①]换言之,划分“不同的生产时代”的标志不是别的,而是“工艺”或技术。那么,从“工艺”或技术的角度看,这次高技术产业的特征是什么呢?笔者以为,如果说传统农业是以“种植技术”为特征,现代工业是以“加工技术”为特征的

① 马克思:《资本论》,《马克思恩格斯全集》第 23 卷,人民出版社 1975 年版,第 204 页。

高技术体系①

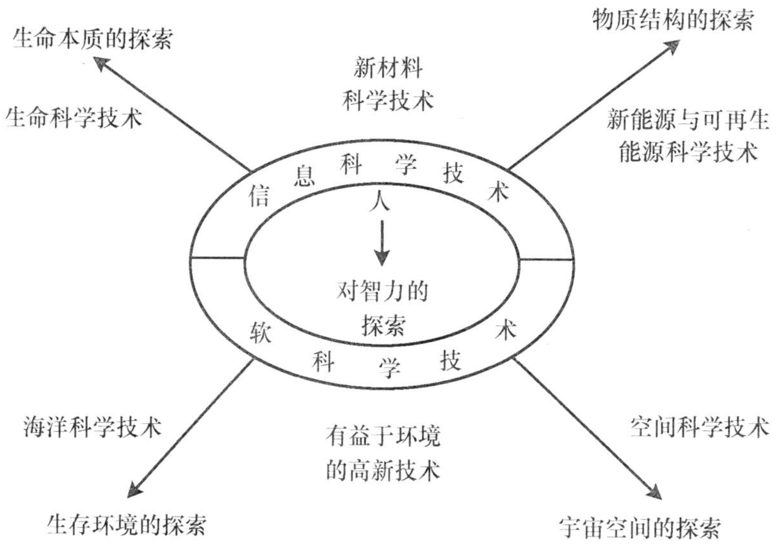

话，那么这次高技术产业则是以“创新技术”②为特征的，因为“高技术”之所以“高”首先当然是因为它们涉及了一系列尖端领域，其次就是因为它们是创新的，没有创新就不会有新材料、新能源，也就不可能通过“基因工程”复制生物，“复制”在这里也是创新。值得注意的是，与以往的任何一次科学革命不一样，这次科学革命很好地解决了技术问题，即科学由潜在生产力向现实生产力转化的中间环节问题，所以被称为“高科技革命”③，科学、技术和生产“一体化”趋势十分突出。正因为如此，我们把这些产业看做是与传统农业和现代工业不同的“第三产业”，而把导致这次产业的革命称为“第三次产业革命”；由于“高科技”（一般地说就是知识）在这次产业革命中起着决定性作用，我们又可把第三产业

① 资料来源：吴季松：《知识经济》，北京科学技术出版社 1998 年版，第 67 页。

② “创新”这一概念是约瑟夫·熊彼特发明的，他强调技术革新的重要性，强调创新是生产要素的新组合，认为创新是经济发展的“内在的因素”。但以后发生的“高科技”革命，不仅强调创新在一个企业和经济组织内部发展中的重要性，还要求以新的原理和新的技术来创造新的能源、新的材料直至新的生命，从而给“创新”这一概念注入了新的内容。所以，本文使用的“创新”概念超出了原有的内涵。

③ 哈贝马斯：《作为意识形态的技术与科学》，参见陈学明：《哈贝马斯的“晚期资本主义”论述评》，第 214—215 页。

即高技术产业称为“知识产业”(knowledge industry)。

由于“高科技”所包含的巨大潜能和价值，战后知识产业的迅速崛起和扩张，已经或正在使现代经济发生结构性改组，所谓“现代经济”即几百年来形成的以现代工业为主体的经济。其突出的表现就是，在整个国民经济结构中，传统农业的比重进一步下降，以建筑、汽车、钢铁为支柱的现代工业的统治地位也发生动摇，而以计算机、新材料、新能源及生物工程为支柱的知识产业一跃而为国民经济中的“首要产业”，从而开创一个崭新的经济时代，由于它是以“知识产业”为主导的，因而被称为“知识经济时代”(Knowledge Economy Age)，“知识经济”即科学技术在其中起决定作用的经济。这种转变首先发生于1957年的美国，据说这一年美国从事“第三产业”的人数，首次超过了第一产业(农业)和第二产业(工业)的人数，成为历史上“第一个大多数人既不从事农业生产，也不从事工业生产的国家”[①]。但这一说法是否可靠很值得怀疑，因为他们的研究者历来是把“知识产业”放在所谓“服务行业”之内来考察的，这就夸大了知识产业在整个经济中的比重，其做法和结论并不很科学，只能说明某种发展趋势。据美国学者马克鲁普测算，“知识产业”在美国国民生产总值中的比重，1958年时大约只占30%，但10年之后的1969年，包括知识产业在内的整个所谓“服务业”，已占美国国民生产总值的60.4%，而农业和工业所占比重则分别降至30%和36.6%。[②] 值得注意的是，这种结构性改组虽然最早发生在美国，但也相继发生于西欧大多数国家和地区，很快成为西方资本主义世界的主潮。据统计，1969年时，已有3个欧洲国家，即英国(51.0%)、荷兰(51.6%)、意大利(51.7%)，其服务业在国民生产总值中的比重超过一半，而在西德(46.2%)、法国(45.3%)、瑞典(48.9%)，此比重也已接近一半。[③] 尽管这些数字还很不精确，但足以说明现代工业社会经济的结构性改变，其方向已不可逆转，不能不说是具有世界意义的大事。这一点，如果把它和现代工业社会和传统农业社会的经济结构作一比较，就会看得更加清楚(见下图)。

---

① 丹尼尔·贝尔：《后工业社会的来临》，商务印书馆1986年版，第21页。

② 同上书，第22页。

③ 同上。

三个不同经济时代经济结构之比较

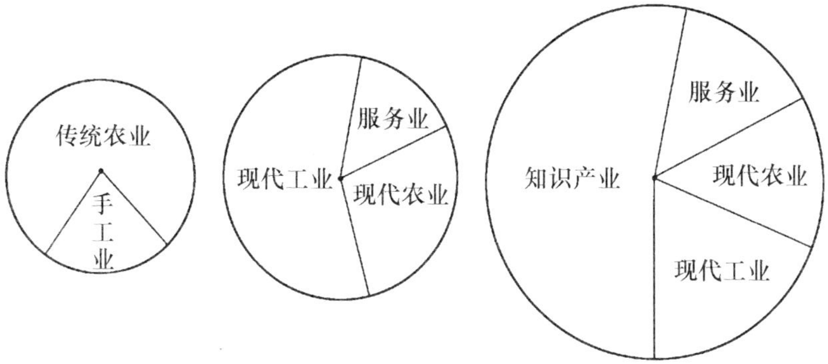

Ⅰ．传统农业时代　Ⅱ．现代工业时代　Ⅲ．知识经济时代

任何社会，其社会结构都是建立在生产关系的基础上的，并要随着生产关系的变化而变化，但两者的变化都要以生产力的发展为转移。由于二战前后发生新的科学革命，人类从此拥有了新的强大的生产力，即以“高科技”为标志的知识生产力，并由此建立起一大批与此相关的新兴产业。因此，二战以后社会变迁的一个突出事实，就是一个拥有高科技知识、资源和资本的“专业人员”群体的崛起，这些人以信息、能源、材料、生物等新兴产业为基础不断向生产的广度和深度进军，正在取代传统的产业资本家而成为社会的新富。与此同时，一个拥有一定高科技知识和技能，主要从事于知识产业劳动和服务的新的工人阶层正在逐步形成和扩大，并取代传统的以体力劳动为主的产业工人阶级成为主要的劳动阶层。总之，20 世纪中叶，现代工业社会的结构发生了实质性的改变（见下页表）。

更重要的是，随着“知识经济时代”的来临，继续用传统的经济学的规律和观点，来看待新经济运行的规律和特点，已越来越困难了。因为在知识经济时代，无形资本即知识和智力的占有和分配，比有形资本的占有和分配更加重要。以往的生产，以有形资源和劳力投入为主要条件，所以，生产规模越大越好，现在企业经营的好坏以科技水平和知识密集为转移，其规模不一定需要很大。传统工业技术以尽可能地利用自然资料为目标，因而造成人与生态环境的失衡和资源的枯竭，而高科技则以科学、合理和综合利用现有资源为目标，得以实现经济的可持续发展。知识产品与物质产品也不一样，物质产品会变成商品，但知识产品却不单单是商品，并不因出售者而发生异化。因而在知识经济的条件下，便产生了这样一种可能性：劳动者与所有权的统一，防止或限制劳动的异化，从而深刻地改变资本运行的规律和特点。

20 世纪中叶美国职业分布的变化[①] （%）

主要职业群体	1920 年	1968 年
白领工人	24.9	46.7
体力工人	40.2	36.3
服务人员	7.8	12.4
农业工人	27.0	4.6
总　　计	100.0	100.0

三　邓小平的科学论断

关于 20 世纪发生的上述变迁，在国际学术舆论界众说纷纭之中，有一种主要的颇为流行的说法，就是所谓"信息革命"论。按这些人的意见，似乎二战前后发生的并不是科学革命而只是"信息革命"；在科学革命基础上建立起来的"高技术"产业，也不是一种与传统农业和现代工业并存而独立的产业，而只能把它们与以往的交通、运输、商业和服务等行业一起称为"服务业"；由此形成的"后工业社会"也不是建立在一定生产力和生产关系基础上的社会经济形态，而是什么"信息社会"(information society)。它让人如坠五里云雾，似乎看不见也摸不着。

我们知道，对人类这个主体来说，"信息"只不过是"我们对外界进行调节并使我们的调节为外界所了解而与外界交换来的东西"[②]，至于这种被交换的"东西"本身究竟为何物则要视具体内容而定，虽然一般认为信息交换是由"信源"、"信道"、"信宿"这三个要素组成的，但信息本身对人类来说永远只是一种被接收的"代码"，从这个意义上说，维纳

① 丹尼尔·贝尔：前引书，第 151—152 页。

② 诺伯特·维纳：《人有人的用处》，商务印书馆 1978 年版，第 9 页。

的话是完全正确的："信息就是信息，不是物质也不是能量。"[①]因此，把二战前后发生的高科技革命归结为"信息革命"，不仅缩小了这场科学革命的广度和深度，也不利于揭示这场科学革命与第三次产业革命的内在联系，当然也就难于弄清这场革命所产生的实际后果和社会影响了。其实，任何真正的科学革命，都直接或间接导源于人类发展生产的实际需要，并最终必将引起当时社会生产力的变革，发生于二战前后的高科技革命也不例外。同时，自人类诞生以来，无论人类处于社会发展的何种阶段，都不能离开物质资料的生产而孤立地存在，而任何物质资料的生产过程在本质上都是"人和自然之间的物质交换"[②]。很难设想，生活在地球上的人们，有朝一日可以离开物质资料的生产，而仅仅靠所谓"信息"就能生存。把"信息"不恰当地抬到决定一切的高度，只会有意无意地掩盖社会和经济生活的真相。人们会问，就算如君所说，"信息"是如此的重要，但这信息是怎样制造出来的？又是谁来制造和提供的？信息的传布是要有一定手段的，这传布信息的工具是谁制造的？又是怎样制造出来的？接收信息并不是最终目的，人们拿这些信息又去干什么？其答案是不言而喻的。

笔者认为，从社会变迁的角度看，在发生于20世纪的诸多变化中，最大的变化是发生于二战后的新的产业革命，由此而形成的一系列新兴产业，包括计算机产业、发酵工程、细胞工程、基因工程、复合材料制造、核能开发、可再生能源开发、海洋资源开发、航天飞机制造、运载火箭和人造卫星研制，直至模拟人脑思维原理和机制的人工智能机的研制，甚至"克隆"牛羊及其他生物的工程，等等，都带有很强的创新色彩，涉及诸多深奥的科学理论，需要采用大量尖端技术，并因此具有很高含金量。由于高科技知识在这些产业的建立和发展中起着决定性作用，这类新兴产业可称为"知识产业"，以它们为主导的经济可称为"知识经济"，成为人类经济发展史上与传统农业和现代工业完全不同的经济时代，即所谓"知识经济时代"，而为这次产业革命提供强大动力的，既不是发生农业革命时的半人工半自然形态的生产力，也不若引发工业革命的完全人工形态的生产力，而是具有极高创新能力的知识生产力，即

① 诺伯特·维纳：《控制论》，科学出版社1963年版，第133页。

② 马克思：《资本论》，《马克思恩格斯全集》第23卷，第201—202页。

发生于二战前后的“高科技”。所有这一切都说明，正如邓小平在他的一个论断中所指出的，科学技术已由一般生产力上升为“第一生产力”，几千年来以“直接形式的劳动”即体力劳动作为人类财富的主要源泉的时代正在缓慢地悄然逝去，上文提到的马克思所预言的那个新时代正在悄然向我们走来，对此人类必须有所准备。我们不能借口自己的落后而忽视高科技革命提出的挑战。

邓小平关于“科学技术是第一生产力”的论断，向人们揭示了一个十分重要但又常常被忽视了的真理，且具有鲜明的时代背景和强烈的时代特征。它实际上是关于当代已经发生和正在展开的“高科技”革命，以及由此引发的第三次产业革命，和由它们开辟的一个新的经济时代，即“知识经济时代”的动力、过程、本质和特点的科学概括，具有毋庸置疑的科学性和针对性。他第一次讲科学技术是“生产力”，是为了重申马克思的一个基本原理，那是在“四人帮”肆虐的 1975 年。在事隔 13 年后的 1988 年，他才郑重地提出“科学技术是第一生产力”[①]，前后经过了十几年的观察和思考。可见这一论断的提出是经过了深思熟虑的，这有 1988 年 9 月 5 日和 12 日他与胡萨克等人的谈话为证。当时他说：“马克思说过，科学技术是生产力，事实证明，这话讲得很对”，“现在看来（首重号为引者加——引者）这样说可能不够，恐怕是第一生产力。”[②]为什么要把“生产力”的提法改为“第一生产力”呢？谈话中的“现在看来”一语，道出了小平思想变化和发展的奥秘。它告诉我们，导致这一改变的决定性因素，就是“现在”，即当代世界发生的高科技革命及由此引发的新的产业革命，此论断是他对这次革命的性质和特点的认真观察和及时概括。邓小平的这一论断意义何在？它意味着，根据马克思的原理，在高科技的条件下，科学技术不仅在理论上而且在实际上变成了最强大的生产力，并不可避免地会在经济上引发出三大变化：(1)构成主要生产力的要素发生改变，知识生产力即高科技将取代人工和半人工的生产力，成为主要生产力；(2)获取财富的主要形式发生改变，非直接劳动即脑力劳动将取代“直接形式”的劳动即体力劳动，成为财富的巨大源泉；(3)判断价值的尺度发生改变，劳动时间将不再是也

---

① 《邓小平文选》第三卷，人民出版社 1993 年版，第 274 页。

② 同上书，第 274、275 页。

不可能是判断价值的尺度。由于此三点涉及了人类生产、生活方式的核心问题,它们的改变必将导致人类生产、生活方式乃至观念的改变,其影响将是广泛而深远的。这里所说的"科学技术"当然不是指一般的科学技术,而是指正在兴起和发展的"高科技"。正因为如此,邓小平在作出这一论断之前说:"世界在变化,我们的思想和行动也要随之而变。"而在作出这一论断之后,紧接着又说:"将来农业问题的出路,最终要由生物工程来解决,要靠尖端技术。"[①]总之,人类主要靠"直接形式"的劳动即体力劳动作为财富的巨大源泉的时代正在成为过去,一个新的以非"直接形式"的劳动主要是以"高科技"为动力的时代正在到来,从而科学地揭示了当代世界正在发生的巨变的本质,同时也证明了马克思预言的正确。尽管这一巨大变迁才刚刚在世界的一角拉开帷幕,离全人类真正"全面进入"这个新时代还相去甚远,但这一根本认识是不会错的。

其实,已有许多人,包括上面所说的"信息革命"论者,对这场正在发生的巨变的动因、本质和特点,发表过大量值得重视的意见,其中不乏真知灼见。例如,彼得·德鲁克虽然把正在发生的科技革命,看成是"发明蒸汽机以来的第四次变革",但认为"它是由信息和生物学引发的"。[②]《大趋势》的作者约翰·奈斯比特,虽然不恰当地把正在形成的社会称为"信息社会",但他相信"信息经济是真实的",并力图"证明信息经济的存在",认为为此就必须制定判断这种经济的"标准"。[③] 事实上,早在60年代初,已有人对"知识产业"作过测算。1977年5月,马克·波拉特著文谈论测定这类经济的"定义和度量方法",并对201种行业中的440种职业进行了考察,得出了知识产业1967年在美国国民生产总值中占46%的结论。[④] 彼得·德鲁克明确地指出:"知识的生产力已经成为生产力、竞争力和经济成就的关键。知识已成为首要的产业。"[⑤]他还提出了"知识资本"的概念[⑥]。丹尼尔·贝尔虽然认为"后工

---

① 《邓小平文选》第三卷,第274、275页。

② 彼得·德鲁克:《新现实》,中国经济出版社1993年版,第208页。

③ 约翰·奈斯比特:《大趋势》,新华出版社1984年版,第25—26页。

④ 同上书,第27页。

⑤ 同上书,第21页。

⑥ 彼得·德鲁克:《新现实》,第142页。

业社会是以服务行业为基础的”,但他同时也警觉地注意到“‘服务行业’一词掩盖着不同的事物”,并不把新经济仅仅看做是排除了“实业”的纯粹的“服务业”。[①] 与那些仅仅谈论“信息”及其意义的作者不同,丹尼尔·贝尔强调知识作为“生产力”的革命作用,以及由它引发的社会变迁的巨大后果,尽管他企图以“理论”为“中轴”来构建后工业社会的“阶级结构”。他认为,由于这场高科技革命,以往的工业社会已发生了“三大变化”:(1)由于经理成为组织的控制者而出现了工业企业的变化;(2)由于产业无产者的缩小和新的技术、专业阶层的扩大而出现职业结构的变化;(3)由于国家官僚政治的发展和政治上专家官员的兴起而出现的政治制度的变化。由于这些变化,在后工业社会里,“专业人员”将成为社会的“主要人物”。日本学者林勇次郎在《信息社会》一书中深刻地指出:“我们现在正处于完成具有伟大历史意义的新转变的前沿——从工业社会向后工业社会的转变。这一转变带来的社会变化将远远超过工业革命时所经历过的巨大变化。”[②]1980 年,阿尔文·托夫勒就在这样的意义上提出过“第三次浪潮”的论点,可惜当时却未能准确地把握这次浪潮的本质和特点,只停留在“信息革命”的一般议论上。在西方学术界,如果说有人准确地把握了这次产业革命的本质的话,这个人就是法兰克福学派的哈贝马斯,他认为由于这次产业革命解决了技术即由潜在生产力到现实生产力转化的中间环节问题,“科学技术成了第一位的生产力”[③](leading productive force),已不再是一般的社会生产力。所有这些,对我们正确分析和评价当前人类正在发生的巨变的性质和特点,都不无参考价值。

总之,我们可以“高科技”革命为界标,把人类的社会生产力即人类获得财富的能力的发展过程划分为两个阶段:在此之前,人类获得财富的源泉主要靠“直接形式”的劳动,即体力劳动;在此之后,人类获得财富的源泉则主要靠非“直接形式”的劳动,即知识生产力。正因为如此,发生于 20 世纪中的新的产业即“高科技”革命,就不应再被看做现代工

---

① 丹尼尔·贝尔:前引书,第 143 页。

② 阿尔温·托夫勒编:《未来学家谈未来》,浙江人民出版社 1987 年版,第 247 页。

③ 哈贝马斯:《作为意识形态的技术与科学》;Jürgen Habermas, *Toward a Ratianal Society*, Boston: Beacon Press, 1970, p. 104.

业社会内部的第三次或第四次结构性调整，而应被看做整个人类社会演进中的、与农业革命和工业革命并列的第三次产业革命。但无论农业革命还是工业革命，由于都没有从根本上改变人类几千年来主要靠“直接形式”的劳动即体力劳动获取财富的方式，这次“高科技”革命所包含的意义就远远超过了前两次产业革命。正是在这个意义上，我们可以确切地判断说：人类正面临从未有过的变化。

至于这个新时代的详情究竟怎样，未来社会和经济将如何运行，现实生活会呈现出什么样的新特点，它将在多大程度上实现马克思的预言，对此我们还只能知道个大概，要真正弄清这些问题，还要等待实践的回答，并呼唤新的理论。在这个问题上，既不能拘泥于马克思的《资本论》，也不能依靠目前流行的现代化理论。因为，马克思把“资本”定义为“生产关系”，认为资本主义是建立在“雇佣劳动”基础上的，在那里劳动时间始终是价值的尺度，《资本论》显然是关于古典资本主义的理论。而目前流行的现代化理论，把“工业化”视作世界现代化进程的“核心”，虽然也涉及新旧两个时代交替中的某些问题，但所关注的重点显然还是本文所说的“正在悄然逝去的”那个时代。然而，新时代正在无可阻挡地向我们走来，一切关心我们民族和整个人类未来命运的人们，有义务以自己艰苦卓绝的研究和探索，对这些问题做出正确的回答，在这里，理论上的创新无疑是绝对必要的。

（原载《世界历史》1999 年第 3 期）

一种积累型文明发展模式

——试论美利坚文明的一个重要特点

美利坚文明，英文原称"American Civilization"，一般将之译为"美国文明"，但笔者更倾向于把它译为"美利坚文明"。不过，笔者要在此申明，采用这个译法，并不是要强调它的扩张意识，而是要强调它的"新大陆"色彩。

这个文明虽然源于资本主义初兴时的西欧，因此在很大程度上可以看成是西欧资本主义文明的"衍生和发展"，但它17世纪初落脚于当时还是一片荒原的"新大陆"，并在不断地向"大西部"拓殖的过程中获得生机和活力，早已形成为一种独特的有别于西欧的文明发展模式，这种独特性的一个重要表现就是其发展是积累式的。

这并不是说别的文明没有积累，更不是说别的文明不需要积累，事实上任何文明的发展都离不开积累、都存在着积累，但世界上没有一个文明像美利坚文明那样在仅仅两到四百年的时间内就积累了如此丰富、优秀而厚重的文明，包括经济、政治和文化各领域的积淀。造成这一成果的原因可能数不胜数，人们也可以对它做出各种各样的探讨和解读，但笔者以为其中最重要的原因就在于，这个文明发展所采取的方式本身就是积累式的，并且是卓有成效的。那么，这一文明发展模式是怎样造成的，又为什么在美国会形成这样的文明发展模式？这种文明发展模式又有哪些表现形式，有没有更深层的原因？下面，笔者试分几点进行探讨、论证和解读，供批评。

一　美利坚文明积累和发展的重要基础：联邦宪法以及由它所决定的国家体系

反联邦党人默西·沃伦说："人类的幸福在很大程度上取决于政府

模式。"[①]如果用"文明及其积累"取代"幸福"一词,此公式同样可以成立。在《联邦党人文集》第十号中,詹姆斯·麦迪逊老练地指出宗派势力乃是自由的产物与代价,他期盼着在"联邦的范围及其完善的结构内部"寻求一剂良药,以"医治共和政体中最易产生的疾病"。[②] 麦迪逊的这一期盼,实际上道出了一个完善的联邦体制的一大功能,也说明了这种功能与文明积累的关系。

笔者以为,美利坚文明的一个突出之点就是这个"文明"头开得好,即一开始就为这个"文明"的积累和发展奠定了良好而坚实的基础,而它的集中表现就是它创立了一个当时来说"最完善的"现代国家体系。"最完善的"一语出自一位伟人之口,见于马克思所著《德意志意识形态》(1844),原话是:"现代国家的最完善的例子就是北美。"[③]类似的话还见于《政治经济学的形而上学》,马克思在那里称美国为"北美(这个)进步最快的国家"[④]。他的战友恩格斯在《共产主义原理》一文中,则称美国为"实行民主宪法的国家"[⑤],这和托克维尔在《论美国的民主》一书中的说法一致,托克维尔在此书中多次称"美国是世界上最民主的国家"[⑥]。那么,为什么说美国的国家体制是当时"最完善的"现代国家体制呢?笔者以为,可以从如下三个方面来进行观察:

(一)这个体制是自然地产生的,因而是符合或者适应美国历史发展过程和要求的。说它是"自然地"产生的,是指这个国家的形成是"自下而上"的。正如亚历山大·德·托克维尔所指出的:"在美国,可以说完全相反,那里是镇成立于县之前,县又成立于州之前,而州又成立于联邦之前。"[⑦]可见,美国虽然是一个现代国家,在18世纪末才诞生于

---

① J. 艾捷尔编:《美国赖以立国的文本》,海南出版社2000年版,第78页。

② A. Hamilton, M. Madison and J. Jay, *The Federalist Papers* (New York, 1961), p. 84. 此处最为重要的是,詹姆斯·麦迪逊认为这剂良药应在"联邦结构内部"寻求,其原文为:"In the extent and proper structure of the Union, therefore, we behold a republican remedy for the diseases most insident to republican government."

③ 《马克思恩格斯选集》第1卷,人民出版社1966年版,第66页。

④ 同上书,第105页。

⑤ 同上书,第125页。

⑥ 亚历山大·德·托克维尔:《论美国的民主》(下卷),商务印书馆1988年版,第546页。

⑦ 同上书(上卷),第45页。

世，但它却像世界历史上所有古代国家一样，在其形成过程中有一个由基础到上层的构建过程，并不像17世纪和18世纪许多新兴国家那样通过直接夺取国家权力而一举完成建国任务。这是因为，构成“合众国”的成员原都是英属北美殖民地（13个），当时在各殖民地之上虽然有一个以英王为中心的殖民体系，但各殖民地均从英王的特许状中获得“自治”的权力，而各殖民地的殖民过程又都是由小到大发展起来的。更重要的是，美国要获得独立，就不能利用现存的以英王为中心的殖民体系，而是要摆脱或抛弃现存的殖民体系而另起炉灶。诚如英王乔治三世在1774年9月第一届大陆会议召开之后所宣布的：“新英格兰的那些政府现在处于叛乱状态，必须用战斗来决定他们是隶属于这个国家还是独立。”① 当然，说“另起炉灶”也不是说完全从头做起，新兴的合众国的国家体系可分为4级：联邦—州—县（市）—镇，下面3级作为实体实际上早已存在，只是原属于“英属北美殖民地”之范畴，在建国时需改变其归属而已。但“联邦”完全是一个新的行政单位，需要重新创立并以它为中心来整合整个国家体系。关于这个整合过程，以往学界一般认为分为两步：先是建立邦联，然后是建立联邦。笔者在研究中发现了“联合殖民地”在这一过程中的重要性，以及各殖民地在独立革命中本是分别宣布脱离英帝国而独立的这一事实，乃将实行联邦制的“美利坚合众国”形成的过程分为四步：第一步是建立“联合殖民地”；第二步是各殖民地建立独立政权；第三步是把各独立之邦组成一个“邦联”；第四步才是建立统一而集中的“联邦”。②

（二）这个最终形成的国家体系，由于妥善处理了国家的“权力分配”问题，③ 从而保证了联邦体制的稳定。依笔者所见，正如笔者在《略论美国的“立国精神”》一文中所指出的，合众国的缔造者们在构建合众国之国家体系时，主要考虑并正确处理了如下三个问题：一是关于国家权力的来源问题；二是关于中央与地方政府的关系问题；三是各级政府

---

① John A. Garraty, *The American Nation: A History of the United States to 1870*, New York, 1988, p. 103.

② 何顺果：《略论美国的“立国精神”》，《历史研究》1993年第2期。

③ “如何执掌‘权力’问题是所有政府理论的主要事情”。引自 Ann. G. Serow, W. Wayne Shamon and Everett Carll Ladd, eds., *The American Polity Reader*, W. W. Norton & Company, 1993, p. 91。

特别是中央政府之立法、司法与行政之间的关系问题。它们构成了国家权力结构的三个层次：第一个层次涉及的范围最广；第二个层次小于第一个层次，但却是承上启下的关键；而第三个层次虽然涉及的范围最小，但却是国家权力有效运作的核心。在解决第一个问题时，合众国的缔造者们引入了“人民主权”论，[①]决定将合众国的主要官员的选拔交由人民直接或间接选举产生。在解决第二个问题时，合众国的缔造者们考虑到各邦在组建国家之前曾宣称并拥有过“独立、自由和主权”，决定在中央收回“主权”时允许地方保留相当权力，从而确立了“地方分权”制度，同时在参院实行“州权平等”原则，这就是“联邦制”。在解决第三个问题时，除了引入当时在欧洲已流行的“三权分立”和“有限政府”理论之外，还允许立法、行政和司法三部门在宪法范围内独立行使自己的权力，形成美国政治学者查理·O. 琼斯所说的各部门“分立但平等”（“Separate but equal”）[②]的格局，以达到既“三权鼎立”又“相互制衡”的目标。这样，就不仅避免了中央政府因权力过于集中而腐败的问题，还在“三权分立”之外附加了两层保护以防止国家从共和制演变为专制，除宪法规定联邦和州都必须实行共和制外，还让地方分权。总之，由此而形成的国家体制集共和制、联邦制和总统制于一体，既实行联邦制又实行“三权分立”和“制衡”原则，[③]被公认为“政治领域里的一种创造性突破”[④]，是当时资本主义国家中“最完善的”例子。关于此问题，笔者曾撰有《略论美国的“立国精神”》一文，该文有较详细的论证和讨论，此处不再赘述。

（三）这个体制的缔造者们，从一开始就考虑到了一个“完善的”体制内的“不完善”问题，并在制定宪法时就安排了宪法的“修正”机制，从而使以后发展中所产生的重大新问题得以在体制内解决。为什么会造

---

① 托克维尔说：“美国根据‘人民主权’原则建立政府的形式”，“‘人民主权’原则支配着英裔美国人的整个政治制度。”参见亚历山大·德·托克维尔：《论美国的民主》（上卷），第65、71页。

② Charles O. Jones, *Separate But Equal Branches: Congress and the Presidency*, New Jersey: Chathan House Publishers, Inc., 1995.

③ “联邦制、三权分立和制衡原则是宪法的三个基本原则”。引自 Ann. G. Serow, W. Wayne Shamon and Everett Carll Ladd, *op. cit.*, p. 91。

④ 〔美〕肯尼迪·W. 汤姆森编：《宪法的政治理论》，三联书店 1997 年版，第 3 页。

成这种“不完善”并要对它做出“修正”的安排呢？第一，正如托马斯·杰斐逊所指出的：“每一代人都有权选择在他们看来最能促进其自己幸福的政府形式。”[①]因此，在他看来，定期的宪法“修正”是运转良好的民主制度的必要组成部分；第二，合众国的缔造者们意识到，合众国宪法乃“是世界历史上的新实验”，“时间可能导致宪法安排中的许多瑕疵以及其权力中的许多缺陷”；[②]第三，正如汉密尔顿在制定和讨论宪法“修正”条款时就说过的：“许多人一直希望而且殷切期待寻找一种模式”，“比较容易修正新体制多半也会出现的毛病”；[③]第四，事实上，制宪会议在“自由”和“平等”等一系列问题上本来就存在着争论，宪法草案在加强联邦的权力时却不应有地忽略了原大多数州宪法本已存在的对“个人权利”的保护。[④] 所有这些，都给参加制宪会议的代表们敲起了警钟，有必要为今后宪法的“修正”及其实施方式找到出路。好在尽管“反联邦派”与“联邦派”在整个制宪会议上明争暗斗，但将国家利益置于党派利益之上的各派代表并不难找到妥协的办法而并未走向破裂，并在通过宪法草案时及批准宪法的过程中，事先达成要在第一届联邦国会上补上《权利法案》的默契。为此，在制宪会议上，代表们于 1787 年 8 月 30 日和 9 月 10 日仅做了两次讨论，就在没有发生大的争论的情况下，就宪法的“修正”条款达成了一致。[⑤] 按制宪会议的安排，以后对宪法的修正采取两种方式：“一个是由政府通过国会这个途径，另一个是由各州通过制宪会议这个途径”[⑥]，尽管预设了很高的门栏，即：采取第一种方式，要有 2/3 议员认为“必要”；采取第二种方式，要有 2/3 州议会提出“请求”，且无论采取哪种方式，都需经 3/4 州议会或制宪会议批准。宪法关于自身“修正”条款的安排的意义是如此之大，以致乔治·华盛顿总统在 1796 年《告别词》中谈到合众国体制的“效力和持久”时，特

---

① 〔美〕埃尔斯特、〔挪〕斯莱格斯塔德编：《宪政与民主：理性与社会变迁研究》，三联书店 1997 年版，第 373 页。

② 〔美〕约瑟夫·斯托里：《美国宪法评注》，上海三联书店 2006 年版，第 550 页。

③ James Madison, *Notes of Debates in the Federal Convention of 1787*, New York, 1966, p. 562.

④ 从 1776 年至 1787 年，在加入邦联的 13 个州中，至少有 8 个州通过了专门的《权利法案》，其他州则在州宪法中列入了权利保护的专门条款。

⑤ James Madison, *op. cit.*, pp. 550-562.

⑥ 〔美〕约瑟夫·斯托里：《美国宪法评注》，第 550 页。

别提醒国人注意合众国体制“其本身就包含着修正自身的规定”。[①]

二 美利坚文明积累和发展的主要机制之一：宪法修正条款及其实施

然而，宪法关于自身“修正”条款的安排，并非只是如华盛顿所说的为了保证合众国体制的“效力和持久”，它实际上成了积累型美利坚文明形成和发展的主要机制和方式，尽管它不是唯一的机制和方式。

由于《权利法案》，即前十条宪法修正案，按事先的默契于 1789 年在第一届联邦国会上顺利通过，宪法的“修正”机制得以在不知不觉中成功启动，这就为以后在必要时随时利用这一机制提供了范例。自 1787 年以来的 200 多年间，已有 27 条宪法修正案按宪法规定的方式得以通过，虽然一些批评者认为宪法修正案的采纳门槛太高、数量太少，但这些修正案仍对宪法进行了多次实质性改动，而每一次实质性改动都推动了美利坚文明的发展。从这一意义上说，这些修正案的提出和批准本身就意味着文明的积累，因为这些修正案除了个别之外本是社会进步要求的反映，一旦纳入宪法就构成了国家的根本大法，而成为影响整个国家和民族的指标，从而推动了文明的进程。

（一）《权利法案》的通过，多方面地体现了美利坚文明的进展。(1) 作为“联邦派”与“反联邦派”妥协的产物，它的通过并载入美国联邦宪法，充分体现了建立在原则与妥协基础上的政治理性的走向。“反联邦派”与“联邦派”斗争的实质是在北美建立一个什么样的国家，其核心是这个国家能否真正保护“人权”。在“反联邦派”看来，这个新兴的共和国得以长久维持的关键在于保障“人权”，而“联邦派”要建立的联邦制国家过分扩张联邦的权力而忽视了人民的权利，从而共和国将因联邦宪法的实行而处于危险。不过，“联邦派”虽然主张通过立法加强联邦政府的权力，但十分清楚他们所制定的“联邦宪法”乃是总统制、联邦制和共和制的统一，并已经把“人民主权”原则写入宪法，并不从根本上反对或否定有关“人权”的诉求，因而同意在第一届联邦国会上加以处理。其理性协商的结果，就是于 1789 年 9 月 25 日在第一届联邦国会上通

---

① Henry S. Commager, *op. cit.*, Vol. I, p. 171.

过前十条宪法修正案，简称《权利法案》。值得注意的是，这个《权利法案》的起草人麦迪逊原本是"联邦派"的大将，当时又身兼众议院议长之职，充分体现了"联邦派"在此事中的诚意。因此，如果说制宪会议标志着美国政治理性的开始，那么《权利法案》的通过则标志着美国政治理性的确立。(2)"权利"条款原属于"自然权利"的范畴，在英国及英属北美殖民地长期以来由习惯法所承认和确认，由于将《权利法案》作为前十条宪法修正案纳入合众国宪法，从而完成了人权由习惯法到成文法、由自然法到制定法、由地方法向最高法的"三重转变"。这"三重转变"中的前两重一般比较清楚，可为什么还说它是"由地方法向最高法"的转变呢？因为在北美独立战争过程中，各殖民地最初是分别事先宣布脱离英帝国而独立的，并在组建其新政府时大多在其宪法中采纳了《权利法案》，①而这些宪法在这些"独立和自由之邦"加入邦联和联邦之后，便变成了联邦宪法所管辖下的地方法。这里，公民的身份和权利都发生了变化，虽然这些权利在性质上仍被视为"自然权利"②。(3)《权利法案》虽然仍把"生命、自由和财产权"作为基本的"人权"，但也把宗教、言论、集会和请愿，把建立民团、佩戴武器、人身、住所、文件与财产不受无理搜查与扣押，甚至被告得享公正、公开、迅速审理及与对方的证人对质和获得律师协助其辩护等的权利，以及第 9 条宪法修正案所"暗指"的不载于宪法的权利也列入"人权"的范畴，③这大大扩大了"人权"的内涵，并为美国人的创造性活动留下了巨大空间。关于这一点，如果与洛克理论及"光荣革命"后英国议会通过的《权利法案》相比，就显得格外突出：洛克的"人权"概念主要讲"生命、自由与财产"权，而英国《权利法案》则主要强调国民"请愿"的权利。(4)这个《权利法案》不仅扩大了"人权"的内涵，还特别强调了司法公正在保护"人权"中的重要性，明确提出了"正当法律程序"(due process of law)问题。当然，"正当法律程序"并不是美国人的发明，它本是英国传统的习惯法或普通法中的一个古老概念，早在 1215 年《大宪章》第 39 条就有了"依法判

① 参阅 F. N. Thorpe, ed., *Federal and State Constitution* 一书的相关部分。

② 1896 年，在布朗诉松克一案的判决中，布鲁尔法官说："宪法前 8 条修正案的目的是在基本法中贯彻某些自然正义的原则。"转引自詹姆斯·安修：《美国宪法判例与解释》，中国政法大学出版社 1994 年版，第 145 页。

③ 这些权利，即《权利法案》前 8 条所列权利，在美国法学中称为"权利清单"。

决”(by lawful judgment)的概念,[①]1354 年,在英国的一个议会立法中已正式提出了“正当法律程序”问题,[②]但一旦把它纳入作为“最高法律”的合众国宪法之中,其意义就非同一般,因为它强调了司法公正之于立法公正、程序公正之于目标公正的重要性和一致性。这成为美国法制和法治文明的一大特征,也可以看成是美国对人类法治和法制文明的一大贡献。

(二)“内战修正案”的通过,从法制上解决了建国时所遗留的一大社会经济问题,即:废除奴隶制问题。这些修正案,包括第十三、十四、十五条修正案,从美利坚文明的积累和发展的角度来看,其意义也是多方面的:第一,由于借由法律废除了奴隶制,从而彻底解决了独立革命和建国过程中遗留下来的一大问题,就在经济和社会上消除了奴隶和自由两大制度的对立,使美国的经济和政治统一在“自由”的基础之上,成为美国社会进步的一大标志;第二,第十四和十五条宪法修正案规定:“凡出生或归化于合众国并受其管辖之人,皆为合众国及其所居住之公民”,“无论何州,不得制定或施行剥夺合众国公民之特权及特免的法律”,并授予被解放的奴隶以“投票权”,这就用“出生地原则”和“归化”原则补充了判断是否“公民”的“血统原则”,不仅扩大了合众国“公民”的社会成分(增加了“自由民”),而且赋予这部分“自由民”参政的权利,因为 1787 年宪法上的“公民”一词并不包括黑人,黑人不是享有主权的“合众国人民”的一部分;第三,第十四条宪法修正案,不仅重申了第五条修正案有关“正当法律程序”的原则,从而确立和强化了这一原则在美国立法和司法领域中的地位和作用,使这一地位和作用再也不能逆转和被忽视,而且增加了司法过程中对各类人等实行“平等法律保护”(equal protection of the law)[③]的条款和原则。虽然“内战修正案”

---

① 英国《大宪章》(1215)第 39 条原文:“No freeman shall be captured or imprisoned or disseised or outlawed or exiled or in any way destroyed, nor will we go against him or send against him, except by lawful judgment of his peers or by the law of the land.”

② 在此法中,已使用了“due process of law”这一概念。参阅 Kermit L. Hall and Others, *American Legal History: Cases and Materials*, Oxford University Press, 1991, p. 5。

③ “平等法律保护”,也不完全是第十四条宪法修正案的发明,乔治·华盛顿在 1796 年《告别词》中已提出“protected by the equal laws”。参见 Henry S. Commager, *op. cit.*, p. 170。

是“针对州和地方政府”的，但第十四条修正案中受“平等法律保护”的对象是合众国“管辖范围之内的任何人”，使之成为一个适应范围很广的普遍原则，“平等法律保护”便和“正当法律程序”一起成为美国建立和实施法制和法治的双保险，[①]强有力地推动了美利坚文明的进步。此后这些条款和原则的生命力在美国法治建设和发展中，在深度和广度上一再表现出来，即使它们的实施受到阻碍和曲解，也只能是暂时的。例如，南部的原奴隶主保守势力，在内战后企图利用种族歧视和“种族隔离”来保护奴隶制的残余，甚至一度被最高法院在1896年判定为“隔离但平等”，但随着上述两大条款和原则的精神日益深入人心，终于在1954年重新启动第十四条宪法修正案，并推动了50、60年代“民权运动”在美国的兴起，从而成就了美国历史上一次最大的社会改革运动。我们可以断言：关于美国“人权”及其实施的有关问题，此后也许在这样或那样、这部分人或那部分人身上一再地被提出来，如近年来有关“新移民”的权利和保护问题，[②]但很难会再有类似的新的宪法修正案出台，因为第十四条宪法修正案所涉及的“平等法律保护”的对象和范围有极为广泛的适应性，远远超出了黑人或奴隶的范围。

（三）与“内战修正案”以解决奴隶制问题为主不同，19世纪末和20世纪初的“进步主义”修正案，包括（除第十八条以外的）第十六、十七和十九条修正案，涉及在社会和政治上更为广泛的领域和范围：所得税的征收并非始于第十六条宪法修正案，早在内战期间就已成为战争财政的内容，现在之所以要把它普遍化并通过修宪加以确立，是因为内战后垄断的发展造成了全国性财富分配的不公，并由此引发了社会动荡。第十六条宪法修正案：“国会有权赋课并征收所得税，而不必问其所得之来源，其收入不必在各州按比例分配，亦不必根据人口调查或统计定税率。”[③]此修正案有两个要点：一是将所得税征收纳入基本国策，二是

---

① 罗伯特·H. 杰克逊法官（1941—1954）说：“我们是一个‘法治’的政府，而不是一个‘人治’的政府。”转引自 William M. Wiecek, *Liberty and Law: The Supreme Court in American Life*, The Johns Hopkins University Press, 1988, p. 5。

② 关于1964年以后的“民权”问题，参阅 Hugh Davis Graham, ed., *Civil Rights in the United States*, University Park, Pa.: Pennsylvania State University Press, 1994。

③ 参阅王希：《原则与妥协：美国宪法的精神与实践》，北京大学出版社2000年版，第367页。

在全国范围内对财富分配进行调节。征收所得税之目的，是要将所得税收入用于解决公共事务和社会福利所面临的困难，这一举措成为后来所谓“福利国家”的必要准备，是资本主义生产关系调节由企业内部向全国范围转变的表现，是文明在社会经济领域的新进展。1919 年的第十九条宪法修正案，在扩大公民参政方面是一个具有历史意义的巨大突破，因为它涉及了人民的“另一半”的问题。这是因为：一方面，1787 年通过的《美利坚合众国宪法》破天荒地把“人民主权”原则写进了世界历史上第一部成文宪法，但宪法不仅沿用了欧洲排斥妇女的“人”的概念，而且在“公民”概念中排斥了被视为主人“财产”的“其他人”，即奴隶以及“未被课税的印第安人”，并且把“选民”的资格限制问题交由各州去自行处理。其结果，不仅“选民”在很长一个时期内仅限于男性公民，即使男性公民也因财产资格限制而被大量排斥于选举权之外；另一方面，随着“西进运动”的扩大，西部的自然和社会环境对“民主”的强烈要求，使西部某些新州和领地成为扩大参政权，特别是妇女选举权的前沿阵地。早在 1861 年，堪萨斯就允许妇女在学校享有选举权。1869 年，怀俄明领地在法律上正式给予妇女选举权，1889 年加入联邦时成为美国第一个“男女平权”州。到 1920 年第十九条宪法修正案被批准之时，全国已有 15 个州和阿拉斯加的妇女获得完全的选举权。因此，在美国扩大参政权方面具有划时代意义的第十九条宪法修正案的采纳，乃是美国日益高涨和扩大的民主运动的必然趋势。1912 年提出而于 1913 年批准的第十七条宪法修正案，对合众国国会参议员的选举办法做了重大修改，由原宪法规定的由各州议会选举改为民众直接选举，从美利坚文明发展的角度看，亦有多方面的意义：第一，它完全落实了美国国会的“民主”意识，因为原来的宪法设计者之所以对参院和众院采取不同的选举办法，一个重要原因是要防止所谓“多数的暴政”，现在参议员和众议员一样亦由民众直接选举，对加强参议员的民主意识是十分有好处的，此后他们必须直接面对选民；第二，它有利于加强和完善选民对代议机构的监督，在此之前由于参议员是由州议会间接选举，选民总觉得参议院不是真正的民意机构，把它当做英国的“贵族院”而采取敌视的态度，改为直接选举后，这种感觉便可立即消失；第三，它改变了垄断产生以来美国政治集中的趋势。因为垄断在经济上代表了由分散到集中的趋势，按逻辑它要求在政治上相对集中，从而对美国的民主构成新的威胁，并引发了“格兰奇运动”和“人民党”运动的抗议：在经济上它的口号叫“反垄断”，在政治上它的口号就是“参议员直接选举”。[①]

在1787年制宪会议上，在第二次讨论“修正”条款的措辞和含义时，“过半数”的与会者就把未来的“修宪”活动视为创造性的活动，而把将要提出和审议的修正案称为“新的制度”(New System)[②]。实际上，我们上面讨论的宪法修正工作的三个时期，许多宪法修正案就具有鲜明的创新色彩，用我们今天的话来说就是“制度创新”，如果没有这些条款的提出和实施，美利坚文明显然就将黯然失色。它说明：宪法第5条关于“修宪”的立意和规定，其意义已不仅限于防止共和国内部“经常性的疾病”，它确实推动了这个国家的体制创新，是这个国家体制内在活力的重要表现。

三　美利坚文明积累和发展的主要机制之二：最高法院的司法审查权及其运用

其实，美利坚文明积累型发展模式的形成机制不仅是宪法“修正”机制，还有另外一个极为重要的机制，这就是联邦最高法院的“司法审查”(Judicial Review)。这里指的是大法官们的所谓“终极权威”(ultimate guardians)[③]及其运用。

本来，在联邦宪法中，有关立法、行政和司法三权的条款，对最高法院权限的规定不仅简短而且笼统，也没有明确它对国会立法的司法审查权，其规模和权限远不及立法和行政两部门。直到《1789年司法条例》通过，美国最早的联邦司法体系才得以建立，它们是由6个大法官

---

① 参阅 Kris E. Palmer, *Constitutional Amendments: 1789 to the Present*, Detroit, 2000, pp. 381-448。

② 见于1787年9月10日汉密尔顿在制宪会议上的发言，“New System”一词有人译为“创新条文”，但笔者认为该词的内涵包含着“创新”，但不完全等于“创新”。参阅 James Madison, *Notes of Debates in the Federal Convention of 1787*, p. 609。

③ “ultimate guardians”的原意是“最终监护人”。参阅 Kermit L. Hall, William M. Wiecek and Paul Finkelman, *American Legal History: Cases and Materials*, New York: Oxford University Press, 1996, p. 104。

组成的联邦最高法院及由大法官兼任法官的 3 个巡回法院和 13 个地方法院。当时的最高法院"既没有一种必不可少的活力、分量和尊严，使其能够支持联邦政府，也不拥有它应该获得的、公众把它视为国家正义最终维护者的那种信任和尊重。"[①]以致第一位首席大法官约翰·杰伊(John Jay，1789—1795 年在任)情愿回纽约去当州长，也不继续留任。但这种情形在 1803 年发生了根本性变化，这一年约翰·马歇尔(John Marshall)的一项判决完全改变了联邦最高法院的地位和作用。

此判决涉及的案子，称为"马伯里诉麦迪逊案"。事情起因于所谓"午夜法官"事件，这个事件乃是当时党派斗争的产物。1800 年的总统选举实现了美国历史上第一次政党轮替，属于"反联邦派"(当时叫"民主共和党")的杰斐逊取代了属于"联邦派"的第二届总统约翰·亚当斯。但出于党派的考虑，亚当斯不仅于 1801 年 1 月 20 日任命国务卿马歇尔出任联邦最高法院首席大法官，还于 3 月 2 日即离任前一天的深夜，批准了一个人数达 42 人的首都特区治安法官的任命，这批法官因此被称为"午夜法官"，马伯里便是其中之一。马歇尔作为前任国务卿，亦在任内签署了这些治安法官的委任状，但一面忙于与新任国务卿麦迪逊交接，而另一方面又要准备以首席大法官身份主持新总统就职仪式，他竟忘了在卸任前将委任状发出而遭新任国务卿麦迪逊的扣押，由此引出了"马伯里诉麦迪逊案"。控方律师援引《1789 年司法条例》第 13 款 d 条为据：联邦最高法院在法律原则和惯例保证的条件下，有权向任何在合众国权威下被任命的法庭或公职官员下达执行令。麦迪逊原本是联邦党人，但在杰斐逊与汉密尔顿关于美国建国方针的辩论中站到了杰斐逊一方，他承认该委任已经完成但并不认为最高法院有权向政府官员发出执行令，宣布《1789 年司法条例》第 13 款因违宪而被取消，从而确立了联邦最高法院的"司法审查权"，联邦最高法院从此拥有了上面所说的法律条款的"最终监护人"的角色。这一判决之意义是如此之大，以致马歇尔的传记作者 J. 史密斯认为："如果说乔治·华盛顿创建了美国，约翰·马歇尔则确定了美国的制度。"[②]但最高法院

---

① 1801 年 1 月 2 日杰伊致亚当斯的信。转引自任东来等：《美国宪政历程：影响美国的 25 个司法大案》，中国法制出版社 2004 年版，第 4—5 页。

② Jean E. Smith, *John Marshall: Definer of A Nation*, New York, 1996, p. 1.

的这种至高无上的权力，并不能说完全就是最高法院大法官们自己赋予自己的，因为美国宪法第3条第2款规定：受理涉及宪法的联邦法律的纠纷乃最高法院的权限之一，而汉密尔顿在《联邦党人文集》第78号中也说："解释法律乃是法院的正当与特有的职责"，"法院必须有宣布违反宪法明文规定的立法为无效之权。"[①]不过，无论如何，联邦最高法院的"司法审查权"已成为美利坚文明积累和发展的另一重要机制，其实践具有不可忽视的历史价值。

联邦最高法院是国家最高司法机关，并非任何司法问题都需它插手。据说，这些年每年差不多有7000个左右的案子上递，但联邦最高法院所受理的案子不过100来个，即只有1/70的受理可能性；而在过去的200年内，国会立法被联邦最高法院判定"违宪"的总共只有135项，其间国会以宪法修正案的形式再度制约和推翻最高法院的判决则更少，总共不过4次。但200多年来，联邦最高法院究竟审理和判决过多少案子，目前我们手头尚无确切和完整的统计数据。戴维·P.柯里(David P. Currie)所编《最高法院中的宪法：最初100年，1789—1888年》和《最高法院中的宪法：第二个百年，1888—1986年》[②]实际上已涵盖了最高法院司法审查的几乎整个历史，被作为"经典判例"纳入该书研究的案例多达200来个，而由斯坦利·I.库特勒(Stanley I. Kutler)于1984年编辑出版的《最高法院与宪法》[③]一书，被作为"经典判例"选入该书的案例则只有180个，说明学者们对这些判例存在着不同的评价标准，尽管他们在基本看法上是一致的。然而，这些判例所涉及的范围，几乎涵盖了美国经济、政治和文化领域的所有重大问题。以戴维·P.柯里所编《最高法院中的宪法》一书为例，该书29章共87节中的每一个章节所讨论的问题，可以说都是美利坚文明不可忽视的内容。这

---

① 〔美〕汉密尔顿、杰伊、麦迪逊：《联邦党人文集》，商务印书馆1980年版，第391—393页。

② David P. Currie, The Constitution in the Supreme Court: *The First Hundred years, 1789-1888*, University of Chicago Press, 1992. David P. Currie, The Constitution in the Supreme Court: *The Second Hundred years, 1889-1986*, University of Chicago Press, 1990.

③ Stanley I. Kutler, ed., The Supreme Court and the Constitution: *Readings in American Constitutional History*, New York, 1984.

些内容纷繁庞杂、丰富多彩，是否有规律可循呢？也是有的。著名宪法学家罗伯特·麦克洛斯基认为，在联邦最高法院的“司法审查权”历史上有三个重大时期，每一个时期主要关注的对象和主导司法的志趣都不相同：第一个时期从 1789 年到内战结束，主要专注于联邦与州的关系；第二个时期从 1865 年到 1937 年的“最高法院革命”，主要专注于工商业与政府的关系；1937 年以后是第三个时期，主要关注的是个人与政府的关系。[①] 如果我们对这三个时期主导司法的“志趣”稍加分析，就可发现这些“志趣”每一个都是对美利坚文明的推进和发展。

首先来看第一个时期。这个时期，一个基本的事实是：联邦政府刚刚建立，威胁和影响新政权的问题或隐患随处可见。笔者曾试举或概括出三大问题或隐患：一是英、法和西班牙等旧殖民地对这个新兴国家的包围；二是美洲土著印第安人在这个新国家中地位的不确定；三是由传统的“州权”引申出来的企图摆脱联邦控制的分裂倾向。其中，第三项涉及的就是上面所说的“联邦—州的关系”问题，其实质是是否承认联邦在立法、行政和司法上的“最高”地位和权力，即享有国家“主权”问题。笔者以为，在此期间，最高法院所审理的一系列案件中，对美利坚文明的积累和发展最有影响的判例，首先就是约翰·马歇尔对“马伯里诉麦迪逊案”(1803)的判例，因为它第一次通过“司法审查权”确立了最高法院“至高无上”的地位，从而完善了宪法所确立的“三权分立”和“相互制衡”的原则；另一个是马歇尔对“马卡略诉马里兰州案”(1819)的判决，它表面上是一个州可否立法对作为中央银行的合众国银行征税的问题，实则是当州的主权与联邦的主权发生冲突时，州是否应当服从联邦的大原则问题。马歇尔在判词中不仅对此做了肯定的回答，而且提出了解释宪法的“默许权力理论”(implied power doctrine)，从而赋予宪法第一条第八款所说的“必要和适当的一切法律”条款以新的创造性的活力；第三个是马歇尔关于“吉本斯诉奥格登案”(1824)的判词。它一方面判定纽约州建立汽船垄断的法律因与联邦宪法相抵触而无效，另一方面也确立了联邦在管理商务方面所拥有的前所未有的广泛权力，但它在美利坚文明积累和发展上最重要的贡献则在于：马歇尔指出

---

① 罗伯特·麦克洛斯基著，桑福德·列文森增订：《美国最高法院》，中国政法大学出版社 2005 年版，第 144 页。

"商务"(commerce)一词不仅是一种"物质交换"(the interchange of commodities),"更是一种流通"(intercourse),即包括了所有的经济交流和交换(all business and intercourse),这就把水域从各州的"各自为政"中解放出来;最后还有一个重要判例,就是马歇尔关于"达特茅斯学院诉伍德沃德案"(1819)的判决。此判决所涉及的对象虽然只是两个小小的地方院校,但它在判词中认定该校所拥有的特许状本是一份"契约",而该校就拥有了"法人"(corporation)的资格,从而第一次正式启动了联邦宪法第一条第十款,即所谓"契约"条款,并使之神圣化。马歇尔及斯托里关于"法人"(或"公司",corporation)的定义是:"一个企业是一个人为的、不可分割的、无形的、只能在法律的思考中存在的实体","它具有组成它的自然人的某些豁免权、特权和能力"。[①] 他关于"法人"的论证成为此概念的经典解释。

再来看第二个时期。如果说第一个时期最高法院处理的主要是建国时期遗留的问题,那么第二个时期面临的则主要是由发展提出的挑战,因为所谓工商业与政府的关系的核心为垄断问题。这一问题虽然集中,但是涉及的层面很广:一是企业与企业之间的关系;二是国家与企业之间的关系;三是企业内部的劳资关系;四是社会各阶层财富分配之不公。正因为如此,这个时期围绕"垄断"问题的矛盾和斗争非常尖锐,这些矛盾和问题的解决意义也更为重大,在推进经济文明方面尤为明显。仅举几例:例如,在1873年"屠宰场案"以及1887年"芒恩案"审理中,联邦最高法院大法官菲尔德建立的"实质性正当程序权利"理论,强调在每个美国公民享有的特权中包含着一项为了谋生而追求合法工作机会的权利,丰富了第五条宪法修正案所提出的"正当法律程序"的内涵和精神。又如,在对"菲尔德诉克拉克案"(1892)的判决中,联邦最高法院大法官哈伦对总统执法"任意权"的肯定,认为国会不能将立法权交与总统,但一定要给总统行政"任意权",否则总统将无法执行法律,不仅反映了大企业时代面临的管理问题日益突出的现实,也为已不断增加的政府对经济的干预准备了条件,而这种"干预"越来越为经济的发展所必须;再如,在西奥多·罗斯福解散"北方证券公司"并由此引发的"北方证券公司诉美国案"(1903)中,最高法院在判决中不仅批驳

① 参阅王希:《原则与妥协:美国宪法的精神与实践》,第181页。

了联邦反托拉斯法侵犯了合同自由和州权的说法，而且阐述了这样一个道理："合同自由决不隐含一个公司或一群个人有蔑视公开宣称的国家意志(national will)的自由"，从而确保了这种自由权利"必须在法律的管理之下运用"；联邦最高法院大法官爱德华·怀特对"标准石油公司诉美国案"(1911)的判决，不仅维护了1890年制定的《谢尔曼反托拉斯法》，而且提出了著名的"合理"垄断和判断垄断合理性的"理性标准"问题，这对大企业的健康发展产生了重要影响。这一判决以这样的认识为前提：垄断有好坏之分，最高法院要通过自己的判断保护前者，限制后者。

最后来看第三个时期。如前文所述，这个时期联邦最高法院主要关注的对象是个人与政府的关系，在一系列有关公民权利的判例中成就非凡，而主要的推动者便是"沃伦法院"(The Warren Court)。它的第一个开创性的判决就是在"布朗诉托皮卡教育委员会案"(1952)中宣布"种族隔离"教育违宪，并进而推翻1896年"普莱斯案"所建立的"隔离但平等"的原则，而该原则旨在维护内战后原奴隶主复辟势力的利益。这个判决本身不是革命，但该判决由于突破了内战后"种族隔离"的藩篱，得以成功重新启动第14条宪法修正案所载的"平等法律保护"条款，因而有力地推动了美国"民权运动"的兴起，并最终导致了1964年《民权法》的通过，而该法"被视为20世纪美国国会通过的最重要的法令"。[①] 而我们知道，这个运动又不仅仅是黑人的民权问题，它极大地带动了美国经济、政治和文化的改革，从而引发了一场美国历史上最庞大、最深刻的社会革命。从美利坚文明积累和发展的角度看，联邦最高法院围绕"民权"问题所做出的判决涉及了诸多方面的进展：首先，在审查"布朗诉托皮卡教育委员会案"中，在重新启动第14条宪法修正案时围绕着该修正案"原初含义"的争论，最高法院提出了"平等"乃至整个宪法的含义都要随"历史条件改变"而改变的观念，从而重新激活了约翰·马歇尔关于"活宪法"的主题；其次，公民的自由和权利原本由州和地方政府管理，在1961年至1969年期间，"沃伦法院"几乎将所有与《权利法案》有关的刑事犯罪程序权的审理都纳入第14条宪法修正案

① Robert D. Loevy, ed., *The Civil Rights Acts of 1964*, State University of New York Press, 1997, p. vii.

的保护之下，从而实现了“《权利法案》的联邦化”(Nationalization of the Bill of Rights)，同时也结束了是应“全面纳入”还是“选择纳入”的争议；[①]第三，宪法制定者把“自由”视为仅涉及对“自由”的外部限制的“消极”概念，而“沃伦法院”先是在“贝克诉卡尔案”(1962)中通过对“州选区分配的公平性”的审理强调了民主的“实体价值”而不仅仅是它的“最低纲领”，后又在“夏皮罗诉汤姆森案”(1969)的审理中拆除“权利”和“特权”之间的界墙而把“福利”看做一种形式的财产而不是传统意义上的“特权”，从而引入了“积极民主”的概念；第四，“沃伦法院”大大推进了第十四条宪法修正案“平等法律保护”的范围、层面和深度，在一系列判例中，“沃伦法院”扩大了 1938 年哈兰 · 斯通所提出的保护“弱势群体”(diserete & insular minorities)的范围，甚至包括了正在候审的犯人；受保护的权利也扩大到“权利清单”以外的“全部权利”，其中就包括了“隐私权”、“象征性言论”及对公共问题的讨论不受限制等等，甚至对“淫秽”物品也在划分“性”与“淫秽”的基础上做了宽泛的界定：只要它是“基于善意的艺术或者信息作品”，都应当受到保护。[②]

人们往往误以为司法不过是“判案”而已，许多国家在许多情况下司法也确实仅仅是“判案”罢了，但从本文所讨论的美国联邦最高法院三个时期的“司法审查”活动看，在美国最高法院的“司法审查”却充满了创造性色彩：由于它的“司法审查”要落实宪法及其各修正案的原则和精神，要随时面对社会发展中提出的大量新问题，在处理新案例、新问题的过程中形成了许多新观念、新原则、新办法，否则就难于适应社会发展和司法实践的需要。从这一意义上说，伍德罗 · 威尔逊所说的美国最高法院的“司法审查”乃是一个“连续不断地开着的制宪会议”[③]确实是一个非常重要的论断，因为它划清了美国司法与普通法“遵循先例”原则主导下的英国司法的界限，充分揭示了美国“司法审查”的创造

---

① 此争议涉及第十四条宪法修正案与《权利法案》合并的问题：一派主张把《权利法案》“完全纳入”(total incorporation)第十四条宪法修正案的保护范围；而另一些法官则认为只能实行“选择性保护”(preferred freedom)。

② 参阅莫顿 · J. 霍维茨：《“沃伦法院”对正义的追求》，中国政法大学出版社 2003 年版。

③ 伍德罗 · 威尔逊的原话是：“a constitutional convention in continuous session。”转引自任东来等：《美国宪政历程：影响美国的 25 个司法大案》，第 2 页。

性。"司法审查"最终成为美利坚文明积累和发展的一大机制。对此，有谁还会怀疑呢？

四　两大文明积累机制创造性运用的法学根源：由自然法学向社会法学的转变

以上所探讨的两大文明发展机制，其形成都直接或间接地与1787年宪法有关，只不过前者更明显而后者稍差而已。从已有的事实和本文的讨论来看，这两种机制在美利坚文明的积累和发展中都得到了创造性的运用，其成就在西方国家乃至世界各国中实属罕见。然而，只要稍加思考就可明白：一种机制的建立和对这种机制的利用本是两回事，有一个好的机制并不等于会得到好的利用，因为机制本身乃是中性的。那么，是什么促成了美国对两种机制的创造性运用，并如此非凡地推动了美利坚文明的积累和发展呢？笔者认为，人们可以找出各种各样的理由和解释，包括经济的、社会的和文化的理由和解释，但其中最重要的是美国法学观念的转变，即：由自然法学向社会法学的转变。其秘密就在于：与自然法学不同，社会法学强调立法和司法需面向社会、面向实践、面向事实，而不能拘泥于习惯、传统和先例，可以说其本质就是创新的。

问题在于，美国立国之时，在美国占主导地位的法学思想是自然法学而非社会法学。这是因为，美国是在英属北美殖民地的基础上发展起来的，英属北美殖民地曾经是大英帝国的骄子，殖民地的各种制度和文化亦无不受其母国的影响，这其中就包括英国的"普通法"(common law)或"习惯法"，而"普通法"的主要基础是"自然法则"。[①] 正如科恩所指出的："'自然法'学说盛行于美国各殖民地，对《独立宣言》和《权利法案》产生了影响，并一直指导着我国的基本法理论和宪法。"[②]这是有充分事实为根据的：杰斐逊在《独立宣言》中公开申明，美利坚人脱离英帝国而独立的行动所遵循的是"自然法和自然神法"(the Law of Na-

---

① J. Otis, *A Vindication of the British Colonies* (1764). 转引自莫顿·J. 霍维茨：《美国法的变迁：1780—1860年》，中国政法大学出版社2004年版，第5页。

② 科恩：《法律与理性》。转引自詹姆斯·安修：《美国宪法判例与解释》，第146页。

ture and of Nature's God);[①]1896 年，布鲁尔法官说："宪法前 8 条修正案的目的是在基本法中贯彻某些'自然正义'的原则"。1909 年，迪安·庞德也指出："我们必须记住，'自然法'是《权利法案》的理论根据。"[②]1787 年宪法没有一个地方使用"自然法"这一概念，但绝大多数宪法学家认为"宪法贯穿了'自然法'的观念"。宪法在"序言"中允诺要"使我们自己和后代得享自由的幸福"，这"自由"便是一项由制宪者们列举的"自然权利"。宪法第四条所载"特权"和"特免"条款，历来被认为是"属于自由国度中公民自然的和基本的权利"，是"属于全体公民的自由的和不可让渡的权利"。至于宪法第一条第十款所载"契约"条款，更是一项十分重要的人类"不可让渡"的自然权利，它受政府的保护但不受政府的干预。应当指出，以"自然法"理论为基础的"普通法"，它虽然坚决地捍卫了人类的基本权利，并把它视为天赋的永恒的和理想的东西来保护，但"普通法"传统也存在着一些固有的缺陷：第一，"普通法"把人的基本权利视为"天赋的"，但立法和司法中的大量问题和案子却产生于社会实践，这里存在着法学观念和社会实践的尖锐矛盾；第二，"普通法"把人的基本权利视为天赋的、永恒的和理想的东西，而社会实践却在不断地发生着深刻的变化，这里存在着固定的法学观念与不断变化的社会现实的矛盾；第三，"'普通法'等于固定的、习惯性的标准"，要求立法和司法遵循习惯和先例，由此建立的法律大厦"不会有任何创新"[③]；第四，英国是一个典型的旧世界文明古国，而美国却是一个在"处女地"上成长起来的新兴国家，其财产关系和社会结构迥然不同，产生于旧世界的"普通法"很难完全适应新大陆。从这一意义上说，基于"自然法"的"普通法"不能（至少不能完全）解释美利坚文明积累和发展的机制和方式。

问题还在于，社会法学似乎也不能完全解释美利坚文明积累和发展的机制和方式，因为 19 世纪末和 20 世纪初这个学派才在美国正式形成。当然，这是就这个学派形成的时间而言的，而不是就这个学派的法学思想和性质而言的。就其法学思想和性质而言，它本是对自然法

① Henry S. Commager, *op. cit.*, p. 100.

② 转引自詹姆斯·安修：前引书，第 145 页。

③ 莫顿·J. 霍维茨：前引书，第 12 页。

学进行反思和批判的结果，因为19世纪末和20世纪初随着大企业时代的到来和工业化的基本完成，美国的经济关系和社会结构正发生着深刻的演变，而社会问题和矛盾也日益尖锐，这对传统的法学观念和实践提出了巨大的挑战。美国社会法学派的代表人物，包括奥利弗·温德尔·霍姆斯（1841—1935）、迪安·罗斯科·庞德（1870—1964）和本杰明·卡多佐（1932—1938年在任），庞德是他们之中的领袖，也是整个西方社会法学界的领袖，曾任哈佛大学法学系主任。社会法学的关键词是“人”、“经验”、“社会利益”和“社会效果”：庞德主张法学应“将人的因素置于中心的地位”，应“是适应于它所要指导的人性思想，而不是适应于那些初始原则”；霍姆斯说：“法律的生命向来不在于逻辑，而在于经验。时代的种种为人们亲身感受到的必然需要——流行的道德理论和政治理论，公开承认的或不自觉的对公共政策的直觉认识，甚至法官公开与同胞共有的种种偏见——对于确定治世律人法则都要比‘三段’认识论法是有关系得多。”霍姆斯还认为“社会利益”是“法律吸取全部生命之源的神秘根基”，是任何法官“无法规避”的必须着重考虑的“责任”；而卡多佐则强调司法程序的“社会效果”，认为司法判决“必须在更大程度上取决于会因此损益的各种社会利益的不同意义或价值”[①]，并在判决中随时对社会利益加以“平衡、协调和调节”。正是从这些法学认识和思想出发，美国社会法学的这些代表人物强烈批判审判中对制宪者意图的偏好，强烈反对在解释宪法时拘泥于它的文字和条文，强烈反对在一切判案中不加区别地采用遵循“先例”的原则，从而使立法和司法（特别是司法）更接近于美国的社会现实和生活，并进而在实践和经验的基础上进行立法和司法的创新。由此，可以断言：19世纪末和20世纪初所形成的社会法学，在内容、观念和本质上可以而且应该为美利坚文明积累和发展的上述两大机制和方式提供形成和运用的动力，应是上述两大机制获得“创造性”运用的法学根源和深层原因。影响其发挥作用的似乎只是时间问题，因为不能把19世纪末和20世纪初才形成的社会法学用来解释它形成以前的社会历史现象。

然而，有趣的是，这并不能阻止把“社会法学”视为上述两大机制和方式获得创造性运用的法学根源，因为我们掌握了这样一个事实，即：

---

① 詹姆斯·安修：前引书，第189—214页。

大约从19世纪20年代起，即美国建国之后不到一代人的时间，美国以“自然法学”为主体的立法和司法理论和观念就开始发生演变，而这种演变的趋势在本质上与“社会法学”是一致的。推动这一演变的动因有二：其一，是1791年联邦最高法院大法官詹姆斯·威尔逊(James Wilson，1789—1798)所开设的“法律讲座”。这个讲座的设置是对英国著名法学家威廉·布莱克斯通爵士不久前提出的“法律意志论”(will theory of law)的直接回应，但更主要的原因是为了回答“美国革命”期间美国法学界和司法界围绕着“普通法”的利弊得失所进行的讨论而提出的种种问题，以便让美国的法学更适应“新大陆”的社会现实和社会需求，有着深刻的历史背景。在这个讲座中，他一方面表明英国大法官布莱克斯通所坚持的“法律是主权者意志”的主张是“不恰当的原则”，另一方面则明确提出“服从人类法律的唯一合法性原则是人们对法的合意”。而且在他及其追随者看来，无论是“制定法”还是“普通法”都是“公众的意志的表现”，这就在实质上改变了以往从法律固有的公正或正义中界定法律之合法性和义务的观念，而把法律视作意志的工具，从而宣告了“工具性法律观念的兴起”。正如莫顿·J. 霍维茨所说：“革命后，尽管美国人抨击布莱克斯通主义者单一的、不可分割的主权理论，但是，他们同样也开始广泛地接受该理论背后的现代法律理论。虽然他们质疑‘议会至上’原则，但是，他们同时又主张：成文宪法具有合法性，因为它体现了人民的‘意志’。而且，由于他们寻求以人民主权来重新界定法律义务的基础，他们倾向于维护立法机关和‘制定法’的根本优越地位。其结果是，‘普通法’规则最初的‘自然法’基础开始瓦解。”[1]其二，是工业革命初期关于“用水权”的争议所引发的“普通法”有关“财产”观念的改变。原先的绝对财产权利观念原本产生于经济活动不多的社会，且在其观念形成过程中起关键性作用的是英国的乡绅，主要奉行所谓“时间在先、权利优先”原则。工业革命以纺织和加工业起飞，最初又主要以水力为其动力，所以，作坊主常常在河上筑堤坝以提高水位和落差，不免波及其上游或下游原土地所有权人的利益，引发大量有关“用水权”的纠纷。这种纠纷和争论的实质是：在经济活动增加、资源利用“多元化”的情况下，能否依然固守以往的带有排他性的财

---

① 莫顿·J. 霍维茨：前引书，第25页。

产所有权观念？答案是否定的。这里以两个判例为证：一个是“帕尔默诉马利根案”(1805)，另一个是“普拉特诉约翰逊案”(1818)，两者都是由于建作坊阻断水流引起的法律纠纷。布罗克霍斯特·利文斯顿法官在前一案件的判决中，首次认定上游河岸土地所有权人可以因建作坊的需要而阻断水流，由此给其他所有权人带来的“微小的不便”可以忽略不计。而法院在后一个案例也认为：“虽然在财产的使用和享用中，都会产生权利的冲突，但是，法院在做出法律判断的过程中，不能将其作为对权利的侵犯。”这两个判例都“远离自然使用规则和优先权规则这些财产理论”，而将“衡量财产使用的相对效率”作为“法律上可以允许的损害的最终标准”。尽管上述两大“动因”远没有那么简单，但由此推动的美国法学的新趋势已然形成，正如美国著名法学家莫顿·J. 霍维茨在对有关史实做了权威研究后所断言的：

> 到 1820 年，与 40 年前相比，美国的法律版图几乎“脱胎换骨”了。尽管法律用语几乎没有改变，但是，法律思想的结构已发生了急剧变化，这又使法律理论发生了变化。法律不再被认为是习惯表达的、源于自然法的一套永恒原则。它也不再被当做主要是在个案中伸张正义而设定的规则体系。相反，法官逐渐认为，“普通法”与立法一样，都要承担调整社会关系的责任，都要承担管理社会并鼓励符合社会期望的行为的责任。强调法律是政策的工具，既促进了创新，也使法官可以自觉地以社会变革为目标，指导制定法律规则。①

笔者以为，1820 年以来所形成的这一法学的新趋势，不仅和 19 世纪末、20 世纪初形成的美国社会法学是一致的，而且简直可以视为美国“社会法学”形成的必要前提，正是它和社会法学一起，共同使美国的立法和司法进入了一个“能量释放”阶段，导致美国“现代法律史中的创造性爆发”(丹尼尔·布尔斯廷语)，即本文所讨论的两大文明积累和发展机制的“创造性运用”。

由此，可以进一步推论：在美利坚文明积累和发展的过程中，同时并存的“自然法”和“制定法”两大法律观念和制度，起主要作用的可能

---

① 莫顿·J. 霍维茨：前引书，第 41—42 页。

是后者而不是前者，那种夸大"自然法"在美国历史中的作用的观点是错误的。

还可以进一步推论：将英吉利文明与美利坚文明相比，后者的发展必然超越前者，因为二者的法律虽然同属一个"法系"，但后者的法律和机制更具有"创造性"。

（原载《美国研究》2006年第3期）

读史札记

一　鲜为人知的《五月花号公约》

在我们的美国史教材，以及相关的著述中，《五月花号公约》一般是会提到的。已出版的有关美国的历史文献，如赵一凡编的《美国的历史文献》，[①]包括一些翻译过来的历史文献集，一般也收有该公约的文本。近几年，还翻译了三本有关专门或流行著作：(1)是 W. 莱德福德的《"五月花号公约"签订始末》；[②](2)是纳撒尼尔·菲尔布里克的《五月花号：关于勇气、社群和战争的故事》；[③](3)是克里斯托弗·希尔顿的《五月花号：一次改变世界的航行》。[④] 但笔者为何说这个《公约》还是"鲜为人知"呢？我所指的，不是这个《公约》产生的一般历史背景和它的基本内容，而是它所包含的深刻内涵及其历史意义。

关于《公约》产生的历史背景，以往一个众所周知的说法是：当时，满载着 102 名乘客的"五月花号"移民船，按照与伦敦弗吉尼亚公司签订的合同，原本要在新大陆的哈德逊河河口登陆，却被风暴吹离航线和目的地，来到新英格兰科德角(Cape Cod)的一处海湾。由于孤立无援，又远离了合法登陆地，这批成了难民的移民，决定在绝境中团结起来掌握自己的命运，于是登陆前在船上起草并签署了上述《公约》，此事发生于 1620 年 11 月 11 日。41 位签署人是以约翰·卡弗(John Carv-

---

① 三联书店 1989 年版。

② 华东师大出版社 2006 年版。

③ 新星出版社 2006 年版。

④ 华夏出版社 2006 年版。

er)为首的家长和成年男子，他们都是由英国经荷兰转往新大陆的清教徒，更确切地说是其中的分离派分子，这些人当时被威廉·布莱德福德称为“pilgrims”(朝圣者)，意为“远足国外的人”。[①]

这一说法有其合理性。但以下事实为此说提出了质疑：其一，据1620年11月3日新英格兰特许状，“五月花号”清楚其实际目的地就是新英格兰。1636年11月，根据英王室指示起草的普利茅斯第一个民法典也说，“1620年所进行的那次航行所进入的美洲那部分称为弗吉尼亚或新英格兰”，是“新英格兰的第一个殖民地”。[②] 这也有《五月花号公约》本身的文本为证，该公约称此次航行的目的是要“在弗吉尼亚北部开发第一个殖民地”，只是以往很少有人留意到这段文字而已；其二，“五月花号”上的乘客并非全是清教徒，更非均为英国经荷兰而来的分离派，一般认为这些人主要由两大集团构成：(1)是所谓“莱顿弥撒团”，即早先从英国逃往荷兰的分离派清教徒；(2)是被莱顿集团称为“陌路人”(strangers)的人，他们是在南安普顿才加入到莱顿集团队伍的；其三，按熟知内情的库什曼的说法，“五月花号”上的乘客们在新英格兰上岸之前显然出现了“内部不和”：“陌路人”与莱顿弥撒团界线分明，认为他们手中握着的合同是弗吉尼亚的而不是新英格兰的土地专用权，因此坚信上岸过后可以想干什么就干什么，谁的话都可以不听，甚至在船上发表“叛乱式”演讲。(参阅克里斯托弗·希尔顿：前引书，第105页)由此可见，直接导致起草和签署《五月花号公约》的迫切原因，其实主要是“陌路人”的骚动。换言之，《公约》产生的历史背景，主要是社会的而不是自然的。了解这一点，显然有助于我们对《公约》之原则和精神的理解。

关于《五月花号公约》的主要或基本内容，1995年三联书店出版的由戴安娜·拉维奇所编《美国读本》，载有一篇中译文，现摘录如下：

> 为了上帝的荣耀，为了增强基督教信仰，为了提高我们国王和国家的荣誉，我们漂洋过海，在弗吉尼亚北部开发第一个殖民地。

---

① 参阅克里斯托弗·希尔顿：《五月花号：一次改变世界的航行》，华夏出版社2006年版，第88页。

② 参阅 Minnie G. Cook, “The Susan Constant and the Mayflower”, *William and Mary Quarterly*, No. 4. (Oct., 1937), pp. 469-470。

我们在上帝面前共同立誓签约，自愿结为一民众自治团体。为了使上述目的能得到更好地实施、维护和发展，将来不时依此而制定颁布的被认为是对这个殖民地全体人民都最适合、最方便的法律、法规、条令、宪章和公职，我们都保证遵守和服从。(《美国读本》第2页)

应该说，这个译文大体是可以的，基本上表达了《五月花号公约》的原意。但如果仔细推敲，又觉在不少地方并不十分准确，未能充分体现原件的"理念与理想"。为了准确解读《公约》的原则和精神，弄清译文在哪些地方发生失误，这里特将原文照录如下：

> Having undertaken for the Glory of God, and Advancement of the Christian Faith, and the Honour of our King and Country, a Voyage to plant the first colony in the northern Parts of Virginia; Do by these presents, solemnly and mutually in the Presence of God and one another, covenant and combine ourselves together into a civil Body Politick, for our better Ordering and Preservation, and Furtherance of the Ends aforesaid; And by Virtue hereof do enact, constitute, and frame, such just and equal Laws, Ordinances, Acts, Constitutions, and offices, from time to time, as shall be thought most meet and convenient for the general Good of the Colony; unto which we promise all due Submission and Obedience. ①

通读公约文本，我们不难发现，公约的关键词或核心概念乃是"a civil Body Politick"，而文件中谈到的其他一切的一切，如何组成这样一个"团体"，又如何管理这样一个"团体"，在组成和管理这个"团体"时应遵循哪些制度和原则，这些原则和制度又应当遵循什么样的精神，都是围绕着这个关键词或核心概念展开的。但应当如何翻译这个核心概念呢？笔者认为，它应译作"公民政治团体"而不应译作"民众自治团体"，因为：首先，文本中两次谈到，这个"团体"管理的单位和对象是"Colony"(殖民地)，而不是一般的社会或教会组织；其次，后文谈到，这

① Henry S. Commager, *op. cit.*, pp. 15-16.

个“团体”具有制定和实施宪法和法律、条令、规章的功能，其权力显然超出了一般社会团体的范畴和能力；再次，由于它是一个拥有“政府”功能的政治团体，被“联合”和组织起来的“我们”的身份就由一般的“民众”演变成“公民”；最后，“我们自己”联合而组成“公民政治团体”是“自治”的一个必要条件，但不是这个“公民政治团体”实行“自治”的充分条件。因此，此核心概念不宜直译为公民“自治团体”。顺便指出，“civil”这一概念虽然早在古希腊就存在了，但《圣经》中并无此概念，现在能查到的英语中最早使用此概念的时间已晚至 1362 年了，但英语中大量或普遍使用此概念却是 16 世纪即进入资本主义时代以后的事情，当时主要有三层意思：市民的、公民的、世俗的，但基本含义是“公民的”。①

那么，《五月花号公约》是如何界定这个“公民政治团体”的呢？或者说，构成这个“公民政治团体”的要素、原则和精神是什么呢？从《公约》围绕“公民政治团体”这一核心概念所作的规定或宣示看，笔者认为至少应当包括如下几条：(1)这个公民政治团体的组成应是“自愿”的，因为公约说它是“combine ourselves together into”，即是“我们自己结合而成的”，因而自然是自愿的，它体现了公民社会的“契约”原则；(2)这个团体应“to enact, constitute, and frame”(实施、制定和设计或规划)一整套法律、法规、条令、宪章和行政机关，可见它拥有明确的立法、行政和司法之权，是依法而治的；(3)不过，公约给“实施、制定和设计(或规划)”这三个动词加了一个重要状语：“from time to time。”这一短语有两层含义：一是说这些法律、法规、条令和宪章的设计、制定和实施不是一次完成的；二是说在设计和制定这类法律、法规、条令和宪章时要视情况而定，颇有“与时俱进”的味道；(4)公约还要求，该团体在制定法律、法规、条令和宪章时，一是要考虑到“殖民地的整体利益”(for the general Good)，二是要“尽量做到适当和方便”(thought most meet and convenient)，它体现了作为一个“公民社会”的法律和政策的公共性、普遍性和可行性；(5)公约不仅要求这个公民政治团体在立法时要考虑到殖民地的整体利益和适当、方便，还进一步要求其法律、法规、条令和宪章必须是“公正和平等”(just and equal)的，这就把公约的性质和水

① J. A. Simpson and E. S. C. Weiner, *The Oxford English Dictionary*. Vol. II. Clarendon Press. Oxford, 1981, pp. 255-256.

准提升到一个很高的高度。前者强调的是“公正”而后者强调的是“平等”,但两个概念各自都有其丰富的内涵,不可简单地译为“公平”;(6)最后,公约签署人“全体保证遵守和服从”这些法律、法规、条令、宪章和行政机关,并在作出这种保证时还特地用了状语“all due”,充分体现了一种公民意识和法治意识的自觉,因为服从法律而不是服从强权,正是公民意识和奴隶意识的根本区别。由此观之,《公约》虽然是一个宗教誓约,但它不仅堪称美国历史上第一个宪法性文件,而且“预兆了民主政治的许多理念与理想”①,其精髓是关于公民自治的原则和精神。自然,《公约》签署人所要建立的这个“公民政治团体”,从形式到内容确实是“自治”的,虽然文本从头到尾没有使用“自治”一词。

以下几点颇为费解,因而特别值得关注:其一,《公约》被称为“宗教誓约”,但为何文本没有一处提及教会及教会的管理?这是因为:第一,导致起草和签署《公约》的动力,不仅有经荷兰前往新大陆的英国清教中的分离派教徒,更有中途上船并开始闹事的“陌生人”;第二,它要管理的那个共同体不仅仅是“教会”,而是一个尚未直接面对过的“殖民地”(Colony);第三,它的管理不仅要通过一般的法律、法规和条令,而且还要通过“constitutions”,“constitutions”属于根本法的范畴,不见于教会法。它说明,《公约》虽然是一个宗教誓约,但其内容却是一个社会契约,如果把它拿到英国革命的大背景下来观察,它可能是这场革命前产生的第一个披着宗教外衣的革命性文献,因为它所主张的自治实际上是否定专制王权的,尽管它声称是为了“提高英王的荣誉”。其二,《公约》是讲组织“公民政治团体”的,主要考虑的是该团体的制度和原则问题,何以在“法律、法规、条令和宪章”的制定之外,还要加上一项“offices”,而且使用的是复数?查有关辞典,“office”有两个基本含义:一是指公共机构的公职或职位,二是指其办公的机关和地方。它说明,公约不仅考虑了构成一个“公民政治团体”的原则和精神问题,而且同时考虑到了执行这些原则和精神的权力结构,以及它们之间的关系和配置问题,这是公约务实性的一个突出表现。而且,从公约对“整体利益”(general Good)的特别关注看,这个权力机构具有“普遍性”。其三,更为奇怪的是,分离派主张各教堂独立,只成立联合性质的组织,而

① J. 艾捷尔编:《美国赖以立国的文本》,海南出版社 2000 年版,第 4 页。

反对设立行政性的总机构，为何在由分离派起草的《公约》中所设计和规划的权力机构具有“整体性”，而且具有立法、行政和司法的功能？这只能这样来解释：这些分离派教徒作为“pilgrims”在向美洲殖民过程中，不仅面临人事和环境提出的不可回避的许多新挑战，面临着治理一个即将建立并充满变数的新事物即“殖民地”的任务，昔日的分离派清教徒在殖民过程中也面临着日益世俗化问题，由此引发的观念上的改变是必然的。

《五月花号公约》1620 年问世后，尽管从一开始就在普利茅斯殖民地被实施，但成为新英格兰乃至美国“中心传说”之一，则是在北美独立战争期间：“1797 年波士顿举办的朝圣者登陆普利茅斯的庆祝活动，庆祝常常演变成联邦党人的狂欢。”[1]但对它的性质和作用一直存有争议：威廉·布莱德福德坚持认为，朝圣者们起草了一份“与任何英国专制形式不一样的独立契约”，而马克·L. 萨金特则指责它是“一个保守的契约”。[2] 笔者认为，朝圣者的“联合”，在当时确是一种压服不同意见的努力，《公约》甚至也没有使用过“自由”一词，而且把朝圣者重新定位为“英王室的忠实臣民”，但这并不意味着它是一个“保守”的文件，从上面我们对文本的考察和分析可以看出，朝圣者们从一开始就接受了英国的法理作为殖民地的法律，《五月花号公约》构建了一种“真正的民主制”(Thomas Hutchinson 语)；《公约》在谈到殖民地法制建立的时候，除“制定”和“实施”两词而外还使用了包含了“规划”和“设计”含义的“frame”一词，这赋予该文献以创新精神。正如乔治·查默斯(George Chamers)所指出的：

> 分离派圣徒们预见到，仅有宗教而没有政府的权威，就不能维持和平和安宁，甚至也不能建立起一个社会。[3]

（2007 年撰稿）

---

① Mark L. Sargent, “The Conservative Covenant”, *The Rise of the Mayflower Compact in American Myth*. *The New England Quarterly*, No. 2 (Jun., 1988), p. 234.

② Mark L. Sargent, *op. cit.*, p. 238.

③ 转引自 Mark L. Sargent, *op. cit.*, p. 238。

二 理想与实验

几年前，商务印书馆译出了一部美国史，译名题为《美国的历程》。此书的原名其实叫“The National Experince”。据我的猜测，作者是企图通过这一命名，表达一种美国人独特的历史观。这种历史观的核心，就是把美国的历史看成是一种理想的“实验”或“试验”。

该书第五章第二节，标题就赫然为：“The Experimental Period”，即“实验时期”。作者说：“在列克星敦、康科德和邦克山，美洲人是为反对英国议会征税而战。1776 年 7 月 2 日以后，他们是为了独立而战，虽然在开始时，他们中间很可能没有多少人明确知道独立除了意味着结束英国的专制统治，还将意味着什么。在 1776 年至 1789 年期间，他们探索其所获得的新自由的前景。这 13 年，可以看做是美国历史中的实验时期，也就是美国人展翅试飞，发现其民族特性的时期。他们有系统地叙述了过去仅仅是不太清晰的思想和理想，并且找到了如何把这些思想和理想付诸实践的方式和方法。”这正是上述美国人独特历史观的具体体现。

追根溯源，这种独特的历史观不是来自别人，正是来自“美国的建国之父”乔治·华盛顿。正是这位美利坚合众国的缔造者，世界历史上第一位民选的总统，在其第一次总统就职演说（1789 年 4 月 30 日）中，以一种乐观、自信而又朴实的语言，首次把美利坚合众国的创建称作“experiment”（实验）。他宣称：“人们已将维护神圣的自由火炬和维护共和政体命运的希望，理所当然地、意义深远地、也许是最后一次地，寄托于美国民众所进行的这一实验上。”①

1936 年，美国历史学家 D. 马齐（David S. Muzzey），在谈及华盛顿就职演说中所表达的这一思想时说：“当华盛顿谈到美利坚合众国的‘实验’（experiment）时，他是用了一个非常适当的词儿。因为当时世界上还没有这样的国家，做过由人民自己来进行治理这种政体的试验（trial），而且他们是作为自由公民而不是国王、王公或封主的臣民，来

① H. S. Commager, *op. cit.*, p. 152.

选择其从事公共事务的'公仆'。"

（原载《读书》1997年第6期）

三　F. 特纳"边疆假说"的一个翻译问题

1893年弗里德利克·J. 特纳在《边疆在美国历史上的意义》一文中，提出了他著名的"边疆假说"。近些年来，由于对美国边疆史的兴趣，笔者接触了有关这方面的一些资料，发现关于特纳的这个"边疆假说"，我国学者中竟有三种不同译文。鉴于这个问题在学术上的重要性，我以为有必要提出来加以讨论，因为它是引发许多争论的原因。这三种译文是：

(1)"直到现在，一部美国史大部分可以说就是对于大西部的拓殖史。一个自由土地区域的存在，及其继续的收缩，以及美国向西部的拓殖，都可以说明美国的发展。"①

(2)"直到现在，一部美国史大部分可以说就是对于大西部的拓殖史。一个自由土地区域的存在，及其继续的收缩，以及美国向西部的拓殖，就可以说明美国的发展。"②

(3)〔直到现在为止，一部美国史大部分可以说是对于大西部的拓殖史。〕"可以自由进入的地区的存在及其不断的收缩，还有美国人的定居地继续向西插进，这一切说明了美国的发展。"③

译文的重要差异，出现在这段文字的最后一句话中。关于边疆在美国历史上的意义，上述译者实际上根据自己的理解，对这一问题作出了三种不同的回答。根据第一种译法，边疆的拓殖"可以说明"美国的发展，语势带有假设性或推测性。在第二种译文中，由于在"可以说明"之前加了一个"就"字，虽然保留了上述译文的假设性，但把"边疆"变成了"说明美国发展"的唯一因素，因为在这里"就"带有"仅"或"只"的含义。而在第三种译文中，由于把"说明"一词译成了过去式，即把"可以

---

① 见《历史译丛》1963年第五期。由黄巨兴译，张芝联校。

② 见杨生茂编：前引书，第3页。译文选自上面译文，但作了修改。

③ 见雷·艾伦·比林顿：前引书。

说明"译成"说明了",而成为一个已被证明的真理或判断。显然,在三种译文之间,存在着原则性的分歧。既然如此,那么究竟哪一种译文更合乎原意呢?为了弄清这一问题,现将原文照录如下:

> Up to our own day American history has been in a large degree the history of the colonization of the Great West. The exisistence of a area of free Land, its continuous recession, and the advance of American settlement westward, explain American development. ①

从原文看,"说明"一词使用的是原形,在英语语法上是复数,第三人称现在一般时,因此不能译为"说明了",因为它是现在时而不是过去时。此外,原文动词"explain"没有任何附加成分,因此在"说明"之前加一个"就"字是没有根据的,"就"字多少带有译者的主观色彩。至于在翻译时,在"说明"之前加"可以"两字,虽然在原句中找不到相应的成分,但可以从原文使用的现在一般时推演出来,因这种时态的基本用法之一,就是表示主体的"能力"。为何对特纳这段文字的翻译会产生如此明显的分歧?问题的关键出现在对其"边疆假说"的理解上,即没有弄清"特纳是在提出一个假说,而不是企图去证明一个理论"(雷·A.比林顿语),而上述这段文字正是其"假说"的集中体现,不能译成一个定论。

我们还注意到,尽管特纳的"边疆假说"包含有地理决定论的因素,但在上述这段文字中却不包含这一因素。这段文字的内容有三:(1)一片"自由土地"的存在;(2)美国"定居地"的向西推进;(3)自由土地的"不断收缩"。其中,第一项讲的是自然地理,第二项讲的是社会移动,第三项讲的是二者的互动关系及后果。这里人与物相对照、进与退相结合,是一幅静与动并存的完整图景。可见,在这里特纳并不是讲地理条件,因而更不是地理决定论。

最后,我以为,虽然第一种译法较好,但那个"都"字用得并不好,也是附加到"说明"一词之上的。它本是想强调主语的复数概念,但在汉语中"都"字有"全体……都"和"分别……都"之意,这就容易引起这样

---

① F. Turner, *The Frontier in American History*, p. 1.

的误解，仿佛“自由土地”的存在可以说明美国的发展，“定居地”的向西推进可以说明美国的发展，而自由土地的不断收缩也可以说明美国的发展，这是不符合特纳原意的。因此，这段文字应译成：

> 直到现在为止，一部美国史在很大程度上是对于大西部的拓殖史。一个自由土地区域的存在及其不断的收缩，以及美国定居地的向西推进，可以说明美国的发展。

（原载《读书》杂志1998年第9期）

四 从《苦难时期》看美国“历史计量学派”

R. 福格尔和S. 恩格尔曼：《苦难时期：美国黑人奴隶制经济学》（第一卷）；《苦难时期：论据和方法·附录》（第二卷），波士顿—多伦多，1974年。

《苦难时期》一书是“历史计量学派”关于美国奴隶制问题的代表作之一。关于“历史计量学”，福格尔和恩格尔曼在其主编的《美国经济史的重新解释》（纽约，1971年）一书中，又称“计量经济史学”，或“新经济史学”。这是当前美国资产阶级史学流派之一，它产生于20世纪50年代末，在60年代逐渐形成为一个重要学派，70年代以来仍在继续发展。“历史计量学”的产生绝不是偶然的：50年代以来，世界革命形势不断高涨，美国内外矛盾日益激化。60年代中，黑人运动、学生运动、反战运动，猛烈地冲击着美国社会，充分暴露了这个社会不可克服的内在矛盾。在这样的形势下，“传统经济史学”在为统治阶级进行辩护时，处处显得无能为力，于是“新经济史学”便应运而生。这个“新的”学派，打着“科学”的旗号，运用“数学”作工具，对“传统经济学”进行全面“反驳”，“重新解释”整个美国经济史。

“历史计量学”的第一篇代表作是A. 康拉德和J. 梅耶尔所写的《内战前南部奴隶制经济学》一文，发表于1958年。这篇以证明内战前奴隶制具有“赢利性”为目的的文章，多少预示了“历史计量学”以后发展的方向。从60年代开始，以“历史计量学”为主题的著作和文章不断出现，并从中涌现了一大批有名的历史计量学者：L. 戴维斯、J. 休斯、R. 福格尔、S. 恩格尔曼、S. 雷特、D. 诺尔斯、R. 加尔曼等。这个时期最重要的著作，是 R. 福格尔于 1964 年发表的《铁路和美国经济成长：计量经济史论文集》，它被认为是“新经济史学”发展中的一个“突破”。至此，福格尔已颇具声名了。当 1971 年他和恩格尔曼主编的《美国经济史的重新解释》一书在纽约出版的时候，大体上可说，“历史计量学派”以此为标志最后形成了。福格尔和恩格尔曼就是这个学派的主要代表人物。该书收集了这个学派 60 年代以来发表的几十篇文章，涉及“历史计量学”的各个领域，其影响是不小的。

美国奴隶制问题，是“历史计量学”的中心题目之一。这个学派虽以“论证”南北战争的“必要性”的姿态出现，但是，这并不妨碍他们去“论证”内战前奴隶制的“生命力”。他们的目的，是要完全推翻文献中早已确定的关于美国奴隶制是建立在残酷剥削黑人的经济制度之上的、落后的和生产率不高的这样一个概念，而把在奴隶制度统治下的南部社会描绘成一个生产水平高的、黑人生活条件较好的、甚至是“繁荣”的社会。为此，他们采用了像“反事实度量”这样罕见的“论证”手法，其实质是：为了达到作者的目的和纯粹推理的需要，可以不必根据客观事实而只凭作者提出的假设，并以此作为自己论证的出发点。历史计量学者们究竟怎样“论证”奴隶制的“生命力”？这里，不妨以《苦难时期》一书为典型作一些解剖。

《苦难时期》一书，虽由福格尔和恩格尔曼主编，但他们却有大量专门助手的帮助。几十名高级研究者不仅收集了大批有价值的原始资料，而且进行了分类和综合整理。本书发表以后，曾获班克罗夫特奖金并在几个国家出版发行。福格尔也立即被邀请同时担任了哈佛大学历史和经济教授，并被选为华盛顿国家科学院成员（是其中第一个和唯一的一个历史学家）。

福格尔和恩格尔曼对奴隶制经济学的“变革”，集中地概括在《苦难时期》一书序言中，其主要论点是：1860 年“南部奴隶制农业经济比北部农场制度效率高 35%。”也就是说，奴隶制度比自由劳动制度优越。在福格尔和恩格尔曼看来：（一）奴隶制“不是”由种植园保存下来的“非理性的制度”，它在内战前夕在经济上“并没有衰退”；（二）种植园主不仅没有对奴隶制本身的前途发生悲观，甚至还预见到将有一个“史无前例的繁荣时期”；（三）“典型的”奴隶不仅“不是懒惰的、无能的和无效力的”，而且还能和工业工人进行“胜利竞争”；（四）最后，奴隶的生活条件比“自由工人”的生活条件更好，一个“典型的”奴隶可以获得“他的劳动收入的90%，”等等。作者把这些观点吹嘘成是采用了最完善的数学方法和最可靠的文献资料而得出的科学真理。读者从该书中可以看到几十种表格、图表、统计、公式，这些都是用精确的百分比进行复杂运算的“最后结果”，仅参考书目就列举了398种。作者宣称，历史计量学者们收集了较前远为完备的关于奴隶制工作情况的资料。

确实，对数学和现代科学的尊崇可能会令某些读者惊叹不已，并使他们相信作者们的“惊人发现”绝对可靠。然而，书中的那些“最后结果”决不精确，因为作者用以计算的原始资料并不精确。福格尔和恩格尔曼及其助手们研究的基础是由19世纪美国的官方统计，首先是人口调查材料所决定的。十分清楚，这些调查本身就远不是那么完全和没有缺陷的，例如，关于美国黑人状况的报道就有非常多的问题。所有这些材料在当时都是由那些只征询白种人的白人调查者收集的。在南北战争前领导调查工作的照例是南部的代表，特别是那些奴隶制度的公开捍卫者，如约翰·德鲍那样的人。已有人注意到，由于大多数种植园主住在城市，他们的奴隶有时也就计入城市人口，尽管实际上他们是在种植园劳动。而在别的情况下，例如要考虑征税问题，奴隶的数目也可能被缩小。J. 哈泽尔在研究了亚拉巴马州一个地区的人口成分后发现，在1860年人口调查中至少有183名奴隶未被计算在内。而假如原始资料是错误的，那么在按人口计算给养、劳动生产率等等时，所得出的结果就会出现严重的差错。

为了证明南部种植园主的道德高尚，福格尔和恩格尔曼援引1860年人口调查记录，在纳什维尔市的娼妓中只有4.3%是黑人，而且其中既没有一个女奴，也没有一个纯粹黑人。但是，他们忘记了这样一个事实：1860年的人口调查根本没有包括奴隶，统计资料仅限于自由人口。因此，关于纳什维尔市娼妓材料的收集者无论如何也不会考虑到女奴中的娼妓。为了把奴隶主的道德理想化，作者在计算中完全忽略了黑人携同白人妇女逃亡的全部情况，以及黑人妇女在白人家庭中生了黑人孩子后被迫离婚等等情况。虽然这些资料没有载入调查记录中，但从殖民时代的报刊消息、诉讼案卷方面仍然可以了解到。

然而，问题还不在于原始资料的缺陷，而在于怎样利用这些资料。《苦难时期》写道，在B. 巴罗先生的种植园里有奴隶约200人，每人每年只遭受过 0.7 次鞭打;而有一半的奴隶在两年之中没有受过一次鞭打。但是,作者竟然没有计算 19 世纪末黑人受私刑的数字。他们硬说:一个黑人受私刑的机会总共只有 0.0002 次,而 99.998%的黑人根本没有受过私刑。这完全是掩盖事实。不要忘记,在殖民时代,每一个逃亡黑人都有被自己的主人搜捕并处以绞刑的可能。即使在巴罗的种植园里,每两年就要发生 160 次残酷鞭打奴隶的事件,平均每 4 至 5 天就有一次,而且在大多数情况下都是当众进行的。古特曼在对巴罗种植园处罚奴隶的情况进行详细分析后指出,福格尔和恩格尔曼的论断是毫无根据的。

在《苦难时期》一书中,还有不少这类掩饰事实的结论。例如,说南部种植园中大多数监工都是黑人奴隶。原来,在种植园没有专门指定监工的情况下,作者都认为应该存在监工,并且应该是黑人。又如,说马里兰州每年被出卖的奴隶只占全部奴隶的 1.92%。这是为了给读者造成国内奴隶贸易很不重要、奴隶家庭具有稳定性的印象。还有,为了证明南部黑奴比自由工人生活得更好,作者竟拿“典型的”黑人小屋去和 1893 年严重经济危机中纽约工人贫民窟中的多卧室房屋作比较,结论竟是:在奴隶制存在的末期,奴隶小屋中一个人拥有的卧室面积比半个世纪后纽约一个工人拥有的面积大。更为离奇的是,为了证明南部奴隶制的优越性,作者竟然任意假设:北部的土地在质量上平均比南部好 2.5 倍。然后再进行计算并得出结论:南部的农业经济比北部农业经济的生产率大约高 35%,而新建州的奴隶制种植园超过北部农场平均生产率达 53%。这是一个用“反事实度量”方式进行论证的典型。

由“历史计量学派”引起的这场关于美国奴隶制的争论,已历时 20 年之久而至今未能停息。福格尔和恩格尔曼的同事们,首先是经济—数学分析方面的专家,如 R. 萨特奇、J. 莱特等人,发现了《苦难时期》一书中大量的错误。1974 年秋在罗彻斯特举行的专门讨论会上,萨特奇做的详细的批评性分析,引起了真正强烈的反映和注意。在会上被作为问题提出来的,不仅是该书的个别原理,而且是它的整个内容,特别是福格尔和恩格尔曼关于南部奴隶制经济比北部农场制度的生产率高这个中心论点。在美国报纸杂志上也发表了不少文章,对福格尔和恩格尔曼的一系列论点和他们的论证方式,进行了反驳和批评。

当然,历史计量学者们还是收集了不少有用的资料,他们所利用的数学方法本身也是不应一概否定的。应当被否定的，是作者们在分析实际材料时所持的明显的阶级偏见和错误结论。福格尔和恩格尔曼原本希望以自己的著作开创一个奴隶制经济学的“革命”，结果却严重败坏了“历史计量学”的名声。

主要资料来源：

①H. H. 波尔霍维季诺夫：《历史计量学派和美国的奴隶制》，苏联《近现代史》，1976 年 3 月。

②R. 福格尔和 S. 恩格尔曼：《苦难时期：美国黑人奴隶制经济学》(R. Fogel, S. Engerman: *Time on the Cross: The Economics of American Negro Slavery*)，波士顿—多伦多，1974 年。

(原载《世界史研究动态》1979 年第 10 期)

附　录

计量历史学派和美国的奴隶制

——评福格尔和恩格尔曼的《苦难时期》一书

〔俄〕H. H. 波尔霍维季诺夫
何顺果译，潘润涵校

美国史学中关于美国奴隶制的争论已历 18 年之久而未停息。这场争论是由两位哈佛的经济学家阿尔费雷德·康纳德和约翰·梅耶于 1958 年春发表的文章开始的，[1]在罗伯特·福格尔和斯坦尼·恩格尔曼两卷本著作《苦难时期：美国黑人奴隶制经济学》出版问世以后获得了新的刺激(在增补的第二卷中搜集了该书作者发现的轰动一时的文献资料和数学证据)。[2]

我们评论的这本书的作者们虽然都比较年轻，但已经颇享盛名。芝加哥和罗彻斯特大学的教授罗伯特·福格尔被认为是"计量历史学派"的首创者之一。[3] 他是被选为华盛顿国家科学院成员的第一个和

---

① 我们曾在 1969 年写过评论的文章。见 H. H. 波尔霍维季诺夫："现代美国史学：新的学派和问题"，《近代现代史》，1969 年，第六期；第 125—129 页；还见 M. 罗思蒂："美国南北战争前的植棉区：一个方法论的战场"，《农业史》第 XLIV 卷，1970 年 1 月，第一期，第 149—165 页。H. D. 伍德曼："经济历史和经济理论：美国的新经济史学"，《内部纪律史杂志》，第三卷，1972 年秋，第 324—350 页，D. B. 戴维斯："奴隶制和二次世界大战后的史学"，《代达罗斯》，1974 年春，第 1—16 页。

② 罗伯特·福格尔，恩格尔曼：《苦难时期：美国黑人奴隶制经济学》(第一卷)；《苦难时期：证据和方法附录》(第二卷)。波士顿—多伦多，1974 年，第 266—267 页。

③ 在他和恩格尔曼的著作中成册出版的有：R. W. 福格尔：《联合太平洋铁路协会：一个早熟的例子》；《铁路和美国经济成长：经济史论文集》；R. W. 福格尔，S. L. 恩格尔曼等：《美国经济史的重新解释》；《西半球的种族和奴隶制：数量研究》，S. L. 恩格尔曼，E. D. 杰奥维斯主编；R. W. 福格尔、W. O. 艾德罗特、A. G. 博奎等：《历史计量研究的范围》。

唯一的历史学家，同时也是波士顿美国艺术和科学学院的成员。在《苦难时期》发表以后，福格尔立即就被邀请同时担任了哈佛大学历史和经济两系的教授职务。但他只是从 1976 年夏才去上任，因为在 1975 年至 1976 学年期间他还在剑桥(大不列颠)讲课。

像福格尔一样，S. L. 恩格尔曼在写作该书时是罗彻斯特大学经济和历史两系的教授，同时又是美国三个主要经济史杂志的编委。他在牛津大学(大不列颠)讲过课，1970 年 8 月和福格尔一道在列宁格勒经济史大会上作过报告，还参加了 1975 年 8 月 30 至 31 日在斯坦福举行的美苏历史学家的第二次座谈会。①

应该指出，在准备写作该书的时期，福格尔和恩格尔曼拥有成千上万的美元，并得到了大批专门助手的帮助。几十名高级研究者不仅从以前奴隶制种植园的各种文件中搜集到许多原始资料，而且还将所获得的资料进行了分类和综合整理，为计算机编制程序等等。可以毫不夸张地说，福格尔和恩格尔曼实际上只是主持了这个特殊的研究工厂，它的各个车间则是由加尔曼、帕克尔、斯凡、萨特奇、福斯特以及其他著名的计量历史学者领导的。②

伴随福格尔和恩格尔曼著作的发表而来的，是异乎寻常的甚至是全美性的吹嘘和喧嚣。大量颂扬的评论出现于《华尔街日报》、《纽约时报》、《纽约书评》以及其他美国出版机构。《纽约时报》书评专栏评论员 P. 巴塞尔宣称，他不知道最近十年来还有什么别的"比之更为重要的关于美国历史的书"。③ 甚至像 K. 范·伍德沃德那样谨慎的历史学家也在其长篇评论的结语中指出，该书作者"开创了奴隶制研究的新时期"，虽然同时作了某些保留。④ 最初，只有马克思主义历史学家 G. 阿

---

① R. W. 福格尔，S. L. 恩格尔曼："奴隶制的相对效率：1860 年间美国北部和南部农业的比较"；S. L. 恩格尔曼："新世界奴隶社会中一些经济和人口统计的比较"。关于在斯坦福讨论的情况报道，见《历史问题》，1976 年第一期，《近现代史》1976 年第一期。

② 基本研究计划及其领导人的目录载于统计表 B. I.(第二卷，第 22—25 页)。参加和帮助写作本书的人名列于第一卷末。(第一卷，第 265—270 页)

③ 《纽约时报》书评，1974 年 4 月 28 日，第 4 页。

④ C. 范·伍德沃德："有利的制度"见《纽约书评》第二十一卷，第一期，1974 年 5 月 2 日，第 316 页。

普特克[1]表示反对有影响的美国出版界的这种赞美大合唱。该书被授以班克罗夫特奖，并在英国、意大利、西班牙出版发行。

怎样解释这本只与很早以前的事件有关，并且原定是以范围相当有限的专家为对象的著作竟能获得那样异乎寻常的声誉呢？问题在于，福格尔和恩格尔曼企图彻底修正文献中早已确定了的认为美国奴隶制是落后的、生产率不高的和建立在残酷剥削黑人的经济制度上的这样一个概念。[2] 该书作者讲述的是“苦难时期”，但与这个书名的直接含义相反，出现的却是一个生产水平高、黑人生活条件较好甚至是繁荣的时期。研究所得的中心结论是“南部奴隶制农业经济比北部农场制度效力高 35%”（第一卷，第四点，第 5 页）。从这个结论出发，该书作者们还引申出许多其他的论点。

福格尔和恩格尔曼分明把自己前辈的观点简单化和公式化了，然后他们强调指出，“奴隶制不是由那些对自己的经济利益不了解或者说漠不关心的种植园主保存下来的非理性的制度”（第一点），福格尔和恩格尔曼的前辈谁会作出这样荒诞的论断——不知道）。其次，该书作者指出，“奴隶制在内战前夕在经济上并没有衰退”（第二点），种植园主不仅“没有成为对自己制度前途的悲观主义者”，而且甚至预见到将有一个“史无前例的繁荣”时期（第三点）。按福格尔和恩格尔曼的说法，典型的奴隶不仅“不是懒惰的（当他作为种植园主残酷剥削对象时，他想懒惰也不成！——本文作者），无能的和无效率的”（第五点），而且甚至能够和工业中的自由工人胜利地竞争（第六点）。“认为繁殖奴隶用于买卖、性欲的剥夺和关系的混乱破坏了黑人家庭纯系神话……种植园主的经济利益要求鼓励奴隶家庭的稳定性，而大多数也这样做了”（第七点）。最后，该书作者着重指出，奴隶的生活条件比“自由的工业工人”的生活条件更好（第八点）。“一个典型的奴隶在他一生中获得了他劳动收入的大约 90%”（第九点）。而 1860 年南部按人口计算的收入与意大利到第二次世界大战初才达到的收入相等（第十点）。

---

① G. 阿普特克：“美国南部各州的天堂时期：或它们生存的时期”，《政治事务》，1974 年 6 月，第 40—45 页；1975 年 7 月，第 44—57 页。

② 第二卷结尾部分用来分析 1865—1956 年间“奴隶制经济的传统解释”。作者们特别注意批判 K. M. 斯塔普的书：《特殊的制度：南北战争前南部的奴隶制》，纽约 1956 年版。（第一卷，第 217—247 页）

我们简要地重述了福格尔和恩格尔曼的全部基本论断，他们认为，这些论断应该引起关于19世纪美国奴隶制的概念的变革。福格尔和恩格尔曼把他们向读者做出的结论说成是最完善的数学方法和根据最可靠的各种文献资料而作出的无可争议的科学真理和发现。书后附有他们利用过的大量的但非完备的资料和文献目录共计398种！作者们宣称，计量历史学者们搜集了比“无论是在奴隶制废除以前还是在奴隶制废除以后关心这一问题的任何人”都更为完备的奴隶制工作情况的报道。（第一卷，第8页）

在书中，读者可以看到几十种图表、表格、统计、公式，以及各种复杂数学运算的最后结果得出的精确的百分比，有时是部分得数。然而，作者们在专门附录（从中可以看出该书写作的“技术、方法和理论基础”）中实际利用的资料，尤其是采用的具体方法，瞒过了不善于进行深奥的数学分析的读者。对数字的崇拜和现代精密科学的声望令读者惊叹不已，并迫使其相信该书作者们的发现绝对可靠。其实，这些最后的结果绝不可能是精确的，因为作者们用以计算的资料并不是精确的。

福格尔和恩格尔曼的研究主要是根据19世纪美国官方的统计，首先是国情调查材料。但是，很清楚，这些调查材料远不是那么完全。[①]我们自己研究俄美经济关系的经验表明，即使在对外贸易领域里也必须仔细审查美国的官方资料，把它们和俄国的统计材料、领事们的报告等等作比较。例如，十分清楚，关于19世纪上半叶美国对俄出口的美国官方资料就根本不能反映这两个国家之间商业交往的状况和规模，因为美国人运往俄国的不是自己的商品，而首先是古巴的糖。即便是一般的研究也首先要求对所依据的资料作分析批判，但自以为要在历史和经济科学中做出最后结论的该书作者，实际上拒绝审查他们用来计算的材料的可靠性。

其实，福格尔和恩格尔曼研究的性质和问题本身也要求他们对所依据的资料作极其细致的分析，因为关于美国黑人状况的报道包含着非常多的缺陷。所有这些资料当时都是由白人搜集者搜集的，他们只

---

① C. D. 赖特：《美国人口调查的历史和发展》，华盛顿1900年版；J. A. 赫尔：“人口调查记录的历史价值”，《年度报告：美国历史协会，1908年》第一卷，华盛顿1909年版，第199—208页。

征询了白种人。在1861年至1865年内战前，领导搜集这些报道的，照例是南部的代表，特别是那些奴隶制的公开捍卫者，像约翰·D.德鲍(1850年人口调查)是非常著名的奴隶主的杂志《德鲍评论》的发行人。G.阿普特克已经注意到，由于大多数种植园主住在城市，他们的奴隶有时也计入城市人口，虽然实际上他们在种植园劳动。在其他情况下，奴隶的数目由于考虑到征税也可能被缩小。约翰·A.哈泽尔在研究了阿拉巴马州一个地区的人口成分后发现，在1860年国情调查中至少有183名奴隶未被计算在内。而假如所依据的资料是错误的，那么在按人口计算给养、劳动生产率等等时就会出现更严重的缺陷。[①]

其他例子更加明显。为了证明南部种植园主的道德高尚，福格尔和恩格尔曼援引1860年人口调查记录，在纳什维尔市的娼妓中只有4.3%是有色人种，而且他们中间既没有一个女奴，也根本没有一个完全的女黑人(第一卷，第135页)。在第二卷中，这些有发明能力的研究者们对这些奇特的资料提出了一个"精致的"经济解释，并制定了一个相应的图表(第二卷，第113页)。但是，这些学识渊博的学者们忘记了注意这样一个事实，1860年的人口调查根本没有登记奴隶职务的类别，统计资料仅限于自由的居民。[②]因此，关于纳什维尔市情况的搜集者无论如何也不会考虑到女奴中的娼妓，即使她们满街盈巷。为了把奴隶主的道德理想化，福格尔和恩格尔曼在自己的计算中忽略了黑人携同白人妇女逃亡的全部情况，在白人家庭里生了黑人孩子后离婚等等。[③] 虽然这些资料没有载入调查记录，但从殖民地时期的报刊消息、诉讼案卷中就能了解得很清楚。

然而，主要的还不在于所依据的资料有缺陷，而在于怎样利用这些资料。喜欢幽默的人说，假如计量历史学者们着手写作如何把耶稣钉上十字架的历史，那么他们是首先会计算好钉子的准确数字的。在《苦

---

① G.阿普特克：前引书，1974年，第48—51页。(转引自J.A.哈泽尔："1860年人口调查原件合计数的不完全研究"，《地理学家》1965年7月，第15—19页)

② H.G.加特曼：《两位计量历史学者创造的世界：评 $F+E=\frac{T}{C}$ 论文集》，《黑人历史杂志》，第LX卷，第一期，1975年1月，第211页。H.G.加特曼的批判论文后来汇集成专著出版：《奴隶制和数字游戏：〈苦难时期〉批判》，厄巴纳1975年版。

③ 《威廉和玛丽季刊》1975年7月，第32卷，第三期，第497页。

难时期》一书中，福格尔和恩格尔曼计算的不是钉子，而是可尊敬的H.B. 巴罗先生的种植园的鞭打（奴隶的）次数。且看他们怎样计算！最后的总数是，每一个在种植园中工作的黑人一年总共遭受0.7次鞭打！有一半的工作者在两年之中根本没有遭到过惩罚（第一卷，第145页）。

遗憾的是，福格尔和恩格尔曼没有按人口计算19世纪末黑人受私刑杀害的数目。否则，他们就不会做出这样的结论，一个黑人受私刑杀害的机会总共只有0.00002次，而99.998%的黑人根本没有受过私刑！[①] 我们看到，每一个具体的黑人被自己的白人搜捕者绞死的可能性是不多的，但在1889至1899年间在美国平均每年有135名黑人被私刑杀害。[②] 这就是19世纪末笼罩着整个美国的骇人听闻的非法、恐怖、横暴的标志。

如果我们回过来看看巴罗的种植园，那么我们看到，在该种植园工作的是120人，每两年发生160次残酷殴打奴隶的事件。在种植园里每4至5天就有一次鞭打，而且是在众目睽睽之下进行的。残酷的刑罚不仅用来恐吓和镇压被殴打人本身的反抗，而且用来恐吓和镇压所有见到或听到该事实的人的反抗，福格尔和恩格尔曼的精巧的数学计算绝然无助于正确了解南部种植园奴隶真实情况的悲惨。H.G. 加特曼在这个问题上要客观得多，他根据对巴罗种植园处罚黑奴的详细的统计分析，证明了福格尔和恩格尔曼的论断是毫无根据的。[③]

近来发表的分析福格尔和恩格尔曼著作的批判性文章和作品，总的说来，都非常明显地揭露了作者们的偏见和在他们的研究中存在着的大量的和完全不能原谅的错误。

例如，福格尔和恩格尔曼怎样得出结论，说南部种植园中大多数监工是奴隶呢？（第一卷，第200—201、210—212页）原来，在一些种植园里是没有专门指定的监工的，作者却硬说有监工，而且一定是黑人。同时，他们没有考虑到，在很多种植园（特别是在不大的种植园）中种植园主以及他的成年的儿子们，自己就能够担负监工的职能。实际上，登记

---

① H.G. 加特曼：《两位计量历史学者创造的世界》，第70页。

② C. 伍德沃德：《新南部的起源，1877—1913》，巴吞鲁日1951年版，第351—352页。

③ H.G. 加特曼：《两位计量历史学者创造的世界》，第71页。

在1860年人口调查中的成千上万的白人监工的众所周知的官方资料也被忽视了。[1]

从福格尔和恩格尔曼的书中我们得以知道，在马里兰每年被出卖的奴隶只占全部奴隶的1.92%(第一卷，第53页)，这给读者造成了一种印象，似乎国内奴隶贸易很不重要、黑奴的家庭是稳定的。但要知道，换句话说，这意味着，在奴隶一生的平均年龄(35岁)期间，每两个黑人就有一个要被卖掉，而他还会多少次看到自己的近亲(父母、孩子、妻子或丈夫)被出卖！这一切也都是可以计算的，但是该书作者不仅没有去这样计算，反而给读者制造一种完全错误的概念，似乎在奴隶制下可以稳定地保持家庭和亲缘关系。[2] 由福格尔和恩格尔曼任意做出的数量上的分析，真的就提供了无限的可能来证明奴隶制度的优越性。要证明黑人比自由工人生活得更好吗？——请吧。拿"典型的"黑人小屋去和1893年最严重危机中最坏时期纽约工人贫民窟中的大杂院相比较。特别是拿小屋的整个面积只去和大杂院中的卧室相比较。结论：在奴隶制存在的末期奴隶的小屋中，一个人拥有的卧室面积比半个世纪以后纽约一个工人拥有的面积还大！(第一卷，第116页)

福格尔和恩格尔曼的同事们，首先是经济——数学分析方面的著名专家(罗伯特·萨特奇，约翰·莱特以及其他人)，发现了该书大量其他大大小小的错误；这本书原来是要开创一个种植园奴隶制研究的新时代，而实际上只是严重地败坏了"新经济史学"方法的名声。1974年秋在罗彻斯特举行的专门讨论会上，由萨特奇所做的并提交美国最杰出的研究奴隶制的专家们审查的详细的批判性分析，引起了真正强烈的反应。[3] 被作为疑问提出来的不仅是该书的个别原理，而且是它的整个内容，特别是福格尔和恩格尔曼关于南部奴隶制经济和北部农场制度比较具有非常高的劳动生产率这个中心论点。

当然，问题不是要回到U.B. 菲利蒲斯的论点，即断言在美国内战

---

① H.G. 加特曼：《两位计量历史学者创造的世界》，第117—120页；T.C. 黑斯凯尔：《苦难的计量历史学或福格尔和恩格尔曼(人口调查手稿)》，第15—16页。

② T.C. 黑斯凯尔：《苦难的计量历史学或福格尔和恩格尔曼(人口调查手稿)》，第18页。

③ 《经济史探讨》杂志发表了关于《苦难时期》一书讨论会材料的专号，第十二卷，1975年秋。

前夕奴隶制不再对种植园主带来利益。[①] 福格尔利用简单的数学公式指出，只有在劳动生产率不增长的情况下，菲利普斯的论断才可能是正确的。其实，不久以前根据美国调查材料中的一些资料得出的估计，说明1830年至1860年之间奴隶的劳动生产率每年增长了2.9%。[②]

显而易见，种植园主把钱投在奴隶身上，是因为这些奴隶照例会带来收入。卡尔·马克思并非偶然地写道，美国种植园主是把自己的经济建立在黑人奴隶劳动上的资本家。[③] 奴隶制种植园之所以有利可图，有一系列因素，首先是因为随着英国和美国东北部工业革命的发展而产生的世界市场对棉花的巨大需求。

但是，福格尔和恩格尔曼在书中说根本不是如此。他们证明说，南部的农业经济比北部的农场经济更有效力，大约高出35%，而新州的奴隶制种植园超过北部农场的平均生产率甚至达53%！（第一卷，第192、196页）

该书的批评者们注意到，证明这个惊人结论的数学计算（第二卷，第126—127页）远远不是没有毛病的。首先，作者任意假设北部的土地面积在质量上平均比南部好2.5倍！仅这一假设就已足以保证证明南部奴隶制的优越性了。[④] 其次，福格尔和恩格尔曼采用的据说似乎具有“一定的概念上的和数学上的优越性”的“一般生产率几何指数表”（第二卷，第126页）引起了专家们[⑤]的极大怀疑。同时，福格尔和恩格尔曼援引E.D. 多马尔的名著，但是这位生产率指数的几何方法的作者自己就警告过，过分广泛和简单地使用这种方法是危险的。如果把各种商品生产的情况只用它们的市场价格为多少美元来表示，南部的棉花种植园自然处于优越的地位，因为正是棉花享有世界市场日益增

① U.B. 菲利普斯：“棉区奴隶占有的经济价值”，《政治学季刊》第二十卷，1905年元月，第257—275页。

② R.W. 福格尔：“历史计量方法的范围”，《美国历史评论》第八十卷，1975年4月，第二期，第339—341页；J.D. 福斯特，D.E. 斯旺：“南北战争前奴隶劳动的效率和效力：一点微小的探讨”，《农业史》第LXIV卷，1970年1月，第一期，第329页。

③ 《马克思恩格斯全集》第26卷，第二分册，第329页。

④ T.C. 黑斯凯尔：《苦难的计量历史学或福格尔和恩格尔曼（人口调查手稿）》，第23页。

⑤ 其中见P. 戴维德，P. 泰旺：“奴隶制：进步制度”，《经济史杂志》，1974年9月，第739—783页。

长的需求。生产两种不同商品(比如说棉花和玉米)的两个完全一样的农场在生产率方面是不同的:如果棉花拥有更大的需求,那么棉花农场的效率相应地会更大。相反,如果对棉花的需求急剧跌落,那么整个农场自然就会出现亏本甚至破产。对棉花的需求在1857年以后特别高涨,因此被福格尔和恩格尔曼选作相应计算的1860年未必有代表性。

例如,同样可以证明,今天沙特阿拉伯或科威特的经济是最有效率和效力的。然而,十分清楚,这不等于说沙特阿拉伯有非常高的劳动生产率,而是指对石油的巨大需求和这些国家的特殊地位——世界市场上的石油生产者(对美国的棉花来说在19世纪中叶也形成了大致相似的情形)。

为了捍卫关于黑人奴隶劳动生产率高的论点,福格尔和恩格尔曼责备自己的前辈以及废奴主义者散布关于黑人"在工作和人品方面都不如白人"的种族主义观念。(第二卷,第178页)该书的作者们在此援引南部的两位代表人物K. M. 克列亚和H. R. 黑尔珀的意见,以及从来就不是废奴主义者的F. L. 奥尔姆斯蒂德的著作。① 但是事情并非如此,如果奴隶制的反对派也说黑奴的劳动效率不高,那么他们是认为,是由于奴隶制存在的结果、是由于黑人对自己劳动成果感到不会给自己带来多大好处造成的,而绝不是因为他们的肤色。②

在谈到历史计量学者们"重新审查"(确切些说,叫"改造")传统的经济史时,福格尔和恩格尔曼自豪地写道,这一"改造"不仅是要改变"旧建筑"的外貌。它不仅在于增加"新的侧面"或移动个别的墙壁:它要求甚至砖都要另做。③ 实际上,砖是另换了,但至于说到房子本身,那么,第一,在庄严地宣告落成之后,立即就发现了灾难性的裂痕;第二,新房子的整个面貌非常容易令人回忆起1950年的保守派宣扬的"利益一致"的论点。

不仅在黑人奴隶制的经济分析方面,而且在研究18世纪美国革命

---

① H. R. 黑尔珀:《南部即将来临的危机:怎样应付它》,G. M. 弗里德利克桑编,剑桥(马萨诸塞),1968年;F. L. 奥尔姆斯蒂德:《棉花王国》,A. M. 施莱辛格编,纽约,1953年。

② 并参看E. 福纳:"重新解释过去",《劳工史》,第十六卷,1975年冬,第一期,第134—135页。

③ 《美国经济史的重新解释》,第16页。

的社会经济问题，以及内战在美国工业发展中的作用等方面，现代的计量历史学派和新保守派“利益一致”学派的立场显然是十分接近的。[①]某些美国的历史学家(T. 巴德曼，H. 加特曼，E. 福格尔)[②]已经注意到了这一点。必须指出，新保守主义者毕竟还不敢说南部种植园主和奴隶的利益是“一致”的。今天，在70年代中，福格尔和恩格尔曼这样说了。前面已经指出，认为奴隶和奴隶主“利益一致”这种骇人听闻的说教仅仅是靠数字和公式来精心平衡的结果，而没有事实根据和令人信服的证明。

大肆的喧嚣被公开的羞辱所代替。这就提出了一个问题：作者们自己急于当做“过渡性报告”介绍出来的这种研究今后的命运如何。关于在历史科学中采用数学分析的范围和可能性的问题也重新发生了。[③]

当然，在本文所说的这种具体情况下，数学分析方法本身没有什么罪过。应该懂得如何去利用数量上的分析。在正确地提出任务并与别的社会经济分析方法配合时，它是会产生好的结果的。但它不可能担保不失败。该书的作者就失败了。

我们特别着重指出，这里所说的失败是指具体研究工作中的失败，是指福格尔和恩格尔曼在分析实际材料时的明显的偏见，是指在把南部种植园经济的生产率和北部自由的农场经济比较时的错误，而不是指一般的数学方法。怀疑的不应当是数学方法本身，而是福格尔和恩格尔曼怎样去运用它。

对消息报道进行数量上的数学加工，并不就意味着什么根本上是新的研究历史实际的方法。[④] 马克思主义历史学家把数学分析仅仅看

---

① 见：H. H. 波尔霍维季诺夫：《十八世纪美国革命的理论和史学问题》，莫斯科，1973年，第10—22、44—51页。

② 在批判“传统”历史学家的保守主义时，巴特曼写道，“新经济史”的代表人物最终参加到“保守主义—利益一致学派”的行列来了。H. W. 伍德曼：《经济历史和经济理论：美国的新经济史学》，《内部纪律史杂志》第三卷，1972年秋，第二期，第327页。

③ R. W. 福格尔：《历史计量方法的范围》，《美国历史评论》第八十卷，1975年4月，第二期；O. 亨德林：《计量史学的地位》，R. W. 福格尔：《答奥斯卡·亨德林》，《美国史学展望》，D. 弗莱明、B. 贝林主编，第九卷，剑桥(麻)，1975年。

④ 详见 Ю. Ю. 卡赫克，H. Д. 科瓦利钦科：《历史研究中采用计量方法的方法论问题》，《苏联史》，1974年，第五期。

做是更深入地研究历史资料的补充手段之一，并且把它和传统的历史研究方法配合起来使用。

（原载苏联《近现代史》杂志，1976年第3期
译文载《世界史研究》1984年第2辑）